21世纪物流管理学系列教材

物流成本管理

主编／余艳琴　副主编／冯 华

图书在版编目(CIP)数据

物流成本管理/余艳琴主编;冯华副主编．—武汉：武汉大学出版社，2008.3

21 世纪物流管理学系列教材

ISBN 978-7-307-06052-4

Ⅰ.物…　Ⅱ.①余…　②冯…　Ⅲ.物流—成本管理—高等学校—教材　Ⅳ.F253.7

中国版本图书馆 CIP 数据核字(2007)第 195353 号

责任编辑:夏敏玲　白绍华　　责任校对:黄添生　　版式设计:詹锦玲

出版发行：武汉大学出版社　(430072　武昌　珞珈山)

(电子邮件：cbs22@ whu. edu. cn　网址：www. wdp. com. cn)

印刷:湖北金海印务公司

开本：720×1000　1/16　印张:22　字数:427 千字

版次:2008 年 3 月第 1 版　2011 年 6 月第 3 次印刷

ISBN 978-7-307-06052-4/F·1107　定价:31.00 元

总 序

《21世纪物流管理学系列教材》是武汉大学"十一五"规划教材之一，也是近几年中国物流学科蓬勃发展的成果之一。海峰教授嘱我写个序，我想从我国物流教育与人才培养的角度谈些认识，希望能够对推动我国物流教育和物流学科建设起点作用。

改革开放以来，伴随着我国经济的持续快速发展，我国物流业发展很快，到2006年物流增加值已占整个服务业增加值的17.1%。物流产业作为新兴的生产性服务业，已成为我国现代服务业的一个重要支柱。但我国物流发展还刚刚起步，在很多方面与发达国家相比仍然有不少差距，其中物流人才的短缺成为制约我国物流发展的重要因素之一。物流人才，特别是复合型物流高级管理人才和专业性、技能性很强的物流专业人才，已成为我国12类紧缺人才之一。《中国物流发展与人才需求研究报告》显示，2004年底我国物流从业人员为1676万人，具有大专以上学历者占21.56%，低于全国各行业24.33%的平均水平。据预测，到2010年我国物流从业人员将达到2060万人，大专以上学历人才比重将达到27.5%，从2004年到2010年，全国物流行业平均每年需要转增大专以上物流人才40万人左右。另据教育部信息中心统计，2005年我国高等院校物流专业大专以上毕业生仅为8780人，远远满足不了我国现代物流快速发展的需要。

我国高等院校开展物流教育是21世纪初才开始的，但发展速度相当快。到目前为止，国内已有273所高校开设物流本科专业。高等院校物流管理专业的课程设置主要侧重于培养具备物流管理、规划、设计等较强实务运作能力的高级现代物流管理人才，教学计划中设置必修课、选修课、实验和实践环节。专业必修课一般在第三、第四学年开设，主要包括仓储管理、配送与配送中心、供应链与物流管理、物流信息管理、物流成本管理、企业物流管理等十几门课程；专业选修课包括与物流管理相关的一些课程，包括国际物流、电子商务、国际贸易、物流规划、采购学、企业战略、宏观经济学等课程。

应当看到，我国物流教育目前仍处在探索发展阶段，在培养目标、课程结构和教学方法等方面，都还落后于西方发达国家，也与我国社会经济发展对物流人才的客观需求存在差距。美国单独设立物流专业的大学数量相对来说还比较少，包括加州大学伯克利分校、麻省理工学院等共50多所大学开设了物流管理本科专业，一般隶属于商学院、土木工程系或工业工程系。美国本科物流课程大多是作为一些专业，如工商管理、营销和运作管理专业的必修课或选修课，例如麻省理工学院将物流与运输规划方法、供应链规划、生产系统与供应链设计等课程作为运作管理专业的选修课程。也有一些大学在专业下设立专门的物流方向，如威斯康新大学工商管理专业下的物流与运输管理方向，佛罗里达州立大学营销专业下的供应链管理方向，休斯敦大学工业工程专业下的配送与物流工程方向等。根据美国物流职业类型的调查，美国物流管理者的专业结构中，本科毕业生的专业结构分别为物流12%、商科52%、工程23%、其他专业13%；研究生毕业的从业人员的专业结构分别为物流13%、商科73%、工程12%、其他专业2%。这表明，物流人才专业背景以商科为主，物流管理人员的层次越高，越要求具有商科专业背景，工程和其他专业的物流从业人员比重有所降低。可见，物流专业人才需要广博的知识背景，物流专业教育不应仅局限于物流专业知识本身，而应拓宽专业的广度。

武汉大学经济与管理学院在我国物流教育与人才培养方面做了很多探索，取得了不少经验。当前我国物流教育领域有些院校师资力量薄弱，精品教材不多，案例教材更少，这些都是制约我国物流教育与人才培养的重要问题。《21世纪物流管理学系列教材》的编辑出版，对我国物流教材体系的建设是一次很有意义的积极探索。这套系列教材是由武汉大学经济与管理学院的教师为主，联合武汉理工大学管理学院、武汉科技大学管理学院的教师共同编撰的。他们当中既有学术界的著名学者，也有中青年学术骨干，不仅在教学科研方面卓有成就，参与过多项重要课题的研究，还为许多知名企业开展过物流管理咨询活动，这使得丛书具有较高的系统性、科学性、可读性和社会实践价值。

21世纪现代物流的发展关键在人才。我国物流教育与物流人才培养工作任重道远，需要借鉴国外先进的物流教育模式，更需要结合中国国情，调整和开发适合中国物流产业发展的物流学科体系。这需要广大从事物流理论研究、物流教育和物流人才培养的实际工作者不断探索，勇于创新，与时俱进，开拓进取。只有这样，才能为我国现代物流又好又快的发展提供足够的理论、教育和人才支持。

是为序。

中国物流学会会长 

2007年7月25日

目录

第1章 物流成本

关键词：物流（logistics） 成本（cost） 物流成本（logistics cost） 供应链成本（supply chain cost） 物流活动（logistics activity） 物流服务水平（logistics service level） 物流成本特征（logistics cost characteristics） 物流成本分类（logistics cost classification） 效益悖反（trade-off） 物流冰山（logistics iceberg） 第三方利润源（the third-party profit headspring） 物流成本影响因素（logistics cost influence factor）

产品从原材料采购、生产直至到达消费者手里的整个过程中，要经过包装、装卸、搬运、运输、储存、流通加工、配送、信息处理等一系列物流活动环节，为实现各环节的功能，必然要占用和耗费一定的人力、物力和财力。为提供物流服务所耗费的物化劳动和活劳动的货币表现被称作物流成本。产品的包装、储存、搬运、配送、运输等方面的费用在产品总费用中占有相当大的比重；国际社会以物流成本占 GDP 的比重指标来衡量一个国家的物流发展水平。现代物流经济效益的直接来源是物流活动的有效运营与管理的成本节约。中国的物流发展水平和物流管理水平还较低，对物流和物流成本管理的认识与发达国家相比有较大差距。经济理论界和企业界已从实践中逐步认识到物流和物流成本管理的重要性。

从物流管理理论研究或学科体系建立和发展的角度来看，物流成本是与物流管理、物流系统、物流功能、客户服务、物流信息和物流绩效等同等重要的基本概念和范畴。本章首先探讨成本、物流活动与物流成本的关系，提出物流成本的概念；然后对物流成本进行分类；在此基础上进一步探讨物流成本的特征和几种重要的物流成本理论学说；最后对物流成本的主要影响因素进行系统分析。这些问题是对物流和物流成本进行有效管理的基础。

1.1 成本与物流成本

1.1.1 成本

1.1.1.1 成本的含义

成本是人们为进行生产经营活动或达到一定的所需而耗费的人力、物力和财力等资源的货币表现及其对象化。它具有以下几个方面的含义：

①成本是为达到一定目的而付出或应付出资源的价值补偿，它可用货币单位加以计量。

②成本是用货币计量的因生产和销售一定种类与数量的产品而耗费资源的经济价值。企业进行产品生产需要消耗生产资料和劳动力，这些消耗在成本中用货币计量就表现为材料费用、折旧费用、工资费用等。企业的经营活动包括生产和销售活动，因此，在生产和销售活动中所发生的费用，都应计入成本；同时，为了管理生产经营活动所发生的费用也具有成本的性质，也应计入成本。

③成本是为取得物质资源所需付出的经济价值。企业为进行生产经营活动，购置各种生产资料或采购商品而支付的价款和费用，就是购置成本或采购成本。随着生产经营活动的不断进行，这些成本就转化为生产成本和销售成本。

④成本是为达到某种目的而放弃另一种目的所牺牲的经济价值。

1.1.1.2 成本的作用

成本是商品价值的重要组成部分，它是耗费的价值计量，也是再生产的补偿尺度。在商品生产条件下，耗费和补偿是对立统一的。任何耗费总是个别生产者的事，而补偿则是社会的过程，耗费要求得到补偿和能否得到补偿是一个问题的两个不同的方面，这就迫使商品生产者不得不重视成本，努力加强管理，力求以较少的耗费来寻求补偿，并获取最大限度的利润。因此，成本在经济生活中有着广泛和重要的作用。

第一，成本是补偿生产耗费的尺度。企业为了保证再生产的不断进行，必须对生产耗费进行补偿。企业是自负盈亏的商品生产者和经营者，其生产耗费须用自身的生产成果，即销售收入来补偿，维持企业再生产按原有规模进行。而成本就是衡量这一补偿份额大小的尺度。

第二，成本是制定产品价格的基础。产品价格是产品价值的货币表现。但在现阶段，人们还不能直接准确地计算产品价值，而只能计算成本。成本作为价值构成的主要组成部分，其高低能反映产品价值量的大小，因而产品的生产成本成为制定产品价格的重要基础。也正是如此，需要正确地核算成本，才能使价格最大限度地反映社会必要劳动的消耗水平，从而接近价值。当然，产品的定价是一项复杂的工作，还应考虑其他因素，如国家的价格政策及其他经济政策法令、产品在市场上的供求关系及市场竞争的态势等。

第三，成本是计算企业盈亏的依据。企业只有当其收入超出其为取得收入而发生的支出时，才有盈利。成本是划分生产经营耗费和企业纯收入的依据。因为，成本规定了产品出售价格的最低经济界限，在一定的销售收入中，成本所占比例越低，企业的纯收入就越多。

第四，成本是企业进行决策的依据。企业要努力提高其在市场上的竞争能力和经济效益，首先必须进行正确可行的生产经营决策，而成本就是其中十分重要的一个环节。成本作为价格的主要组成部分，其高低是决定企业有无竞争力的关键。因为在市场经济条件下，市场竞争在很大程度上就是价格竞争，而价格竞争的实际内容就是成本竞争。企业只有努力降低成本，才能使自己的产品在市场中具有较高的竞争能力。

第五，成本是综合反映企业工作业绩的重要指标。企业经营管理中各方面工作的业绩，都可以直接或间接地在成本上反映出来，如产品设计好坏、生产工艺合理程度、产品质量高低、费用开支大小、产品产量增减以及各部门各环节的工作衔接协调状况等。正因如此，可以通过对成本的预测、决策、计划、控制、核算、分析和考核来促使企业加强经济核算，努力改善管理，不断降低成本，提高经济效益。

1.1.2 企业成本和供应链成本

1.1.2.1 企业成本

企业成本是指归集到某一企业或公司对象上的费用，是该企业在其生产经营活动过程中所耗费的物化劳动和活劳动的货币表现。该企业被称为成本计算对象。成本计算对象是为归集和分配各项成本费用而确定的成本计算实体，它可以是一个企业、一件产品、一项服务、一项设计、一个客户、一种商标、一项作业或者一个部门。

企业生产经营过程中的耗费是多种多样的，对费用进行分类也可以按照不同标准进行。企业成本的构成通常有以下两种方式：

（1）按管理职能不同，企业成本由生产成本和非生产成本构成。

不同的成本核算制度对生产成本和非生产成本的划分方式是不同的。在制造成本法中，生产成本是生产过程中为制造产品而发生的成本耗费，包括直接材料、直接人工和制造费用；非生产成本是非生产业务的耗费，如销售费用、管理费用和财务费用，也称为期间费用。

（2）按费用计入成本对象的方法不同，企业成本由直接成本和间接成本两部分构成。

直接成本指为某一特定的成本对象所消耗的、与该成本对象直接相关的、可以根据原始凭证直接计入该成本对象的费用。如原料及主要材料和生产工人的计件工资等。间接成本是为几个成本对象共同消耗的、与某一特定成本对象没有一一对应的直接关系的、不能根据原始凭证直接计入该成本对象的费用。间接成本需要采用适当的方法在有关成本对象之间进行分配。如同时生产几种产品的生产工人的计时工资和制造费用等。直接成本和间接成本的划分是相对的，一项成本可能是直接成本，也可能是间接成本，要根据成本对象的选择而定。这种分类是为了经济合理地将成本归集到成本对象，使所提供的成本资料能较好地符合企业生产经营的实际情况，便于管理部门理解、掌握并作出决策分析；也便于分清各部门的经济责任，更好地进行成本控制与业绩评价。

1.1.2.2 供应链成本

供应链是由供应商、生产制造商、分销商、零售商直到最终端用户所构成的一个功能网络结构。在经济全球化、生产专业化和一体化的今天，企业不仅要充分利用内部资源，还要有效利用外部资源，许多企业都选择了以供应链作为获取竞争优势的战略举措。供应链的运作必然伴随着各种费用和支出，这就构成了供应链成本。企业要生存并不断地发展壮大，除了需要运用传统的成本管理方法控制企业内部成本外，还需要与其参与的供应链中的其他企业一起合作努力，削减和降低非必要的供应链成本，当整个供应链的成本降低后，企业必然会从“做大的蛋糕”中获得利润最大化。

从不同的角度对供应链成本进行分类形成了以下若干不同的观点：

第一种观点认为，传统的供应链成本可分为物料成本、劳动成本、运输成本、设备成本以及其他变动成本，而要实现供应链成本的合理测算，必须将其进行再分类。参照企业内部的成本核算体系，可将供应链成本分为制造成本、运输成本、储存成本、包装成本以及管理成本等。其中比较复杂且和传统的会计科目有所区别的就是管理成本，它主要包括供应链系统的设计维持成本、订单的处理和信息沟通成本等。

第二种观点认为，供应链是通过对物流、信息流、现金流的控制来产生最终效果的，这样，供应链成本就是在运转过程中由物流、现金流、信息流所引起的成本以及供应链协同化中所产生的机会成本与整合成本的综合。以往在分析供应链成本时，往往仅仅强调物流作为供应过程所产生的成本，如库存成本、运输成本等。而通过供应链网络结构可以看出，信息流和现金流在链中同样产生作用，也就相应会产生成本。信息对供应链的运营至关重要，因为它为管理者提供了赖以决策的基础，没有信息，决策者就无法知道顾客的需求、库存数量以及什么时候组织运输等，构建信息系统以及维护其顺利运行的费用就形成了信息成本，它应当成为供应链总成本的重要组成部分。供应链各环节之间都会有资金的流动，零售商拿走顾客所付款项的一部分，同时将一部分资金转移给分销商；分销商留下部分资金，其余转移给制造商；制造商留下部分资金，余额给供应商……这种资金转移成本也应计入供应链成本中。在供应链中还有其他一些不能忽视的“隐藏成本”，如在供应链各个环节中普遍存在的伙伴关系选择问题，如果放弃更有利的合作伙伴，而选择的伙伴却又不能给供应链带来最大利益，就会产生选择成本；如果在已形成的供应链中经常改变伙伴关系，就会产生变化机会成本；在整体关系整合中也会产生系统的整合成本等。

国外的学者以企业成本为基础，考虑到供应链各方的关系，将供应链成本划分为直接成本、作业成本和交易成本三个层次（见图 1-1）。直接成本是由生产每 1 个单位产品所引起的，包括原材料成本、人工成本和机器成本，这些成本主要是由原材料和劳动力的价格所决定的。作业成本是由那些与产品没有直接关联的、但与产品的生产和交付相关的管理活动所引起的成本，这些成本产生于企业的组织结构和经营管理流程。实际上，作业成本可以认为是企业的间接成本，因将间接成本采用作业成本法在产品中进行分摊而称其为作业成本。交易成本是供应链的关系处理成本，它是在协调和控制供应链伙伴之间的交易关系时所发生的信息和协调成本。在管理实践中，交易成本难以量化，到目前为止仍停留在概念阶段。

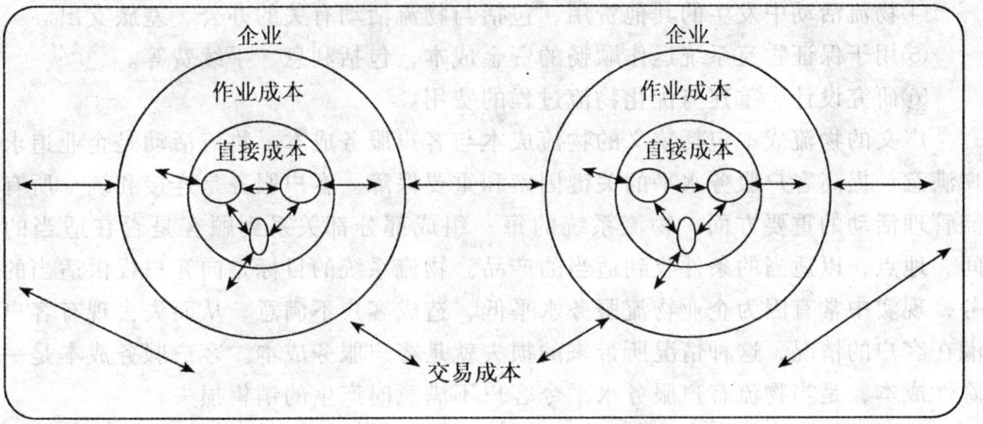

图 1-1　供应链成本的三个层次

1.1.3　物流成本及其构成

1.1.3.1　物流成本的概念

根据我国 2001 年颁布的国家标准物流术语，物流成本是“物流活动中所消耗的物化劳动和活劳动的货币表现”。更具体而言，物流成本包括物流各个环节、各项活动的耗费，如商品包装、运输、储存、装卸搬运、流通加工、配送、信息处理等方面的成本，是为了提供有关的物流服务，实现物品在空间、时间上的转移所支出的人力、财力和物力的货币表现。物流成本是物流服务价值的重要组成部分，有广义和狭义之分。

1.1.3.2 广义和狭义的物流成本构成

狭义的物流成本包括企业生产、流通、消费全过程中由于物品实体与价值发生变化而产生的全部费用。包括从生产企业内部原材料的采购、供应开始，经过生产制造中的半成品、产成品的仓储、搬运、装卸、包装、运输及在消费领域发生的验收、分类、仓储、保管、配送、废品回收等所有的成本。具体来讲，狭义的物流成本由以下几个部分构成：

①物流活动中的物资消耗，主要包括电力、燃料、包装耗材、固定资产的损耗等。

②物资在物流活动中发生的合理耗费。

③企业为了开展物流活动的人力资本，包括职工工资、奖金、津贴及福利费用等。

④物流活动中发生的其他费用，包括与物流活动有关的办公、差旅支出。

⑤用于保证物流系统运作顺畅的资金成本，包括利息、手续费等。

⑥研究设计、重建与优化物流过程的费用。

广义的物流成本包括狭义的物流成本与客户服务成本。物流活动是企业追求客户满意、提高客户服务水平的关键因素和重要保障。客户服务是连接和统一所有物流管理活动的重要方面。物流系统的每一组成部分都关系到顾客是否在适当的时间、地点，以适当的条件收到适当的产品。物流系统的目标是向客户提供适当的服务，现实中常有因为企业物流服务水平低，造成客户不满意，从而失去现有客户与潜在客户的情况，这种情况所带来的损失就是客户服务成本。客户服务成本是一种隐性成本，是当物流客户服务水平令客户不满意时产生的销售损失。

狭义的物流成本和客户服务成本之间是悖反的关系。要降低客户服务成本，让客户满意度提高，就要相应地提高客户服务水平，这意味着要有充足的存货、充分的仓容、快捷的运输和高效的订单处理，要增加人力、物力和财力的占用和消耗，狭义的物流成本必然上升。并且，通常情况下，随着物流客户服务水平的提高，狭义物流成本将加速增长。比如，将服务水平由90%提高到94%，要比将客户服务水平从94%提高到98%所增加的狭义物流成本要小。同样，随着物流客户服务水平的提高，客户服务成本将减速下降。客户服务成本与狭义物流成本之间的悖反关系如图1-2所示。

客户服务成本是十分难以估计和衡量的。通常采用以下办法解决这一难题：根据一定的方式制订出最适合的物流客户服务水平，然后在达到该物流客户服务水平的前提下，寻求狭义物流成本之和最小化，这实际上就是处理物流服务水平和物流成本的关系。下面在介绍物流成本的交替损益性特征时做进一步的解释。

要确定最合适的物流客户服务水平，需要以下三个步骤的工作：

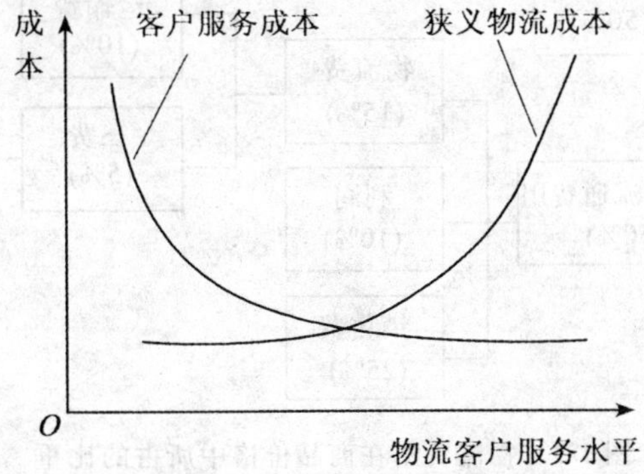

图 1-2　客户服务成本与狭义物流成本的关系

①明确与物流活动相关的客户服务要素。

②衡量目前的各物流客户服务要素所达到的水平，包括企业（部门）现有的物流客户服务水平、客户心目中理想的物流客户服务水平等。

③在某一既定的服务战略指导下，为企业（部门）制定最适应的物流客户服务水平以及达到目标客户服务水平的调整方案。

在以后章节中提到的物流成本均指狭义物流成本。

专栏 1.1　物流费用在商品价格中所占的比重

美国经济学家和社会学家普·杜拉克对美国商品的价格结构进行分析后认为，20 世纪 70 年代美国商品的周转、库存、保管以及商品送达最终消费者的全部流通费用占商品总价值的一半以上。1976 年日本对 6 种产品进行了调查，确认物流费用平均占产品销售额的 11.5%。20 世纪 90 年代日本又进行了调查，得出如图 1-3 所示的成本结构。

由图 1-3 可知，在日本，社会流通费用占 50% 左右，其中，物流占 15%。进一步对不同产品的物流费进行分析，发现不同行业的物流费并不相同：食品的物流费最高，为 29.6%，个别产品如啤酒竟高达 30.7%，有些食品如冰淇淋需要冷库进行冷藏冷冻，费用更高些；金属材料为 26.5%；化工、橡胶和石化产品为 23.1%；纸张为 16.9%；木制品为 16.1%。从中国仓储协会 2000 年 3 月对中国家电、电子、日化、食品等行业具有代表性的 450 家大中型企业的调查结果可以看出，物流费用占产品销售费用的比例较高，比例在 12% 以上的占总数的 48.5%。显然，物流成本下降所带来的利润空间是巨大的。可见，若能降低物流成本，便可大幅度地降低商品的成本与价格，并相应获得增值利润。因此，挖掘物流领域的潜力，就成了企业经营者关注的焦点所在。

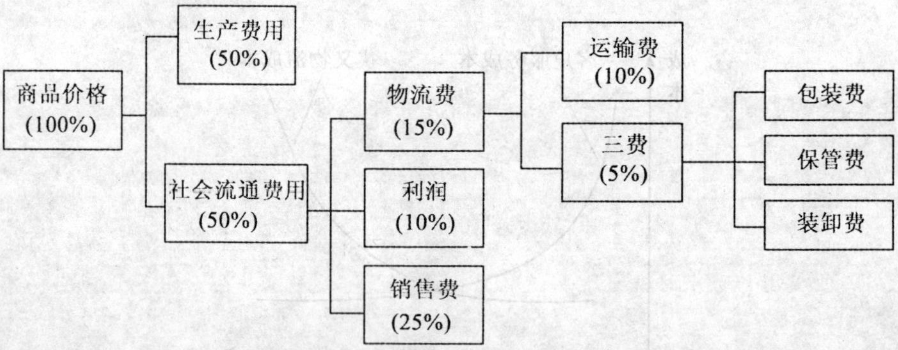

图 1-3　物流费用在商品价格中所占的比重

（资料来源：傅桂林．物流成本管理［M］．北京：中国物资出版社，2004。）

1.1.3.3　物流企业物流成本的构成

企业物流成本按性质可划分为物流企业物流成本、生产企业物流成本、商业企业物流成本以及网站物流成本等。性质不同的企业物流成本的构成各不相同。

物流企业的物流成本是指物流企业在组织物流活动过程中所耗费的人力、物力和财力的货币表现。随着社会分工的专业化发展，物流将会成为社会经济生活中的一个独立产业而存在，并将发挥越来越重要的作用。一般来说，物流企业的物流成本主要包括以下几个方面：

①物流企业的职工工资及福利费。

②企业在经营过程中的物质消耗，如固定资产折旧等。

③企业在物流作业过程中所发生的包装费用、运输费用、装卸费用、保管费用、配送费用、加工费用以及退货费用等。

④企业在经营过程中所发生的物品损耗。

⑤企业在经营过程中所发生的信息费用。

⑥企业在经营过程中所发生的各项管理费用，如办公费、差旅费等。

⑦企业在经营过程中支付给银行的贷款利息。

1.1.3.4　生产企业物流成本的构成

生产企业的主要目的是生产能够满足社会需要的产品，以此换取企业的利润。为了进行生产经营活动，企业必须同时进行有关生产要素的购进、仓储、搬运以及产品的销售活动。另外，为保证产品质量，为消费者提供优良产品，企业还要进行产品的返修和废品的回收。因此，生产型企业的物流成本是指企业在进行供应、生产、销售、回收等过程中所发生的运输、包装、仓储、配送、回收方面的费用。与流通企业相比，生产企业的物流成本大多体现在所生产的产品成本中，与产品成本具有不可分割性。生产企业的物流成本一般包括以下内容：

①供应、仓储、搬运和销售环节的职工工资、奖金、津贴和福利费等。

②生产材料的采购费用，包括运杂费、保险费、合理损耗成本等。

③产品销售费用，如广告费、运输费、展览推销费、信息费等。

④仓储保管费，如仓库维护费、搬运费等。

⑤有关设备和仓库的折旧费、维修费、保养费等。

⑥营运费用，如能源消耗费、物料消耗费、折旧费、办公费、差旅费、保险费、劳动保护费等。

⑦财务费用，如仓储物资占用的资金利息。

⑧废弃物流费用，如回收废品所发生的物流成本。

1.1.3.5 商业企业物流成本的构成

在我国，商品的经营主要由物资企业和商业企业共同承担，其物流成本是指在组织物品的购进、运输、仓储、销售等一系列活动中所消耗的人力、物力、财力的货币表现，其具体构成如下：

①人工费用，包括职工工资、奖金、津贴和福利费等。

②营运费用，如能源消耗、运杂费、折旧费、办公费、差旅费、保险费等。

③财务费用，指经济活动中发生的资金和成本支出，如利息、手续费等。

④其他费用，如税金、资产损耗、信息费等。

1.1.3.6 网络企业物流成本的构成

随着网络经济特别是电子商务的发展以及网上有形商品交易活动的开展，网络企业也存在着物流成本。在网站实际经营过程中，与企业采取的物流经营模式不同，其物流成本的构成也不同。若企业采取自营型物流经营模式，其物流成本的构成与商业企业物流成本的构成基本相同；若采取第三方的物流经营模式，其物流成本包括自身从事物流活动人员的费用以及支付给第三方（物流企业）的物流成本；若网络企业采取互用型的物流经营模式，则企业物流成本的构成比较复杂，需要根据具体情况进行进一步的分析和研究。

1.2 物流活动与物流成本

1.2.1 物流活动

(1) *物流与物流活动*

关于物流的定义，目前有多种不同的表述。中华人民共和国国家标准物流术语

(GB/T18354-2001）中将物流解释为：物品从供应地向接收地的实体流动过程，根据实际需要，将运输、储存、装卸、搬运、包装、流通加工、配送、信息处理等基本功能有机结合，形成完整的供应链，为用户提供多功能、一体化的综合性服务。该定义在对物流基本功能进行系统阐述的同时，也揭示了物流活动的基本构成要素。当然，企业的组织结构不同、经营管理者对物流范畴的不同理解以及单项活动对运作的不同作用会形成企业物流活动构成要素上的差异。

美国物流管理协会（CLM）也从物流活动要素的角度出发，提出一个典型的物流系统的组成要素包括：客户服务（Customer Service）、需求预测（Demand Forecasting）、分拨系统管理（Distribution Communication）、库存控制（Inventory Control）、物料搬运（Material Handling）、订单处理（Order Process Dealing）、零配件和服务支持（Parts and Service Support）、工厂和仓库选址（Plant and Warehouse Site Selection）、区位分析（Location Analysis）、采购（Purchasing）、包装（Packaging）、退货处理（Return Goods Handling）、废弃物处理（Salvage and Scrap Disposal）、运输管理（Traffic and Transportation）、仓储管理（Warehouse and Storage Management）。

这些物流活动可进一步分解为关键性物流活动和支持性物流活动，将关键性物流活动和支持性物流活动分开，是因为某些物流活动在每一个物流渠道都会发生，而另一些则视各企业的具体情况而定。关键性物流活动或者占物流总成本比重很大，或者是有效地协调完成物流工作的关键环节。

（2）企业的关键性物流活动

①客户物流服务：确定客户对物流服务的需求；设定客户物流服务的质量；确定客户对物流服务的反应。

②运输：运输方式和运输服务的选择；集运；运输路线选择；车辆调度；运输设备选择；运价谈判与决策；运价审核。

③库存管理：原材料和产成品的存储政策；短期销售预测；存储点的产品组合；存储点的个数、规模和选址；适时管理、拉动式管理或推动式管理决策。

④信息流动和订单处理：销售订单—库存之间的联系；订单信息的传递方法；订购规则。

（3）企业的支持性物流活动

①仓储：仓库库容决策；仓库布局设计；仓库结构设计；存货的摆放。

②物料搬运：搬运设备选择；搬运设备更新决策；订单—拣货步骤；货物的存放。

③采购：供应商选择；采购时间安排；采购数量与批次；采购价格与折扣。

④包装：储运的环境和条件对包装的影响分析；包装样式的设计；包装材料的选用；包装容器的选择；包装技术装备的选择。

⑤与生产运作部门合作：明确生产总量；确定生产的顺序和时间。

⑥信息维护：信息搜集、储存和处理；数据分析；控制过程。

1.2.2 物流活动与物流成本的关系

随着生产的社会化、专业化程度的提高，物流作为一种经济活动普遍存在。企业从原材料采购开始，到顺利加工成零部件，把零部件组装成产成品，最后产成品出厂投入消费领域，自始至终都离不开物流活动。物流活动是创造时间价值和空间价值的过程，要保证生产和物流活动有秩序、高效率、低消耗地进行，需要耗费一定的人力和物力，投入一定的劳动。一方面，物流活动同其他生产劳动一样也创造价值，成为生产一定种类和数量产品和服务的社会必要劳动时间的一部分，其消耗必须在产品销售收入中得到补偿；另一方面，它因不增加产品使用价值总量而不同于其他生产劳动，相反，产品总量往往在物流过程中因损坏、丢失而减少。同时，为进行物流活动，还要投入大量的人力、物力和财力。每一种活动都与物流成本有关，因此，要科学地管理物流活动，研究物流活动与物流费用的关系。

1.2.2.1 关键性物流活动与物流成本

(1) 客户服务质量水平与物流成本

对客户的服务质量水平决定了产出的水平和物流系统反应的能力。物流成本随所提供的客户服务质量水平的提高而成比例上升，这样，物流服务质量水平的设定也会影响支持这一服务质量水平的物流成本。服务质量水平设定过高，会使物流成本过于高昂。这就是著名的服务水平与物流成本二律悖反理论。

(2) 运输、库存与物流成本

运输和库存是成本消耗最大的物流活动。经验表明，它们各占物流成本的1/3～2/3。现代企业在经营中只要涉及原材料、产成品或商品的移动，就与运输活动有关。可见，运输是非常关键的活动。库存对物流管理也非常重要。一般而言，库存是企业内部生产经营和外部市场供应之间的缓冲器，它一方面保证企业内部生产经营的稳定性和连续性，从而保证产品对客户的可得性；另一方面使生产和物流更加灵活，能够以更有效的方法生产、分拨产品。

(3) 订单处理与物流成本

与运输和库存持有成本相比，订单处理占用成本很少。然而，从客户收到产品或服务所耗用的总时间来看，订单处理是一个重要环节。它也是启动产品运输和服务的活动。

1.2.2.2 支持性物流活动与物流成本

我们把支持性物流活动视为有助于实现物流目标的因素，在某些情况下，它们也可能与关键性因素同样重要。此外，某些支持性物流活动并不一定在所有企业的物流活动中都出现。例如，汽车整车或煤炭、铁矿石、砾石这样的产品，不需要防风雨、保安全的仓库，即使有库存，也不需要仓储活动。然而，在产品运往市场的中途临时停留，则一般需要进行仓储和装卸搬运。

包装不仅是运输和库存的支持性活动，也是仓储和物料搬运的支持性活动。它会影响这些活动的运作效率和与之相关的成本费用。

采购和生产协调通常被认为是更多地与生产而不是与物流有关。但是，它们也影响物流总体活动，尤其是运输与库存管理的效率。

最后，信息为所有的物流活动与运营管理提供支持，为物流计划和物流成本核算、控制提供决策基础。

1.3 物流成本的分类

对物流成本的划分有多种方法，其中最常用的方法是按照物流活动各个环节、各种职能进行分类。该种分类反映了物流活动的各个环节、各种职能的费用消耗，有利于物流成本的计划、控制和评价，也便于对费用分部门进行管理和监督。此外，还可根据计入成本对象的方式、成本与业务量的关系、成本的可控性、成本在决策中的作用等进行分类。本节介绍几种常用的分类方法。

1.3.1 按物品流通的环节分类

物流成本按流通环节可分为运输成本、仓储成本、装卸与搬运成本、流通加工成本、包装成本和配送成本。

(1) 运输成本

运输是物流中最重要的功能之一，物流运输费用在整个物流业务中占有相当大的比重。运输成本主要包括：人工费用，如工资、福利费、奖金、津贴和补贴等；营运费用，如营运车辆的燃料费、轮胎费、折旧费、维修费、租赁费、车辆牌照检查费、车辆清理费、养路费、过桥费、保险费、公路运输管理费等；其他费用，如差旅费、事故损失费、相关税金等。

(2) 仓储成本

仓储成本也是物流总成本中的一个重要组成部分。仓储成本包括仓储持有成本、订货或生产准备成本、缺货成本和在途库存持有成本。

(3) 装卸与搬运成本

在物流过程中，装卸和搬运活动是反复进行的，是决定物流速度的关键因素，其消耗的人力、物力也较多，该项费用在物流费用中所占的比重也较高。装卸搬运成本包括人工费用、固定资产折旧费、维修费、能源消耗费、材料费、装卸搬运合理损耗费以及其他费用，如办公费、差旅费、保险费和相关税金等。

(4) 流通加工成本

流通加工的成本包括：流通加工设备费用、流通加工材料费用、流通加工劳务费用以及流通加工的其他费用，如在流通加工中耗用的电力、燃料、油料以及车间经费等费用。

(5) 包装成本

包装是生产的终点和物流的起点，与运输、保管、搬运、流通加工均有密切的关系。据统计，包装费用占流通费用的10%，有些商品包装费用甚至高达50%。包装成本包括包装材料费用、包装机械费用、包装技术费用、包装辅助费用、包装人工费用。

(6) 配送成本

配送成本是在进行分货、配货、送货过程中所发生的各项费用的总和，包括配送运输费用、分拣费用、配装费用。

1.3.2 按物流活动范围对物流成本分类（范围别）

按供应链系统划分，物流成本可分为供应物流成本、生产物流成本、销售物流成本、退货物流成本、废弃物物流成本。

(1) 供应物流成本

供应物流成本是指企业为生产产品购买各种原材料、燃料、外购件等所发生的运输、装卸搬运等费用。

(2) 生产物流成本

生产物流成本是指企业在生产产品时由于材料、半成品、成品的位置转移而发生的搬运配送、发料、收料等方面的费用。

(3) 销售物流成本

销售物流成本是指企业为了实现商品价值，在商品销售过程中发生的运输、包装、推销等项费用。

(4) 退货物流成本

退货物流成本是指企业产品由于质量、规格、型号不符以及不按合同发货，造成购买者退货所发生的有关运输、包装等方面的费用。

(5) 废弃物物流成本

废弃物物流成本是指企业某些资产和产品因自然灾害、物理性能、质量事故而毁损后进行处理、拆卸、输送、整理所发生的费用。

1.3.3 按物流的功能分类（功能别）

按物流的功能划分，物流成本可分为货物流通费用、信息流通费用、物流管理费用等。

(1) 货物流通费用

货物流通费用是指货物实体因空间或时间转移而发生的费用，包括包装费用、运输费用、仓储费用、保管费用、装卸费用及流通加工费用等。

(2) 信息流通费用

信息流通费用是指处理和传送物流相关信息所发生的费用，包括库存管理、订单处理、顾客服务等相关的信息费用。如与库存的移动、计算、盘点等有关的信息处理、传达等相关的业务费用、顾客委托仓库出库的相关信息处理的业务费用，接受顾客咨询、提供有关信息的费用。

(3) 物流管理费用

物流管理费用是指因物流计划、组织、协调和控制等管理活动而发生的费用。不仅包括现场的物流管理成本，而且包括本部的物流管理成本。具体包括人工费用、办公费用、物料消耗费用、资金使用费用等。

现场物流管理成本指配送中心、仓库、物流网点等物流作业部门的人工费、办公费、物料消耗费和维持费等。本部物流管理成本是指企业综合物流管理部门发生的上述费用。

1.3.4 按支付形态分类

按支付形态划分，可将物流成本分为本企业支付的物流费和外企业支付的物流费；本企业支付的物流费又可以分为企业本身的物流费和委托物流费；企业本身的物流费又分为材料费、人工费、公益费、维护费、一般经费和特别经费等。

(1) 材料费

材料费是指因物料的消耗而发生的费用，由物资材料费、燃料费、消耗性工具、低值易耗品摊销及其他物料消耗等费用组成。

(2) 人工费

人工费是指因人力劳务的消耗而发生的费用，包括工资、奖金、福利费、医药费、劳动保护费以及职工教育培训费和其他一切用于职工的费用。

(3) 公益费

公益费是指给公益事业所提供的公益服务支付的费用，包括水费、电费、煤气费、冬季取暖费、绿化费及其他费用。

(4) 维护费

维护费是指因土地、建筑物、机械设备、车辆、船舶、搬运工具、工具器具备件等固定资产的使用、运转和维修保养所产生的费用，包括维修保养费、折旧费、房产税、土地和车船使用税、租赁费、保险费等。

(5) 一般经费

一般经费是指差旅费、交通费、会议费、书报资料费、文具费、邮电费、零星购进费、城市建设税、能源建设税及其他税款，还包括物资及商品损耗费、物流事故处理及其他杂费等一般支出。

(6) 特别经费

特别经费是指采用不同于财务会计的核算方法所计算出来的物流费用，包括按实际使用年限计算的折旧费和企业内利息等。

(7) 委托物流费

委托物流费是指将物流业务委托给物流业者时向企业外支付的费用，包括向企业外支付的包装费、运费、保管费、出入库手续费、装卸费等。

(8) 向其他企业支付物流费

在物流成本中，还应包括向其他企业支付的物流费。比如商品购进采用送货制时包含在购买价格中的运费和商品销售采用提货制时因顾客自己取货而扣除的运费。在这些情况下，虽然实际上本企业内并未发生物流活动，但却发生了物流费用，这笔费用也应该作为物流成本而计算在内。

1.3.5 按计入成本对象的方式分类

为了测定某一对象（一件产品、一项服务、一个客户、一项作业、一个部门等）的物流成本，经济合理地把物流成本归集到不同的成本对象，正确地核算一个具体成本对象的耗费，可按其计入成本对象的方式不同，将物流成本分为直接成本和间接成本。一项成本可能是直接成本，也可能是间接成本，要根据成本对象的选择而定。

(1) 直接成本

直接成本也称为可追溯成本，指与某一特定的成本对象存在直接关系，且为该成本对象所消耗，直接计入该成本对象的物流成本。一种成本是否属于直接成本，取决于它与成本对象是否存在直接关系，是否便于直接计入。因此，直接成本也可以说是与成本对象直接相关的成本中可以用经济合理的方式追溯到成本对象的那一部分成本。大部分的直接材料和直接人工属于直接成本。

(2) 间接成本

间接成本是指与某一特定成本对象没有直接联系，为几种成本对象共同消耗，不能直接计入该特定成本对象的物流成本。例如，厂房的折旧等大多属于间接成本。间接成本是与成本对象相关联的成本中“不能用一种经济合理的方式”追溯到成本对象的那一部分。它分两种情况：一种是不能合理地追溯到成本对象；一种是不能经济地追溯到成本对象。如总经理的工资很难分辨出每种成本对象应分担的数额，不能合理地追溯到成本对象；又如润滑油的成本可以通过单独计量追溯到个别成本对象，但是单独计量的成本较高，而其本身数额不大，更准确的分配实际意义不大，不如计入间接成本，统一进行分配更经济。间接成本应当按照合理的标准进行分配，计入各种成本对象。小部分的直接材料、直接人工成本以及制造费用和期间费用通常属于间接成本。

1.3.6 按成本与业务量的关系分类

为了考察不同类型的成本与业务量之间的特定数量关系，把握业务量变动对各类成本变动的影响，更好地进行成本计算、量本利分析和短期决策，可以将物流成本按其与业务量之间的依存关系分为固定成本、变动成本和半变动成本。

1.3.6.1 固定成本

固定成本是指其总额在一定时期和一定业务量范围内，不受业务量增减变动影响而保持不变的成本。在一定时期和一定业务量范围内固定成本总额不变的情况下，随着业务量的增加，单位业务量所分摊的固定成本就会相应地减少，例如按直线法计算的固定资产的折旧、管理人员的工资、机器设备的租金等。

为了更好地对固定成本进行规划和控制，固定成本还可以进一步分为约束性固定成本和酌量性固定成本。约束性固定成本也叫经营能力成本，是指因形成和维持一定的生产经营规模和生产能力而发生的总额保持不变的成本。如厂房和机器设备的折旧费、财产保险费、企业管理人员的基本工资等。这类成本有很大的约束性，一般在短期内很难有重大改变。酌量性固定成本也叫随意性固定成本，是指由企业高层管理者按照经营方针的要求所确定的一定时期的预算固定成本，如广告费、研究开发费、职工培训费等。这类成本的发生及其数额的多少服从于企业不同时期生产经营的实际需要，取决于管理当局对不同费用项目所做的具体预算。因此，它可以随经营方针的改变而改变，只能在某个特定的预算期内存在。

1.3.6.2 变动成本

变动成本是指其总额随着业务量的变动而呈正比例变动的成本。若从单位业务量的变动成本来看，它又是固定的，即单位业务量变动成本在一定物流业务量范围内保持相对稳定，如直接材料、直接人工、包装材料等。

1.3.6.3 半变动成本

物流系统的半变动成本，是总额受业务量变动的影响，但变动的幅度与业务量增长不保持比例关系的成本，如辅助材料成本、生产设备维修费用等。半变动成本可以划分为混合式半变动成本和阶梯式半变动成本。混合式变动成本同时包括固定成本和变动成本；阶梯式变动成本是在相关范围内保持不变，当物流业务量超过相关范围时，其总额将呈跳跃式上升的成本。

1.3.7 按物流成本的可控性分类

按物流成本是否具有可控性，可将物流成本分为可控成本和不可控成本。

（1）可控成本

可控成本是指考核对象对成本的发生能够控制的成本。例如，生产部门对材料的消耗是可以控制的，所以材料的耗用成本是生产部门的可控成本；而材料的价格应由供应部门所控制，所以是供应部门的可控成本。又如，企业在生产过程中所消耗的由辅助生产部门所提供的水、电、气时，这些水、电、气成本的高低对辅助生产部门来说是可以控制的，但对生产部门来说，则是不可控制的，所以必须按标准成本来结转其成本。可控成本对各责任中心来说是可控制的，因而必须对其负责。

（2）不可控成本

不可控成本是指考核对象对成本的发生不能予以控制的成本，因而也不予以负责的成本。例如，上面所说的材料的采购成本，生产部门是无法控制的，因而对生产部门来说是不可控成本；又如供应部门的水、电、气成本对生产部门来说也是不可控成本。

可控成本与不可控成本是相对的，而不是绝对的。一项成本对于一个部门来说是可控成本，对于另一个部门来说可能是不可控成本。但从整个企业来考察，所发生的一切费用都是可控的，只是这种可控性需要分解落实到相应的责任部门，所以，从整体上看，所有的成本都是可控成本，这样就能同时调动各责任中心的积极性。

1.3.8 按物流成本在决策中的作用分类

按物流成本在决策中的作用，可将其分为机会成本、可避免成本、重置成本和差量成本。

（1）机会成本

机会成本是企业在做出最优决策时必须考虑的一种成本。当一种资源具有多种用途，即多种利用机会时，选定其中的一种就必须放弃其余几种，为了保证经济资源得到最佳利用，在选择资源利用的最优方案、分析所选方案的收益时，这几种被放弃的次优方案的最高收益即为所选方案的机会成本。

机会成本不是实际所支付的成本，而是一种决策时为选择最优方案而需考虑的成本。在选择方案时，如果考虑了机会成本，所选方案的收益为负数，该方案就不是最优方案。引进机会成本这一概念后，就可保证决策的最优化。

（2）可避免成本

可避免成本是指当决策方案改变时某些可免于发生的成本，或者在有几种方案可供选择的情况下，当选定其中一种方案时，所选方案不需支出而其他方案需支出的成本。但应注意，可避免成本不是可降低的成本，虽然对本方案来说，其他方案的某些支出在本方案中可免予支出，但本方案可能发生其他方面的支出，所以，可避免成本仅指其他方案的某些支出在本方案中可免于发生。

（3）重置成本

重置成本是指按目前市价来计量的所耗资产的成本，重置成本所反映的是现时价值。从理论上讲，比采用原始成本计价更为合理。

（4）差量成本

差量成本是指两个不同方案之间预计成本的差异数。在做出决策时，由于各个方案所选用的生产方式、生产工艺和生产设备的不同，各方案预计所发生的成本也不同，各方案估计成本的差数即为差量成本。在产品售价或销售收入相同的情况下，差量成本是进行决策的重要依据。另外，在各方案的成本比较中，当选定某一方案为基本方案，然后将其他方案与之比较时，增加的成本也称为增量成本，所以增量成本是差量成本的一种表现形式。

1.4 物流成本的特征和几种重要的理论学说

1.4.1 物流成本的特征

物流成本作为企业成本的一个组成部分，除了具备一般成本所有的特征（如消耗性、可量化、可比较等），更具有交替损益性、隐含性、不完全和不统一的特点。

1.4.1.1 物流成本的交替损益性

“交替损益”一词源自英语“Trade-off”（最优均衡），其本来的含义是：两种目的，对于同一种资源会产生两种不同的结果时，为了更好地完成一种目的，而可能需要对另一目的作出部分牺牲，这种目的间的关系，就是交替损益关系，有时我们也称这种现象为二律悖反或效益悖反规律。从现代物流的角度出发，所谓交替损益可以理解为改变物流系统中任一要素都会影响到其他要素；系统中任一要素的增益都将对系统其他要素产生减损作用。

在企业的物流系统中，与成本相关的交替损益性有着非常广泛的表现。典型的交替损益关系有：物流服务水平和物流成本之间存在交替损益关系；构成物流系统的各子系统之间存在交替损益关系；各子系统的活动费用之间存在交替损益关系；个别职能和个别费用之间存在交替损益关系等。

（1）物流服务与成本的交替损益关系

物流服务与物流成本之间存在“交替损益”关系，物流管理的任务是在服务与成本之间寻找平衡点。

物流的功能及其在物品流通中的地位决定了物流的基本任务是满足顾客对于商品的时间效用和空间效用的需求，因此，物流系统的基本产出即为物流服务，物流系统产出的多少，可以用服务水平的高低来衡量与评价。在物流过程中，为了提供有关的服务、开展各项业务活动所占用和耗费的成本和费用之和构成了物流的总成本，即物流系统的总投入。

从物流服务和成本追求的目标来说，两者之间呈现出一种矛盾对立的状态。从物流服务的角度来讲，物流应提供尽可能高的服务水平和服务标准，而从成本的角度来讲，物流过程又要求产生尽可能低的成本。这样，在高水平、高标准的服务需求和低物流成本之间就产生对立矛盾，呈现出二律悖反的状态。因为高水平、高标准的服务要求有大量的库存、足够的运力和充分的仓容，这些势必产生较高的物流成本，而低的物流成本所要求的则是少量的库存、低廉的运费和较少的仓容，这些又必然会减少服务项目，降低服务水平和标准。所以，将物流系统目标定为"谋求"最高的服务水平和最低的物流成本只是一种理想化、相对化的目标，在现实中两者是不可能同时成立的。与处于竞争状态的其他企业相比，在相当高的物流服务水平的情况下，要想超过竞争对手、维持更高的服务水平就需要有更多的投入。

根据物流服务与成本间的关系，在物流管理中既不能片面地强调服务水平而不计成本，不考虑经济效益，也不能单纯地追求低成本而忽视生产和销售的需要。以前曾有人把在任何时间、任何地点、任何数量上都满足顾客的要求作为物流服务的标准。应该承认，这样的服务标准确实很高，但只能在不考虑成本的前提下才办得到，从物流管理的观点来看，这是一种"无原则"的服务标准，既不现实，又不可取。而物流管理中的另一个偏向则是不管生产和销售的要求，单纯地追求最低的成本，比如为了降低运输费用，大批量集中运输但却不顾市场销售需要，以至延长了运输时间，导致市场缺货，企业销售受损、信誉受损等。这种通过牺牲企业生产和销售利益而换来的低成本是毫无意义的，是管理上的本末倒置。

在管理中，当我们谋求的某一项目标可以达到，而另一项目标却不能够同时达到时，就应权衡利弊，进行抉择，用综合的方法求得两者之间的平衡，以取得最佳的综合经济效益。所以，物流管理的任务是在服务与成本之间寻找平衡点，正确协调和处理两者之间的关系。

一般在对物流服务和物流成本做决策时，以价值工程理论为指导，可以考虑以下四种处理方法：

一是保持物流服务水平不变，尽量降低物流成本。在不改变物流服务水平的情况下，通过改进物流系统来降低物流成本，提高物流价值。这种通过优化系统结构降低物流成本来维持一定物流服务水平的方法，称为追求效益法。

二是提高物流服务水平，增加物流成本。这是许多企业提高物流服务水平的做法，是物流企业面对特定顾客或面临竞争对手时所采取的具有战略意义的做法。

三是保持物流成本不变，提高服务水平。这是一种积极的物流成本对策，是一种追求效益的方法，也是一种有效的利用物流成本性能的方法。

四是用较低的物流成本，实现较高的物流服务。这是一种增加效益的具有战略意义的方法。物流企业只有合理运用自身的资源，才能获得这样的效果。

企业采取哪种物流成本策略，要根据各个方面的综合因素。这些因素包括商品战略、流通战略和物流系统所处的环境及竞争对手的情况等。

(2) 构成物流系统的各子系统之间的交替损益关系

物流活动中包装、运输、储存、装卸搬运、流通加工、配送、信息处理等各项活动要素相互联系、相互制约、相互结合，共同组成了一个有机的整体——物流系统。由于系统的相关性产生了物流成本交替损益的关系，各子系统的功能如果不均匀，物流系统的整体能力将受到影响。如搬运装卸能力很强，但运输力量不足，会产生设备和人力的浪费；反之，如果装卸环节薄弱，车、船到达车站、港口后不能及时卸货，也会带来巨大的经济损失。又如，减少物流网络中的仓库数目，必然使库存补充变得频繁而增加运输成本；节约包装成本，可能不利于产品的防护而造成储存、装卸、运输功能的工作损失和效益的减少。

所以，物流总成本虽然是由物流各项要素成本组成的，但它与各项要素成本之间并不是简单的成正比或反比的关系，而是相互影响、相互作用的综合结果。物流系统各子系统的优化并不等于，也不能代替物流大系统的优化。因此，在物流管理中必须把所有相关的物流成本放到同一场所，用“总成本”这个统一尺度来计算，从综合经济效益上衡量、比较总的损益、得失，这样才能做出正确的决策。

(3) 在运输方式的成本上存在交替损益关系

这里以空运和铁路运输作为两种运输方式的典型，说明运输方式的成本存在交替损益关系。空运速度快、成本高，铁路运输速度慢、运输成本低，就每吨公里的费率而言，空运要比铁路运输高很多。但如果对物流全部成本加以判断，情况会有所不同。

因为任何一种运输方式总是存在运费和保管费的交替损益关系，所以对不同运输方式进行交替损益的比较，不仅要考虑运费，还要考虑保管费。从订货到把货物交付到收货人手里的时间称作提前期（Lead Time)，空运的提前期与铁路相比为1:10,由于空运供货的提前期短，当货物的需求发生变化时，可以迅速地采取相应的对策来解决问题，同时发生货物损耗的概率也较低。利用空运可以减少货物的库存量，且保管费用低。与之相反，使用铁路运输尽管运输费用低，但提前期长，保管费用高。因此，在考虑物流系统选择运输方式的成本问题时，要考虑交替损益的问题，使运费和保管费在整体上达到最优。

(4) 商品库存成本与缺货成本之间存在着交替损益关系

当接受订货时，库内无货称作缺货，缺货发生的比例称作缺货率；当顾客订货时立即从库存品中直接提货的比例称作服务率。服务率在流通领域是一个重要概念，服务率低不仅会导致销售机会的丧失，还可能给企业带来声誉上的不良影响，甚至导致在销售领域内的失败，因此企业往往为了保证服务率而保有较多的库存。但这种做法很可能导致库存量过剩而增大商品的库存成本，同时，由于占压了过多的库存资金和潜在的库存风险，对经营企业也是很不利的。在物流系统中应当设立合理的服务率。库存费用和缺货率的交替损益关系如图 1-4 所示。

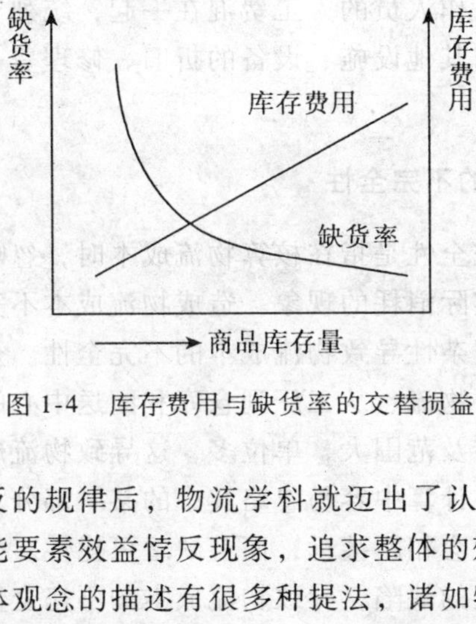

图 1-4 库存费用与缺货率的交替损益

在认识物流效益悖反的规律后，物流学科就迈出了认识物流功能要素这一步，而寻求解决和克服各功能要素效益悖反现象，追求整体的效益，则是物流学科的一大发展。这种对物流总体观念的描述有很多种提法，诸如物流系统思想、多维结构观念、物流一体化观念、综合物流观念、后勤学和供应链管理等。美国学者用“物流森林结构”概念来表述物流的整体观念，认为物流是一种结构，对物流不能只见树木不见森林。

1.4.1.2 物流成本的隐含性

物流成本的隐含性是指物流费用项目未单独列支，而是隐含在其他费用项目中，使企业难以正确把握实际物流成本的现象。物流成本隐含性有以下几种情况：

(1) 不同类型的企业将物流成本混入不同的费用中，没有将物流成本单独加以反映

生产企业将物流成本计入产品成本；物资企业将物流成本包括在物资流通费用中，而物资流通费用是物资企业在组织物资流通经营中，购进、运输、储存、销售等一系列活动所耗费的所有人力、物力和财力的货币表现；商业企业将物流成本包括在商品流通费用中，而商品流通费用是商业企业为了实现商品的流转，在商品购

进、包装、运输、存储、销售等整个流通过程中所消耗的人力、物力与财力的货币表现。因此，无论是生产企业还是流通领域中的商业、物资企业，都很难按照物流成本的本义完整地计算出物流成本。而且就连已经被生产领域、流通领域分割开的物流成本，也不能得到单独真实的计算并反映出来，而只能像物流部门从属于生产和流通部门一样，与生产成本和流通成本混同在一起了。

(2) 企业内的物流费用混入其他费用科目中，未单独列支

在通常的企业财务决算中，只单独列支企业对外部运输业者所支付的运输费用或向仓库支付的保管费等属传统的物流成本，而企业内与物流中心的各项费用则与其他经营费用混合计算，混入其他费用科目。比如，自有货运汽车驾驶员的人工费与销售部门等其他部门工作人员的人工费混在一起，统列于人工费项下；货运汽车的折旧、修理和燃料费与其他设施、设备的折旧、修理费一起列入折旧费、修理费的开支项目中。

1.4.1.3 物流成本的不完全性

企业物流成本的不完全性是指在核算物流成本时，忽略了其中的一些费用，使物流成本不能完全反映实际消耗的现象。造成物流成本不完全的原因有三：

①企业物流过程的复杂性导致物流成本的不完全性。企业物流过程包括原材料采购物流、工厂内零部件物流、从工厂到仓库和配送中心的成品物流、从配送中心到商店的商品物流等，涉及范围大，单位多，这导致物流成本的计算内容和项目复杂。如此广泛的范围，在计算中容易忽略其中的某一部分，核算时包括的计算范围不同，物流费用的高低就会相距甚远，而且缺乏可比性。

②现有财务会计制度的缺陷，导致物流成本的不完全性。在企业的财务会计报表或盈亏计算表中所反映出来的物流费用项目，只是物流成本的“冰山一角”。因为这些费用仅仅是向企业外部支付的物流费用，比如向运输公司、仓储业者或包装行业等支付的物流费用，并没有包括企业内部所消耗的物流成本，所以它也不是物流成本的全部。企业的物流活动，除了委托企业外部的物流企业完成的业务活动以外，还有企业自己从事的物流业务活动。比如利用企业自有运输工具运货，设置自有仓库和属于本企业的职工进行包装和装卸作业等，以及配备的物流管理人员和进行大量的物流信息处理业务。对于哪些活动产生的费用应该列入物流成本中，以及列入哪个会计科目中等问题，一直没有一个统一的标准。如果不包括企业内部物流活动的全部费用支出，就不能反映物流成本全貌。

③因为一些例外发生的物流费用，未能得到相应的重视，而未“浮出水面”。比如由于供应链较长而引起的额外存货费用、额外包装费用，由于包装不良引起的货损，由于仓储不当引起的货损风险费用，由于货物不合格返退供应商而引起的额外时间和支出，日益增加的信息费用、交通费用和人员费用支出，通货膨胀和汇率

风险费用等。这些费用的产生往往因存在着一定程度的不可预测性而难以控制和确定。

物流成本的交替损益性、不完全性和隐含性这三个特征使得物流成本变得复杂化，这给成本的测算和管理带来了相当大的难度。为此，在进行物流成本管理时，应合理确定成本的核算范围、核算内容、核算方法，把隐藏着的物流成本充分挖掘出来，尽可能地了解成本的全貌；并坚持系统的观点，从整体上降低物流成本。

专栏 1.2　应加强对物流成本的理论研究

目前，我国对物流成本的研究仍处在起步阶段，对物流成本的认识还存在很多问题。一是很多企业对物流成本的构成认识不清，也不知道物流总成本到底是多少，更不能客观地进行企业物流绩效的评估。在这种情况下，无论采用什么先进的物流管理模式和技术，都不可能真正实现企业物流系统的合理化。二是物流成本的计算与控制由各企业分散进行，缺乏统一的统计口径，也缺乏行业、地区和全国的统计数据，只有一些由世界银行等国际组织估算出来的数字。由于物流成本统计数据的缺乏，对于未来物流需求总量与物流需求类型预计就会不准确，会导致区域物流中心与物流园区建设和运作的盲目性。因此，目前在深入研究供应链管理、配送中心、第三方物流等这些先进的物流管理模式与技术的同时，还应大力加强对物流成本的研究。

加强物流成本的研究可以从以下几个方面着手：①明确物流成本构成，将全部物流成本从原有的会计资料中分离出来是十分必要的。一般而言，供应链下物流总成本应包括：研究设计、重建与优化物流过程的费用；物料在储存、运输等过程中的合理损耗；物流过程中的物资损耗；用于保证物流系统运作顺畅的资金成本；从事物流工作人员的人工费；物流组织过程中发生的费用；一切由物料空间移动而产生的费用。②对物流总成本按一定标准进行分配与归结。物流总成本可以按照不同的标准进行归结，较常用的方式有：根据不同的对象来进行归结——按不同的产品、按不同的顾客、按不同的地区等；根据物流的职能来进行归结——装卸费用、包装费用、运输费用、信息费用等；根据费用形式来进行归结——材料费、人工费等，这种分类方法与目前的财会口径一致。在对物流成本进行归结的时候“以作业为基础的成本核算方法”（an Activity-Based Mission Costing Approach）是一种行之有效的方法。当然，究竟我们采取哪种或者哪几种方式对系统的物流总成本进行分配与归结，要根据实际情况而定，基本的原则是：分配好的物流成本能与物流服务水平的具体指标和我们对系统进行优化的具体措施与技术相对应。③建立数学模型，求一定约束条件下（服务水平约束），系统总成本最低的可行解，并建立模拟仿真系统，进行实验模拟，最终确定系统优化的方案。④建立统一的物流成本统计口径，进行全国范围的统计，设立行业与地区的物流成本数据库。

总之，大力加强对物流成本的研究将有利于我国物流管理水平的提高，对于我国经济的发展意义重大，业内人士应勇敢地担负起责任。

（资料来源：易华．应加强物流理论的研究［J］．中国物流与采购，2002（18）。）

1.4.2 几种相关的理论学说

1.4.2.1 效益悖反理论

在讨论物流成本的交替损益性时，笔者已对效益悖反理论作了详细的阐述，在此不再赘述。

1.4.2.2 “黑大陆”学说

财务会计把营运生产费用大致划分为生产成本、管理费用、营业费用、财务费用和营业外费用，然后再把营业费用按各种支付形态进行分类。这样，在损益表中所能看到的物流成本在整个销售额中只占极少的比重。因此，物流的重要性当然不会被认识到，这就是物流被称为“黑大陆”的一个原因。

由于物流成本管理存在的问题及有效管理对企业盈利和发展的重要作用，1962年著名的管理学家彼得·德鲁克在《财富》杂志上发表了题为《经济的黑色大陆》一文，他将物流比作“一块未开垦的处女地”，强调应高度重视流通及流通过程中的物流管理。彼得·德鲁克曾经说过“流通是经济领域的黑暗大陆”，此处，德鲁克泛指的是流通，但由于流通领域中物流活动的模糊性特别突出，它是流通领域中人们认识不清的领域，所以，“黑大陆”学说主要针对物流而言。

“黑大陆”主要是指尚未认识、尚未了解的流通领域部分。在“黑大陆”中，如果理论研究和时间探索照亮了这块“黑大陆”，那么，摆在人们面前的可能是一片不毛之地，也可能是一片宝藏之地。“黑大陆”学说是对20世纪经济学界存在的愚昧认识的一种批驳和反对。它指出，在市场经济繁荣和发达的情况下，无论是科学技术还是经济发展，都没有止境。“黑大陆”学说也是对物流本身的正确评价，即这个领域未知的东西还很多，理论与实践皆不成熟。

从某种意义上看，“黑大陆”学说是一种未来学的研究结论，是战略分析的结论，带有较强的哲学抽象性，这一学说对于研究这一领域起到了启迪和动员作用。

1.4.2.3 第三利润源

“第三利润源”的说法是日本早稻田大学教授、日本物流成本学说的权威学者西泽修在1970年提出的。人类历史上曾经有过两个大量提供利润的领域。一是在生产力相对落后、社会产品处于供不应求的历史阶段，由于市场商品匮乏，制造企业无论生产多少产品都能销售出去，于是就通过大力进行设备更新改造、扩大生产能力、增加产品数量、降低生产成本来创造企业剩余价值，这是第一利润源。二是当产品充斥市场、供大于求、销售产生困难时，也就是第一利润源达到一定极限时，便采取扩大销售的办法寻求新的利润源泉。人力领域最初是廉价劳动，其后则是依靠科技进步、采用机械化和自动化来提高劳动生产率，降低劳动耗用，从而降低成本，增加利润，我们称之为第二利润源。在这两个利润源潜力越来越小，利润开拓越来越困难的情况下，物流领域的潜力开始为人们所重视，于是出现了西泽修教授的第三利润源学说。

第三利润源是对物流潜力及效益的描述，其理论的最初认识是基于以下几个方面：物流是可以完全从流通中分化出来的，它自成体系，有目标，有管理，因而能进行独立的总体判断；物流和其他独立的经济活动一样，不是总体的成本构成要素，而是单独盈利因素，物流可以成为“利润中心”；从物流服务角度来说，通过有效的物流服务，可以给接受物流服务的生产企业创造更好的盈利机会，成为生产企业的第三利润源；通过有效的物流活动，可以优化社会经济系统和整个国民经济的运行，降低整个社会的运行成本，提高国民经济的总效益。经过半个世纪的探索，人们已肯定了这一点，即物流这块“黑大陆”虽然仍不清晰，但绝不是不毛之地，而是一片富饶之源。尤其是经受了 1973 年石油危机的考验，物流已牢牢树立了自己的发展地位。

这三个利润源着重开发生产力的三个不同要素：第一利润源挖掘的对象是生产力中的劳动对象，第二利润源挖掘的对象是生产力中的劳动者，第三利润源主要挖掘的对象则是生产力中劳动工具的潜力，同时注重劳动对象与劳动者的潜力，因而更具全面性。

1.4.2.4 物流成本冰山理论

“物流冰山”学说也是日本早稻田大学的西泽修教授提出的。他专门研究物流成本时发现，现行的财务会计制度和会计核算方法都不能掌握物流费用的实际情况，因而人们对物流费用的了解一片空白，甚至有很大的虚假性。他把这种情况比作“物流冰山”，也就是前面分析的物流成本的“隐含性”。西泽修指出：盈亏计算法中，“销售费和一般管理费”一栏中记载的“外付运费”和“外付保管费”等现金金额不过是“冰山一角”。“冰山”的特点是大部分沉在水面以下，是看不到的黑色区域，而看到的不过是它的一小部分。人们过去之所以轻视物流，正是因为只看见了“冰山一角”，而没有看见冰山全貌的缘故。如图 1-5 所示，“物流冰山”代表物流总成本，物流成本计算包括两部分：水平线以上部分为委托物流费，即向企业外部支付的物流费；水平线以下斜线部分为企业内部消耗的物流费。

西泽修用物流成本具体分析了德鲁克的“黑大陆”学说，事实证明，相对而言，物流领域的很多方面还是不清楚的，在“黑大陆”中和“冰山”的水下部分

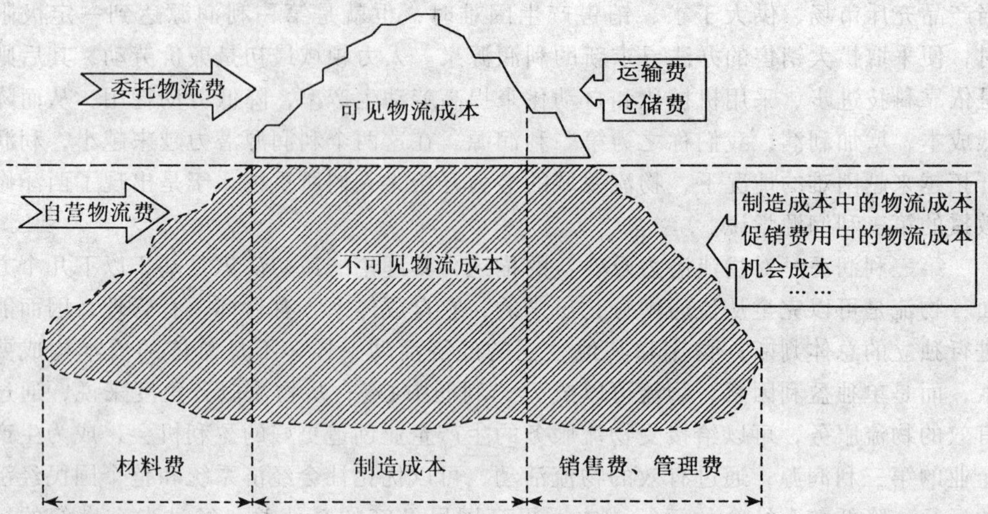

图 1-5 物流成本冰山理论

正是物流尚待开发的领域，也正是物流的潜力所在。

在企业财务会计中，向企业外部支付的物流成本能体现出来，而企业内消耗的物流成本费一般是不能体现出来的。如果把决算表中记载的物流成本误解为“冰山”全貌，企业就会面临险境。只有对物流成本进行全面计算，才能够清楚解释混在有关费用中的物流部分成本。

西泽修指出，在企业内部多数的物流成本是混入其他费用中的，如购买原材料所支付的物流成本是计算在原材料成本中的；自运运输费和自用保管费是计算在营业费用中的；与物流有关的利息和其他利息一起是计算在财务费用中的。如果把这些来自生产成本、原材料、营业费用和财务费用中的有关物流部分费用划分出来，并单独加以汇总计算，我们就会对物流成本的全部有进一步的了解，并会为其巨大的金额感到惊讶。实践表明，实际发生的物流成本往往要超过外部支付额的 3 倍以上。

实际上，物流成本中有不少是承担物流的部门所无法控制的。例如，物流成本中往往包含促销费用。根据“物流冰山”说，要把隐藏在水面下的物流成本全部核算出来是不可能的。传统会计体系不仅不能提供足够的物流成本分摊数据，而且也认为没有这个必要。理论研究与实际管理毕竟是有所区别的。在企业物流管理中，不可能为了建立物流独立核算体系而破坏其他若干成熟的财务会计核算体系，真正需要纳入管理的是有影响的数据，如运输成本、仓储成本、保管成本、搬运装卸成本、包装成本、流通加工成本、配送成本、信息管理成本。在许多企业中，包装成本仍然单独核算，并没有纳入物流成本核算体系。

1.4.2.5 其他物流成本学说

除了上述较有影响的物流理论学说外，还有一些物流成本学说在物流学界广为流传。

(1) 成本中心说

物流在整个企业战略中只对企业营销活动的成本发生影响。物流是企业成本重要的产生点，因而，解决物流的问题并不仅仅要实现合理化、现代化，也不仅仅为了支持保障其他活动，重要的是通过物流管理和物流的一系列活动降低成本。所以，成本中心既是指主要成本的产生点，又是指降低成本的关注点，“物流是降低成本的宝库”等说法正是这种认识的现象描述。

(2) 利润中心说

物流可以为企业提供大量直接和间接的利润，是形成企业经营利润的主要活动。不仅如此，对国民经济而言，物流也是国民经济中创造利润的主要活动。物流的这一作用，被表述为“第三利润源”。从经济发展历程来看，能够大量提供利润的领域主要有两个，第一个是资源领域，第二个是人力领域。在这两个利润源潜力越来越小，利润开拓越来越困难的情况下，物流领域的潜力开始为人们所重视，按时间序列排为第三利润源。

(3) 系统说

过去一提到物流是第三利润源，有些企业经营者就急于求成，动辄向物流要效益。这是对物流利润源泉的误解。物流产生利润实际上是物流成本、物流利润的一种重新划分，它至少包括这样几个部分：物流时间的节省，物料、半成品、产成品在物流各环节停留时间的减少，这意味着物资和资金流转速度的加快，物流费用的降低，用户满意度的提高。物流费用的降低当然可以直接体现出物流利润的增加，但物流速度的提高所产生的效益主要表现为生产周期的缩短，企业物资及资金流转速度的加快；用户满意度的提高有利于产品形象和企业形象的优化。这就是说，物流利润的大部分会间接地转移到企业整体效益的提高上，而不能仅从物流费用的节省来简单地衡量物流利润。

(4) 服务中心说

服务中心说反映了美国和欧洲一些现代学者对物流的认识。他们认为，物流活动的最大作用不在于为企业节约了消耗，降低了成本或增加了利润，而在于提高企业对用户的服务水平，进而提高企业的竞争能力。因此，他们在描述物流时往往使用“后勤”（Logistics）一词，特别强调其服务保障职能，通过物流的服务保障，企业以其整体运作能力的提高来压缩成本，增加利润。在电子商务时代，这种通过完善物流服务来提高企业竞争力的观念是非常重要的，也是值得推荐的。

(5) 战略说

物流成本是企业参与市场竞争的重要战略资源。战略说是当前非常盛行的说法。实际上学术界和产业界越来越多的人士已逐渐认识到，物流更具有战略性，是企业的发展战略而不是一项操作性任务。应该说，这种看法把物流放在了很高的位置，认为物流会影响企业总体的生存和发展，而不是在哪个环节搞得合理一些，节省了一点费用。

随着现代物流的不断发展，物流学说也是百花齐放、百家争鸣，归纳起来大致可以分成三个层次或三个阶段：

一是物流探索初期的流通领域学说。其中包括第二次世界大战期间美军所建立的运筹学和后勤理论，特别是“黑大陆”学说，这些学说针对流通中的物流活动的模糊性提出“流通是经济领域的黑暗大陆”。

二是物流发展中期的费用-成本学说。其中包括西泽修的“物流冰山”说、第三利润源说、成本中心说、利润中心说以及效益悖反说等，这些学说针对物流对费用的节省、成本的降低、利润的增加及效益悖反的影响进行研究，其根本内容还停留在费用-成本水平的研究层面上。

三是物流发展较高层次的服务-战略学说。其中包括美欧的服务中心说和战略说，这些学说已超越了企业节约消耗、降低成本或增加利润的较低层面，而是从提高企业对用户的服务，进而提高企业的竞争能力，以达到“双赢”互利目标等方面进行分析，特别针对跨国企业提出要具有纵览全局的跨行业、跨组织、跨地区的超级高科技服务水平。这就将现代物流的理论推向了战略性高度。

综观现代物流学说的理论发展轨迹，可以看出，一个新的理论趋势或发展趋势已经初步显现，那就是更高层次的物流管理已不再是仅仅追求节约成本费用的问题，而是要建立在高新技术基础上的更深层的管理模式。

1.5 影响企业物流成本的因素

影响企业物流成本的方面很多。在对企业的物流成本实施有效的管理之前，全面地了解其影响因素将会使管理活动针对性更强，达到事半功倍的效果。本节归纳了几个方面的影响因素，并分别进行深入的分析。

1.5.1 企业产品的特性与物流成本

企业的产品（包括原材料、半成品和产成品）是企业的物流对象。因此，企业产品首先要考虑影响物流成本的因素。企业产品的种类不同、属性不同，在重量、体积、价值和物理、化学性质方面都有不同的特点。这些特点的不同组合，对企业的物流活动如仓储、运输、物料搬运的成本问题均会产生不同的影响。

1.5.1.1 产品的种类

种类的差别决定了其他一切的差别，产品也是如此。据统计，物流成本在 6 种不同产品分类中占销售额的百分比不同。其中食品和消费品占销售额的比重最大，达 32.01%，其次是金属产品，所占比重也将近 30%，而最低的化工和塑料产品的物流成本比重不到 15%（见图 1-6）。

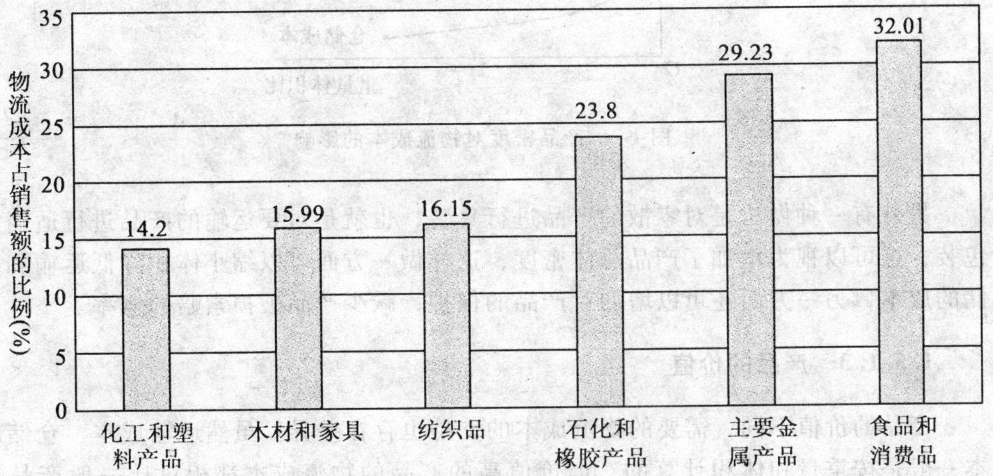

图 1-6 产品与物流成本的关系

了解物流成本在不同产品类别中的差异，其意义在于为企业物流成本管理者提供一个参考，使其根据企业产品的类别来对比本企业的物流成本实际发生的情况，获得较为理性的认识。

1.5.1.2 产品的密度

产品的密度是由它的重量和体积决定的。产品的运输成本、仓储成本一般以重量或以体积作为计量单位来计算，所以产品密度对物流成本有直接的影响。它们之间的关系如图 1-7 所示。

随着产品密度增加，即产品重量体积比增大，仓储和运输成本占销售价格的比重呈现降低趋势。

把产品的密度和物流成本的这种关系运用到成本管理的实践中，通常是通过减少产品的体积来降低成本。例如，生产家具的厂商可以事先不对家具进行装配，而是以各个组成部分的散装形式运输到销售地再进行装配，这样做可以通过减少包装体积来达到降低运输成本的目的。

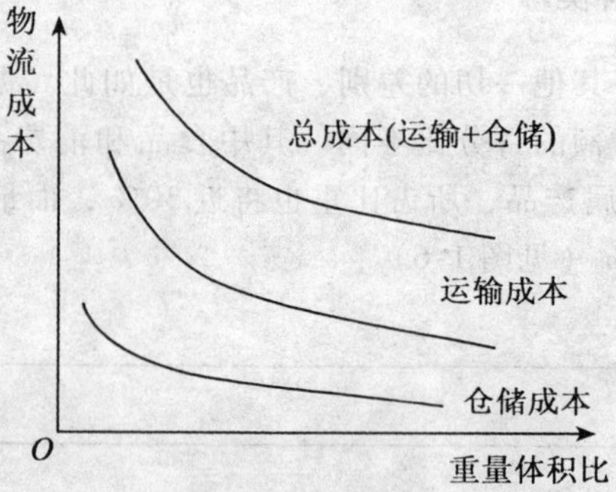

图 1-7 产品密度对物流成本的影响

另外有一种做法是对零散的产品进行集装，也就是对要运输的产品进行适当的包装，这可以视为增加了产品总体密度，这样做一方面可以缩小体积降低运输和仓储的成本，另一方面还可以增加对产品的保护，减少产品破损索赔的概率。

1.5.1.3 产品的价值

产品的价值不同，需要的物流成本的支持也存在差异。虽然运输成本、仓储成本一般是按重量和体积计算的，但价值高的产品的物流成本都相对比一般产品要高。如在国际物流中海运费率的一条重要原则是：高价值商品的运费率要高于低价值商品的运费率。因为运输成本和仓储成本都含有保险费，保险费是按照产品价值的比例来计算的，而且仓储成本包含的库存维持成本也是按产品价值的一定比例计算的，这些都增加了产品的物流成本；而且出于服务和保险的考虑，价值高的产品在运输方式上日益倾向于选择航空运输，这也使得运输成本呈增加的趋势。

产品的价值对物流成本的影响还表现在产品价值和重量之间的关系上。价值低、重量大的产品，如煤炭、沙子等，由于生产中所需此类原材料的运输量极大，因此运输成本在产品价值中所占比重会偏大就在所难免；相反，价值高、重量小的产品，如珠宝、高科技产品等，仓储成本较高而运输成本相对较低。另外，虽然有些企业的产品单位价值不高，但它的产销量较大，在这种类型的企业中，资金成了最主要的生产要素，资金的周转速度很重要，如生产低端家电产品的企业就是此类典型。这就决定了在运输方面要求快速完成整个流通的周期过程，这样会引起运输成本的增加，再加上用户的需求在区域上通常表现为点多量少，需要在各个销售地区设立配送中心，从而也增加了仓储配送成本。

因此，产品的价值影响着物流成本的高低，在考虑成本的节约时，不可忽视产品价值的保有和实现。

1.5.1.4　产品的可替代性

产品的可替代性指的是在一定范围内一种产品的使用价值可用另一种商品来替代。企业生产的产品可替代性强，意味着如果本企业产品的价格相对较高或处于暂时缺货的状态，客户会很容易选择其他品牌的产品。因此，可替代性强的产品竞争除了品牌竞争之外，更要重视服务的竞争。此时，企业物流管理的作用就在于在产品的分拨计划中，考虑通过运输服务的选择、仓储服务的选择或两者兼用来降低此类产品的失销成本，保持住现有的客户群。

如图 1-8 是在仓储成本不变的条件下提高运输成本来改善运输服务的层次和水平，图 1-9 是在运输成本不变的情况下，维持较大的库存水平来保证对客户提供现货的能力。可见，若企业的产品可替代性强，应该在顾客服务上下工夫，在物流方面的策略就是通过适当提高运输成本或库存成本来增加产品的可得性，以保证企业整体利润的实现。

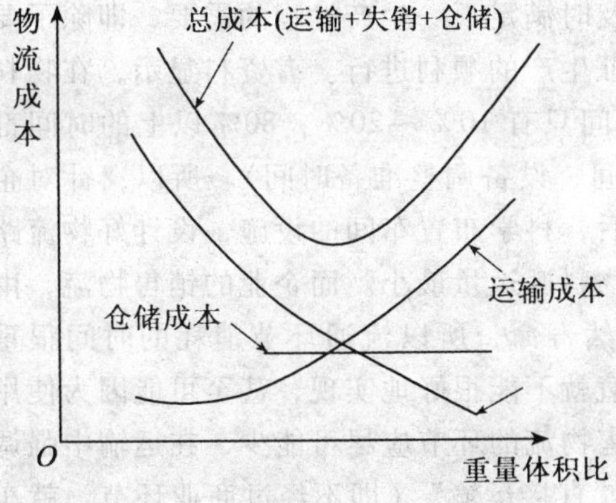

图 1-8　改进运输服务对物流成本的影响

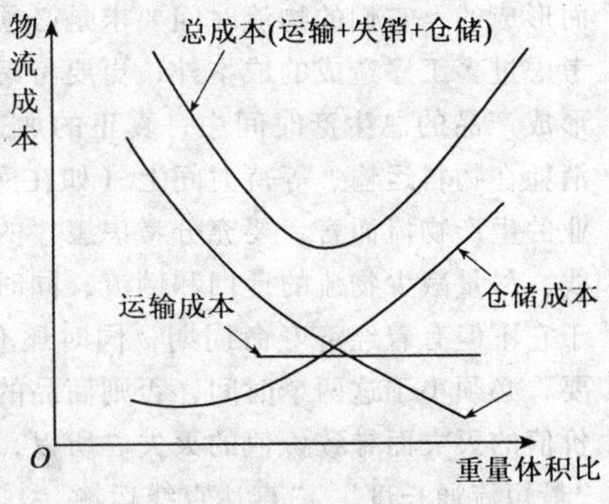

图 1-9　改进仓储服务对物流成本的影响

1.5.1.5　产品的风险性

产品的风险性是指产品本身存在的易燃性、易损性、易腐性和易于被盗等方面的特性。产品的风险性会对物流活动有特定的限制，从而引起物流成本的上升。如精密度高的产品，对保管和养护条件的要求较高，这无疑对物流的各个环节如运输、搬运、仓储都提出很高的物质要求而引起物流成本的增加；再如新鲜的水果、鲜花需要冷藏储存和运输，通常需要使用费用高昂的航空运输。而产品价值高的产品在运输仓储时的防盗措施必不可少，总之，由于产品的风险性而在物流过程中引起特殊防护作业，会增加企业的物流分拨总成本。

以上是从产品的特征属性这个角度来讨论产品对物流成本的影响的，我们还可以从产品的类别如从营销学的角度看，把产品分为便利消费品、选购消费品和特殊产品等。不同类别的产品的分销渠道不同，为之付出的物流成本水平也各见高低：从产品的生命周期来看，在产品的开发、成长、成熟和衰退四个阶段的物流成本也会因企业物流战略支持的需要而不同。这里就不一一分析了。

1.5.2 物流环节对物流成本的影响

物流过程的主要环节有运输、储存、装卸、搬运、包装、流通加工、配送、物流信息处理等，其中最基本的环节是改变物料存在的时间和场所，即运输和储存活动。如果把物流环节看成有一定长度的话，其长度就是从供应者到接收者的整个流程的长度，从经济的角度考虑，这个长度应该用时间来衡量。对商品流通渠道和物流环节的选择，是影响物流成本很重要的两个方面。

从企业采购物流和生产物流来看，物流的环节是从企业的原材料、辅助材料、零件采购开始，到在生产过程中这些材料经过各个生产车间及各道操作工序的转换而形成的，它们的物流时间要求是必须能及时满足下一生产过程的需要，即除了要考虑过多工序造成的成本外，更要考虑保证生产的顺利进行。有资料显示，在物料形成产品的总生产时间中，真正的加工时间只有10%～20%，80%以上的时间都消耗在物料运输、等待时间上（如在库时间、设备调整准备时间）。所以，针对企业的生产物流而言，要充分考虑工序的先后，科学布置车间的设施，设计好物流路线，尽量减少物流的迂回和倒流，同时使物料搬运量最小。而企业的销售物流，由于它不但有着经济寿命周期，同时还有自然寿命，所以流通环节消耗的时间很重要，必须小于这两个时间，否则商品的价值就不能很好地实现，甚至可能因为使用价值的灭失而导致价值的灭失。所以，销售物流的环节应尽可能少，在运输中强调“最短流通长度”、“直达直线运输”、“四就直接运输”（即不经过商业环节、就车站、就码头、就仓库直拨直运）的原因就在于此。

物流环节的多少、经历时间的长短直接影响着物流成本的大小。一般而言，对于物流环节，原则是中间的环节尽可能减少，在中间环节停留的时间也要尽可能少，每段运输距离尽可能短，而运输速度尽可能提高。物流环节成本直接影响着商品成本，在实际工作中必须重视消除多余环节，加强关键环节的管理，挖掘物流环节中存在的成本降低空间。

1.5.3 物流服务对物流成本的影响

物流服务是企业物流系统的产出，顾客服务随着市场竞争的加剧，越来越成为企业创造持久竞争优势的有效手段。企业管理者逐步认识到，对企业而言的物流管理对客户而言就是顾客服务，加强企业物流管理对于提高顾客服务满意度意义重大。

企业物流成本的降低受物流服务水平的制约，顾客所期望的物流服务水平是企业作出任何一项降低物流成本决策时都必须考虑的因素。物流管理者必须全面衡量客户服务需求，绝不能为了降低成本而无视服务。如果连顾客可以接受的最低服务水平都达不到，那么，服务付出的回报值就是零，甚至会造成企业的声誉损失和机会丧失等负面影响。与此相反，物流服务水平的高低设定也必须重视其对物流成本水平的影响程度。例如为改进顾客服务水平，通常使用溢价运输，这对总成本的影响是双方面的：运输成本曲线将向上移动以反映更高的运输费用；库存费用曲线将向下移动以反映由于较低的临时库存而导致的平均库存减少。在一般情况下，这些成本变化后的净值是总成本的增加，但如果改进服务能增加收入，则这样的成本调控（增加）通常可视为是合理的。不过，绝不能为提供更令人“满意”的服务而导致物流成本的急剧增加，而且其增加值大于长期销售收入增长所创造的利润。因此，需要在物流服务水平、总物流成本及企业的总利润之间做投入产出的效益对比分析。

正因为服务水平的提高对于企业的收入增加有着直接的影响，所以考虑物流服务与物流成本之间的权衡时，应更加重视从促进企业利润最大化而不是成本最小化的角度出发，应该首先对比不同的物流服务水平对于销售收入的影响，然后再根据被认为对销售收入贡献明显（即最优）的服务水平来计算出物流成本，而后再考虑这个物流成本的降低方法（不从服务水平降低的角度进行考虑）。

但确定最优的物流服务水平并不容易。不仅要确定物流服务水平和销售收入之间的关系，还要确定物流服务水平与物流成本之间的关系。如图 1-10 反映出了销售收入和物流成本随物流服务水平变动的树叶状关系图。销售收入和物流服务之间存在着的边际收入递减关系曲线，和物流成本与物流服务之间的正向递增关系曲线之间距离最大的点所对应的物流服务水平就是能带来企业利润最大化的最优选择。

事实上，评估不同的物流服务水平及相应的成本之间的关系也是企业在制定物流战略时必须考虑的问题。提供多少基本客户服务必须通过对相对成本和收益的论证来决策。除此之外，还取决于一系列因素，诸如竞争情况，物流定位为核心竞争力的程度，客户对于企业的物流绩效的敏感度以及一个企业完成许诺的能力等。

总之，物流服务应该是物流成本的一项内涵。任何降低物流成本的策略考虑都要把物流服务的水平涵盖其中。

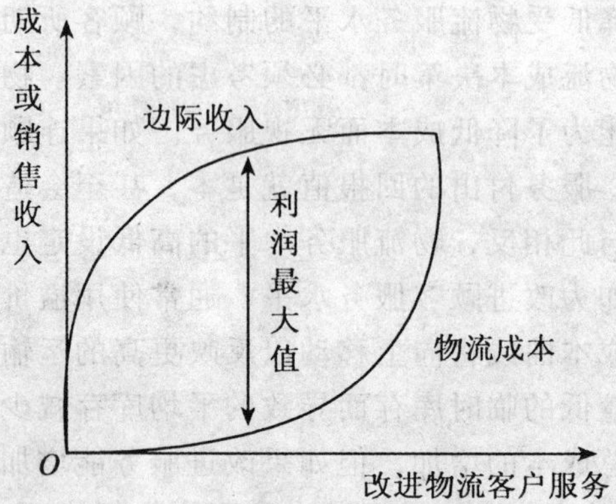

图1-10 成本收入和服务水平的树叶状关系图

1.5.4 物流运作方式与物流成本

企业的物流主要分为自营物流和外包物流两种运作方式。随着市场竞争的加剧，企业的物流运作方式正在发生变化。从最初的所有物流业务全部自营，发展为部分物流业务的外包直至全部外包。其原因是多方面的，但一个共同的原因在于，希望通过外包寻求企业物流成本的降低。企业物流业务外包已经成为越来越多致力于核心业务企业的策略选择。

专栏1.3 两种配送模式下库存成本的对比

一家家电厂商在湖北的配送以前采用的是商流、物流一体化配送模式。产品销售部门要进行商品交易，还要负责配送活动，物流与商流没有分离，导致物流环节过多、手续复杂，无法快速响应市场需求。为此，企业决定把配送业务外包，将原来在湖北的7个配送仓库全部撤销，只设一个配送中心，并由第三方公司负责配送。下表显示了该企业在湖北省物流外包前后库存成本的变化。

两种配送模式下库存成本对比表

项 目	自营配送	外包配送	成本节约	节约比例（%）
库存资金成本	58 581	19 477	39 104	66.75
仓储成本	20 721	24 545	-3 824	-18.45
管理成本	12 660	3 120	9 540	75.36
库存总成本	91 962	47 142	44 820	48.74

可见，通过对配送业务实行外包，产品的库存成本降低了48.74%，将近1/2。

企业物流外包程度会因企业的具体情况和实际需要而不同。有的实行物流业务完全外包，有的执行一部分自营物流业务，将自营效率低的物流业务外包。例如我国洗衣机行业的龙头企业小天鹅集团将运输业务外包就是一个典型。小天鹅将2002年度100万台洗衣机、分布在全国33条线路上的运输合同，委托江苏省国际招标公司公开招标，此次拿出招标的业务量占其运输业务总量的20%，使得所支付的运输成本比以前的自营成本降低700万元，这相当于小天鹅直接获益700万元，根据资料显示，我国生产企业的外包主要集中在干线运输（占48%），其次是市内配送（占28%）和仓储（20%），商业企业的外包在市内配送、仓储和干线发运方面的比例均等。外包的程度各不相同自然导致了物流成本构成和总额上的差异。

外包能降低企业的物流成本，但这并不是一概而论的。对于规模大、物流设施都较齐全且物流运作已经较为成熟的企业，保持自营的方式更能充分利用企业的资源，提高企业的资金利用水平，减少物流费用的支付。

（资料来源：郭庆．物流成本分析：探寻冰山下的秘密［J］．中国储运，2002（2）。）

1.5.5 核算方式对物流成本的影响

我国尚未建立起企业物流成本的核算标准，各企业不同的会计记账需要导致了目前物流成本存在着很多不同的核算方式，从而导致了各企业的物流成本除了“量”的差异外，还存在着“质”的差异。各国物流成本的核算方式各不相同，即使在同一国家，对物流成本的核算也存在着不同的标准。如美国和日本的物流成本核算方法就不同，而日本的《物流成本统一计算标准》从三种不同角度提供了不同类别的核算方式。核算方式的不同必然会导致成本计算结果的差异。所以在使用物流成本核算资料时，要分辨成本核算的方法，注意不同核算方法对物流成本数据大小的影响。

当然，影响企业物流成本的因素除了以上的几个方面外，还有一些其他因素，比如企业信息化程度的因素等，但以上分析的这五大因素是我们考察一个企业的物流成本时都必须注意的重要方面，只有对这些不同的方面有所掌握，才有可能抓住物流成本管理的主要方面，保证有效地开展物流成本管理工作。

本章小结

1. 成本是人们为进行生产经营活动或达到一定的所需而耗费的人力、物力和财力等资源的货币表现及其对象化。物流成本是物流活动中所消耗的物化劳动和活劳动的货币表现，有广义和狭义物流成本之分，广义的物流成本包括狭义的物流成本与客户服务成本。

2. 物流活动包括运输、储存、装卸、搬运、包装、流通加工、配送、信息处理等物流功能环节，每一环节的活动都与物流成本有关。要科学地管理物流活动，提高经济效益，就要研究物流成本。

3. 对物流成本的划分有多种方法，按照物流活动各个环节、各种职能进行分类，是最常用的方法。此外，还可根据计入成本对象的方式、成本与业务量的关系、成本的可控性、成本在决策中的作用等进行分类。

4. 物流成本作为企业成本的一个组成部分，除了具备一般成本所具有的特征外，更具有交替损益性、不完全性和隐含性的特点。在进行物流成本核算时，应合理确定成本的核算范围、核算内容、核算方法，尽可能地反映成本的全貌；并坚持系统的观点，从整体上降低物流成本。

5. 随着人们对物流认识的加深，与物流成本有关的学说也得到了发展，经历了物流探索初期的流通领域学说、物流发展中期的费用-成本学说、物流发展较高层次的服务-战略学说三个阶段。现代物流理论的发展趋势是不仅关注成本费用的节约问题，还从战略的高度强调服务水平和竞争能力的提高问题。

6. 影响物流成本的因素很多，产品的特性、物流活动环节、物流服务水平、物流运作方式和物流成本的核算方式都对物流成本的大小产生重要的影响。在对企业的物流成本实施有效的管理之前，全面地了解其影响因素将会使管理活动针对性更强，达到事半功倍的效果。

本章思考题

1. 什么是物流成本？
2. 物流成本与物流活动的关系如何？
3. 物流成本的构成内容有哪些？不同类型企业的物流成本构成有什么不同？
4. 物流成本如何分类？
5. 物流成本有什么特征？
6. 与物流成本有关的理论学说主要有哪些？
7. 产品的特性对物流成本有什么影响？

案例分析 1

美国、加拿大物流成本开支与构成分析①

2000 年美国普通公司物流成本开支

	占销售额比例（%）	加拿大元/每百磅
运输	3.54	42.91
仓储	2.39	30.63
订单清关/客户服务	0.76	8.44
管理	0.85	9.29
库存搬运	2.03	27.80
物流总成本	9.57	119.07

2000 年加拿大普通公司物流成本开支

	占销售额比例（%）	加拿大元/每百磅
运输	3.28	42.12
仓储	2.23	29.03
订单清关/客户服务	0.69	7.94
管理	0.73	8.10
库存搬运	2.09	28.91
物流总成本	9.02	116.10

美国、加拿大公司物流成本构成情况

	美国公司（%）	加拿大公司（%）
运输	37	36
仓储	25	25
订单清关/客户服务	8	8
管理	9	8
库存搬运	21	23
物流总成本	100	100

① 朱伟生，张洪革．物流成本管理［M］．北京：机械工业出版社，2003.

美国小公司物流成本

年销售额（百万美元）	小于200	200～500	500～1250	大于1250
物流成本占销售额的比例（%）	10.45	8.73	7.36	3.40

加拿大中等公司物流成本

年销售额（百万美元）	小于200	200～500	500～1250	大于1250
物流成本占销售额的比例（%）	10.10	10.97	10.24	3.40

案例思考题1

1. 比较美国和加拿大普通公司物流成本构成上的差异。
2. 分析物流成本与公司规模之间的关系，并比较美、加之间的差异。

案例分析2

安利：如何降低物流成本？①

同样面临物流资讯奇缺、物流基建落后、第三方物流公司资质参差不齐的实际情况，国内同行物流成本居高不下，而安利（中国）的储运成本却仅占全部经营成本的4.6%。2003年1月21日，在安利的新物流中心正式启用之日，安利（中国）大中华区储运/店营运总监许绍明透露了安利降低物流成本的秘诀：全方位物流战略的成功运用。

一、非核心环节通过外包完成

据许绍明介绍，安利"店铺＋推销员"的销售方式，对物流储运有非常高的要求。安利物流储运系统的主要功能是将安利工厂生产的产品及向其他供应商采购的印刷品、辅销产品等先转运到位于广州的储运中心，然后通过不同的运输方式运抵各地的区域仓库（主要包括沈阳、北京及上海外仓）暂时储存，再根据需求转运至设在各省市的店铺，并通过家居送货或店铺等销售渠道推向市场。与其他公司所不同的是，安利储运部同时还兼管着全国近百家店铺的营运、家居送货及电话订货等服务。所以，物流系统的完善与效率，在很大程度上影响着整个市场的有效运作。

① 李伊松，易华．物流成本管理［M］．北京：机械工业出版社，2005.

但是，由于目前国内的物流资讯极为短缺，它们很难获得物流企业的详细信息，如从业公司的数量、资质和信用等，而国内的第三方物流供应商在专业化方面也有所欠缺，很难达到企业的要求。在这样的状况下，安利采用了适应中国国情的“安利团队 + 第三方物流供应商”的全方位运作模式。核心业务如库存控制等由安利统筹管理，实施信息资源最大范围的共享，使企业价值链发挥最大的效益。而非核心环节，则通过外包形式完成。如以广州为中心的珠三角地区主要由安利的车队运输，其他绝大部分货物运输都由第三方物流公司来承担。另外，全国几乎所有的仓库均为外租第三方物流公司的仓库，而核心业务，如库存设计、调配指令及储运中心的主体设施与运作则主要由安利本身的团队统筹管理。目前已有多家大型第三方物流公司承担安利公司大部分的配送业务。公司会派人员定期监督和进行市场调查，以评估服务供货商是否提供具有竞争力的价格，并符合公司要求的服务标准。这样，既能整合第三方物流的资源优势，与其建立坚固的合作伙伴关系，同时又通过对企业供应链的核心环节——管理系统、设施和团队的掌控，保持安利的自身优势。

二、仓库半租半建

从安利的物流运作模式来看，投资决策的实用主义是值得国内企业借鉴的。

在美国，安利仓库的自动化程度相当高，而在中国，很多现代化的物流设备并没有被采用，因为美国土地和人工成本非常高，而中国这方面的成本比较低。两相权衡，安利弃高就低。“如果安利在中国的销售上去了，有了需要，我们才考虑引进自动化仓库。”许绍明说。刚刚启用的安利新的物流中心也很好地反映出安利的“实用”哲学。新物流中心占地面积达40 000平方米，是原来仓库的 4 倍，而建筑面积达16 000平方米。这样大的物流中心如果全部自建的话，仅土地和库房等基础设施方面的投资就需要数千万元。安利采取和另一物业发展商合作的模式，合作方提供土地和库房，安利租用仓库并负责内部的设施投入。只用了 1 年时间，投入1 500万元，安利就拥有了一个面积充足、设备先进的新物流中心。而国内不少企业，在建自己的物流中心时将主要精力都放在了基建上，不仅占用了企业大量的周转资金，而且费时费力，效果并不见得很好。

三、核心环节大手笔投入

安利单在信息管理系统上就投资了 9 000 多万元，其中主要的部分之一，就是用于物流、库存管理的 AS400 系统，它使公司的物流配送运作效率得到了很大的提升，同时大大地降低了各种成本。安利先进的计算机系统将全球各个分公司的存货数据联系在一起，各分公司与美国总部直接联机，详细储存每项产品的生产日期、销售数量、库存状态、有效日期、存放位置、销售价值、成本等数据。有关数据通过数据专线与各批发中心直接联机，使总部及仓库能及时了解各地区、各地店铺的销售和存货状况，并按各店铺的实际情况及时安排补货。在仓库库存不足时，公司的库存及生产系统亦会实时安排生产，并预定补给计划，以避免个别产品出现断货情况。

案例思考题2

1. 安利的物流战略有哪些特点？它们对物流成本产生了什么影响？
2. 安利的物流战略对我们有什么启示？

参考文献

1. 孟祥茹，吕延昌，等．现代物流管理［M］．北京：人民交通出版社，2002.
2. 陈子侠．现代物流学理论与实践［M］．杭州：浙江大学出版社，2003.
3. 高锦萍，徐岩．成本管理会计［M］．北京：中国人事出版社，2002.
4. 邓凤祥．现代物流成本管理［M］．北京：经济管理出版社，2003.
5. 傅桂林．物流成本管理［M］．北京：中国物资出版社，2004.
6. ［德］Stefan Seuring，Maria Goldbach. 供应链成本管理［M］．郭晓飞，译．北京：清华大学出版社，2004.
7. 李伊松，易华．物流成本管理［M］．北京：机械工业出版社，2005.
8. 董千里．高级物流学［M］．北京：人民交通出版社，1999.

第2章 物流成本管理基础

关键词：物流成本管理（logistics cost management） 物流成本分析模块（logistics cost analysis module） 物流成本决策模块（logistics cost decision-making module） 物流成本控制模块（logistics cost control module） 现代成本意识（modern cost consciousness） 成本节省模式（cost saving mode） 成本避免模式（cost abstain mode） 成本效益模式（cost benefit mode） 总成本模式（total cost mode） 物流质量管理模式（logistics quality management mode） 供应链管理模式（supply chain management mode） 物流外包模式（logistics outsourcing mode）

企业一方面靠科学技术积极开拓市场，另一方面注重管理，挖掘内部潜力，控制和降低成本，以低成本高质量求生存。因此，成本管理是企业管理的一个重要组成部分。成本管理是根据会计及其他有关资料，采用会计的、数学的和统计的方法，对企业成本进行预测、决策、预算、核算以及控制和分析，以达到成本最低的一项综合性的管理活动。随着成本管理实践的深入和物流管理的快速发展，人们深刻认识到，成本管理不能仅停留在原有的模式和内容上，要想大幅度降低成本，提高服务质量，必须注重物流这个第三利润源的管理。而加强物流在企业经营中的职能，就必须加强物流成本管理。本章介绍物流成本管理的产生和发展、物流成本管理的意义和作用、物流成本管理的内容和管理模式等基本问题。

2.1 物流成本管理的产生和发展

2.1.1 物流成本管理的含义

由于物流成本管理的研究还处于起步阶段，目前还没有一个确切的定义。从物流管理和成本管理的内容来看，物流成本管理是以物流成本信息的产生和利用为基础，按照物流成本最优化的要求有组织地进行预测、决策、计划、控制、分析和考核等一系列的科学管理活动。在国家标准物流术语中对物流成本管理（LCC）定义为：对物流相关费用进行的计划、协调与控制。

物流成本管理通常被当作一种价值管理，但这种观点并不全面，没有真正揭示物流成本管理的内涵，以致许多人一提到物流成本管理，就认为仅仅是“管理物流成本”，把成本当成是管理的对象，注意力单纯地集中在掌握物流成本上，所达到的目的是物流成本计算本身。常常听到“虽然计算了物流成本，但不知道怎样利用”的反映。把物流成本管理误解为仅仅管理物流成本而产生的结果，一味地注意“怎样计算”却忘了“为什么计算”，这是一种本末倒置。实际上，成本是用金额评价某种作业的结果。成本本身虽然可以进行计算，但却不是管理的对象，能够成为管理对象的只有作业本身，而成本处于管理手段的位置，通过成本去管理物流，是以成本为手段的物流管理方法。

物流成本管理可以从两个方面进行，其一是从会计的角度考虑，通过建立物流管理会计系统，发挥会计职能来对物流成本进行计划、核算和控制等；其二是利用物流管理方法，通过对物流活动的管理，使物流各种职能得到优化，从而达到降低物流费用的目的。显然，这两个方面是相辅相成的，所以，企业在进行物流成本管理过程中，需要从两个方面同时进行。

为什么能利用成本去进行管理呢？这是因为：①物流成本能够真实地反映物流活动的实际状况，通过物流成本的计算，可以进行物流经济活动的分析，寻找和发现企业在管理中存在的问题和差异。②物流总成本是衡量与评价物流合理化的统一尺度。物流服务与成本之间的二律悖反关系，物流活动各要素成本间交替损益的状态，都使人们无法以某一环节活动的优劣和某一单项指标的高低去评价系统的合理性。而物流服务与成本之间的协调，物流各项活动成本之间的相互影响，最终都将体现在物流总成本上。因此，物流总成本就成为衡量与评价物流综合经济效益和物流合理化的统一尺度。

2.1.2 物流成本管理的产生和发展

2.1.2.1 物流成本管理的产生和发展概况

物流管理起源于军事后勤。第二次世界大战中，美国海军基于巨额军用物资的调拨而首创物流管理，而后被美国陆军所推崇并实施运用。由于在军事上的应用注重的是保证军用物资的可达性和及时性，是不怎么考虑成本的，这时物流成本管理没有得到重视。第二次世界大战后，由于市场的竞争加剧、物价上涨及人工成本的提高，西方发达国家各大公司的效益普遍下滑。企业在平均利润率的杠杆作用下，难以靠提高产品售价增加利润，要进一步降低产品生产成本也困难重重。在这种情况下，企业千方百计寻找降低成本的新途径，于是物流管理便进入了商业领域，成为继生产资料、劳动力后的第三利润源。企业注重成本管理，追求利润最大化，于是物流成本管理便应运而生，成为一种降低成本，提高服务水平的手段。

物流成本管理的发展与物流管理和经济的发展有着密切的联系，物流的发展取决于社会经济和生产力的发展水平，也取决于科学技术的发展水平。在经济发展的初级阶段，企业的经营思想是以生产制造为中心，根本无暇顾及流通领域中的物流问题。当经济快速发展、竞争加剧，企业开始向降低生产成本以外的领域寻求出路，开始意识到物流对降低企业成本的作用，物流总成本概念就开始被引入。由于经济的不断发展，外部环境的变化一方面给企业自身带来了改善物流系统的推动力，同时也促使政府修改高物流成本温床的管理政策，物流成本管理逐步得到了发展，出现了物流管理部门，使得物流成本管理开始组织化，并出现了外包制这种新的管理形式来降低物流成本和提高竞争力。同时物流总成本的概念也为物流管理的发展产生了推动作用。物流成本管理是随着物流管理的发展而兴起的成本管理的一个新的发展方面。物流成本管理的发展同成本管理一样，也是沿着事后管理到事中管理，再到事前管理的逻辑演进过程而不断向前发展的。

2.1.2.2 国外物流成本管理的发展阶段

从国外企业物流成本管理一般的发展过程来看，大致可以分为以下几个阶段：

(1) 物流成本认识阶段

物流成本管理在物流管理中占有重要的位置，“流通是经济领域的黑暗大陆”、“物流是第三利润源”的观点都说明了物流成本问题是物流管理初期人们关心的主要问题。正是物流领域存在着广阔的降低成本的空间，物流问题才引起企业经营管理者的重视。企业物流管理可以说是从对物流成本的管理开始的。但在这个阶段，人们对于物流成本的认识只是停留在概念认识的层次上，还没有依照管理的步骤对物流成本实施全面管理。

(2) 物流项目成本管理阶段

在对物流成本认识的基础上，根据不同部门、不同领域或不同产品出现的特定物流问题，要组织专门的人员研究解决。但是对于物流成本管理的组织化程度以及对物流成本的持久把握方面仍存不足。到了这个阶段，物流管理组织开始出现。

(3) 引入物流预算管理制度的阶段

随着物流管理组织的设置，人们对物流成本有了一个统一的把握，开始引入物流预算管理制度。也就是说，通过物流成本预算的编制、预算与实际的比较，对物流成本进行差异分析，从而达到控制物流成本的目的。但是，这个阶段编制的物流预算缺乏准确性，对于成本变动原因的分析也缺乏全面性，而且对物流成本的把握仅限于运费和对外支付的费用。

(4) 物流预算管理制度确立阶段

在这个阶段推出了物流成本的计算标准，物流预算及其管理有了比较客观准确的依据，物流部门成为独立的成本中心或利润中心。

(5) 物流业绩评价制度确立阶段

物流预算制度确立后，进一步发展的结果是形成物流业绩评价制度。通过物流部门对企业业绩贡献度的把握，准确评价物流部门的工作。物流部门的业绩评价离不开其对降低物流成本的贡献度，降低物流成本是物流部门的永恒目标。

专栏 2.1　日本物流成本管理的发展阶段

在不同的国家，物流发展程度不同，对物流的研究程度也各异，对物流成本管理的发展也存在着不同的看法。在日本，物流技术兴起于20世纪50年代，发展至今已形成了一套完整的体系，由重视功能变为重视成本，进而变为重视服务。物流成本管理一直受到日本物流界的重视，在长期的发展中逐步向物流成本与财务结算制度相连接的方向发展。在日本，物流成本管理的发展阶段问题存在着两种不同的学术观点。

一种是以神奈川大学的唐泽丰教授为代表，认为日本的物流成本管理的发展可以分为下述四个阶段：一是明确提出物流成本运算方法的阶段，从物流成本与销售金额比率的角度进行管理。二是采用物流预算和反馈制度的阶段，可以对物流费用的差异进行分析。三是设定适当物流成本的基准值或标准值的阶段，使物流预算的提出或物流管理有一个客观的、恰当的标准。四是与财务会计制度接轨，建立物流管理会计制度阶段，利用效益悖反进行成本模拟。唐泽丰教授认为目前日本企业物流成本核算与管理基本停留在第三阶段。

另一种是以菊池康也教授为代表，认为日本物流成本管理发展可以分为下述五个阶段：了解物流成本的实际状况阶段；物流成本核算阶段；物流成本的标准成本管理和预算成本管理阶段；物流效益评估阶段；物流盈亏分析阶段。菊池康也教授认为现在日本多处于第三阶段，还没有达到第四阶段、第五阶段，物流部门的管理还落后于销售和生产部门的管理。

（资料来源：李伊松，易华．物流成本管理［M］．北京：机械工业出版社，2005。）

2.1.2.3　我国物流成本管理的发展情况

我国的物流管理起步较晚。1979 年中国物资经济学会派代表团参加了在日本举行的第三届国际物流会议，第一次把“物流”这一概念从日本介绍到了国内。

20 世纪 80 年代初，我国流通领域还带有很浓重的计划经济的色彩，作为生产资料流通的主要承担者的国有物资部门开始从宏观角度研究物流。而此时的商业系统还无暇顾及物流领域，使当时的商业系统对物流的研究远远落后于物资系统。这时，我国物流管理的发展基本上处在概念的引进和初级阶段的理论研究阶段，未能引起各方面重视，没有进行深入的研究和实际的操作，对物流成本的认识也是停留在概念认识的层次上，更不用谈物流成本的管理了。

90 年代初，由于竞争的激烈，业态的多样化导致流通领域利润下降，商业系统才开始重视物流，特别是开始重视连锁经营与物流配送关系的研究，使商业系统对物流的研究迈向了新的高度。1991 年，由中国物资流通学会承担的“工业企业物流合理化研究”课题组，对我国电子、石化、有色金属等八个行业的物流现状作了一次表格调查，发现企业现有统计报表中按物流概念统计的数据极少，大量数据需要通过估算得出，有些数据甚至无法填写。但这次活动已引起企业对物流的重视，有些企业对本单位的物流状况进行了全面的调查，对物流成本进行了分析，对物流主要环节的某些指标定额（如物流吨费用、运输吨·公里费用、仓储吨·日成本等）进行了探索。物流成本开始进入初步的研究和试验性管理阶段，但还只是限于个别的企业和部门，并没有引起全社会对物流成本的关注。

进入 90 年代后期，随着中国经济体制改革的深入，企业产权关系的明确，生产企业及其他流通企业开始认识到物流的重要性。国内一些企业的内部开始设立专门的物流部门，也开始出现了不同形式的物流企业(大多数物流企业是由原运输企业、仓储企业、商业企业或工业企业等改造重组而来)，已有少数物流企业开始建立在物流理论上，根据物流运作规律进行组织与管理。此时，物流这个第三利润源引起了社会和企业的极大兴趣，大家纷纷参照国外的先进经验和技术来加强物流管理，组织专门的人员研究降低物流成本的理论和方法，物流成本管理开始组织化。

进入 21 世纪，我国的物流业又有了新的发展，特别是近几年网络经济的发展，电子商务对物流提出了新的要求，加强了我国物流业与世界物流业的合作与交流，使我国物流业发展开始走向国际化。物流成本管理理论和方法的研究进入了一个新阶段，出现了一些关于物流成本管理的专著和论文。一些企业开始引入物流成本预算制度，作为物流环节的运输、存储、装卸搬运等都有了一些行业的定额标准。但是，物流成本的预算缺乏准确性，国内尚无物流成本的定额指标，许多物流成本都隐藏在传统的会计统计中，没有完整列入物流成本的范畴，对于变动成本的分析更是缺乏全面性，所以对物流成本的把握仅限于运费等一些常见的基本指标以及对外支付的费用。

目前，物流成本管理的研究工作在我国尚处于起步阶段，还没有建立专门的物流成本核算体系，缺乏规范的核算，但是近几年来有不少企业已在探讨和摸索，取得了一些积极的成果。理论界也在积极探讨关于建立统一的物流成本计算标准的问题。如何通过对物流成本的管理来改善物流流程，降低成本，提高效益，已经成为我国物流业的核心问题。

2.2 物流成本管理的意义

现代物流经济效益的直接来源是物流活动的有效运营与管理的成本节约，企业物流管理的目的就是降低物流总成本，增强企业竞争优势，因此，物流成本管理是企业物流管理的核心。物流既是主要成本的产生点，又是降低成本的关注点。企业将物流成本作为评价物流活动的共同尺度，即将物流活动的耗费用货币形式表现出来，在同一平台上对物流活动进行比较，发现物流活动存在的问题，以实现降低物流成本，提高物流服务质量的目标。实现物流成本管理，降低物流成本，提高经济效益，对国家与企业都具有非常重要的现实和长远意义。

2.2.1 物流成本管理的微观意义

从微观的角度看，进行物流成本管理给企业带来的经济效益主要体现在以下两个方面。

2.2.1.1 降低企业成本，提高企业利润

物流成本在企业的总成本中占有不小的比重，在其他条件不变的情况下，降低物流成本意味着扩大了企业的利润空间，提高了利润水平。因此，物流成本的高低直接关系到企业利润水平的高低。

在充分竞争的市场环境下，产品的价格由市场的供求关系所决定，但价格背后体现的还是产品的价值量，即产品中所凝结的人类抽象劳动的数量。商品价值并不取决于个别劳动时间，而是由行业平均必要劳动时间所决定。当某个企业的物流活动效率高于所属行业的平均物流活动效率，物流成本低于所属行业平均物流成本的时候，物流成本的降低部分就转化为企业的"第三利润"；反之，企业的利润水平就会下降。正是由于这种与降低物流成本相关的超额利润（具有较大的降低空间）的存在，才导致企业积极关注物流成本，致力于降低物流成本的努力。

例如当企业的销售额为1亿元，物流成本占销售额的20%时，物流费用为2000万元；如果通过物流成本管理降低了20%的物流费用，就相当于400万元的利润。换个角度，如果销售利润率是10%，那么增加400万元的利润需要增加4000万元的销售额，所以物流成本降低20%，就相当于增加40%的销售额。这被称为物流成本的乘数效应。因为物流成本的乘数效应的存在，才使得降低物流成本使企业的净收益和总收益都得以增加，因此降低物流成本对企业利润的增加具有重要意义。

2.2.1.2 增加企业的竞争优势

首先，物流成本的降低意味着增强企业在产品价格方面的竞争优势，企业可以利用相对低廉的价格在市场上出售自己的产品，扩大销售，并以此为企业带来更多的利润。在市场竞争中，价格竞争是市场竞争的主要手段。在进货价格、销售价格不变的情况下，降低物流成本就可增加企业盈利；若进货价格和盈利保持不变，降

低物流成本就可以降低商品的销售价格，提高企业的竞争力。

其次，加强物流成本管理，可增强时间和质量上的竞争力。根据物流成本计算结果，不仅可以知道物流成本占企业生产总成本的份额，而且还可以发现物流活动存在的问题，即现状与理想状态之间的差距。通过对问题的进一步分析，可以有针对性地加以改进，达到物流的合理化。同时，通过对物流成本的分析可以与先前的预算进行比较，根据比较结果来重新进行物流计划的调整、分析和评价，以对物流成本进行更好的控制。比如可以通过改善物流流程，削减不必要的物流环节，减少低效率的作业，来提高响应速度和服务质量，减少企业流动资金的占用，加快资金周转速度。所以，从某种程度上说，加强物流成本管理是提高企业管理水平、提高服务质量的一个激励因素，是提高企业竞争力的一个重要措施。

2.2.2 物流成本管理的宏观意义

从宏观的角度讲，进行物流成本管理给行业和社会带来的经济效益体现在以下两个方面。

2.2.2.1 提高经济运行质量和总体竞争力

随着经济全球化和信息技术的迅猛发展，企业生产资料的获取与产品营销范围日益扩大，社会生产、物资流通、商品交易及其管理正在不断发生深刻的变革。物流成本管理水平的高低，将直接影响物流成本水平，进而影响产品成本。对于我国工商企业而言，在各国企业都追求客户服务的差异化或成本最小化战略之时，可以利用高质量的现代物流系统，降低物流成本，改进物流管理，提高企业及其产品参与国际市场活动的竞争力。如果全行业的物流效率普遍提高，物流成本平均水平降低到一个新的水平，那么，该行业在国际上的竞争力将会得到增强。对于一个地区的行业来说，可以提高其在全国市场的竞争力。

降低物流成本，可以降低物品在运输、装卸、仓储等流通环节的损耗，对于全社会而言，意味着创造同等数量的财富，在物流领域所消耗的物化劳动和活劳动得到节约，实现以尽可能少的资源投入，创造出尽可能多的物质财富，达到节省资源消耗的目的。物流成本的节约，不但为社会节约大量的物质财富，同时亦可增加在生产领域的投入，从而创造更多的物质财富。除此之外，还可以增加企业利税，增加国家资金积累，扩大社会再生产的基础。

全行业物流成本的普遍下降将会对产品的价格产生影响，导致物价相对下降，减轻消费者的经济负担，这有利于保持消费物价的稳定，相对提高国民的购买力，刺激消费，提高经济运行的整体效率。

物流业越发展，物流成本越低，物流总成本占 GDP 的比例就越低。物流业水平的高低是一个国家综合实力、竞争力、经济效率与宏观调控力的重要标志。物流成本管理对于优化资源配置，提高经济运行效率，具有十分重要的意义。

专栏2.2 几个国家和地区的物流成本占GDP的比重

物流活动的成本对一个国家来说也不是一个小数目，其在GDP中占有相当的份额。下表为国际货币基金组织1997年对一些国家和地区物流成本的估算。

1997年国际货币基金组织估算的物流成本

国家和地区	GDP（亿美元）	物流总成本（亿美元）	物流成本占GDP的比例（%）
中国大陆	42 500	7 180	16.9
中国台湾	3 080	400	13.0
中国香港	1 750	240	13.7
新加坡	850	120	14.1
日本	30 800	3 510	11.4
美国	80 830	8 490	10.5
英国	12 420	1 250	10.1

从表中可以看到，物流成本占所有国家和地区GDP的10%以上，在国民经济中占有显著的地位。1997年中国大陆的物流成本占GDP的16.9%，同全球的平均值12%相比，高出4.9个百分点。

《2004年中国物流发展报告》则表明，2004年，全国社会物流总成本为29 114亿元，同比增长16.6%，增幅比上年同期提高3个百分点。其中，运输成本为16 558亿元，同比增长18%，增幅比上年同期扩大3.5个百分点，占社会物流总成本的比重为57%；保管成本为8 467亿元，同比增长14.8%，增幅比上年同期回落0.3个百分点，占社会物流总成本的比重为29%；管理成本为4 089亿元，同比增长14.5%，增幅比上年同期扩大7.2个百分点，占社会物流总成本的比重为14%。2004年，我国物流总成本占GDP的比重为21.3%，比上年降低0.1个百分点，比1991年降低2.7个百分点。下表是我国1991～2004年社会物流总成本占GDP比重情况。

我国1991～2004年社会物流总成本占GDP比重情况

年份	社会物流总成本占GDP的比重（%）	年份	社会物流总成本占GDP的比重（%）	年份	社会物流总成本占GDP的比重（%）
1991	24.0	1996	22.0	2001	21.1
1992	23.0	1997	22.3	2002	21.5
1993	22.8	1998	21.4	2003	21.4
1994	22.1	1999	21.4	2004	21.3
1995	22.0	2000	21.2		

很显然，我国社会物流总成本占 GDP 的比重呈逐渐降低的趋势。但我国的物流成本占 GDP 的比重要远远高于其他国家，说明我国的物流成本管理水平还很低，同时也说明我国物流成本下降的潜力很大。

（资料来源：李伊松，易华．物流成本管理［M］．北京：机械工业出版社，2005。）

2.2.2.2 加速产业结构的调整，支撑新型工业化

区域经济是一种聚集经济，是人流、商流、资金流等各种生产要素聚集在一起的规模化生产，以生产的批量化和连续性为特征。在区域经济的发展进程中，合理的物流系统起着基础性的作用。

加强物流成本管理，促进现代物流的发展，改变着区域经济的增长方式。我国传统的工业化道路有一个明显的特征就是，一方面追求高速度，另一方面是粗放式运作。反映在物流上，就是物流成本占 GDP 的比重过高，库存过大，到 2002 年历年库存产品积累大约有 4 万亿元。资金周转速度极慢。中国目前处于工业化中期，加强物流成本管理可以促进区域经济增长方式的转变，引导企业走新型工业化之路，实现用集约式经营来提高效益和效率。

加强以物流成本为手段的物流管理，可以促进新的产业形态的形成，优化区域产业结构。现代物流产业本质上是第三产业，是现代经济分工和专业化高度发展的产物，其发展将对第三产业的发展起到积极的促进作用。实践表明，现代物流产业的发展，推动、促进了当地的经济发展，既解决了当地的就业问题，又增加了税收，促进了其他行业的发展。此外，还能进一步带来商流、资金流、信息流、技术流的集聚，以及交通运输业、商贸业、金融业、信息业和旅游业等多种产业的发展，这些产业都是第三产业发展的新的增长点，是第三产业重要的组成部分。加强物流成本管理还有利于对分散的物流进行集中处理，量的集约必然要求利用现代化的物流设施、先进的信息网络进行协调和管理。相对于分散经营、功能单一、技术原始的储运业务，现代物流属于技术密集型和高附加值的高科技产业，具有资产结构高度化、技术结构高度化、劳动力高度化等特征。从这个角度来说，加强物流成本管理有利于区域产业结构向高度化方向发展。

加强物流成本管理还可以促进以城市为中心的区域市场的形成和发展。一般来说，城市是商品集散和加工的中心，物流设施和基础设施齐全，消费集中而且需求量大，交通与信息发达，与周围地区存在不对称性，以其为核心枢纽，可以辐射周边地区，带动其他地域形成一个商品流通整体。现代物流可以促进以城市为中心的区域经济的形成，促进以城市为中心的区域经济结构的合理布局和协调发展，有利于以城市为中心的经济区吸引外资，有利于以城市为中心的网络化的大区域市场体系的建立，有利于解决城市的交通问题，有利于城市的整体规划，有利于减少物流对城市环境的种种不利影响。

总之，加强物流成本管理，降低物流成本，从微观角度上看，可以提高企业的物流管理水平，促进经济效益的提高，增强竞争力；从宏观角度上看，降低物流成本对提高国民经济的总体运行质量和竞争力，促进产业结构的调整，支撑新型工业化，发展国民经济，提高人民生活水平都具有重要意义。

专栏 2.3　中国的物流成本大有降低空间

中国的物流业与欧美发达国家相比还有相当的差距。中国的物流业成本占整个运营成本的20%左右，而美国仅占9%左右。从库存情况来看，中国企业产品的周转周期为35～45天，而国外一些企业的产品库存时间不超过10天。另外，中国企业更愿意用自己的车队，但火车空载率达37%以上，同时因包装问题而造成的货物损失每年达150亿元，因货物运输问题每年损失500亿元人民币。导致这些问题的根源在于企业规模小、管理分散、员工素质低、没有形成网络，缺乏竞争力，企业之间也缺乏相互沟通和了解，不利于物流企业的发展。在珠三角，众多外向型加工制造企业由于原材料及市场两头在外，物流成本在有些城市相当于GDP的30%至35%，几乎每家企业都有自己的配送系统，这种现象在国内其他城市也不同程度地存在。同时，在一些城市物资流通中，由于条块分割、部门分割、重复建设等问题，造成了巨大的资源浪费，阻碍了全社会综合物流体系的形成。

业内人士分析指出，随着经济全球化的加快，最大限度降低物流成本将很快成为众多大型生产企业取得竞争优势的法宝。如果中国物流成本占GDP的比例降到15%，每年可为全社会直接节省约2 400亿元，并为企业和社会带来极为可观的经济利益。这说明，中国物流领域的管理水平和效率还比较低，但同时也说明中国物流成本节约的空间还非常大。中国物流业要取得成功，必须运用现代物流管理，有效地把物流成本降下来。

（资料来源：孟燕萍．中国的物流成本［N］．国际经贸消息，2001-10-13。）

2.3　物流成本管理的研究内容和技术方法

企业在进行物流成本管理时，首先要明确管理的目的，有的放矢。一般情况下，企业物流成本管理的出发点是：通过掌握物流成本的现状，发现企业的物流活动中存在的主要问题；对各个物流相关部门进行比较和评价，依据物流成本的计算结果，制定物流规划，确立物流管理战略；通过物流成本管理，发现降低物流成本的环节，强化总体物流管理。为了达到物流成本管理的目的，将物流成本管理的内容分为物流成本分析、物流成本决策、物流成本控制三大模块。具体内容包括：物流成本核算、分析、预测、决策、计划、控制和信息反馈等。

2.3.1 物流成本管理的内容

2.3.1.1 物流成本分析模块

物流成本分析模块主要包括物流成本核算和物流成本分析，是进行物流成本决策与控制的基础。

（1）物流成本核算

物流成本核算是在计划执行后，按照规定的成本项目，采用适当的计算方法，对一系列的物流费用进行汇集与分配，从而计算出各物流成本计算对象的实际总成本和单位成本。通过物流成本计算，可以如实地反映生产经营过程中的实际物流耗费，也可以反映出各种活动费用实际支出与计划支出的差异。物流成本核算是对物流成本计划执行情况的检验。

（2）物流成本分析

物流成本分析是在成本核算及其他有关资料的基础上，运用一定的方法，揭示物流成本水平的变化，进一步查明影响物流成本变动的各种因素。通过物流成本分析，检查和考核成本计划的完成情况，总结经验，找出实际与计划差异的原因，及时发现问题，揭示物流环节中的主要矛盾。物流成本分析的方法是多种多样的，具体采用哪种方法要根据分析目的、物流特点和所掌握资料的性质与内容而确定。常用的方法主要有指标对比分析法和因素分析法等。物流成本分析过程同时也是对前一阶段物流成本管理业绩的评估过程。

2.3.1.2 物流成本决策模块

物流成本决策模块包括物流成本预测、物流成本决策和物流成本计划等，主要指企业根据自身的发展情况和利用已有的成本信息对未来的物流成本作出预测；然后从若干个方案中选择一个满意的方案作出决策；在此基础上根据决策的结果来制定物流成本计划。决策模块是进行物流成本控制的依据和准则，决策的科学性和可行性直接影响到物流成本计划实施的成功与否。

（1）物流成本预测

物流成本预测是在对本年度物流成本进行分析的基础上，根据有关物流成本数据和企业具体的发展情况，运用一定的技术方法，对未来的物流成本水平及其变动趋势作出科学的估计。物流成本预测可以提高物流成本管理的科学性和预见性。

在物流成本管理的许多环节都存在成本预测问题，如仓储环节的库存预测、流通环节的加工预测、运输环节的货物周转量预测等。

（2）物流成本决策

物流成本决策是在成本分析与预测的基础上，结合其他技术、经济因素等有关资料，运用一定的科学方法进行研究、分析，决定采取的行动方针，并进行可行性分析，然后从若干个方案中选择一个满意的方案的过程。从物流整个流程来说，有配送中心新建、改建、扩建的决策，装卸搬运设备、设施的决策，流通加工合理下料的决策等。进行成本决策是制定成本计划的前提。

(3) 物流成本计划

物流成本计划是根据成本决策所确定的方案、计划期的生产任务、降低成本的要求以及有关资料，通过一定的程序，运用一定的方法，以货币形式规定计划期物流各环节耗费水平和成本水平，并提出保证成本计划顺利实现所采取的措施。通过成本计划管理，可以在降低物流各环节成本方面给企业提出明确的目标，推动企业加强成本管理责任制，增强企业的成本意识，控制物流环节费用，挖掘降低成本的潜力，保证企业降低物流成本目标的实现。

物流成本有月度计划、季度计划、年度计划和短期计划（一年以内）、中期计划（三年）、长期计划（五年或十年）等计划体系。

2.3.1.3 物流成本控制模块

物流成本控制模块主要包括物流成本控制和物流成本信息反馈。物流成本控制模块是根据物流成本计划和控制过程中实时的信息反馈，及时调整控制手段，来保证计划的实现。成本控制阶段也是对物流计划进行实施和监督的阶段。

(1) 物流成本控制

成本控制是根据计划目标，对成本发生和形成过程以及影响成本的各种因素和条件施加主动的影响，以保证实现物流成本计划的一种行为。

物流成本控制的基本内容有：运输费用控制（如加强运输的经济核算，防止运输过程中的差错事故，做到安全运输等），储存费用的控制，装卸搬运费用的控制（如合理选择装卸搬运设备，防止机械设备的无效作业、合理规划装卸方式和装卸作业过程，减少装卸次数，缩短操作距离，提高被装卸物资纯度等），包装费用控制（如选择包装材料时要进行经济分析，运用成本核算降低包装费用，包装的回收和旧包装的再利用，实现包装尺寸的标准化、包装作业的机械化，有条件地组织散装物流等），流通加工费用的控制（如合理确定流通加工的方式，合理确定加工能力，加强流通加工的生产管理，制定反映流通加工特征的经济指标等）。通过成本控制，可以及时发现存在的问题，采取纠正措施，保证成本目标的实现。

(2) 物流成本信息反馈

对在物流过程中所发生的有关成本方面的各种资料和数据进行收集、整理、汇总，传输给有关领导和部门，使其掌握情况，加强对物流成本的控制，保证物流成本目标实现。根据物流成本信息反馈的结果，及时调整最优方案，以指导物流成本控制工作，更好地进行物流成本管理。

上述三个模块和各项成本管理活动的内容是互相配合、相互依存的一个有机整体。成本分析与预测是成本决策的前提；成本计划是成本决策所确定目标的具体化；成本控制是对成本计划的实施进行监督，以保证目标的实现；成本核算与分析是对物流成本目标是否实现的检验和评估，也是对物流成本管理绩效的检验和评估，通过对物流成本决策的正确性和控制的有效性进行评估，发现问题，肯定成绩，有利于新的决策的制定和实施。其中，成本决策和成本控制是针对企业在已经确定的竞争战略下如何建立与竞争战略相适应的物流成本管理战略所必须实施的两个关键程序。

2.3.2 物流成本管理常用的技术方法

物流成本管理实际上是对物流系统进行优化的过程。物流过程是一个创造时间性和空间性价值的经济活动过程，为使其能提供最佳的经济效能，就必须保证物流各个环节的合理化和物流过程的迅速、通畅。物流系统是一个庞大而复杂的系统，要对它进行优化，需要借助于先进的管理方法和优化手段。

(1) 用线性规划、非线性规划制定最优运输计划，实现物品运输优化

物流过程中遇到最多的问题是运输问题，例如，某产品现有某几个企业生产，又需供应某几个客户，怎样才能使企业生产的产品运到客户所在地时达到总运费最小的目标。假定这种产品在企业中的生产成本已知，从某企业到消费地的单位运费和运输距离以及各企业的生产能力和消费量都已确定，则可利用线性规划来解决。如企业的生产量发生变化，生产费用函数是非线性的，就应使用非线性规划来解决。

(2) 运用系统分析技术，选择货物最佳配比和配送线路，实现货物配送优化

配送线路是指各送货车辆向各个客户送货时所要经过的路线，它的合理与否对配送速度、车辆的利用效率和配送费用都有直接的影响。目前较成熟的优化配送路线的方法是节约法，也称节约里程法。

(3) 运用存储论确定经济合理的库存量，实现物资存储优化

存储是物流系统的中心环节。物资从生产到客户之间需要经过几个阶段，几乎在每一个阶段都需要存储。究竟在每个阶段库存量保持多少为合理？为了保证供给，需隔多长时间补充库存？一次进货多少才能达到费用最省的目的？这些都是确定库存量的问题，也都可以在存储论中找到解决的方法。其中应用较为广泛的方法是经济订购批量模型，即 EOQ 模型。

(4) 运用模拟技术对整个物流系统进行研究，实现物流系统的最优化

例如，克来顿·希尔模型，它是一种采用逐次逼近法的模拟模型。该方法提出了物流系统的三项目标：最高的服务水平、最小的物流费用、最快的信息反馈。在模拟过程中采用逐次逼近的方法来求解下列决策变量：流通中心的数目、对客户的

服务水平、流通中心收发货时间的长短、库存分布、系统整体的优化。

当然，在物流成本的优化过程中，要借助于计算机管理系统，通过它一次次循环、计算、评价，使整个物流系统不断地优化，最终找出使其总成本最低的最佳方案。

2.4 物流成本管理的管理模式

随着经营环境的变化，成本管理的管理方法和管理观念有了较大的变化。物流成本管理在新的成本理念、新的管理方式的推动下，产生了许多新模式。从初级的成本节约模式到高级的成本改善模式；从日常的质量管理模式到项目投资的成本效益模式等。由于“二律悖反”现象在物流活动中随处可见，因而总成本意识是物流成本管理的首要和关键的理念。此外，还应形成消灭一切物流浪费的现代成本意识。

2.4.1 现代成本意识

企业间竞争的日益加剧对成本管理提出了越来越高的要求，传统的成本标准已不再适应激烈的市场竞争，企业必须形成现代成本意识。现代成本意识是指企业管理人员对成本管理和控制给予足够的重视，不受“成本无法再降低”的传统思维定势的束缚，充分认识到成本降低的潜力是无穷无尽的。物流现代成本意识本质上就是要企业无止境地追求物流成本降低，消灭一切物流浪费，具有追求极限的“理想性”特征。

在物流成本管理中，贯彻现代成本意识可以从以下几方面进行：

(1) 从战略布局的高度定位

物流是企业经营战略的一部分。企业生产、营销的战略和策略决定了物流系统的运行模式，产品种类、服务项目和营销策略的改变都将导致物流成本的变化。为此，在进行各项战略决策时，需要将各项决策对物流的要求和对物流成本的影响纳入考虑的范围，将降低物流成本从战略布局的高度加以定位。

(2) 以理想物流成本为目标

要打破传统的“成本无法再降低”等观念的束缚，就必须以理想的物流成本为目标，时刻将理想的物流成本作为行动的指南，树立“物流成本降低无止境”的观念。例如，在库存管理中，以零库存为目标；在运输作业中，不出现空载现象。

(3) 形成全员式的降低物流成本的格局

物流成本的发生不仅应由物流部门负责，也涉及供应、设计、生产、销售等部门，因此物流成本的降低还需要各部门通力合作，形成贯穿企业各部门的“组织化成本意识”，以确保从总成本的角度来降低物流成本。同时，要想最大限度地降低物流成本，还需要全体从事物流工作的员工参与，每个员工都要具有降低物流成本的愿望和意识，并进行自我控制。

（4）持续不断地降低物流成本

降低物流成本不应作为一时的权宜之计，应持续不断地进行。而且随着经济环境的变化，理想的物流成本也会不断变化，因此物流成本管理的目标必须适时调整，才能满足现代成本管理的要求。

专栏 2.4　精益物流

精益物流体现了现代成本意识。它所追求的目标是尽善尽美，力图以最小的投入获得最大的产出，以最快的速度进行设计和运作，不断地降低物流成本，追求零库存以及全面、高效、灵活、优质的服务。

美国萨克斯第五大道百货公司面临未来5年内国内一半的零售企业将要倒闭的危机，这种危机感促使其将销售规划与物流结合起来，产生了很好的效益。它们发现对旺销的产品来讲，盈利与亏损之间可能只是7～10天的差别，所以必须依靠出色的物流服务使这些款式恰好在最需要的时候出现在卖场。它们设计了高效的物流运作模式，比如服装在孟加拉国裁剪，在意大利缝制成衣，最后将成品快速运到美国的豪华商店进行销售，收益十分显著。

（资料来源：连桂兰．如何进行物流成本管理［M］．北京：北京大学出版社，2004。）

2.4.2　成本节省模式

日常的物流作业往往存在着浪费和效率不高的现象，这种情况可以通过成本节省模式加以改进。成本节省模式是指力求在工作现场不消耗无谓的成本和改进工作方式以节省将要发生的成本支出。它是一种有组织、有计划地运用各种方法以降低企业内各项成本的措施。成本节省模式是成本降低的初级形态，有成本维持和成本改善两种执行形式。

2.4.2.1　物流成本维持

物流成本维持即从日常的物流作业中消除不必要的物流浪费，提高作业环节的效率。通常从以下几方面着手：

①库存成本方面的措施：维持合理的库存量；提高保管效率；防止偷盗、毁损。

②运输成本方面的措施：通过商品分流，缩短运输距离；减少运输次数；提高车辆装载率；选择最佳的运输方式；开展集运、直运、共同运输等。

③包装成本方面的措施：使用价格便宜的包装材料；包装作业机械化、标准

化；回收利用旧包装。

④装卸成本方面的措施：减少装卸次数；装卸作业灵活化、省力化；利用信息引导系统。

2.4.2.2 物流成本改善

物流成本改善即通过规模经济效益和学习效益，扩大经营规模，提高劳动效率，降低单位成本。现代作业成本法（Activity-Based Costing）应用于物流成本计算和作业成本管理以及物流作业分析与控制，是更科学、更深入的物流成本改善技术。

物流成本节省贯穿于物流活动的全部领域和整个过程。为了进行成本维持和成本改善，在日常工作中需要对各环节的物流工作予以关注和思考，这样才能发现问题，加以改进。

2.4.3 成本避免模式

在开发新产品或新服务项目时进行物流作业、物流系统设计，要考虑新项目对物流支持的要求、对现有物流活动的影响以及对物流成本大小的影响。从设计阶段就避免过多物流成本的产生，这就是物流成本避免的思想。物流成本避免是指立足于预防，从源头控制成本降低潜力，避免一些成本的发生，是成本降低的高级形态。成本避免一般发生在战略决策层，对物流及其活动具有先导性影响，因此，企业高级管理者需要具有足够的成本避免意识。

实施物流成本避免，应考虑以下几个方面的因素：

（1）物流活动的产出水平对物流成本的影响

物流活动的产出是物流服务，产出的多少与好坏可以用服务水平的高低来衡量。我们知道，物流服务与成本之间存在着“二律悖反”的关系，高水平的物流服务必然导致高物流成本，因此在设计物流系统时，以最低的成本达到所要求的物流服务水平即可，不必一味地追求高标准的服务，致使无谓物流成本的发生。

（2）产品特性对物流成本的影响

产品密度大，能充分利用运输空间和仓储空间，因而会降低库存和运输成本；形状古怪、尺寸特异的产品通常会因为不能很好地积载而浪费运输空间，一般说来，具有标准矩形的产品要比形状古怪的产品更容易积载，因而所需的运输成本更少；有些产品容易被损坏、腐蚀，因而它们对物流各环节工作提出了更高的要求，需要投入更多的物流费用；有些产品对储存和运输有特殊要求，如在储存时需要制冷，长大物品的搬运需要特殊的装载工具等。在设计新产品时，要考虑产品的这些特性对物流成本的影响，尽可能设计物流成本小的产品。

(3) 空间因素对物流成本的影响

空间因素对物流成本的影响也是显而易见的，特别是在物流选址中。物流系统中各物流节点的相互位置以及物流节点与供应商、目标市场的距离都会影响物流成本，在物流选址中，应充分考虑距离因素，优化布局，减少运输成本；还要考虑可以利用的现有交通运输条件，以便采取适当的运输方式，优化运输路线，实现合理化运输。

(4) 发展的需要对物流成本的影响

在新项目开发设计之初，就需考虑日后的发展需要，使物流选址具有扩建的空间。对其他设施、设备应考虑扩充的可能，避免扩充时的浪费。

专栏 2.5　成本避免模式的发展

在传统管理会计中的“零基预算”可认为是成本避免的先驱。零基预算法在对任何一项支出作预算时，不考虑历史或现实的费用水平，一切以零为起点，重新独立地分析支出项目的必要性和数额大小，借此避免不合理费用的继续存在。但“零基预算”的成本避免只是局限于单一价值管理的思路，美国的“成本设计”与日本的“成本企划”模式则在成本避免上走出了独特的步伐。

由美国国防部首创的“成本设计”活动是在军工企业激烈的国际竞争及美国相对有限的国防经费条件下产生的，它是通过对开发设计阶段、产品制造阶段和使用阶段发生的成本设定目标价值而进行先期控制，或者说是在限定的成本条件下进行设计，在军用产品的图纸上注入成本思考以解决国防经费的不足问题。在日本独特的经济文化环境下，美国的“成本设计”则发展成了主宰日本成本管理思潮的主流模式，由丰田、日产等汽车公司在实践中摸索出了更系统、更具成效的成本企划模式。成本企划将成本管理的视野全面转换到了产品开发设计阶段，针对目标成本将价值工程分析方法与成本估算方法结合为一体而加以运用，以实现先导式的更具实效的成本避免。这种高层次的成本避免必须与工艺、工序在源流阶段的革新结合在一起加以实施。

(资料来源：现代物流管理课题组．物流成本管理［M］．广东：广东经济出版社，2007。)

2.4.4 成本效益模式

在物流活动中，需要经常进行投资，支出高昂的费用。采用何种投资方案才能为企业带来最大的效益呢？应用成本效益方法进行分析评价，就能做出正确的决策。对物流活动的各项投资，利用成本效益法进行分析决策，将给企业带来最大的经济效益。

成本效益模式的应用步骤如下：

(1) 提出各种投资方案

对市场进行深入细致的调查，充分了解企业的内部条件和外部环境，根据这些信息资料进行分析研究，由各部门协商合作，提出各种备选的投资方案。

(2) 分析各方案的相关现金流量

现金流量包括现金流入量和现金流出量以及二者相减所得的净现金流量。根据现金流量状况的不同，投资类型可以分为新建项目投资和更新项目投资。

新建项目的现金流量。新建投资是全新的项目，例如为开发新的物流服务而进行的投资。根据投资方案，选择需配备的设备、设施和人员的种类和数量；再结合预计的经营状况分析，计算出投资年限内每年的现金流入量、现金流出量和净现金流量。

更新项目的现金流量。在经营过程中，企业常需要更新设备、设施，如购买新运输工具，将原来传统仓库改造为现代自动化仓库等。更新项目的现金流入量极少，一般只有少数残值收入。因此，需要根据新旧设备情况分别确定它们的变现价值、年运行成本和残值收入。其中，新设备的变现价值是其当前的购置费；旧设备的变现价值是其当前拿到市场上出售可以获得的收入；年运行成本是新旧设备在未来可使用的年限中，为了正常运行，每年需要付出的各种成本的总和。如装卸搬运设备，即为每年的燃油费、修理费等的总和；残值收入是新旧设备报废时，残余部分在当时出售可以获得的收入。

(3) 评价和选择方案

由于新建项目与更新项目的现金流量特点不同，评价和选择方法也不同。常用的方法有净现值法、现值指数法和内涵报酬率法。

①净现值法。净现值（Net Present Value）是未来现金流入现值与未来现金流出现值之间的差额。用净现值法进行决策时，先将各年现金净流量折现，然后将现金流入现值总和减去现金流出现值总和。在确定未来现金流量折现率时，可以根据资金成本来确定，也可以根据企业要求的最低资金利润率来确定。净现值越大则未来收益越多，通常应选择净现值最大的方案作为投资方案。这种方法有广泛的适用性，理论也比较完善。其计算公式如下，式中的 NPV 为第 0 期的净现值。

$$\text{NPV} = \sum_{k=1}^{n} \frac{I_k}{(1+i)^k} - \sum_{k=1}^{n} \frac{O_k}{(1+i)^k}$$

其中，I_k 为 k 期现金流入；O_k 为 k 期现金流出；n 为决策涉及年限；i 为贴现率。

在实际操作中，由于企业支出成本可以抵税，在计算现金净流量时应该考虑税收的作用，可以用以下公式：

现金净流量 =（收入 - 付现成本）×（1 - 所得税率）+ 折旧 × 所得税率

②现值指数法。现值指数是未来现金流入现值与未来现金流出现值的比率，也叫贴现收益。该方法与净现值法的不同之处在于，不求流入量现值之和与流出量现

值之和的差额，而是计算它们的比率。现值指数越大意味着投资报酬率越高。应在各方案中选择现值指数最大的方案作为投资方案。其公式为：

$$现值指数 = \sum_{k=1}^{k} \frac{I_k}{(1+i)^k} \div \sum_{k=1}^{n} \frac{O_k}{(1+i)^k}$$

③内涵报酬率法。内涵报酬率是能够使未来现金流入量现值等于未来现金流出量现值的贴现率。通常采用“内插法”，计算内涵报酬率。先为各方案估计两个贴现率，使得出的净现值一正一负，然后利用以下公式计算内涵报酬率：

$$\frac{r_1 - r_0}{n_1 - 0} = \frac{r_1 - r_2}{n_1 - n_2}$$

其中，r_0 为待求的内涵报酬率；r_1 为正净现值内涵报酬率；r_2 为负净现值内涵报酬率；n_1 为正净现值；n_2 为负净现值。

内涵报酬率越大，方案本身的投资报酬率则越高。在公司可接受的投资收益率基础上，选择内涵报酬率最大的方案作为投资方案。

更新项目的评价和选择一般采用平均年成本法进行决策，其公式如下：

$$平均年成本 = \frac{变现价值 + 年运行成本总现值 - 残值收入现值}{使用年限的年金现值系数}$$

分别计算出新方案和旧方案的平均年成本，平均年成本最小的方案为最优方案。

专栏 2.6　货币的时间价值

在商品经济中，有这样的一种现象：现在的 1 元钱与 1 年以后的 1 元钱相比，其经济价值要大一些。这是因为，如果将现在的 1 元钱存入银行，银行存款利率为 10%，1 年后可得到 1.1 元。1 元钱经过 1 年的投资增加了 0.10 元，这就是货币的时间价值。由于货币时间价值的存在，为了便于不同时点的货币比较，需要将以后的货币价值转化为现在的货币值，这个过程叫折现。在折现过程中，将以后年度的货币值乘以相应的复利现值系数就得到它的现值。复利现值系数一般可从“复利现值系数表”中查到。例如，在存款利率为 10% 时，5 年后的复利现值系数查表为 0.6209，这意味着 5 年后的 1 元钱，相当于现在的 0.6209 元。这里的存款利率也被称为贴现率、资金成本率、最低报酬率等。如果以后每一年度的货币值都相等，则称它为年金。若干个年金的现值等于年金乘以年金现值系数，年金现值系数可以从“年金现值系数表”中查到。在财务管理教材后一般都有上述两个附表。

（资料来源：连桂兰，如何进行物流成本管理［M］. 北京：北京大学出版社，2004。）

2.4.5　总成本模式

物流成本管理是企业经营管理的子系统，对物流成本进行管理需要以整个企业经营为立足点。企业经营中存在许多“二律悖反”现象，为保证经营利润的实现，必须从总成本角度管理物流成本。

从总成本角度降低物流成本的过程如下：

(1) 制定物流系统运作的备选方案

为实现目标，先要制定出可以达到这一目标的各个备选方案。例如，为了减少销售缺货损失，可制定如下两个方案：一是设置安全库存，将商品用火车运输到销售市场仓库储存；二是销售市场仓库只保存一定量库存，当出现紧急缺货时，从中心仓库空运商品到销售地。

(2) 计算出各个方案的相关总成本

本例中，方案一的相关总成本包括多余安全库存的储存成本和火车的运输成本；方案二的相关总成本是空运。

(3) 比较、选择总成本最小的方案

对计算得出的各个方案的相关总成本利用减法、排序等，得出总成本最小的方案，并选择该方案。假设本例中，方案一的相关总成本为4000元，方案二的相关总成本为1000元，则应选择方案二。总成本意识是物流成本管理的首要和关键意识。

专栏2.7　布鲁克林酿酒厂运输方案的选择

美国布鲁克林酿酒厂（Brooklyn Brewery）运用总成本观念进行啤酒运输的决策，获得了巨大的经济效益。布鲁克林酿酒厂在本国经营业绩平平，在对日本销售啤酒的装运问题决策上，有两个备选方案：可选择在海外装运，也可选择在美国生产包装完成，空运至海外。布鲁克林本着总成本意识，从1989年11月开始，选择航空运输将啤酒销至日本。若海外装运啤酒，平均订货周期为40天，改为空运后，啤酒可在酿造后1周内到达顾客手中。虽然航空运费高，但因加快了流转速度，减少了流动资金占用，节省了大量库存成本，而且因为啤酒能保持独一无二的新鲜度，加上大力的广告宣传，布鲁克林啤酒在日本售价要比美国高5倍。虽然布鲁克林啤酒在美国只是一种平均价位的啤酒，但在日本，它是一种溢价产品，获得了极高的利润。1988年，即其进入日本市场的第1年，布鲁克林酿酒厂取得了50万美元的销售额，1989年销售额增加到100万美元，而1990年则为130万美元，其出口总量占布鲁克林酿酒厂总销售额的10%。从布鲁克林啤酒的成功案例可以看出，用总成本模式指导决策是能够给企业带来长远而重大的利益的。

（资料来源：余海宗．战略成本管理：成本管理新思维［J］．理论与改革．2000（2）。）

2.4.6　物流质量管理模式

物流质量是企业根据物流活动规律所确定的物流工作的量化标准，与根据物流经营需要所评估的物流服务和顾客期望的满足程度的有机结合。完善的物流质量管理可以提高顾客对服务的满意度，增强顾客信任感和忠诚度；可以为企业赢得市场，扩大经营规模，从而为降低成本创造良好的条件；可以减少物流过程的消耗，逐步消除各种差错事故，提高物流效率。

进行物流质量管理可以从以下几方面着手：

(1) 保证与改善商品质量

在物流过程中，要保证商品质量的合格、不变质、不破损。同时通过分装、贴标签等流通加工活动改善和提高商品质量。进行商品质量控制时，可以利用包括统计方法在内的各种质量管理方法。

(2) 保证物流服务质量

物流服务既服务于企业的生产经营，也服务于购买企业产品和服务的顾客。所以应了解和掌握用户需求，为他们提供标准化服务和差别化服务。另外，还应及时根据用户需求的变化，不断更新完善物流服务质量标准。

(3) 制定物流工作质量标准

为了保证物流作业的各个具体环节的工作质量，需要制定各环节工作质量标准，进行内部控制。可以采用的物流工作质量标准有运输工作质量指标、仓库工作质量指标、包装工作质量指标等。

(4) 制定物流工程质量标准

物流工程质量对物流活动有着决定性的影响，属于物流系统设计的范畴，例如物流网点的规划设计等。物流工程质量的管理需要利用系统论的观点和方法，对物流系统中的相关因素进行分析、计划和控制。可以采用的物流工程质量指标有运输工程质量指标、仓库工程质量指标、包装工程质量指标等。

物流质量管理是一个系统工程，上述四个方面的工作都是必需的，但也可以通过提高其中某一方面的工作质量来达到降低物流成本的目的。

专栏 2.8 Lands'End 邮购公司的物流质量管理

Lands'End 是美国最有名的邮购公司之一，该公司能够在 24 小时内向顾客交付订货。为了实现这个目标，Lands'End 公司与其供应商和承运人一起把注意力集中在物流质量上。在与供应商合作方面，Lands'End 公司承担了产品出库时的质量检验，派作业队到供应商处评定其作业水平，并提出改进建议。在承运人方面，Lands'End 公司控制了所有产品运输的动向。公司与关键承运人共同安排，通过统一流量和运距优化来减少成本。

(资料来源：连桂兰. 如何进行物流成本管理 [M]. 北京：北京大学出版社，2004。)

2.4.7 供应链管理模式

我们知道，供应链是将供应商、制造商、分销商、零售商直至最终用户连成一体的功能网链结构模式。有人说21世纪的竞争是供应链的竞争，因此，物流成本管理不应只着眼于本企业，而应把控制成本的领域扩展到与企业相关的外部环境，通过改进供应链管理来降低物流成本。

改进供应链管理的步骤如下：

①比较企业业务目标和现有能力及业绩，发现现有供应链的显著弱点，然后加以改善和提高。

②与供应商和关键客户一起研究、评估新经济、新技术和竞争的影响，制定供应链的远景目标。

③制定实现上述远景目标的过渡计划。

④评估企业的现实条件，制定切实可行的方案，恰当把握过渡时机。

⑤实施供应链新计划。首先根据改进的长期供应链计划，重构供应链组织关系，使企业在供应链中处于正确位置；然后重构供应链业务流程，优化企业内外部产品、信息和资金流；最后提高供应链中库存、运输等环节的质量和效率。

通过改进与下游商家的合作关系，能对市场变化做出快速、正确的反应，减少不适销商品的库存；能掌握商品销售动态，消除过剩库存。与上游商家合作，可保证原材料供应，减少原材料库存；最终减少与之相关的运输、装卸搬运等物流成本。总之，通过改进供应链关系可减少经营风险，降低物流成本。

2.4.8 物流外包模式

由于物流公司的专业优势和规模优势，它们往往能提供比本企业自营物流更好的服务，且花费更低的成本。物流外包不失为降低成本的有效手段。企业是否需要进行物流外包，可以从以下几方面分析：

(1) 经营战略

企业受经营资源、资金和技术水平的限制，将物流外包，可使主要精力集中于主营业务与核心竞争力上。但如果物流外包会泄露企业的经营诀窍、商业秘密，则应选择自营。

(2) 产品特性

当企业产品存在以下情况：产品季节性波动大而经营量小；产品品种少，标准化程度高；产品销售市场广阔，地区变化较大；产品寿命不长等，那么将物流外包会取得更好的经济效益。

(3) 物流作业类型

①运输：当进行需要专业技术的国际运输、笨重物资运输、长距离干线运输等时，一般都选择外包。此外，如果运输量少、波动大或运输时不兼做销售、收款工作的，企业也一般使用外包。

②仓储：频繁出入库的货物，装卸费用占物流成本的比例高。营业性仓库通常

拥有先进的装卸设备和装卸技术，可大大降低装卸搬运成本，因此对频繁出入库的货物可考虑外包。若仓库是合理化物流系统的关键设施，且作为核心支柱在发挥作用，则不应外包。

③包装：对于工业包装的制成品，若需要特殊包装技术或该工业包装足以保证产品的其他功能环节都能合理进行，可以将其包装委托给专业包装公司，这样效率、效益更高。

不同企业具有不同经营特点和经营规模，生产的产品也不相同，因此要结合各方面因素进行综合分析，才能做出物流是否外包的正确决择。

本章小结

1. 物流成本管理可以从两个方面进行，其一是从会计的角度考虑，通过建立物流管理会计系统，发挥会计职能来对物流成本进行计划、核算和控制等；其二是利用物流管理方法，通过对物流活动的管理，使物流各种职能得到优化，从而达到降低物流费用的目的。显然，这两个方面是相辅相成的，所以，企业在进行物流成本管理过程中，需要从两个方面同时进行。

2. 实现物流成本管理，降低物流成本，提高经济效益，对国家与企业都具有非常重要的现实和长远意义。从微观角度上看，可以提高企业的物流管理水平，促进经济效益的提高，增强竞争力；从宏观角度上看，降低物流成本对提高国民经济的总体运行质量和竞争力，促进产业结构的调整，支撑新型工业化，发展国民经济，提高人民生活水平都具有重要意义。

3. 为了达到物流成本管理的目的，将物流成本管理的内容分为物流成本分析、物流成本决策、物流成本控制三大模块。具体内容包括：物流成本核算、分析、预测、决策、计划、控制和信息反馈等。

4. 物流成本管理实际上是对物流系统进行优化的过程。物流系统是一个庞大而复杂的系统，要对它进行优化，需要借助于先进的管理方法和优化手段，包括线性规划和非线性规划方法、系统分析技术、存储论、模拟技术等。在物流成本的优化过程中，要借助于计算机管理系统，使整个物流系统不断地优化，最终找出总成本最低的最佳方案。

5. 随着经营环境的变化，成本管理的管理方法和管理观念有了较大的变化。物流成本管理在新的成本理念、新的管理方式的推动下，产生了许多新模式，包括：现代成本意识、成本节省模式、成本避免模式、成本效益模式、总成本模式、物流质量管理模式、供应链管理模式和物流外包模式等。

本章思考题

1. 你是如何理解物流成本管理的内涵的？

2. 经济和物流管理发展水平对物流成本管理的产生和发展有什么影响？

3. 物流成本管理对国家和企业有什么现实和深远的意义？

4. 物流成本管理的内容由哪些部分构成？各部分的关系如何？

5. 分析各种物流成本管理模式的运用条件。

6. 某公司准备购入一设备以扩充物流作业能力。现有甲、乙两个方案可供选择。甲方案需投资30 000元，使用寿命5年，折旧按直线法摊销，5年后设备无残值，5年中每年可为企业多带来收入15 000元，每年的付现成本为5 000元。乙方案需投资36 000元，使用寿命也是5年，5年后有残值收入6 000元，按年数总和法计提折旧，5年中每年可为企业多带来收入17 000元，付现成本第一年为6 000元。以后逐年增加设备修理费300元，另需垫支流动资金3 000元。假设所得税率为40%，资金成本率为10%。

（1）计算两个方案的现金流量。

（2）用净现值法选择投资方案。

案例分析

海尔物流谋求“破茧化蝶”①

海尔物流是一个看上去非常成功的物流管理模式，然而有与海尔物流相熟者说，海尔物流早在2003年年底就已出现财政赤字（业内传言亏损1.4亿元，此数据未得到海尔物流证实），处于非常尴尬的局面，虽然此消息并未得到海尔内部证实，但结合近来物流业内流传的关于“海尔物流欲参股物流企业”的说法，却令人不得不心生疑虑。

一、随着母公司业务调整，海尔物流逐步不再符合要求

张瑞敏曾被称作是“中国物流管理第一人”。1999年组建物流事业本部是源于海尔的业务流程再造，主要承担海尔集团实施物流重组和供应链整合的任务。据说，海尔集团的销售额从1999年的168亿元快速增长到2001年的602亿元主要得益于此。

在海尔的网站上，海尔物流的成绩斐然，其中包括：统一采购，实现每年降低

① 雷明．海尔物流谋求“破茧化蝶”［J］．市场周刊：新物流，2005（13）．

材料成本 5%；统一仓储，呆滞物资降低 90%，库存资金减少 63%；实施一体化供应链管理，下达定单的周期由原来的 7 天以上缩短为现在的 1 小时内；定单响应速度由整合前的 36 天缩短至现在的不到 10 天。

然而，这之后的海尔物流却让张瑞敏“焦虑不安”。一方面，海尔自营的物流体系虽然可以占有物流市场的一部分利润，达到降低成本的目的，但建立一个规范的物流公司不仅要具备强大的运输、仓储能力，投入大量的资金，而且必须拥有大量的专业人才，具备先进的策划能力、信息系统和管理水平。

为了满足集团内部的物流需求，在物流基础设施方面，这些年，海尔投巨资建设了青岛立体仓库，但对于遍布全国的租赁仓库，海尔却不能投资进行货架、托盘、叉车、仓库改造，面对物流信息系统（ALIS）、卫星在途定位系统（GPS）、电子地图（GIS）、电子数据标准化（EDI），海尔难以进行大规模投资，因为海尔的战略目标在于成为世界知名的家电生产商，而不是物流企业。

众所周知，物流的作用主要体现在规模效应上，海尔物流之所以在开始的两年里能为海尔作出巨大贡献，主要取决于集团庞大的家电产业规模。从冰箱到空调、冷柜、洗衣机、彩色电视机，海尔共涉及 96 大门类15 100多个规格的产品群，重要家电产品线已接近完整。而且，据 2001 年的数据显示，海尔的空调、冰箱、洗衣机等几大主导产品的产量和市场占有率均有良好表现，充足的货源曾给海尔物流提供了良好的生存空间，2002 年海尔物流的营业额超过 200 亿元。

但随着海尔在计算机、手机、生物制药、家庭整体厨房等领域的投入，海尔主业家电受到影响。海尔空调近年来在销售额和市场占有率上都呈现下降趋势，主导产品洗衣机在市场上的地位也同样岌岌可危，海尔物流的利润空间因此也开始收窄。

而且，对于本不属于家电物流特点的手机、电脑等 IT 产品，放到海尔家电物流的平台便显得勉为其难了。2001 年 3 月，海尔取消各地的电脑分公司，改为大区制；将电脑事业部的资金流和物流收回，分别并入工贸公司和集团的物流本部，由集团统一控制；海尔 3C 负责商流和销售，并拿出 5% 的利润给上述两个部门，以获得相应的资金流和物流的支持。其实 2004 年 3 月整改后，相当一部分经销商感觉到物流不仅没有加快，反而更慢了。原来发一批货到山西，通过北京分公司，可能 1 天就到了，只需要几十元费用；而改为海尔集团的物流本部统一平台之后，时间要长好几天，而且费用也增加到了几百元。IT 物流周转频率高、批量小、多品种、速度快、个性化的特点被家电的固有渠道所扭曲。另一方面，海尔电脑的原料由集团内部统一规划、统一采购和统一运输后，表面上共享了平台，但由于规模没有上来，机制又不灵活，反而造成采购成本过高，这直接影响了海尔电脑的价格政策。

二、完全独立不切实际，部分参股是较可行的改革方法

在海尔物流创建之初，张瑞敏也曾有意于将物流外包，但发现国内并没有任何物流企业可以为海尔提供物流服务，所以才决定自造物流体系。

在张瑞敏看来，物流外包在中国显得不切实际，首先是没有哪个企业有能力为海尔做物流。以用于国际市场的国际采购为例，由于外贸和外汇制度，中间环节必然产生关税，而国内的供应商能够独立完成国际采购的商流和物流并且可以在网上交易的企业也是凤毛麟角。

另外，从海尔自身来讲，物流无限延伸就会涉及企业的商业秘密，比如，采购计划就可以了解到企业的生产经营计划、新产品开发等商业秘密。海尔的物流是从源头做起、从采购做起，因此，出于商业考虑，海尔开始自己做物流无可厚非。

张瑞敏也曾期望将海尔物流从企业物流扶植成为市场上的第三方物流。要做到三个“1/3”，即1/3服务自己，1/3服务国内其他企业，1/3服务跨国公司。

然而并非事事尽如人意，由于行业竞争和商业秘密保护的影响，同行出于竞争考虑在合作上存有戒心，使得海尔在擅长的家电物流运作上却难以找到真正的战略合作伙伴。所以，一直以来，海尔的物流本部资源除了保证本集团的物流需求外，只拿到了少数快速消费品的物流业务。海尔物流一位人士透露说，接一个物流项目，谈判往往非常艰难。

很多人认为，海尔物流参股到专业物流企业也是一条自救之路，一方面，海尔物流可以依托专业的第三方物流企业的管理和技术方面的资源优势向其他领域拓展；另一方面，因为有资本纽带维系，海尔在接受物流企业的服务时也可以少了许多顾虑，从而把精力放到企业核心业务上去。

应该说，海尔物流几年来搭建的全球供应链资源网络、全球配送网络、投资过亿元的物流执行系统，再加上运作海尔集团物料管理的经验和能力，都是海尔物流社会化后的竞争力所在。因此，如果在目前的基础上依靠海尔物流现有的资源和专业的第三方物流合资、合作，以化解行业担心，拓展并参与家电行业物流合作，那么，海尔物流目前储备的潜能将会得到有效的释放，有望和海尔的市场拓展取得成绩一样，而成为国内家电物流的领头羊。但能否做到这点关键在于集团的决策。

案例思考题

1. 海尔物流业务选择自营还是外包，应考虑哪些因素？你认为海尔物流业务应自营还是外包？

2. 海尔物流要从企业物流发展成为市场化的第三方物流，需要什么条件？

3. 海尔物流何去何从？

参考文献

1. 孟祥茹，吕延昌．现代物流管理［M］．北京：人民交通出版社，2002.

2. 世界500强企业管理标准研究中心．生产物流管理标准［M］．北京：东方出版社，2001.

3. 连桂兰．如何进行物流成本管理［M］．北京：北京大学出版社，2004.

4. 李伊松，易华．物流成本管理［M］．北京：机械工业出版社，2005.

5. 现代物流管理课题组．物流成本管理［M］．广州：广东经济出版社，2002.

第3章 物流成本核算

关键词：物流成本核算（logistics cost calculation） 核算科目（calculation subject） 成本归集与分配（cost collection and distribution） 账簿（calculation book） 核算程序（calculation procedure） 核算方法（calculation means） 物流成本功能报表（logistics cost function report forms） 物流成本作业计算法（logistics cost task calculation methods）

物流成本核算是指按照国家有关的法规、制度和企业经营管理的要求，对物流服务过程中实际发生的各种劳动耗费进行计算，以提供真实、有用的物流成本信息。物流成本核算是物流成本管理的基础，其结果是制订物流计划、控制物流作业以及评价物流业绩等活动不可缺少的资料。物流成本核算的科学、准确与否直接影响着物流成本管理水平的高低。而物流成本的交替损益性、隐含性、不完全和不统一等特征，给物流成本的核算和比较带来了许多困难和问题。我国现行的会计核算制度没有对物流成本的核算范围、核算对象、核算内容、核算方法进行明确和统一的规定，使我们不能掌握物流成本的实际状况，核算的数据也缺乏可比性。我们说降低物流成本是永久的课题，但成本核算则不应成为永久课题，应尽快建立我国企业物流成本测算规则和方法的参考标准。为此，本章内容包括物流成本核算的原则、核算科目和账簿设置、核算程序和方法等。

3.1 物流成本核算的原则

3.1.1 物流成本核算的原则

为了提高物流成本核算的质量，发挥成本核算的作用，核算物流成本时主要应遵循以下原则：

（1）合法性原则

合法性原则指计入成本的支出都必须符合国家法律、法令、制度等关于成本支出范围和标准的规定，不符合规定的支出不能计入成本。所谓成本费用开支范围，是指哪些支出可计入成本，哪些支出不能计入成本；所谓成本开支标准，是指可计入成本范围支出的数据限制。成本核算遵循合法性原则，有助于保证成本信息的合法性和有用性。

成本会计制度是成本会计工作的规范，是会计法规和制度的重要组成部分。企业应遵循国家有关法律、法规、规章，如《中华人民共和国会计法》、《企业财务通则》、《企业会计准则》、《企业会计制度》等的有关规定，并适应企业生产经营的特点和管理的要求，制定企业内部成本会计制度，作为企业进行成本会计工作具体和直接的依据。

各行业企业由于生产经营的特点和管理的要求不同，所制定的成本会计工作制度有所不同，就物流企业而言，成本会计制度一般应包括以下几方面的内容：

①关于成本预测和决策的制度。

②关于成本定额制度和成本计划编制的制度。

③关于成本控制的制度。

④关于成本核算规程的制度。包括成本计算对象和成本计算方法的确定，成本项目的设置。

⑤各项费用的分配和归集的程序和方法。

⑥关于责任成本的制度。

⑦关于企业内部结算价格和内部结算办法的制度。

⑧关于成本报表的制度。

⑨其他有关成本会计的制度。

成本会计制度是开展会计工作的依据和行为规范，其是否科学、合理将会直接影响成本核算工作的成效。因此，成本会计制度的制定，是一项复杂而细致的工作。在成本会计制度的制定过程中，有关人员不仅应熟悉国家有关法规、制度的规定，而且应深入基层做广泛、深入的调查和研究工作，在反复试点、具有充分依据的基础上进行成本会计制度的制定工作。成本会计制度一经制定，就应认真贯彻执行；但随着时间的推移，实际情况往往会发生变化，出现新的情况，这时应根据变化了的情况，对成本会计制度进行修订和完善，以保证成本会计制度的科学性和先进性。

(2) 可靠性原则

可靠性原则包括真实性和可核算性。真实性就是所提供的成本信息与客观的经济事项相一致，不掺假或人为地提高、降低成本。可核实性指成本核算资料按一定的原则由不同的会计人员加以核算，都能得到相同的结果。

真实性和可核实性是为了保证成本核算信息的正确可靠。

(3) 相关性原则

相关性原则包括成本信息的有用性和及时性。有用性是指成本核算要为管理当局提供有用的信息，为成本管理、预测、决策服务。及时性是强调信息取得的时间性。及时进行信息反馈，以便及时地采取措施，改进工作，否则提供的成本核算信息往往成为徒劳无用的资料。

(4) 分期核算的原则

企业为了取得一定期间所发生的物流成本，必须将川流不息的生产经营活动按一定阶段（如月、季、年）划分为各个时期，分别计算各期的物流成本。成本核算的分期，必须与会计年度的分月、分季、分年相一致，这样可以便于利润的计算。

(5) 权责发生制原则

权责发生制原则是指成本核算应以权责发生制原则为基础，对于应由本期成本负担的支出，不论其是否在本期已经支付，都要计入本期物流成本；不应由本期物流成本负担的支出（即已计入以前各期的物流成本，或应由以后各期成本负担的支出），即使是在本期支付，也不应计入本期物流成本。

凡应当由本期负担而尚未支出的费用，作为预提费用计入本期成本、费用；凡已支出，应当由本期和以后各期负担的物流费用，应当作为待摊费用，分期摊入物流成本费用。

(6) 按实际成本计价的原则

物流成本核算应按实际成本计价的原则。企业在生产经营过程中所发生的各项费用，应当以实际发生数计入成本、费用。生产经营所耗用的原材料、燃料、动力要按实际耗用数量和实际单价计算成本。已经完工的服务成本的计算要按实际发生的成本计算。虽然“原材料”、“燃料”、“产成品”等的账户可按计划成本（或定额成本、标准成本）记账，但计算物流成本时，应加、减成本差异，以调整到实际成本。

总之，在成本发生的确认、分配、归集和结转的全过程中都应遵循按实际成本计价的原则，以保证成本信息的真实性。

(7) 一致性原则

企业应根据本企业的生产经营特点和管理要求，确定适合本企业的物流成本核算对象、物流成本项目和物流成本计算方法。物流成本核算对象、物流成本项目和物流成本计算方法一经确定，不得随意变更，应当根据管理权限，经股东大会或董事会、经理会议或类似机构批准，并在会计报表附注中予以说明。

成本核算遵循一致性的原则，成本核算对象、成本项目和成本计算方法前后各期应一致，其目的是为了使各期物流成本资料有统一的口径，前后连贯，互相可比，以提高成本信息的利用程度。

(8) 重要性原则

重要性原则是指在物流成本核算过程中，应基于管理要求，区分主次，将那些对物流成本有重大影响的项目作为管理重点，力求精确。而对于那些不太重要的琐碎项目，则可以从简处理。

一般而言，发生的经济业务是否重要，既取决于该项业务的金额大小，还决定于各项业务的性质以及对信息使用者所产生的作用和影响的大小。成本核算遵循重要性的原则，其目的是为了在满足管理要求的前提下，讲求成本核算工作本身的成本效益原则。

3.1.2 物流费用支出的界限

为了正确地计算物流成本，除必须遵循成本核算的基本原则以外，还必须正确划清以下四项费用支出的界限：

(1) 应计入物流成本和不应计入物流成本的费用界限

企业的活动是多方面的，企业耗费和支出的用途也是多方面的，其中只有一部分费用可以计入物流成本。

首先，非生产经营活动的耗费不能计入物流成本。只有生产经营活动的成本才有可能计入物流成本。财政部颁布的成本开支范围，明确规定哪些成本可以列入生产经营成本，哪些成本不能列入生产经营成本。

近年来，财务会计规范发生很大变化而没有重新规定成本开支范围，许多人误认为凡是耗费都可以计入生产经营成本。其实，这种认识是不对的，成本开支范围仍然存在，只不过它散见于有关的会计制度之中，而没有集中于一个规范文件。

按照我国现行会计制度规定，下列与生产经营活动无关的耗费不能计入产品成本：对外投资的支出、耗费和损失；对内长期资产投资的支出、耗费和损失，包括有价证券的销售损失、固定资产出售损失和报废损失等；捐赠支出；各种筹资费用，包括应计利息、贴现费用、证券发行费用等。

其次，生产经营活动成本分为正常成本和非正常成本，只有正常的生产经营活动成本才可以计入物流成本，非正常的经营活动成本不可计入物流成本而应计入营业外支出。非正常的经营活动成本包括灾害损失、债务重组损失、计提的无形资产减值准备、计提的固定资产减值准备、罚款支出等。

(2) 不同成本对象的费用界限

如果企业生产经营的成本对象不止一种，那么为了正确地计算各种成本对象的成本，正确地分析和考核各种成本对象的成本计划或定额成本的执行情况，必须将应计入当期的物流成本的费用在各种成本对象之间正确地进行划分。凡属于某种成本对象单独发生，能够直接计入该种成本对象的物流费用，均应直接计入该种成本对象；凡属于几种成本对象共同发生，不能直接计入某种成本对象的物流费用，则应采用适当的分配方法，分别计入这几种成本对象。

企业为生产经营而发生的直接材料、直接工资等直接生产费用，一般应当直接计入各种成本对象；为生产经营而发生的间接费用，一般应选择合理的分配方法，分别计入各成本对象。

(3) 资本性支出与收益性支出的费用界限

资本性支出是指那些受益期超过一年或一个营业周期的支出，如企业为取得固定资产、无形资产等而发生的支出。资本性支出应先计入相应资产账户，然后在其使用期内，通过折旧、摊销等形式逐步分摊转作费用。收益性支出是指那些受益期不超过一年或一个营业周期的支出，如企业的工资支出、机器设备日常维护保养支出等。收益性支出全部列作当期的成本费用，与当期的营业收入相配比。划分资本性支出与收益性支出的界限，其目的是为了正确划分各期成本的界限。

(4) 本期物流成本和以前或以后物流成本的界限

企业发生的各项支出，有的应计入当期物流成本，有的则应计入以前或以后各期的物流成本。如预付一年的保险费，根据权责发生制的原则，应在12个月内分期计入成本费用。而对于那些本期尚未支付，而应由本期负担的费用，则应以预提方式计入本期物流成本。

以上四方面费用界限的划分，总的来说就是要贯彻受益原则，即何者受益，何者负担费用；何时受益，何时负担费用；负担多少，按受益程度比例分担。

3.2 物流成本核算的科目和账簿设置

3.2.1 成本核算制度

物流成本是反映物流企业生产水平、技术水平和经营管理水平的综合指标。无论劳动生产率的高低，机器设备利用的好坏，原材料和能源消耗的节约和浪费，费用开支的节滥，服务质量的优劣等，最终都会在物流成本中表现出来。在企业中，建立和健全原始记录，严格存货的计量、检验和收发领退制度，建立成本责任制，以加强物流成本管理，推动企业充分挖掘增产节约潜力，降低物流成本水平，对提高企业经济效益有重要意义。

根据企业采用的不同成本核算制度，生产经营成本的组成内容是不同的。在现行的会计核算中，有两种不同的生产经营成本核算制度：制造成本法和变动成本法。

3.2.1.1 制造成本法

制造成本法是将产品生产或提供服务过程中所发生的生产经营费用区分为两部分，一部分是与产品生产或提供服务有密切联系的直接材料费用、直接工资费用和制造费用，它们称为“产品成本”，计入生产或服务的生产成本中；另一部分是与产品生产或提供服务没有直接联系的营业费用、管理费用和财务费用等，称为“期间成本”，直接计入当期损益，不摊入产品或服务的生产成本。

1993年7月1日起实施的《企业会计准则》和2001年1月1日起施行的《企业会计制度》对产品或服务生产成本的计算，采用制造成本法，实际上是将产品或服务的生产成本计算到生产车间一级为止，企业营业费用、管理费用和财务费用则另行计算，不再摊入产品或服务生产成本。这有助于简化成本核算手续，减少产品和在产品的资金占用，正确反映和考核企业各级生产管理环节的成本水平和管理责任，并正确进行成本预测和决策。

3.2.1.2 变动成本法

变动成本法将制造费用分为固定制造费用和变动制造费用，只将与产品生产或提供服务直接联系的直接材料费用、直接工资费用和变动制造费用作为“产品成本”计入产品或劳务生产成本中；而固定制造费用以及变动与固定企业管理费用和财务费用，连同在产品或劳务销售过程中发生的变动和固定营业费用，应全额作为“期间成本”列支，直接从当期销售收入中扣减。

变动成本法的主要优点之一是在损益计算表中将生产费用和期间费用按费用的习性分为变动费用和固定费用，通过对每种产品“边际增益额”的计算进行“本量利”分析，揭示业务量、成本、营业利润之间的相互关系，以制定最佳的产销经营决策和规划，有效进行成本计划和控制。

图3-1是制造成本法和变动成本法这两种不同的成本核算制度的比较。

变动成本法主要是为了满足企业内部经营管理的需要而被采用的。为编制对外财务会计报表，应按国际公认的原则和我国现行财务会计制度的规定，采用制造成本法以计算总物流成本和单位物流成本。

3.2.2 成本核算的主要会计科目

《企业会计制度》规定，除不对外筹集资金、经营规模较小的企业，以及金融保险企业以外，在中华人民共和国境内设立的企业，都要执行该制度。根据《企业会计制度》的规定，企业的成本费用主要通过下列科目进行核算：

(1)“生产成本”科目

“生产成本”科目核算企业进行工业性生产，包括生产各种产品（产成品、自制半成品、劳务提供等）、自制材料、自制工具、自制设备等所发生的各项生产费用。该科目下设“基本生产成本”和“辅助生产成本”两个明细科目。“基本生产成本”二级科目核算企业为完成主要生产目的而进行的产品生产发生的费用，用于计算基本生产的产品成本；“辅助生产成本”二级科目核算企业为基本生产及其他服务而进行的产品生产和劳务供应发生的费用，用于计算辅助生产产品和劳务成本。

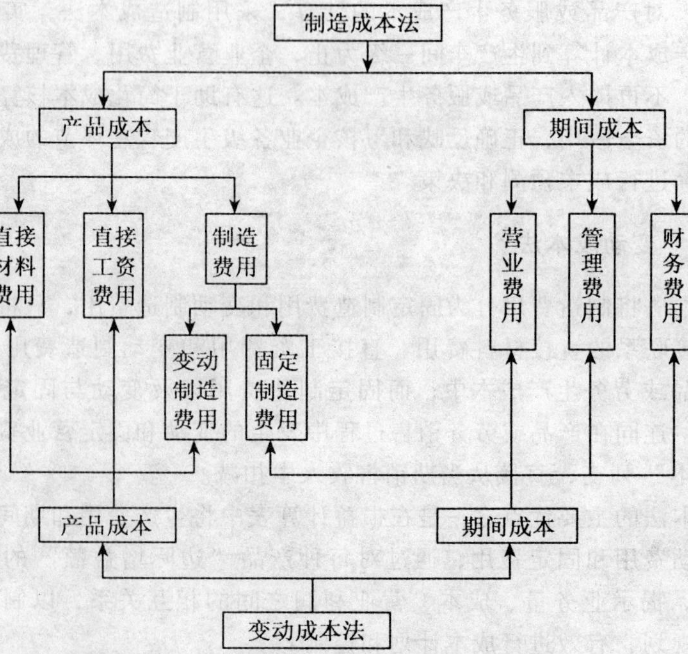

图 3-1　制造成本法和变动成本法的比较

（2）“制造费用”科目

“制造费用”科目核算企业为生产产品和提供劳务而发生的各项间接费用，包括工资和福利费、折旧费、修理费、办公费、水电费、机器物料消耗、劳动保护费、季节性和修理期间的停工损失等。企业行政管理部门为组织和管理生产经营活动而发生的管理费用，应当作为期间费用，记入“管理费用”科目，不在该科目核算。

制造费用的分配方法，通常有按生产工人工资、生产工人工时、机器工时、耗用原材料的数量或成本、直接成本（包括原材料、燃料、动力、生产工人工资以及应提取的职工福利费之和）、产品产量等几种方法进行。具体采用哪种分配方法，由企业自行决定。分配方法一经确定，不得随意变更。如需变更，应当在会计报表附注中予以说明。

“制造费用”科目应该按不同的车间、部门设置明细账，并按费用项目设置专栏，进行明细核算。

（3）“劳务成本”科目

“劳务成本”科目核算企业对外提供劳务所发生的成本。企业接受的建造合同劳务所发生的成本，不在该科目核算范围之列。

(4)“主营业务成本”科目

“主营业务成本”科目核算企业因销售商品、提供劳务或让渡资产使用权等日常活动而发生的实际成本。

企业可以根据具体情况，采用先进先出法、加权平均法、移动平均法、后进先出法和个别计价法等方法，确定销售商品的实际成本。方法一经确定，不得随意变更。如需变更，应当在会计报表附注中予以说明。

(5)“主营业务税金及附加”科目

“主营业务税金及附加”科目核算企业日常活动应负担的税金及附加，包括营业税、消费税、城市维护建设税、资源税、土地增值税和教育附加等。

(6)“其他业务支出”科目

“其他业务支出”科目核算企业除主营业务成本以外的其他销售或其他业务所发生的支出，包括销售材料、提供劳务等而发生的相关成本、费用，以及相关税金及附加等。

(7)“营业费用”科目

“营业费用”科目核算企业销售商品过程中发生的费用，包括运输费、装卸费、包装费、保险费、展览费和广告费，以及为销售本企业商品而专设的销售机构(含销售网点、售后服务网点等)的职工工资及福利费、类似工资性质的费用、业务费等经营费用。商品流通企业在购买商品过程中发生的运输费、装卸费、包装费、保险费、运输途中的合理损耗和入库前的挑选整理费等，都在本科目内核算。

(8)“管理费用”科目

“管理费用”科目核算企业为组织和管理企业生产经营所发生的管理费用，包括企业的董事会和行政管理部门在企业的经营管理中发生的，或者应由企业统一负担的公司经费(包括行政管理部门职工工资、修理费、物料消耗、低值易耗品摊销、办公费和差旅费等)、聘请中介机构费、咨询费(含顾问费)、诉讼费、业务招待费、房产税、车船使用税、土地使用税、印花税、技术转让费、矿产资源补偿费、无形资产摊销、职工教育经费、研究与开发费、排污费、存货盘亏盘盈(不包括应计入营业外支出的存货损失)、计提的坏账准备和存货跌价准备等。

(9)“财务费用”科目

“财务费用”科目核算企业为筹集生产经营所需资金等而发生的费用，包括利息支出(减去利息收入)、汇兑损失(减去汇兑收益)以及相关的手续费等。为购建固定资产的专门借款所发生的借款费用，在固定资产达到预定可使用状态前按规定应予资本化的部分，不包括在“财务费用”科目的核算范围内。

(10)“预提费用”科目

“预提费用”科目核算企业按照规定从成本费用中预先提取但尚未支付的费用，如预提的租金、保险费、借款利息、固定资产、修理费用等。

按规定预提计入当期成本费用的各项支出，借记“制造费用”、“营业费用”、“管理费用”、“财务费用”等科目，贷记“预提费用”科目；实际支出时，借记该科目，贷记“银行存款”等科目。实际发生的支出大于已经预提的数额，应当视同待摊费用，分期摊入成本。

(11)“待摊费用”科目

“待摊费用”科目核算企业已经支出，但应由当期和以后各期分别负担的分摊期限在1年以内（包括1年）的各项费用，如低值易耗品摊销、预付保险费、固定资产维修费用，以及一次购买印花税票和一次缴纳印花税税额较大需分摊的数额等。超过1年以上摊销的固定资产修理支出和租入固定资产改良支出，以及摊销期限在1年以上的其他费用，应当在“长期摊销费用”科目核算，不在“摊销费用”科目核算。

特别要注意的是，《企业会计制度》规定了企业进行成本费用核算应设置的会计科目以及相应科目的核算内容，企业对外提供成本资料必须按照有关的制度规定进行成本核算，由于现行的财务会计制度和会计核算方法对物流成本没有分列记账，物流费用在企业财务会计制度中没有单独的核算科目，有关物流成本是分散在各个成本费用科目中的。在这些科目中，汇集企业发生的全部成本费用，不仅仅是核算企业发生的物流成本费用，为了企业汇集计算物流成本的方便，也可以在各个成本费用科目下按物流成本费用和非物流成本费用设置明细科目。例如，在“营业费用”科目下设置“营业费用——物流费用”和“营业费用——非物流费用”明细科目，分别用来核算企业在物流业务和非物流业务方面所发生的营业费用。在计算物流成本时，只需将各个成本费用科目的物流成本费用明细科目加以汇总，即可计算出企业发生的物流成本。这样进行会计核算，既不违反现行财务会计制度关于成本费用核算的规定，又可以方便有效地进行物流成本费用的核算。

3.2.3 产品成本的计算方法

不同生产类型的企业，对成本管理的要求不同，成本的计算方法也不同。常用的成本计算方法有品种法、分批法、分步法等。

(1) 品种法

品种法是以产品的品种作为成本计算对象，归集费用，计算产品成本的一种方法。品种法按月定期计算产品成本，一般不需计算在产品成本，但月末在产品数量较多时，也需将生产费用在完工产品与在产品之间进行分配。品种法的成本计算程序如下：

①根据产品的品种设置“产品成本计算单”。

②对生产过程中发生的各项费用进行审核、归集和分配，编制各种要素费用分配表。

③编制“待摊费用和预提费用分配表”，并按分配对象登记有关明细账。

④分配辅助生产费用。

⑤将基本生产车间“制造费用明细账”归集的费用进行汇总，采用一定的方法，在生产的各种产品之间进行分配。

⑥经过上述程序，本期生产产品应负担的各项费用都集中登记在“产品成本计算单”中，如果月初、月末均没有在产品，则本月发生的全部生产费用即为本月完工产品的总成本；如果月末有在产品，而且数量较大，则应将“产品成本计算单”中归集的生产费用按照一定的方法在完工产品和月末在产品之间进行分配，计算出完工产品成本和月末在产品成本。

⑦结转各“产品成本计算单”中的完工产品成本。

适用范围：大量大批单步骤生产类型的企业。对于多步骤生产的企业，管理上不要求提供分步骤的成本计算资料，也可采用品种法进行成本计算。

(2) 分批法

分批法亦称定单法，它是以产品的批别（或定单）为成本计算对象，归集费用，计算产品成本的一种方法。分批法以产品的批别或定单作为成本计算对象；间接费用在各批次或各定单之间分配可选择“当月分配法”或“累计分配法”；成本计算期与会计报告期不一致而与生产周期一致；一般月末不需在完工产品与在产品之间分配费用。但当产品批量较大，出现跨月陆续完工和分次交货的情况时，则应采用适当的方法进行分配；一般适用于单件小批生产的企业。对新产品的试制、工业性修理和辅助生产的工具、模具制造也可以采用分批法计算成本。

关于分批法的成本计算对象，可以和品种法对比来理解。比如，某企业在同一时期内同时生产了 A、B、C 三种产品，在品种法下就会设置三个基本生产的明细账户。但采用分批法时，则不一定。如果该企业有两张定单同时要求生产 A 产品，另有两张定单要求生产 B 产品和 C 产品，则该企业成本计算时就需要设置四个基本生产明细账。若其他条件不变，有三张定单同时要求生产 B 产品，那么该企业同时接受了六张定单，就必须设置六个基本生产明细账户。此外，如果一张定单只要求生产一种产品，但数量较大，超过企业生产负荷能力，不便于集中一次投料，或难以满足用户分批交货的要求，也可以划分多个批次，分别组织生产；如果在同一时期内，接到的几张定单要求生产同一种产品，为了经济合理地组织生产，也可以将几张定单合并为一批进行生产。

间接费用分配的“当月分配法”是指不论各批次产品或各定单产品是否完工，都要按当月分配率分配其应负担的间接费用。同时，分配标准也自然应是当月数而非累计数。采用“当月分配法”分配间接费用时，其明细账月末没有账户余额。

“累计分配法”是指只对当月完工批次或定单的产品按累计分配率进行分配。其分配标准的选择也必然是累计数。采用这种方法时，间接费用明细账月末一般留有余额。但如果各月份的间接费用水平相差悬殊，采用这种方法将会影响到各月成本计算的准确性。

关于生产费用在完工产品与在产品之间进行分配的问题，由于分批法的成本计算期与生产周期一致，也就是说一般等该批产品全部完工时才计算成本，所以不涉及费用分配的问题。但在跨月陆续完工、分次交货的情况下，为了实现收入与费用相互配比，应将生产费用在完工产品与在产品之间进行分配。计算完工产品的成本，应该在同一期间，即登记收入的同时也登记为取得收入而发生的费用。

(3) 分步法

分步法是以产品的品种及其所经过的生产步骤作为成本计算对象，归集生产费用，计算各种产品成本及其各步骤成本的一种方法。分步法根据成本结转方式不同可分为逐步结转分步法和平等结转分步法两种，如表 3-1 所示。

表 3-1

根据成本结转方式不同划分	按半成品计入下步骤成本计算单方法不同	特点及适用范围
逐步结转分步法	综合逐步结转	①以各步骤半成品及产成品作为成本计算对象
		②按月定期进行成本计算
		③半成品成本结转与实物转移同步
		④上步骤半成品成本作为一个整体计入下步骤直接材料成本项目
		⑤各步骤计算的均为累计生产成本
		⑥最后步骤所计算的完工产品成本需要进行成本还原
		⑦半成品通过半成品库收发,就应通过"自制半成品"账户核算
		适用于大量大批生产复杂，有半成品出售，只要求提供各步骤半成品成本资料而不要求提供原始成本项目构成情况的企业
	分项逐步结转	①以各步骤半成品及产成品作为成本计算对象
		②按月定期进行成本计算
		③半成品成本结转与实物转移同步
		④上步骤半成品成本按成本项目分别计入下步骤直接材料成本项目
		⑤各步骤计算的均为累计生产成本
		⑥最后步骤所计算的完工产品成本不需进行成本还原
		⑦半成品通过半成品库收发，就应通过"自制半成品"账户核算
		适用于大量大批复杂生产，有半成品出售，要求提供各步骤半成品成本资料及半成品原始成本项目构成情况的企业

续表

根据成本结转方式不同划分	按半成品计入下步骤成本计算单方法不同	特点及适用范围
平等结转分步法		①以产品生产所经的各个步骤作为成本计算对象
		②按月定期进行成本计算
		③半成品成本结转与实物转移不同步
		④上步骤半成品成本不计入下步骤成本计算单
		⑤各步骤计算的均为完工产品应负担本步骤费用份额，非累计成本
		⑥最后步骤所计算的完工产品成本不需进行成本还原
		⑦半成品即使通过半成品库收发也不通过“自制半成品”账户核算
		适用于大量大批生产，半成品很少对外销售，不需计算各步骤半成品成本而只需计算最终完工产品成本的企业

3.2.4 物流成本核算的科目、账簿设置

为了准确、方便地核算物流成本，企业可以设置“物流成本”和“委托物流费”科目及相应账簿。这两个科目属于成本（费用）类科目，分别用以核算、记录企业自身从事物流业务所发生的费用，以及企业委托第三方从事物流业务所发生的费用。其借方登记本期发生的物流费用，贷方登记计入成本对象的物流费用。明细科目可根据物流功能设置，如表 3-2 所示。

表 3-2 物流成本核算会计科目表

一级科目	二级科目	三级科目	核算内容
物流成本	库存费	仓储费、折旧费、人力费、维护费、保险费、税费及利息	除核算仓储费、折旧费、人力费、维护费、保险费及税费外，还包括库存占用资金的利息
	运输费	公路运输费、其他运输费、维护费、货主费	核算公路运输费、其他运输方式和货主方面的费用；公路运输费包括城市内运送费和区域间卡车运输；其他运输费包括铁路运输费、国际国内空运费；货主方面的费用包括运输部门运作及装卸费
	物流管理费	差旅费、交通费、会议费、交际费、教育费以及其他杂费	核算企业为物流管理所发生的差旅费、交通费、会议费、交际费、教育费及其他杂费
	物流信息费	财务、管理信息系统	核算企业为物流管理所发生的财务、管理信息系统费

续表

一级科目	二级科目	三级科目	核算内容
委托物流费	库存费		核算企业向外支付的库存费
	运输费		核算企业向外支付的运输费
	包装费		核算企业向外支付的包装费
	装卸费		核算企业向外支付的装卸费
	手续费		核算企业向外支付的手续费
	管理费		核算企业办理委托事项发生的管理费

3.3 物流成本核算的程序

3.3.1 物流成本核算的程序

物流成本核算的一般程序是指对企业生产经营过程中发生的各项物流费用，按照成本核算的要求，逐步进行归集和分配，最后计算出各项期间费用、物流总成本和各种成本对象的物流成本的基本过程。根据前述的物流成本计算原则、要求和费用的分类，可将物流成本核算的一般程序归纳如下：

(1) 明确物流活动范围

物流活动范围作为成本的计算领域，是指物流的起点和终点的长短。人们通常所讲的物流活动范围有：原材料物流，即原材料从供应商转移到工厂时的物流；工厂内物流，即原材料、半成品、产成品在企业的不同工序、不同环节的转移和存储；从工厂到仓库的物流；从仓库到客户的物流。此外，还有回收物流和废弃物流等。这个范围相当广泛，所以，从哪里开始到哪里为止作为物流成本的计算对象，会引起物流成本发生很大的变化。

(2) 确定物流功能范围

物流功能范围是指在运输、保管、配送、包装、装卸搬运、流通加工、信息管理等众多的物流功能中，把哪种物流功能作为计算对象。把所有的物流功能作为计算对象的成本与只把运输、保管这两种功能作为计算对象，所得到的成本会相差悬殊。

(3) 确定成本计算期间

成本计算期间是指汇集生产经营费用、计算生产经营成本的时间范围。如工业企业按产品的生产周期和日历月份；农业种植业按一个轮作周期；服务业、劳务性企业一般按日历月份等作为成本计算期。物流企业的成本计算期视其物流作业性质可有不同的确定方法，如对于远洋货物运输作业来讲，因其生产周期较长（以航次为生产周期），所以应以航次周期作为成本计算期。

(4) 确定成本计算对象

成本计算的过程，就是按照一定的成本计算对象分配、归集物流费用的过程。成本计算对象是指企业或成本管理部门，为归集和分配各项成本费用而确定的、以一定时期和空间范围为条件而存在的成本计算实体，如各种产品、作业、各个车间或部门，它们是物流费用的承担者。物流成本计算对象的选取，主要决定于物流活动范围、物流功能范围、物流成本范围和物流成本控制的目标等。同时，它也会对成本计算方法和成本计算结果产生直接影响。因此，正确确定成本计算对象，是进行成本计算的基础和保证成本计算质量的关键。

确定成本计算对象，是设置成本明细账、分配物流费用和计算物流成本的前提。不同的成本计算对象，也是区分不同成本计算方法的主要标志。

成本计算对象不是由人们主观随意规定的，不同的生产经营类型从客观上决定了不同的成本计算对象。企业可以根据自己生产经营的特点和管理要求的不同，选择不同的成本计算对象来归集、分配物流费用。

对于大量生产和大批生产的产品，因连续不断地重复生产品种相同的产品，或生产产品批量较大、周期较长，可以以产品的品种作为成本计算对象。对于小批生产类型的产品，因其批量较小，一批产品往往同时完工，可按产品批别归集费用，将批次作为成本计算对象。如果企业可作为成本计算的对象较多时，可仅将成本控制重点作为成本计算对象，如按成本责任划定的责任成本单位、当前成本费用开支比重较大的成本部门和作业活动、新开发的物流作业项目等。

(5) 审核原始记录

成本核算是以有关的原始记录为依据的，如据以计算材料费用的领料单或领料登记表，计算工资费用的考勤记录和业务量记录等。为了保证成本核算的真实、正确和合法，成本核算人员必须严格审核有关的原始记录，审核其内容是否填写齐全，数字计算是否正确，签章是否齐全，费用应不应该开支，所耗费用的种类和用途是否符合规定，用量有无超过定额或计划等。只有经过审核无误后的原始记录才能作为计算的依据。

审核原始记录要对企业发生的各项支出进行严格的控制，并按照国家的有关规定确定其应否计入物流成本，以及应计入生产成本还是期间费用。也就是说，要在对各项支出的合理性、合法性进行严格审核、控制的基础上，对不符合制度和规定的费用，以及各种浪费、损失等加以制止或追究经济责任。

(6) 确定成本项目

为了正确反映成本的构成，必须合理地规定成本项目。成本项目要根据具体情况与需要设置，既要有利于加强成本管理，又要便于正确核算物流成本。企业一般应设置材料费、人工费、公益费、维护费、一般经费、特别经费、委托物流费，以及其他企业支付的物流费等成本项目。在实际工作中，为了使成本项目更好地适应企业的生产经营特点和管理要求，企业可以对上述成本项目进行适当的调整。在规定或者调整成本项目时，应考虑各项费用在管理上有无单独反映、控制和考核的需要，各项费用在物流成本中所占比重的大小，以及某种费用专设成本项目所增加的核算工作量的大小等几个问题。

对于管理上需要单独反映、控制和考核的费用，以及在物流中所占比重比较大的费用，应专设成本项目，否则为了简化成本核算工作，不必专设成本项目。

(7) 处理跨期费用的摊提工作

跨期费用是指按照权责发生制原则，虽在本期支付但应由本期和以后各期共同负担的物流费用，以及本期尚未支付但应由本期负担的物流费用。对于这类物流费用，在会计核算上采用待摊或预提的办法处理。将在本月开支的成本和费用中应该留待以后月份摊销的费用，计作待摊费用；将在以前月份开支的待摊费用中本月应摊销的成本和费用，摊入本月成本和费用；将本月尚未开支但应由本月负担的成本和费用，预提计入本月的成本和费用。

(8) 进行成本归集和分配

将应计入本月物流成本的各项物流费用，在各种成本对象之间按照成本项目进行分配和归集，计算出按成本项目反映的各种成本对象的成本，这是本月物流费用在各种成本对象之间横向的分配和归集。

(9) 设置和登记成本明细账

为了使成本核算结果真实、可靠、有据可查，成本计算的过程必须要有完整的记录，即通过有关的明细账或计算表来完成计算的全过程。要正确计算各种对象的成本，必须正确编制各种费用分配表和归集的计算表，并且登记各类有关的明细账，这样才能将各种费用最后分配、归集到成本的明细账中，算出各种对象的成本。

3.3.2 成本归集与分配

成本归集和成本分配是密切联系、交错进行的两项工作，从某种意义上讲，物流成本核算就是物流成本归集和物流成本分配。

3.3.2.1 物流成本归集

物流成本归集是指对企业生产经营过程中所发生的各种物流费用，按一定的成本计算对象所进行的成本数据的收集或汇总。物流成本如何归集和计算，取决于对所评价与考核的成本计算对象的选定。

要做到成本归集的正确，一是费用划分要正确，如果费用划分错误，应由甲对象负担的费用，误归入乙对象的成本，则成本计算就不可能正确；二是汇总要按一定的程序进行，如果汇总程序搞乱了，就会发生费用漏记或重记的情况，影响成本计算的正确性。

对于直接材料、直接人工应按成本计算对象，如物流服务的品种、批别、步骤进行归集。而对于间接费用，则应按发生地点或用途进行归集，然后再计入各成本对象的成本。

3.3.2.2 物流成本分配

物流成本分配是在有多个物流成本计算对象的情况下，为求得各成本计算对象的成本，对不能直接计入成本计算对象的费用，在按照费用发生的地点和用途归集后，按一定分配标准所进行的分配。成本的分配实际上是将归集的间接成本分配给成本对象的过程，也称为间接成本的分摊和分派。

成本分配要使用某种参数作为成本分配的基础。可供选择的分配参数有许多：人工工时、机器台时、占用面积、直接人工工资、订货次数、采购价值、品种数、直接材料成本、直接材料数量等。

物流成本的分配包括物流成本的位置分配和物流成本承担者分配。物流成本位置核算要回答的问题是：在某一核算期内，各个成本位置发生了哪些成本？各是多少？成本位置核算是在成本归集的基础上完成的。通过成本位置核算，还可将不能直接计入最终产品的成本分摊到最终产品上去。物流成本承担者核算要回答的问题是：在某一核算期内，企业发生了哪些成本？为谁发生的？各是多少？成本承担者具有双重任务，一是要对每个效益单位的成本进行评价，二是对核算期内总生产成本进行评价。前者称为单位产品成本核算，后者称为企业经济效益核算。

为了合理地选择分配基础，正确分配间接物流成本，需要注意以下问题：

①成本分配要以完整、准确的原始记录为依据，不能凭主观臆断乱分配，更不能故意搞乱成本分配秩序，制造虚假成本信息。如果各项基础工作做不好，必然使成本分配工作陷入被动局面。

②当按使用资源的数量在对象间分摊成本时，要确定各使用资源的数量，例如耗用的材料、工时、机时等，按使用资源的数量比例分摊间接物流成本。

③当能够确定受益者和受益程度时，应在各受益者间按受益比例分摊间接成本。如房屋维修成本按各部门的面积分摊，广告费按各种项目的业务额分摊等。

④假定利润高的部门耗用的间接成本大，应按成本对象的承受能力分摊较多的间接物流成本，例如，按部门的营业利润分配公司总部的费用。

⑤要及时将各项成本费用分配给受益对象，不能将本应在上期或下期分配的成

本费用分配给本期，否则会影响到成本的及时核算和核算结果的准确性，造成决策的失误。

⑥成本分配也要讲求成本效益，成本分配所带来的效益要远大于成本分配本身的成本才行，不要将大量的时间和精力放在一些意义不大的数据收集和计算上。

⑦成本分配标准是多元的，成本分配的目的也是多元的，因此，在进行成本分配时，要灵活地加以运用，不能固定不变地采用一个分配标准和方法。

3.4 物流成本核算的方法

专栏3.1 美国的物流成本的计算方法

宏观上，美国物流成本包括三个部分，各自有其测算的办法。

第一部分库存费用是指花费在保存货物方面的费用，除了包括仓储、残损、人力费用及保险和税收费用外，还包括库存占压资金的利息。其中利息是当年美国商业利率乘以全国商业库存总金额得到的。把库存占压的资金利息加入物流成本，这是现代物流与传统物流费用计算的最大区别，只有这样，降低物流成本和加速资金周转速度才能从根本利益上统一起来。美国库存占压资金的利息在美国企业平均流动资金周转次数达到10次的条件下，约为库存成本的1/4，为总物流成本的1/10，数额之大，不可小视。仓储成本数字既包括公用仓库，也包括私人仓库。

第二部分运输成本是基于伊诺运输基金会出版的年度运输丛书得到的货运数据。运输成本包括公路运输、其他运输方式费用与货主费用。公路运输包括城市内运送费用与区域间卡车运输费用。其他运输方式费用包括：铁路运输费用、国际国内空运费用、货代费用、油气管道运输费用。货主费用包括运输部门运作及装卸费用。近十年来，美国的运输费用占国民生产总值的比重大体为6%，一直保持着这一比例，说明运输费用与经济的增长是同步的。

第三部分物流管理费用是由专家按照美国的历史情况确定一个固定比例，乘以库存费用和运输费用的总和得出的。美国的物流管理费用在物流总成本中比例大体在4%左右。下表列出了2000年美国物流支出的各项数字。

2000年美国物流支出

项　目	支出（10亿美元）
库存开支合计	377
利息	95
税款、保费支出等	204
仓储费用	78

续表

项　　目	支出（10 亿美元）
运输开支合计	585
卡车运输	481
城市之间	323
城内	158
其他运输方式	104
铁路	36
水运（国际 18，国内 8）	26
输油管道	9
空运（国际 8，国内 19）	27
货运代理	6
货主相应支出	5
物流管理费用	39
物流总支出	1 006

（资料来源：孟燕萍．美国物流成本比例构成分析［N］．国际经贸消息，2001-10-13。）

另一个反映美国物流效率的指标是库存周期。美国平均库存的周期在 1996 ~ 1998 年间保持在 1.38 个月到 1.40 个月。但 1999 年发生了比较显著的变化，库存周期从 1999 年 1 月份的 1.38 个月降低到年底的 1.32 个月，这是有史以来的最低周期。库存周期减少的原因是由于销售额的增长超过了库存量增长，1999 年库存增长了 4.6%，而同时，产品销售额增长了 9.2%，是库存量增长的 2 倍。

从上面的分析可以得出几个清晰而重要的启示。

第一，降低物流成本的确是提高效益的重要战略措施。美国每年 10 万亿美元的经济规模，降低 1% 的成本，就相当于多出 1 000 亿美元的效益。我国现在是 1 万亿美元的经济规模，降低 1% 的物流成本就等于增长了 100 亿美元的效益。业界普遍认为我国物流成本下降的空间应该在 10 个百分点或更多，这是一笔巨大的利润源泉。

第二，美国的实践表明，物流成本中运输部分的比例大体不变，减少库存支出就成为降低物流费用的主要来源。减少库存支出就是要加快资金周转、压缩库存，这与同期美国库存平均周转期降低的现象是吻合的。因此，发展现代物流就是要把目标锁定在加速资金周转、降低库存水平上面。这是核心的考核指标。

第三，物流成本的概念必须拓展。库存支出不仅仅是仓储的保管费用，更重要的是要考虑它所占有的库存资金成本，即库存占压资金的利息。理论上还应该考虑因库存期过长造成的商品贬值、报废等代价，尤其是产品周期短、竞争激烈的行业，如PC机、电子、家电等。总之，只有在物流成本中包含资金周转速度的内涵，才能真正反映出物流的作用，做出准确的评价。目前，我国现行的财务制度还很不适应这样的要求，应该逐步向国际接轨。

专栏3.2　日本的物流成本核算方法

在日本，虽然对物流成本的核算已经有了一套成型的标准（日本运输省1997年制定的《物流成本统一计算标准》），但该标准并不是只统一了一种标准，而是提供了三种不同类别的核算方式的标准，从不同角度对物流成本进行归集和对比，以指导和适应不同企业对于物流成本核算的要求。下表是这三种核算方法的比较。

三种物流成本核算方法

核算标准	以支付形态为标准	以物流功能为标准	以适用对象为标准
具体含义	分别按运费、保管费、包装材料费、自家配送费（企业内部配送费）、人事费、物流管理费、物流利息等支付形态记账。	分别按包装、配送、保管、搬运、信息、物流管理等功能计算物流费用。	按物流成本不同的适用对象进行成本归集（一般可以按照商品、顾客、地域等作为物流成本的适用对象）。
对物流成本的影响	掌握物流成本总额及其在企业整体费用中的份额，明确物流成本各形态的比重并使之合理化。	对比出各个功能的成本耗费情况，并可以由此计算出标准物流成本（单位个数、重量、容器的成本），通过作业管理，设定合理化目标。	可以对不同类别的商品、顾客和地域的物流成本进行对比分析，以指导不同物流战略的制定。

注：第一种标准是最基础的核算方法，第二种标准以第一种标准为基础，第三种标准又以第二种标准为基础。

（资料来源：李伊松，易华．物流成本管理［M］．北京：机械工业出版社，2005。）

核算方式的不同必然会导致成本的差异。所以我国应该尽快建立起物流成本核算标准，最起码在同一行业内应该有统一的物流成本核算方式，只有这样，成本核算才具可比性，从而更好地指导成本管理。

3.4.1 物流成本核算的基本思路

对物流成本的核算目前有会计方式、统计方式、统计方式和会计方式相结合三种基本思路。

3.4.1.1 会计方式的物流成本核算思路

会计核算方法是通过凭证、账户、报表对物流耗费予以连续、系统、全面地记录、计算和报告的方法。会计方式的物流成本核算，具体包括两种形式：

(1) 双轨制

即把物流成本核算与其他成本核算截然分开，单独建立物流成本核算的凭证、账户、报表体系。在单独核算的形式下，物流成本的内容在传统成本核算和物流成本核算中得到双重反映。

(2) 单轨制

即物流成本核算与企业现行的其他成本核算，如产品成本核算、责任成本核算、变动成本核算等结合进行，建立一套能提供多种成本信息的共同的凭证、账户、报表核算体系。在这种情况下，要对现有的凭证、账户、报表体系进行较大的改革，需要对某些凭证、账户、报表的内容进行调整，同时还需要增加一些凭证、账户和报表。这种结合无疑是比较困难的，但并不是不可能，因为企业物流成本的大部分内容包括在产品成本中，责任物流成本是责任中心成本的一部分，变动物流成本则是企业变动成本的一部分。

运用会计方式进行物流成本核算时，提供的成本信息比较系统、全面、连续，且准确、真实。但这种方法比较复杂，或者需要重新设计新的凭证、账户、报表核算体系，或者需要对现有体系进行较大的甚至可以说是彻底的调整。

企业物流成本会计核算是采用单轨制还是双轨制，应根据每个企业的具体情况而定。不过，从发展的观点来看，最好是采用单轨制会计核算方式。当然，采用单轨制会计核算方式还必须具备一定的条件：核算人员必须具有较高的业务素质；企业管理基础工作必须较健全；管理人员必须具备综合的现代成本管理意识；企业的成本工作必须实现标准化和现代化，有基本的组织保证。

3.4.1.2 统计方式的物流成本核算思路

统计方式是说它不要求设置完整的凭证、账户和报表体系，而主要是通过对企业现行成本核算资料进行解剖分析，从中抽出物流耗费部分，再加上一部分现行成本核算没有包括进去、但要归入物流成本的费用，如物流信息费、外部企业支付的物流费等，然后再按物流管理的要求对上述费用重新归类、分配、汇总，加工成物流管理所需要的成本信息。具体做法如下：

①通过对材料采购、管理费用账户的分析，抽出供应物流成本部分，如材料采购账户中的外地运输费，管理费用账户中的材料市内运杂费，原材料仓库的折旧修理费，保管人员的工资等，并按功能类别、形态类别进行分类核算。

②从生产成本、制造成本、辅助生产、管理成本等账户中抽出生产物流成本，并按功能类别和形态类别进行分类核算。例如，人工费部分按物流人员的人数比例或物流活动工时比例确定，折旧修理费用按物流固定资产占用资金比例确定。

③从销售费用中抽出销售物流成本部分，包括销售过程发生的运输、包装、装卸、保管、流通加工等费用，委托物流费按直接发生额计算。

④外企业支付物流费部分，现有成本核算资料没有反映。其中由于采购由外企业支付的物流费可根据在本企业交货的采购数量，每次以估计单位物流费率进行计算；销售由外企业支付的物流费可根据本企业交货的销售数量乘以估计单位物流费率进行计算；单位物流费率的估计可参考企业物质供应、销售给对方企业交货时的实际费用水平。

⑤物流利息的确定可按企业物流资产占用额乘以内部利率进行计算。

⑥从管理费用中抽出退货物流成本。

⑦废弃物物流成本对于企业来讲，数额一般较小，可以不单独抽出，而是并入到其他物流费用中。

委托物流费的计算比较简单，它等于企业对外支付的物流费用。而企业内部物流耗费及对外企业支付物流费用的计算比较复杂，总的原则是单独为物流活动所耗费的部分直接计入；间接为物流活动所耗费的部分，以及物流活动与其他非物流活动共同耗费的部分，则按一定标准或比例，如物流人员的比例、物流工时比例、物流资金数额等分配计算。

与会计方式的物流成本核算比较起来，由于统计方式的物流成本核算没有对物流耗费进行连续、全面、系统的跟踪，所以据此得来的信息，其精确程度受到很大的影响，但正是由于它不需要对物流耗费作全面、系统、连续的反映，所以运用起来比较简单、方便。在会计人员素质不高、物流管理意识淡薄、会计电算化尚未普及的情况下，可运用此法以简化物流成本核算，满足当前物流管理的需要。

3.4.1.3 统计方式与会计方式相结合的物流成本核算思路

统计方式与会计方式相结合，即物流耗费的一部分内容通过统计方式予以核算，另一部分内容通过会计方式予以核算。运用这种方法，也需要设置一些物流成本账户，但不像第一种方法那么全面、系统，而且，这些物流成本账户不纳入成本核算的账户体系，对现行成本核算来说，它是一种账外核算，具有辅助账户记录的性质。具体做法如下：

①设置辅助账户。一般来说，企业应设置物流成本总账，核算企业发生的全部

物流成本；同时按物流范围设置供应、生产、销售、退货、废弃物流成本二级账；在各二级账下按物流功能设置运输费、保管费、装卸费、包装费、物流加工费、物流管理费三级账，并按费用支付形态设置专栏。

②对于现行成本核算已经反映，但分散于各科目的物流费用，如计入管理费用中的对外支付的材料市内运杂费、物流固定资产折旧、本企业运输车队的费用、仓库保管人员工资、产成品和原材料盘亏损失、停工待料损失，计入制造费用的物流人员工资及福利费、物流固定资产的折旧修理费、运输费、保险费、在产品盘亏和毁损等等，在按照会计制度的要求编制凭证、登记账簿、进行正常成本核算的同时，据此凭证登记相关的物流成本辅助账户，进行账外的物流成本核算。例如，企业以银行存款支付购进材料货款及运输费用共 4 500 元，其中材料买价 4 000 元，运费 500 元。企业可根据这项业务作如下会计分录：

借：材料采购　4 500
　　物流成本　500
　贷：银行存款　4 500

据此分录，一方面登记材料采购和银行存款账户，另一方面在有关的物流成本总账、二级账、三级账户中登记。

③对于现行成本核算没有包括，但属于物流成本应该包括的费用，其计算方法与统计方式下的计算方法相同。

④月末根据各物流成本辅助账户所提供的资料编制范围类别、功能类别、形态类别等各种形态的物流成本报表。

这种方法的优缺点介于第一种方法和第二种方法之间，即它没有第一种方法复杂，但它也没有第一种方法和第二种方法准确、全面；与第二种方法比较，情形则恰恰相反。

3.4.2 物流成本核算的实施

在我国目前的会计制度下，物流成本核算只能按统计方式进行。日本的运输省根据日本物流成本理论和经济活动计算物流成本的基本方法，于 1997 年公布了《物流成本计算统一标准》，以此作为企业计算物流成本的指导，建立本企业的物流计算体系。我们可以借鉴日本物流成本计算标准，从支付形态分类入手，从企业财务会计核算的全部相关科目中抽出所包含的物流成本，然后以表格的形式从不同角度逐步计算出各类物流成本。

3.4.2.1 明确支付形态物流成本类别的含义

按支付形态的不同来进行物流成本的分类，是以财务会计中发生的费用为基础，将物流成本分为本企业支付的物流费和外企业支付的物流费；本企业支付的物流费又可以分为企业本身的物流费和委托物流费；企业本身的物流费又分为材料费、人工费、公益费、维护费、一般经费和特别经费等。将上述物流成本从财务会计各相关科目中抽出，并进行计算。

(1) 材料费

材料费是由物流消耗而产生的费用。直接材料费可以通过用各种材料的实际消耗量乘以实际的购进价格来计算。材料的实际消耗量可以按物流成本计算期末统计的材料支出数量计算，在难以通过材料支出单据进行统计时，也可以采用盘存计算法，即本期消耗量 = 期初结存 + 本期购进 - 期末结存。材料的购进价格应包括材料的购买费、进货运杂费、保险费、关税等。

(2) 人工费

人工费是指对物流活动中消耗的劳务所支付的费用。物流人工费的范围包括职工所有报酬（工资、资金、其他补贴）的总额、职工劳动保护费、按规定提取的福利基金的支出（医疗补助、福利补助、集体福利设施的支出、其他支出）、职工教育培训费及其他。

在计算人工费的本期实际支付额时，报酬总额按计算期内支付给从事物流活动的人员的报酬总额或按整个企业职工的平均报酬额计算。职工劳动保护费、按规定提取的福利基金及职工教育培训费等都需要从企业这些费用项目的总额中把用于物流人员的费用部分抽出来。当实际费用很难抽出来计算时，也可将这些费用的总额按从事物流活动的职工人数比例分摊到物流成本中。

(3) 公益费

公益费是指对公共事业所提供的公益服务（自来水、电、煤气、取暖、绿化等）支付的费用。严格地讲，每一个物流设施都应安装计数表直接计费。但对没有安装计量仪表的企业，此部分费用可以从整个企业支出的公益费中按物流设施的面积和物流人员的比例计算得出。

(4) 维护费

维护费根据本期实际发生额计算，对于经过多个期间统一支付的费用（如租赁费、保险费等），可按期间分摊计入本期相应的费用中。对于物流业务中可以按业务量或物流设施来掌握和直接计算的物流费，在可能的限度内直接算出维护费。对于不能直接算出的，可以根据建筑物面积和设备金额等分摊到物流成本中。

折旧费应根据固定资产原值和经济使用年限，以残值为零，采用使用年限法计算，计算公式为：

固定资产折旧额 = 固定资产原值/固定资产预计经济使用年限

对使用年限长且有价格变动的物流固定资产折旧，可采用重置价格计算。

(5) 一般经费

一般经费相当于财务会计中的一般管理费。其中，对于差旅费、交通费、会议费、书报资料费等使用目的明确的费用，直接计入物流成本。对于一般经费中不能直接计入物流成本的，可按职工人数比例或设备比例分摊到物流成本中。

(6) 特别经费

特别经费包括按实际使用年限计算的折旧费和企业内利息等。

企业内利息在物流成本计算中采用与财务会计不同的计算方法。企业内部物流利息实际上是物流活动所占用的全部资金的资金成本。因为这部分资金成本不是以银行利率，而是以企业内部利率来计算，所以称为企业内部物流利息。

利息在财务会计中是以有利率负债的金额为基础，根据融资期间和规定的利率来计算的。但在物流成本计算中，企业内部物流利息却是以对固定资产征收固定资产占用税时的评价额为基础，对存货以账面价值为基础，根据期末余额和企业内利率来计算的。这是因为：第一，固定资产使用在征收占用税时的评估价额是比较接近于时价的，而且是公允地确定的资产价值，这样就可以排除利用固定资产原值的不合理性和利用时价的随意性。第二，存货的周转率很高，所以，即使直接使用账面价值，也可以自动排除由通货膨胀所带来的影响。第三，企业内利息以资金成本的形式计算，作为附加成本加到物流成本中，就可以恰如其分地计算出物流成本，同时还可以降低利息，进而有效地利用物流资产。

这种企业内利息仅仅是以管理会计中资金成本形式加到成本中的，实质上是对物流占用资产的一种以整个企业内部平均利息率来计算的资金成本，因此它与实际支付的利息不同。

企业内部利息的计算，对物流活动中使用的固定资产（土地、建筑物、机械设备、车辆等）以征收固定资产占用税时的评估价值乘以企业内利息率；对存货（商品、包装材料等）以账面价值乘以企业内利息来计算。

(7) 委托物流费

委托物流费根据本期实际发生额计算，包括托运费、市内运输费、包装运费、装卸费、保管费和出入库费、委托物流加工费等。除此以外的间接委托的物流费按一定标准分摊到各功能的费用中。

(8) 其他企业支付的物流费

其他企业支付的物流费，以本期发生购进时其他企业支付和发生销售时其他企业支付物流费的商品重量或件数为基础，乘以费用估价计算。

其他企业支付的物流费虽然不作为本企业物流费支付，但对购进商品来说，实际上已经将商品从产地运到销售地点的运费、装卸费等物流费包含在进货价格中了，如果到商品产地购进，则这部分物流费显然是要由本企业支付的。对销售的商品，买方提货所支付的运费也相当于折减了销售价格，如果销售的商品采用送货制，则这部分物流费也要由本企业支付。因此，其他企业支付物流费实际上是为了弥补应由本企业负担的物流费而计入物流成本的。

其他企业支付的物流费的计算必须依靠其估价的费用单价，但当本企业也承担与此相当的物流费时也可以用本企业相当的物流费来代替。

3.4.2.2 收集有关成本费用的资料，按一定计算基准抽出企业本身的物流成本

某公司月度损益表中有“管理费用、财务费用、营业费用”等项费用，其中与物流有关的费用项目有车辆租赁费、包装材料费、工资津贴费、水电汽暖费、保险费、修缮维修费、折旧费、办公费、易耗品费、资金占用利息、通讯费、软件租赁费等。现以一定的基准比率（物流部门比率，分别按人数平均、台数平均、面积平均、时间平均等计算出来）算出企业内部各项物流费用，并将其归入不同的支付形态和物流功能类别。如表3-3所示。

表3-3 本月企业本身各项物流费用计算

项　目	各项费用（元）	计算基准（%）	基准说明	物流成本（元）	支付形态类别	物流功能类别
车辆租赁费	100 080	100	全额	100 080	维护费	运输费
包装材料费	30 184	100	全额	30 184	材料费	包装费
工资津贴费	631 335	28.3	人数比率	178 668	人工费	包装运输保管装卸管理
水电汽暖费	12 645	52.7	面积比率	6 664	一般经费	物流管理费
保险费	10 247	52.7	面积比率	5 400	维护费	包装运输保管装卸管理
修缮维护费	19 596	52.7	面积比率	10 327	维护费	包装运输保管装卸管理
折旧费	39 804	52.7	面积比率	20 977	维护费	包装运输保管装卸管理
办公费	19 276	42.1	物流费用比率	8 115	一般经费	物流管理费
易耗品费	21 316	42.1	物流费用比率	8 974	材料费	包装保管管理费
资金占用利息	23 861	42.1	物流费用比率	10 045	特别经费	保管费
税金	33 106	42.1	物流费用比率	13 937	维护费	包装运输保管装卸管理
通讯费	10 366	42.1	物流费用比率	4 364	一般经费	信息流通费
软件租赁费	17 748	42.1	物流费用比率	7 472	一般经费	信息流通费
有关成本合计	969 564	41.8	物流成本占比	405 207	合计	企业本身物流成本

计算基准的说明：

①人数比率 = 物流部门人员数/全公司人数 = 36 ÷ 127 = 0.283

②面积比率 = 物流部门设施面积/全公司面积 = 3 090 ÷ 5 869 = 0.527

物流费用比率 = 1 ~ 7 项物流费之和/1 ~ 7 项管理财务营业费之和

= 352 300 ÷ 843 891 = 0.421

此外，本月公司支付的委托物流费为 12 084 元。其中购买材料的市内运输费 48 040元，仓库保管费72 800元。

本月外企业支付物流费为56 340元。其中，本月因发生购进由其他企业支付的物流费（运费）为34 260元，本月发生销售由其他企业支付的物流费（运费）为 22 080元。

3.4.2.3 将支付形态的各项物流成本分配到各种物流功能和物流范围

以上各项目中包装材料费、易耗品费属于支付形态的材料费；工资津贴费属于人工费；车辆租赁费、保险费、修缮维护费、折旧费、税金属于维护费；水电汽暖费、办公费、通讯费、软件租赁费属于一般经费；资金占用利息属于特殊经费。物流功能指物品流通费（包括包装费、运输费、保管费和装卸费）、信息流通费和物流管理费三大类。物流范围指供应物流费、生产物流费、销售物流费、退货物流费和废弃物流费。包装费、保管费主要属于生产物流的范围，运输费、装卸费、物流信息费和物流管理费主要属于供应物流和销售物流的范围。

假设公司供应和销售物流共同费用的分配比为 1:2，各项物流成本资料分析如下：

①车辆租赁费为公司运输部门所发生的费用。本月运输部门提供物流运输劳务 3 200吨公里，其中采购材料耗用 1 200 吨公里，产品销售耗用 2 000 吨公里。

供应物流负担额 = 100 080 × 1 200 ÷ 3 200 = 37 530（元）

销售物流负担额 = 100 080 × 2 000 ÷ 3 200 = 62 550（元）

②包装材料费 30 184 元，为仓库实施包装作业所耗用。

③工资津贴费按各物流作业职工人数进行分配。其中，包装作业 6 人，运输作业 12 人，保管作业 4 人，装卸作业 10 人，物流管理人员 4 人。

包装作业的工资津贴费 = 178 668 × 6 ÷ 36 = 29 778（元）

运输作业的工资津贴费 = 178 668 × 12 ÷ 36 = 59 556（元）

其中：供应物流负担额 = 59 556 × 1 ÷ 3 = 19 852（元）

销售物流负担额 = 59 556 × 2 ÷ 3 = 39 704（元）

保管作业的工资津贴费 = 178 668 × 4 ÷ 36 = 19 852（元）

装卸作业的工资津贴费 = 178 668 × 10 ÷ 36 = 49 630（元）

其中：供应物流负担额 =49 630 ×1 ÷3 =16 543（元）

销售物流负担额 =49 630 ×2 ÷3 =33 087（元）

物流管理作业的工资津贴费 =178 668 ×4 ÷36 =19 852（元）

其中：供应物流负担额 =19 852 ×1 ÷3 =6 617（元）

销售物流负担额 =19 852 ×2 ÷3 =13 235（元）

④水电汽暖费为物流作业管理所耗用，其分配计算为：

供应物流负担额 =6 664 ×1 ÷3 =2 221（元）

销售物流负担额 =19 852 ×2 ÷3 =4 443（元）

⑤保险费按各物流作业设施的账面价值分配。物流作业设施的账面总价值为3 570 000元，其中包装设备价值为480 000元，运输设备价值为1 740 000元，保管设备价值为987 000元，装卸设备价值为216 000元，物流管理部门设备价值为147 000元。

包装作业的保险费 =5 400 ×480 000 ÷3 570 000 =726（元）

运输作业的保险费 =5 400 ×1 740 000 ÷3 570 000 =2 632（元）

其中：供应物流负担额 =2 632 ×1 ÷3 =877（元）

销售物流负担额 =2 632 ×2 ÷3 =1 755（元）

保管作业的保险费 =5 400 ×987 000 ÷3 570 000 =1 493（元）

装卸作业的保险费 =5 400 ×216 000 ÷3 570 000 =327（元）

其中：供应物流负担额 =327 ×1 ÷3 =109（元）

销售物流负担额 =327 ×2 ÷3 =218（元）

物流管理作业的保险费 =5 400 ×147 000 ÷3 570 000 =222（元）

其中：供应物流负担额 =222 ×1 ÷3 =74（元）

销售物流负担额 =222 ×2 ÷3 =148（元）

⑥修缮维护费和折旧费的发生和分配同保险费。计算如下：

包装作业的负担费 =（10 427 +20 977） ×480 000 ÷3 570 000 =4 209（元）

运输作业的负担费 =（10 427 +20 977） ×1 740 000 ÷3 570 000 =15 257（元）

其中：供应物流负担额 =15 257 ×1 ÷3 =5 086（元）

销售物流负担额 =15 257 ×2 ÷3 =10 171（元）

保管作业的负担费 =（10 427 +20 977） ×987 000 ÷3 570 000 =8 655（元）

装卸作业的负担费 =（10 427 +20 977） ×216 000 ÷3 570 000 =1 894（元）

其中：供应物流负担额 =1 894 ×1 ÷3 =631（元）

销售物流负担额 = 1 894 × 2 ÷ 3 = 1 263（元）

物流管理作业的负担费 =（10 427 + 20 977）× 147 000 ÷ 3 570 000 = 1 289（元）

其中：供应物流负担额 = 1 289 × 1 ÷ 3 = 430（元）

销售物流负担额 = 1 289 × 2 ÷ 3 = 859（元）

⑦易耗品费 8 974 元可根据材料领料单分配确定。其中，包装作业耗用2 896元，保管作业耗用3 756元，管理部门耗用2 322元（其中供应物流负担 774 元，销售物流负担1 548元）。

⑧办公费为物流作业管理发生，其分配计算为：

供应物流负担额 = 8 115 × 1 ÷ 3 = 2 705（元）

销售物流负担额 = 8 115 × 2 ÷ 3 = 5 410（元）

⑨资金占用利息 10 045 元为公司存货资金所占用的利息（保管费）。

⑩税金为固定资产占用税，分配方法同保险费。计算如下：

包装作业的税金 = 13 937 × 480 000 ÷ 3 570 000 = 1 874（元）

运输作业的税金 = 13 937 × 1 740 000 ÷ 3 570 000 = 6 793（元）

其中：供应物流负担额 = 6 793 × 1 ÷ 3 = 2 264（元）

销售物流负担额 = 6 793 × 2 ÷ 3 = 4 529（元）

保管作业的税金 = 13 937 × 987 000 ÷ 3 570 000 = 3 853（元）

装卸作业的税金 = 13 937 × 216 000 ÷ 3 570 000 = 843（元）

其中：供应物流负担额 = 843 × 1 ÷ 3 = 281（元）

销售物流负担额 = 843 × 2 ÷ 3 = 562（元）

物流管理作业的税金 = 13 937 × 147 000 ÷ 3 570 000 = 547（元）

其中：供应物流负担额 = 547 × 1 ÷ 3 = 191（元）

销售物流负担额 = 547 × 2 ÷ 3 = 383（元）

⑪通讯费和软件租赁费为信息流通费，其分配计算为：

供应物流负担额 = 11 836 × 1 ÷ 3 = 3 945（元）

销售物流负担额 = 11 836 × 2 ÷ 3 = 7 891（元）

3.4.2.4 编制各物流功能成本计算表

根据计算物流成本的需要，将以上通过收集、计算得出的数据资料编制成各物流功能的成本计算表。企业物流的运输费、保管费等每一种功能分别编制一张物流成本计算表（见表 3-4 至表 3-9），如果只计算其中某几项功能的费用，可根据实际需要填制。

表 3-4 **包装费计算表**

支付形态 \ 范围			供应物流费	生产物流费	销售物流费	退货物流费	废弃物流费	合计
企业物流费	本企业支付的物流费	企业本身物流 材料费		33 080				33 080
		人工费		29 778				29 778
		维护费		6 809				6 809
		一般经费						
		特别经费						
		企业本身物流费						69 667
		委托物流费						
		本企业支付的物流费		69 667				69 667
	外企业支付的物流费							
	企业物流费总计			69 667				69 667

表 3-5 **运输费计算表**

支付形态 \ 范围			供应物流费	生产物流费	销售物流费	退货物流费	废弃物流费	合计
企业物流费	本企业支付的物流费	企业本身物流 材料费						
		人工费	19 852		39 704			59 556
		维护费	45 757		79 005			124 762
		一般经费						
		特别经费						
		企业本身物流费	65 609		118 709			184 318
		委托物流费	48 040					48 040
		本企业支付的物流费	113 649		118 709			232 358
	外企业支付的物流费		34 260		22 080			56 340
	企业物流费总计		147 909		140 789			288 698

表 3-6 **保管费计算表**

支付形态 \ 范围	供应物流费	生产物流费	销售物流费	退货物流费	废弃物流费	合计
企业物流费—本企业支付的物流费—企业本身物流—材料费		3 756				3 756
企业物流费—本企业支付的物流费—企业本身物流—人工费		19 852				19 852
企业物流费—本企业支付的物流费—企业本身物流—维护费		14 001				14 001
企业物流费—本企业支付的物流费—企业本身物流—一般经费						
企业物流费—本企业支付的物流费—企业本身物流—特别经费		10 045				10 045
企业物流费—本企业支付的物流费—企业本身物流—企业本身物流费		47 654				47 654
企业物流费—本企业支付的物流费—委托物流费		72 800				72 800
企业物流费—本企业支付的物流费		120 454				120 454
企业物流费—外企业支付的物流费						
企业物流费—企业物流费总计		120 454				120 454

表 3-7 **装卸费计算表**

支付形态 \ 范围	供应物流费	生产物流费	销售物流费	退货物流费	废弃物流费	合计
企业物流费—本企业支付的物流费—企业本身物流—材料费						
企业物流费—本企业支付的物流费—企业本身物流—人工费	16 543		33 087			49 630
企业物流费—本企业支付的物流费—企业本身物流—维护费	1 021		2 043			3 064
企业物流费—本企业支付的物流费—企业本身物流—一般经费						
企业物流费—本企业支付的物流费—企业本身物流—特别经费						
企业物流费—本企业支付的物流费—企业本身物流—企业本身物流费	17 564		35 130			52 694
企业物流费—本企业支付的物流费—委托物流费						
企业物流费—本企业支付的物流费	17 564		35 130			52 694
企业物流费—外企业支付的物流费						
企业物流费—企业物流费总计	17 564		35 130			52 694

表 3-8 **信息流通费计算表**

支付形态 \ 范围				供应物流费	生产物流费	销售物流费	退货物流费	废弃物流费	合计
企业物流费	本企业支付的物流费	企业本身物流	材料费						
			人工费						
			维护费						
			一般经费	3 945		7 891			11 836
			特别经费						
			企业本身物流费	3 945		7 891			11 836
		委托物流费							
		本企业支付的物流费		3 945		7 891			11 836
	外企业支付的物流费								
	企业物流费总计			3 945		7 891			11 836

表 3-9 **物流管理费计算表**

支付形态 \ 范围				供应物流费	生产物流费	销售物流费	退货物流费	废弃物流费	合计
企业物流费	本企业支付的物流费	企业本身物流	材料费	774		1 548			2 322
			人工费	6 617		13 235			19 852
			维护费	695		1 390			2 085
			一般经费	4 926		9 853			14 779
			特别经费						
			企业本身物流费	13 012		26 026			39 038
		委托物流费							
		本企业支付的物流费		13 012		26 026			39 038
	外企业支付的物流费								
	企业物流费总计			13 012		26 026			39 038

3.4.2.5 汇总编制整个公司的形态别、范围别的物流成本计算表(见表 3-10)

表 3-10 形态别、范围别物流成本计算表

支付形态 \ 范围			供应物流费	生产物流费	销售物流费	退货物流费	废弃物流费	合计
企业物流费	本企业支付的物流费	企业本身物流 材料费	774	36 836	1 548			39 158
		人工费	43 012	49 630	86 026			178 668
		维护费	47 473	20 810	82 438			150 721
		一般经费	8 871		17 744			26 615
		特别经费		10 045				10 045
		企业本身物流费	100 130	117 321	187 756			405 207
	委托物流费		48 040	72 800				120 840
	本企业支付的物流费		148 170	190 121	187 756			526 047
	外企业支付的物流费		34 260		22 080			56 340
	企业物流费总计		182 430	190 121	209 836			582 387

3.4.2.6 汇总编制整个公司的形态别、功能别的物流成本计算表(见表 3-11)

表 3-11 形态别、功能别物流成本计算表

支付形态 \ 功能			物品流通费				信息流通费	物流管理费	合计
			包装费	运输费	保管费	装卸费			
企业物流费	本企业支付的物流费	企业本身物流 材料费	33 080		3 756			2 322	39 158
		人工费	29 778	59 556	19 852	49 630		19 852	178 668
		维护费	6 809	124 762	14 001	3 064		2 085	150 721
		一般经费					11 836	14 779	26 615
		特别经费			10 045				10 045
		企业本身物流费	69 667	184 318	47 654	52 694	11 836	39 038	405 207
	委托物流费			48 040	72 800				120 840
	本企业支付的物流费		69 667	232 358	120 454	52 694	11 836	39 038	526 047
	外企业支付的物流费			56 340					56 340
	企业物流费总计		69 667	288 698	120 454	52 694	11 836	39 038	582 387

3.4.2.7 汇总编制整个公司的范围别、功能别的物流成本计算表(见表3-12)

表3-12 范围别、功能别物流成本计算表

范围 \ 功能	物品流通费				信息流通费	物流管理费	合计
	包装费	运输费	保管费	装卸费			
供应物流费		147 909		17 564	3 945	13 012	182 430
生产物流费	69 667		120 454				190 121
销售物流费		140 789		35 130	7 891	26 026	209 836
退货物流费							
废弃物流费							
合　计	69 667	288 698	120 454	52 694	11 836	39 038	582 387

3.5 物流作业成本计算法

作业是企业为了某一特定目的而进行的资源耗费活动，是作业成本管理的核心要素。企业生产经营过程中的每个环节或每道工序都可以视为一项作业，企业的生产经营过程就是由若干项作业构成的。作业成本法（Activity Based Costing，ABC）是一种通过对所有作业活动进行追踪动态反映、计量作业和成本对象的成本、评价作业业绩和资源利用情况的成本计算和管理方法。作业成本法从根本上来说是一种间接成本分配方法，它以作业为中心，根据作业对资源的消耗情况将资源的成本分配到作业中，然后根据产品和服务所耗用的作业量，最终将成本分配到产品和服务中去。与传统的按照生产工时、定额工时、机器工时、直接人工费等比例分配间接成本的方法相比，它采用两阶段成本分摊方法来计算各种成本对象的成本，从而得到更为准确的产品成本信息。作业成本法的基本原理是：作业消耗资源，产品消耗作业；生产导致作业的产生，作业导致成本的发生。

物流作业成本计算是以作业成本法为指导，将物流间接成本和辅助资源更为合理地分配到物流作业、运作过程、产品、服务及顾客中的一种成本计算方法。它立足于成本对象与物流作业耗费的因果关系进行考察，因此是一种更为准确也更有发展前途的物流成本计算方法。

3.5.1 物流作业成本法的计算步骤

物流作业成本法的计算需要经过以下几个阶段：分析和确定资源，建立资源成

本库；分析和确定作业构成，建立物流作业中心；确定资源动因，分配资源耗费至作业成本库；确定作业成本动因，分配作业成本至成本对象；汇总计算成本对象的总成本和单位成本。

3.5.1.1 分析和确定资源，建立资源成本库

资源是支持作业的成本、费用。它是一定期间内为了生产产品或提供服务而发生的各类成本、费用项目，或者是作业执行过程中所需要花费的代价。通常，在企业财务部门编制的预算中可以比较清楚地得到各种资源项目。例如发出订货单是采购部门的一项作业，那么相应办公场地的折旧、采购人员的工资和附加费、电话费、办公费等都是订货作业的资源费用，但一般来说，资源可以分为货币资源、人力资源、动力资源以及厂房设备资源。物流资源是物流作业得以进行的基础，是成本消耗的源泉。物流作业成本计算首先要分析各项物流活动都耗费了哪些资源。

企业各项资源被确认后，要为每类资源设立资源库，并将一定会计期间的资源耗费归集到各相应的资源库中。资源库设置时，有时需要把一些账目或预算科目结合组成一个资源库，有时需要把一些被不同作业消耗的账目或预算科目分解开来。

例如某公司将其预算科目分成服务资源与作业资源两类资源，见表 3-13。

表 3-13 某公司预算资源列表 单位：元

20××年预算服务和作业资源		
服务资源		合计
工资	700 000	
保险	120 000	
公司事业	140 000	
津贴	100 000	
折旧	440 000	1 500 000
作业资源		
监督	970 000	
津贴	90 000	
保险	60 000	
公司事业	200 000	
折旧	2 000 000	3 320 000
预算资源总计		4 820 000

3.5.1.2 分析和确定作业构成，建立物流作业中心

使用作业成本法计算物流成本，必须将企业的各项物流作业，尤其是主要物流作业清楚、正确地辨别、描述和确认出来，并建立物流作业中心。

(1) 物流作业的种类

物流活动由一系列基本作业构成，它们是一个个易于理解的操作环节。通常物流作业主要有以下几种：原材料或劳务的接收、储存、分配，如原材料搬运、车辆调度等；生产物流活动，如材料准备、设备测试等；产品集中储存和销售，如库存管理、送货车辆管理、订单处理等；产品或服务营销，如报价、定价等；仓库、物流设备设施等投入活动，企业物流管理、物流会计等活动。

(2) 合理确认物流作业

物流作业必须在合理范围内确认，范围太大或太小，都不利于物流成本计算。确认物流作业时必须注意遵循以下原则：不同人执行不同作业；一项作业一般不多于15个密切相关的操作；把一项作业中不相关的操作分解出去；不分解只有一项投入和产出的作业；每个职能部门中，功能明确的作业一般是2~10个；不分解不能改变的作业；不分解对决策意义不大的作业。

作业划分和认定的方法有多种多样，可以采用业务职能分析法、作业流程法等确定各项作业的构成。比较常用的方法是绘制企业的作业流程图，将企业的各种经营过程以网络的形式表现出来，以此来确定作业单位。一个作业流程图可以描述组织内的作业以及它们之间的相互关系。

专栏3.3 某公司的物流作业流程图

下面是某公司的一个物流作业流程图，它清楚地描绘了购货、验货、收货、会计、机械、工作准备等作业是怎样进行的以及它们之间的相互关系。图中矩形代表了所分析系统的起点或终点，它们构成了系统的边界。系统的起点和终点可以是人、公司、部门和其他系统。圆形代表作业，它把投入转化为产出，任何作业都应既有投入又有产出。直线和箭头代表起点、终点和作业间的投入和产出的流向。

从图中可以看出，系统的起点是仓库，它向存储作业发出原料请求单。若现在还有原料，即将原料送往机制作业。如果现在没有原料，就要向购货作业发出购货请求；购货作业向供应商（起点）发出购货单，同时要把一个购货单附件送往会计作业；供应商把原料连同购货单送往验货作业；验货中心检查货物的质量和规格后，把收到的原料连同一个验货报告送往收货作业；收货作业清点完货物，把原料连同一个收货报告送往存储作业。如果存储管理人员接受了货物，所需要的原料立即就被送往机制作业加工。同时，向会计作业送去收货报告，用作付款凭证。有时候机制作业会发出工作准备请求，工作准备作业收到请求后进行工作准备。一旦机

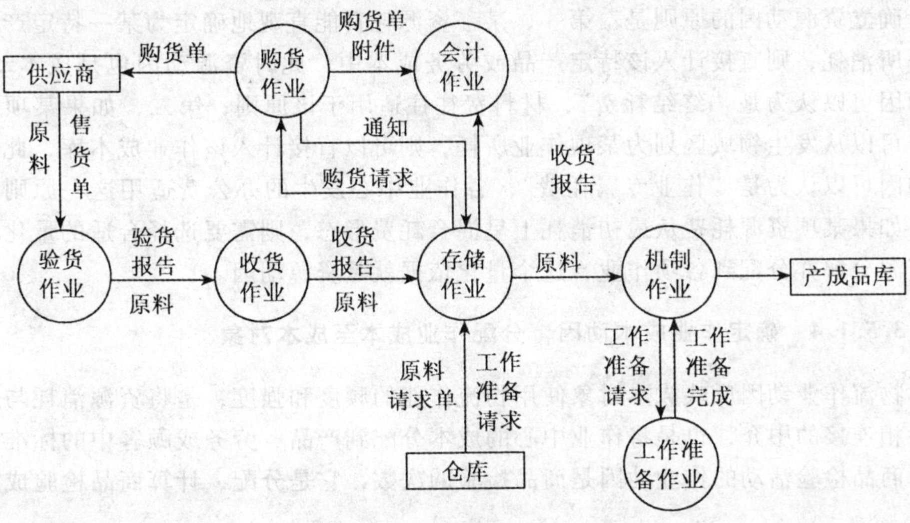

物流作业流程图

制作业完成，加工的产品即被送往产成品库（终点）。

(3) 建立物流作业中心

确认了物流作业并对其进行整合，将同质作业合并，就可以建立物流作业中心。物流作业中心由一项作业或一组性质相似的作业所组成，由于作业消耗资源，成本伴随作业而发生，作业中心也称为作业成本库。

建立物流作业成本库时，需从以下方面考虑：第一，核算目的。若为获得相对准确的物流成本信息，则应对质相似和量相关的物流作业进行高度合并；若为加强物流作业管理，则应以利于部门管理为目的，在作业质相似的前提下，将次要物流作业合并到主要物流作业中。第二，作业重要性。对现在和将来重要的物流作业应将其单独设为一个物流作业中心。第三，动因相似性。即根据实际情况，合理合并作业动因相同、相似的物流作业。

3.5.1.3 确定资源动因，分配资源耗费至作业成本库

成本动因是导致成本发生的各种因素，也是引发成本发生和变化的原因。出于可操作性考虑，成本动因必须能量化。可量化的成本动因包括生产准备次数、零部件数、不同的批量规模数、工程小时数等。成本动因可分为资源动因和作业动因，分别是将资源和作业成本进行分配的依据。物流资源动因反映物流作业量与资源耗费间的因果关系，说明物流作业中心对资源的消耗情况，是把资源分摊到作业中心

的依据。

确立资源动因的原则是：第一，某一资源耗费能直观地确定为某一特定产品或劳务所消耗，则直接计入该特定产品或劳务成本中，此时资源动因也是成本动因，该动因可以认为是“终结耗费”，材料费往往适用于该原则；第二，如果某项资源耗费可以从发生领域区划为某项作业所耗，则可以直接计入该作业成本库，此时资源动因可以认为是“作业专属耗费”，各作业中心发生的办公费适用这一原则；第三，如果某项资源耗费从最初消耗上呈混合耗费形态，则需要选择合适的量化依据将资源分解并分配到各项作业，这个量化依据就是资源动因。

3.5.1.4 确定作业成本动因，分配作业成本至成本对象

物流作业动因反映成本对象使用物流作业的频度和强度，是将资源消耗与最终产出相连接的中介，也是将作业中心的成本分配到产品、劳务或顾客中的标准。例如，商品检验活动的作业动因是商品检验的次数，它是分配、计算商品检验成本的依据。

进行物流作业成本计算时，物流作业动因的确认是难度最大也是最关键的步骤，物流作业动因确认不当，将影响物流成本的计算。在此有三个问题要解决：

（1）作业成本动因的种类

物流成本动因分为：作业批次数量，导致物流作业计划的制定、机械设备调试成本的发生；购货单数量，引起采购、收货部门物流成本的发生；发货单数量，引起发货部门物流成本的发生；销货单和用户数量，驱动了销售部门物流成本的发生；物流职工人数和工作通知单的数量，是后勤部门和管理部门物流成本发生的原因。表3-14列出了资源动因、作业成本库、作业动因之间的关系。

表3-14 资源动因和作业动因

资源动因	作业成本库	作业动因
职工人数	购货部	购货合同
职工人数	验货部	验货报告
职工人数	收货部	收货单
职工人数	会计部	付款次数
存货体积	储存部	储存数量
人工小时	生产准备部	生产准备次数

（2）确定物流作业动因个数要考虑的因素

既不能为每一项作业确定一个成本动因，也不能为所有的作业只确定一个成本

动因。物流作业动因个数的确定首先要考虑成本的计算精确度。物流成本计算的精确度要求越高，则需要的作业动因数越多。其次是成本对象的多样性。物流成本计算对象越多，需要越多的成本动因来描述物流成本的发生过程。第三，各作业的同质性。物流活动中，非同质物流作业、关键物流作业的数目越多，必然需要越多的成本动因。第四，作业批量的复杂性。进行不同批量的生产、运输、包装等活动的边际成本和平均成本不同，需要有不同的成本动因来反映，因而批量越复杂，成本动因越多。第五，作业的关联度。成本动因与实际物流作业的关联度越高，所需的成本动因越少。第六，物流组合复杂程度。物流服务种类越少，作业成本项目的数量相应减少，作业成本更易于与具体作业相联系，因而所需的成本动因越少。

(3) 选择物流作业动因要考虑的因素

第一，物流成本计量的难易度。根据成本系统中已存在的资料，尽可能选择那些能直接使用现有资料的成本动因。即选择容易获得、成本更低的成本动因。例如，若每次加工的时间基本相同，加工小时这个成本动因可由加工次数来替换。

第二，与实际成本的相关度。如物流作业动因计算出的作业消耗与实际消耗相差大，则成本计算不准确。因此，应重新选择相关度大的成本动因，这样的物流成本的计算才能更准确。如加工工艺流程简单的产品每次所进行的设备调整时间较短，而加工工艺流程复杂的产品所需的设备调整时间较长，如果都以设备调整次数为成本动因，则可能导致作业成本计算的不实，此时以设备调整所需的时间为成本动因更为合适。

第三，对组织行为的影响。某些成本动因会影响人们的行为。成本动因若与组织目标一致，则能提高员工工作效率，促进效益；反之，可能导致员工工作效率低下。所以，应选择对人的行为作用有益的物流作业动因。如确定供应商询价作业的成本动因时，以联系的供应商数为成本动因，有可能使得管理者减少询价次数，从而丧失了联系到有利的供应商的机会；反之，以材料搬运次数作为存货处理作业的成本动因时，有可能促使管理者采取减少搬运次数，从而减少处理成本的行为。

物流作业成本动因的确认需要深入工作现场观察、分析，并与物流实际作业人员交流，选择那些具有代表性和重要影响的成本动因，以便减少成本动因数量，降低计算复杂性。

作业成本动因选定后，就可以按照同质的成本动因将相关的成本归集起来，有几个成本动因，就建立几个成本库。建立不同的成本库、按多个分配标准分配间接费用是作业成本计算优于传统成本计算之处。

各作业成本库的作业成本在成本计算对象之间分配时，都应通过确定成本动因分配率以计算各成本计算对象的物流成本。成本动因分配率的计算公式如下：

$$\text{成本动因分配率} = \frac{\text{某作业中心发生的作业成本}}{\text{该作业中心可提供的作业量}}$$

$$某成本计算对象应分配的某项作业成本 = \begin{matrix}该成本计算对象耗用的\\该项作业的成本动因数\end{matrix} \times 成本动因分配率$$

3.5.1.5 汇总计算各成本对象物流的总成本和单位成本

将成本对象中分摊的各物流作业成本加总，即得到成本对象负担的间接物流成本。再加上直接物流成本，就是各成本对象的物流总成本，并可据以计算单位成本。

用作业成本法计算物流成本可以简单地概括为：资源按资源动因分配到作业或作业中心，作业成本按作业动因分配到产品。图 3-2 表示的是作业成本法计算物流成本的流程图。

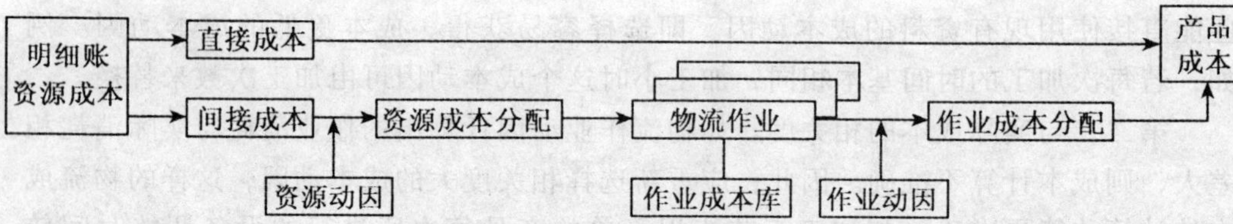

图 3-2 作业成本法计算物流成本流程图

3.5.2 物流作业成本法的计算举例

某生产性企业产销 A、B 两种产品。这两种产品的生产工艺过程基本相同，两者的区别主要表现在所提供的物流服务上：A 产品实行大批量、低频率的物流配送服务，每批数量为 4 000 件。B 产品实行多频率、小额配送服务，每批数量为 10 件。该企业采用作业成本法计算产品的物流成本，所涉及的作业主要有 7 项：订单处理，挑选包装，包装设备调整，运输装卸，质量检验，传票管理，一般管理。其他有关资料如下：

①本月该企业共销售 A 产品 5 批，共计 20 000 件；B 产品 140 批，共计1 400 件。

②订单处理作业全月有能力处理1 008份订单。本月实际处理订单 800 份，其中 A 产品订单 500 份，B 产品订单 300 份。

③包装机共 4 台，全月总共可利用 640 机器小时，但不能全部用于包装，因为机器调整会消耗一定时间。包装机每包装一批新产品时，则需要调整一次。在连续包装同一批产品件数达到1 000件时也需要进行一次调整。每台包装机调整一次需要 24 分钟。包装机如果用于包装 A 产品，每件需 1.5 分钟；如果用于包装 B 产品，每件则需 2 分钟。

④运输装卸作业全月总共能够提供 840 工作小时的生产能力，其中 A 产品运输装卸，每批需 120 小时；B 产品运输装卸，每批则需 0.4 小时。

⑤质量检验：A、B 两种产品的检验过程完全相同。该企业全月有能力检验 800 件产品。对于 A 产品，每批需要随机抽样 10 件进行检验。对于 B 产品，每批需要随机抽样 3 件进行检验。

⑥该企业传票管理作业是采用计算机辅助设计系统来完成的。该系统全月总共能提供 840 个机时。本月用于 A 产品传票管理的机时数为 168，用于 B 产品传票管理的机时数为 420。

⑦一般管理：本月人员及设施等利用程度为 75%。

⑧A 产品每件消耗直接材料 1.5 元，B 产品每件消耗直接材料 1.8 元。

采用作业成本计算法计算上述两种产品的物流成本的基本步骤如下：

第一步，确认和计量企业本月所耗费的各类物流资源价值，将资源耗费价值归集到各资源库中。本月该企业所耗费的各类资源价值情况如表 3-15。

表 3-15 **企业所耗费的各类资源价值** 单位：元

资源项目	工资	电力	折旧	办公费
资源价值	23 400	4 800	24 400	8 500

第二步，确认各种主要作业，建立作业成本库。主要作业有：订单处理、挑选包装、包装设备调整、运输装卸、质量检验、传票管理、一般管理共 7 项作业。为每项作业分别设立作业成本库，用于归集各项作业实际消耗的资源。对于包装设备调整作业和挑选包装作业，首先将两者合并一起计算各项资源耗用量，然后再按机器调整所耗用的机器小时数与可用于包装产品的机器小时数之间的比例进行分配。

第三步，确认各项资源动因，将各资源库中所汇集的资源价值分配到各作业成本库中。

各种资源项目的资源动因见表 3-16。

表 3-16 **各种资源项目的资源动因**

资源项目	工资	电力	折旧	办公费
资源动因	职工人数	用电量	专用资产价值	作业专属耗费

①工资费用的分配。应根据各项作业的职工人数和工资标准对工资费用进行分配。分配结果如表 3-17。

表 3-17 工资资源分配结果

资源＼作业	单位	订单处理	包装及设备调整	运输装卸	质量检验	传票管理	一般管理	合计
职工人数	人	2	4	5	4	4	3	22
每人月工资额	元	800	1 200	1 000	1 250	1 000	1 000	—
各项作业月工资	元	1 600	4 800	5 000	5 000	4 000	3 000	23 400

②电力资源耗费的分配。已知每度电的价格为 0.5 元，具体分配结果如表 3-18。

表 3-18 电力资源分配结果

资源＼作业	单位	订单处理	包装及设备调整	运输装卸	质量检验	传票管理	一般管理	合计
用电量	度	400	3 200	2 500	2 800	360	340	9 600
金额	元	200	1 600	1 250	1 400	180	170	4 800

③折旧费与办公费的分配。折旧费可根据各项固定资产运用情况来分配，这种运用具有“专属性”。各项办公费也具有“专属性”，其分配方法与折旧费的分配大体相同。有关分配结果见表 3-19。

表 3-19 固定资产折旧费及办公费的分配 单位：元

资源＼作业	订单处理	包装及设备调整	运输装卸	质量检验	传票管理	一般管理	合计
折旧费	2 500	5 600	4 000	7 700	2 400	2 200	24 400
办公费	1 200	1 400	600	1 900	1 600	1 800	8 500

注：折旧费和办公费的分配省略了各项作业专属资产价值及折旧和提取的方法。每项作业使用的专属资产的价值不同，折旧和提取的方法也不同。表中数据是根据汇集资源库时的明细账来进行分配的。

为了将包装机调整与包装两项作业所耗用资源价值分开，需要计算包装机调整所消耗的机器小时数。

包装机调整次数：A 产品需要 20 次，B 产品需要 140 次，总调整次数为

160 次；

包装机调整需要消耗机器小时数 = 160 × 24 ÷ 60 = 64（小时），占包装机总机器小时数的 10%；

包装机可用于包装的机器小时 = 640 − 64 = 576（小时），占包装机总机器小时数的 90%。

将上述包装及设备调整栏目的数据分别乘以 10% 和 90% 即得包装设备调整和包装作业所消耗的资源价值量。将上述分析结果汇总，即得消耗的全部资源在各项作业间分配的结果，见表 3-20。

表 3-20　资源在各作业间的分配结果　单位：元

作业 资源	订单处理	包装调整	包　装	运输装卸	质量检验	传票管理	一般管理	合计
工资	1 600	480	4 320	5 000	5 000	4 000	3 000	23 400
电力	200	160	1 440	1 250	1 400	180	170	4 800
折旧	2 500	560	5 040	4 000	7 700	2 400	2 200	24 400
办公费	1 200	140	1 260	600	1 900	1 600	1 800	8 500
合计	5 500	1 340	12 060	10 850	16 000	8 180	7 170	61 100

第四步，确定各项作业的成本动因。有关结果见表 3-21。

表 3-21　各项作业成本动因

作　　业	作业成本动因
订单处理	订单处理份数
包装调整	包装调整次数
包　　装	开动机器小时数
运输装卸	工作小时数
质量检验	检验件数
传票管理	计算机时数

对于“一般管理”作业，其成本动因比较复杂，因此在计算 A、B 两种产品消耗该项资源成本时就予以另行处理。

第五步，计算有关作业成本动因分配率。计算结果如表 3-22。

表 3-22　　作业成本动因分配率的计算过程

作　业	订单处理	包装调整	包　装	运输装卸	质量检验	传票管理
作业成本	5 500 元	1 340 元	12 060 元	10 850 元	16 000 元	8 180 元
提供的作业量	1 008 份	160 次	576 时	840 时	800 件	840 小时
作业动因分配率	5.46 元/份	8.38 元/次	20.94 元/时	12.92 元/时	20.00 元/件	9.74 元/时

第六步，计算 A、B 两种产品实际消耗的资源价值。计算结果见表 3-23。

表 3-23　　**A、B 两种产品实际消耗的资源价值**

作　业	作业分配率	计量单位	实际耗用作业成本动因价值			实际耗用资源（元）	
			A 产品	B 产品	合计	A 产品	B 产品
订单处理	5.46	元/份	500	300	800	2 730	1 638
包装调整	8.38	元/次	20 000/1 000	1 400/10	160	168	1 173
包装	20.94	元/时	20 000 × 1.5/60	1 400 ×2/60	547	10 470	984
运输装卸	12.92	元/时	5 ×120	140 ×0.4	656	7 752	724
质量检验	20.00	元/件	5 ×10	140 ×3	470	1 000	8 400
传票管理	9.74	元/时	168	420	588	1 636	4 090
一般管理	0.13	—	23 756	17 009	40 765	3 088	2 211
合计	—	—	—	—	—	26 844	19 220

注 1：表中数据除分配率外均作四舍五入整数处理。

A、B 两种产品所消耗的“一般管理”成本的计算过程如下：

A、B 两种产品实际消耗的“一般管理”作业成本总额为：

$$7\ 170 \times 75\% = 5\ 377.5\ (元)$$

可按一般管理作业成本与其他各项作业成本之和的比例进行分配，具体如下：

A 产品耗用其他各项作业成本之和为：

$$2\ 730 + 168 + 10\ 470 + 7\ 752 + 1\ 000 + 1\ 636 = 23\ 756\ (元)$$

B 产品耗用其他各项作业成本之和为：

$$1\ 638 + 1\ 173 + 984 + 724 + 8\ 400 + 4\ 090 = 17\ 009\ (元)$$

“一般管理”作业成本分配率 $= 5\ 377.5 \div (23\ 756 + 17\ 009) \approx 0.13$

A 产品实际消耗的一般管理作业资源 $= 23\ 756 \times 0.13 \approx 3\ 088$（元）

B 产品实际消耗的一般管理作业资源 $= 17\ 009 \times 0.13 \approx 2\ 211$（元）

第七步，计算 A、B 两种产品的物流总成本和单位成本。

A 产品直接材料 = 20 000 × 1.5 = 30 000（元）

B 产品直接材料 = 1 400 × 1.8 = 2 520（元）

A 产品物流总成本 = 30 000 + 26 844 = 56 844（元）

B 产品物流总成本 = 2 520 + 19 220 = 21 740（元）

A 产品单位物流成本 = 56 844 ÷ 20 000 = 2.84（元）

B 产品单位物流成本 = 21 740 ÷ 1 400 = 15.53（元）

第八步，计算未耗用资源。计算过程见表 3-24。

表 3-24　**未耗用资源**　单位：元

作　业	分配率	未耗用作业动因数	未消耗资源价值
订单处理	5.46	1 008 ~ 800	1 136
包装调整	8.38	0	0
包装	20.94	576 ~ 547	607
运输装卸	12.92	840 ~ 656	2 377
质量检验	20.00	800 ~ 470	6 600
传票管理	9.74	840 ~ 588	2 454
一般管理			1 793
合计			14 967

第九步，将上述有关结果汇总，即得 A、B 两种产品物流成本计算单，见表 3-25。

表 3-25　**A、B 两种产品物流成本计算单**　单位：元

	耗用资源价值	A 产品		B 产品		未耗用资源价值
		单位成本	总成本	单位成本	总成本	
直接材料	32 520	1.50	30 000	1.80	2 520	0
订单处理	5 500	0.14	2 730	1.17	1 638	1 136
包装调整	1 340	0.01	168	0.84	1 173	0
包装	12 060	0.52	10 470	0.70	984	607
运输装卸	10 850	0.39	7 752	0.52	724	2 377
质量检验	16 000	0.05	1 000	6.00	8 400	6 600

续表

	耗用资源价值	A产品		B产品		未耗用资源价值
		单位成本	总成本	单位成本	总成本	
传票管理	8 180	0.08	1 636	2.92	4 090	2 454
一般管理	7 170	0.15	3 088	1.58	2 211	1 793
合计	93 620	2.84	26 844	15.53	19 220	14 967

注：由于计算过程中采用了四舍五入，所以A、B产品总成本及未耗用资源价值之和与耗用资源价值数据不完全相等。

本章小结

1. 物流成本核算是物流成本管理的基础，其科学、准确与否直接影响着物流成本管理水平的高低。而物流成本的交替损益性、隐含性、不完全和不统一等特征，给物流成本的核算和比较带来了许多困难和问题。应尽快建立我国企业物流成本测算规则和方法的参考标准。

2. 核算物流成本与其他生产经营成本一样应遵循合法性、可靠性、相关性、分期核算、权责发生制、按实际成本计价、一致性和重要性等原则。同时，要正确划分应计入物流成本和不应计入物流成本、不同成本对象的费用、资本性支出与收益性支出、本期物流成本和以前或以后物流成本等的费用界限。

3. 在现行的会计核算中，核算生产经营成本有制造成本法和变动成本法两种核算制度。《企业会计制度》规定，核算企业成本费用的主要科目有生产成本、制造费用、劳务成本、主营业务成本、主营业务税金及附加、其他业务支出、营业费用、管理费用、财务费用、预提费用、待摊费用等。为了准确、方便地核算物流成本，企业可以设置“物流成本”和“委托物流费”两个成本费用科目及相应账簿。其借方登记本期发生的物流费用，贷方登记计入成本对象的物流费用，明细科目可根据物流功能设置。

4. 物流成本核算的一般程序是：明确物流活动范围、物流功能范围、成本计算期间，审核原始记录，确定成本计算对象，处理跨期费用的摊提工作，进行成本归集和分配，设置和登记成本明细账。从某种意义上讲，物流成本核算就是成本归集和成本分配。物流成本的归集是按一定的成本计算对象，将各种直接和间接物流费用的数据进行收集或汇总；物流成本的分配是将归集的间接成本分摊给成本对象的过程。

5. 对物流成本的核算目前有会计方式、统计方式和统计方式与会计方式相结合三种基本思路，在我国目前的会计制度下，物流成本核算只能按统计方式进行。

美国和日本的物流成本核算方法是两种可供借鉴的物流成本核算方法。编者总结出的物流成本核算具体实施过程如下：明确支付形态物流成本类别的含义，收集有关成本费用的资料，按一定计算基准抽出企业本身的物流成本，将支付形态的各项物流成本分配到各种物流功能和物流范围，编制各物流功能成本计算表，汇总编制整个公司的形态别、范围别的物流成本的物流成本计算表。

6. 物流作业成本法立足于成本对象与物流作业耗费的因果关系，因此是一种更为准确也更有发展前途的物流成本计算方法。用作业成本法计算物流成本可以简单地概括为：资源按资源动因分配到作业或作业中心，作业成本按作业动因分配到产品。建立不同的成本库并按多个分配标准分配间接费用是作业成本计算优于传统成本计算之处。

本章思考题

某企业对甲、乙两产品进行包装，本月发生的成本资料如下表：

项　　目	甲产品	乙产品	合　　计
产量（件）	200 000	400 000	
直接成本（元）	20 000	100 000	120 000
间接成本总计（元）			720 000
其中：准备费用（元）			200 000
检验费用（元）			145 000
电费（元）			180 000
维护费（元）			195 000
准备次数（次）	600	400	1 000
检验时数（小时）	1 000	450	1 450
耗电量（度）	120 000	180 000	300 000
机器工时（小时）	20 000	100 000	120 000

试用作业成本法核算两产品的包装成本。

参 考 文 献

1. 宋华,胡左浩．现代物流与供应链管理[M]．北京:经济管理出版社,2000.

2. 周在青．物流业务管理［M］．上海：上海财经大学出版社，2003.
3. 菊池康也．物流管理［M］．北京：清华大学出版社，1999.
4. 何明珂．现代物流与配送中心：推动流通创新的趋势［M］．北京：中国商业出版社，1997.
5. 孟祥茹，吕延昌．现代物流管理［M］．北京：人民交通出版社，2002.
6. 李伊松，易华．物流成本管理［M］．北京：机械工业出版社，2005.
7. 傅桂林．物流成本管理［M］．北京：中国物资出版社，2004.
8. 高锦萍，徐岩．成本管理会计［M］．北京：中国人事出版社，2002.

第4章 物流成本控制

关键词：物流成本控制（logistics cost control） 预算成本法（budgetary method of cost） 标准成本法（normative method of cost） 目标成本法（objective method of cost） 责任成本法（liability method of cost）

物流成本控制是指在物流过程中，对物流成本形成的各种因素，按照事先拟定的标准严格加以监督，发现偏差就及时采取措施加以纠正，从而将物流过程中的各种资源消耗和费用开支限制在规定的范围之内。物流成本控制有广义和狭义之分，广义的物流成本控制是贯穿于物流的各个阶段，包括事前控制、事中控制和事后控制；狭义的物流成本控制仅指事中控制，是在物流过程中，从物流过程开始到结束对物流成本形成和偏离物流成本要素指标的差异所进行的日常控制。根据客观实际的要求，现代物流成本控制是广义的物流成本控制，即企业全员控制、全过程控制、全环节控制和全方位控制。它突破了传统物流成本管理把物流成本局限在“唯成本而成本”的研究领域，而把重心转向企业整体战略这一更为广阔的研究领域。在现代企业管理中，物流成本控制是加强物流成本管理、提高物流效率的重要环节。本章内容有：物流成本控制的目标、程序、内容等基本问题；包括预算成本法、标准成本法、目标成本法、责任成本法等在内的物流成本控制方法；物流成本控制的途径（综合控制）。

4.1 物流成本控制的基本问题

4.1.1 物流成本控制的目标

确立物流成本控制目标是明确物流成本控制思想、建立物流成本控制方法与措施时应该重点考虑的问题。由于物流成本控制理论与方法的研究还相对薄弱，到目前为止，物流成本管理的目标仍是一个处于研究中的问题。

4.1.1.1 物流成本控制目标的一般理解

对物流成本控制目标的理解和表述主要集中在物流成本降低方面，具体存在两种不同的观点。一种观点认为：物流成本控制的目标是实现预定的物流成本目标，通过实现预定的物流成本目标来降低物流成本。这种观点将物流成本控制过程理解为实现既定物流成本目标的过程，相对来说，对物流成本控制作了较为狭义的理解。另一种观点认为：将实现预定的物流成本目标作为物流成本控制的目标是以现有的既定条件为前提的，在此基础上，还应通过各种创新措施，改变物流成本发生的条件，使物流成本不断降低。在这种观点下，企业物流成本结构存在两种状态：一是在现有条件下尚未使物流成本最低化的物流成本结构；二是已经实现了物流成本最低化的物流成本结构。前者主要是由于存在众多的非效率因素所致，一般可以通过“技术选择”来降低物流成本；对于已经使物流成本最低化的物流成本结构，其物流成本的进一步降低仅依靠现有的技术条件则无能为力，因而还必须借助于知识创新或者技术革新来求得物流成本的降低。这种观点对物流成本控制作了较为广义的理解，但仍然局限于物流成本降低本身。

4.1.1.2 影响物流成本控制目标的因素分析

确定物流成本控制目标要将物流成本控制放到企业物流活动、管理措施与战略选择的相互关系中考察。物流成本不是孤立的，不仅物流成本本身的发生受到各种因素的影响，物流成本同时又是企业作出各种管理措施与战略选择的核心因素之一。将物流成本控制的重心过分聚集于物流成本本身，有可能引发物流成本控制措施的实施和企业战略选择之间的冲突。企业战略选择和管理措施的实施必须考虑物流成本的支撑力度和企业在物流成本方面的承受能力，而降低物流成本必须以不损害企业基本战略的选择和实施为前提，并要有利于企业管理措施的实施。

经济活动越复杂，物流成本与经济活动之间的关系也越复杂。尽管企业生产经营活动的情形千差万别，经济活动自身的规律和物流成本的目的性特征规范着物流成本与生产经营活动之间的关系。这些关系概括起来主要有三类：

(1) *物流成本因物流活动而发生，降低消耗始终是物流活动的基本要求*

节约规律要求人们在实现特定目标的过程中要尽可能降低物流成本。由于物流成本总额受到活动量的影响，降低物流成本的基本标志是降低单位物流成本。应该说，到目前为止，物流成本控制始终是将这种物流成本降低作为主要目标。在经济资源相对短缺时，降低物流成本还包含有利用特定的物流成本消耗实现更多的经济目标，用既定的物流成本总额提供更多的产出的思想。

(2) *物流成本是物流活动的制约因素*

就具体业务而言，业务经办人员往往不希望有较多的物流成本约束。较少的物流成本限制意味着较多的自由度，业务处理过程就变得相对容易和轻松。物流成本与生产经营活动的这种关系既是物流成本控制措施难以贯彻实施的深层原因，也是代理物流成本得以产生的基础。

(3) 物流成本的代偿性特征决定了人们对物流成本有不同的判断标准

在物流成本变动不影响其他指标的前提下，人们总是追求低物流成本，以物流成本绝对额的高低为标准来判断物流成本控制措施，然而物流成本的变动必然会影响到其他指标的变动。物流成本构成要素之间的相互代偿，往往使相互关联的物流成本构成要素之间发生互为消长的变化，一个部门，一个环节对低物流成本的追求有可能导致其他部门、其他环节以更高的物流成本为代价。如果对物流成本代偿性特征的含义加以引申，物流成本和收入之间也存在代偿性，低物流成本可能支持低价格，而有意识地提高物流成本则有可能因提高产品或服务质量而维持高价格。收益则随物流成本、收入的变化而变化。物流成本与各因素之间错综复杂的关系，使得判断物流成本高低的标准由于视野的不同而有所不同。部门物流成本最低，企业整体物流成本最低，亦或以物流成本为支撑，最大限度地获取整体利益，等等。这些物流成本与诸因素之间的错综复杂的关系，使物流成本控制始终面临着种种抉择。

影响物流成本的因素有外部因素和内部因素。这些因素将重点聚焦在动因、时间、质量、效果诸方面。产品是物流成本的主要载体，降低产品物流成本成为物流成本控制的必然结果。但从长期来看，物流成本控制是通过控制引起物流成本发生的驱动因素来进行的。换言之，物流成本控制是直接控制物流成本发生的原因，而不是物流成本本身。通过控制物流成本动因可以使物流成本得到长期管理。物流成本动因驱动物流成本，但物流成本动因并不因物流成本控制而存在，企业生产经营的需要是决定物流成本动因的根本力量。如何在物流成本降低与生产经营需要之间作出权衡取舍，是物流成本控制无法回避的问题。

现代管理中，时间与时间物流成本被视为有力的竞争武器，公司越来越视时间为竞争的关键因素。而时间分析除涉及准备、等待、制造、传输等常规因素外，还涉及“瓶颈”资源的应用等因素。

质量与物流成本的关系则较为特殊，物流成本是支撑产品品种、质量及市场份额的重要因素。质量是维系物流成本、价格、市场份额、利润之间关系的重要纽带。用较低的物流成本生产出较高质量的产品总是良好的愿望。理性地看，维系一定的质量需要一定的物流成本，物流成本和质量管理的一项重要任务就是要在物流成本与质量之间建立一种平衡，这种平衡包括市场的可接受标准、对扩大市场份额有利的质量与价格比以及维系该质量标准的物流成本与价格的配合程度。以低物流成本维系适度的质量标准，从而以较低的价格赢得市场是一种策略；用较高的物流成本开发市场，维系较高水准的产品与服务质量，从而获得更大的市场份额和更多的利润也是一种策略。尽管这些内容不一定都是物流成本控制的内容，但物流成本、质量、价格、销量之间的这种联动关系的存在，使物流成本控制无法单独着眼于物流成本本身。从单位物流成本及单位物流成本额获取的利润来看，追加物流成本的方式不一定很经济，但它有可能支持企业通过扩大销售规模等获取更多的利润总额。尽管“薄利多销”这一惯用语大多数情况下是指通过低价策略来赢得市场，但其原理也可以应用到高物流成本支持的高质量服务来赢得市场。高消耗维持的高质量与偷工减料式的低物流成本并不代表对质量与物流成本的合理选择。因而，理解和确定物流成本控制目标要将物流成本控制放在一个更广阔的背景中来考察。降低物流成本是物流成本控制目标的一个方面，但不是全部。

4.1.1.3 物流成本控制目标的确定

从上述分析可以看到，条件不同、观察角度不同，物流成本控制目标就有所不同。概括起来，物流成本控制过程中的目标定位应当考虑以下几个问题：

(1) 配合企业取得竞争优势

企业管理中，战略选择与实施是企业的根本利益之所在，战略的需要高于一切。物流成本控制首先要配合企业为取得竞争优势进行的战略选择和战略实施，在企业战略许可的范围内，引导企业走向物流成本最低化。企业的基本竞争战略有物流成本领先战略、差异化战略和目标聚集战略。物流成本领先战略的核心思想是以物流成本竞争为中心，利用低物流成本优势在竞争中取胜或者取得超过竞争对手的高额利润，或者以低物流成本为依托，通过价格竞争来扩大市场份额，最终扩大企业的利润，确立企业的竞争优势。由于这种战略以不遗余力地降低物流成本为前提，物流成本控制对实施该战略的作用是显而易见的。对于差异化战略和目标聚集战略，它们不可能单独实施，最终要与物流成本领先战略结合，在差异化战略和目标聚集战略过程中实现低物流成本，在低物流成本中走向差异化和目标聚集。可见，低物流成本既是一种战略，同时也是实施其他战略过程中所追寻的一种目标。

(2) 配合企业最大限度地取得利润

在既定的企业战略模式下，利用物流成本、质量、价格、销量等因素之间的联动关系，以物流成本支持质量、价格、扩大市场份额等对物流成本的需要，能促使企业最大限度地获得利润。

单纯以物流成本最低为标准容易形成误区。对“广种薄收”与“精耕细作”优劣的判断要因条件而异。“薄利多销”不仅代表一种价格与市场策略，有时也代表一种物流成本策略。以物流成本换效率有其可取之处。在某些情况下，具有战略意义的问题是通过增加物流成本以获取其他的竞争利益。股东投资报酬现值最大化这一企业经营目标对报酬、风险、长期战略等诸方面提出了要求。物流成本一般不改变风险，但可以改变报酬。通过减低物流成本提高报酬只是物流成本控制的一个方面；通过改变物流成本的构成、规模等提高报酬则是物流成本控制的另一方面。

(3) 降低物流成本

在任何设定的条件下，只要影响利润变化的其他因素不因物流成本的变化而发生变化，降低物流成本始终是第一位的。降低物流成本可以两种方式来实现：一是在既定的经济规模、技术条件、质量标准条件下，通过降低消耗、提高劳动生产率、合理地组织管理等措施降低物流成本；二是改变物流成本发生的基础条件，即改变企业生产要素的配置，提高技术装备水平，使物流成本降低。前者更多地带有战术性，后者更多地带有战略性。

综上所述，物流成本控制存在一个目标体系，它包含三个层次：第一，通过物流成本控制配合企业的战略选择与实施，以获取物流成本优势，帮助企业取得竞争优势；第二，利用资源、物流成本、质量、数量、价格之间的联动关系，配合企业尽可能获取最大利润；第三，以改变物流成本发生的基础条件为措施的物流成本降低。三个层次之间的主要差别在于考虑物流成本问题的视角不同。第一层次以企业与环境、企业与竞争的相互关系为视角，以企业的长期发展和竞争优势为重点；第二层次以企业内部为主要视角，考虑到价格、供求等市场因素，以利润为取向；第三层次以企业内部为视角，以降低物流成本为核心。

在物流成本控制目标的三个层次中，都贯穿着物流成本降低的要求，都不排斥物流成本降低的重要性。在其他变量不发生变化的情况下，降低物流成本始终是一种理性追求而受到推崇。物流成本控制需要有一个长期的观点和更为宽广的基础，考察物流成本控制与物流成本控制目标，不应该将考虑问题的范围仅仅局限于物流成本本身，也不应该仅仅局限于物流成本的发生过程。同时，由于物流成本与诸多变量因素之间关系的复杂性，在许多情况下，单纯强调低物流成本不一定能代表经济上的合理性，因而需要将物流成本和物流成本相关的变量因素联系起来加以考察。

4.1.2 物流成本控制的原则

为了有效地进行物流成本控制，必须遵循以下原则：

(1) 经济原则

这里所说的“经济”是指节约，即对人力、物力、财力的节省，它是提高经济效益的核心，因而，经济原则是物流成本控制的最基本原则。

(2) 全面原则

在物流成本控制中实行全面性原则，具体说来有以下几方面的含义：

第一，全过程控制。物流成本控制不限于生产过程，而且从生产向前延伸到投资、设计，向后延伸到用户服务成本的全过程。

第二，全方位控制。物流成本控制不仅对各项费用发生的数额进行控制，而且还对费用发生的时间和用途加以控制，讲究物流成本开支的经济性、合理性和合法性。

第三，全员控制。物流成本控制不仅要有专职物流成本管理机构和人员参与，而且还要发挥广大职工群众在物流成本控制中的重要作用，使物流成本控制更加深入和有效。

(3) 责、权、利相结合原则

只有切实贯彻责、权、利相结合的原则，物流成本控制才能真正发挥其效益。显然，企业管理当局在要求企业内部各部门和单位完成物流成本控制职责的同时，必须赋予其在规定的范围内有决定某项费用是否可以开支的权力。如果没有这种权力，也就无法进行物流成本控制。此外，还必须定期对物流成本业绩进行评价，据此实行奖惩，以充分调动各单位和职工进行物流成本控制的积极性和主动性。

(4) 目标控制原则

目标控制原则是指企业管理当局以既定的目标作为管理人力、物力、财力和完成各项重要经济指标的基础，即以目标物流成本为依据，对企业经济活动进行约束和指导，力求以最小的物流成本，获取最大的盈利。

(5) 重点控制原则

所谓重点控制原则，是对超出常规的关键性差异进行控制，旨在保证管理人员将精力集中于偏离标准的一些重要事项上。企业日常出现的物流成本差异成千上万、头绪繁杂，管理人员对异常差异重点实行控制，有利于提高物流成本控制的工作效率。重点控制是企业进行日常控制所采用的一种专门方法，盛行于西方国家，特别是在对物流成本指标的日常控制方面应用得更为广泛一些。

4.1.3 物流成本控制的程序

物流成本控制应贯穿于企业生产经营的全过程。一般来说，物流成本控制应包括以下几项基本程序：

(1) 制定成本标准

物流成本标准是物流成本控制的准绳，是对各项物流费用开支和资源耗费所规定的数量限度，是检查、衡量、评价实际物流成本水平的依据。物流成本标准应包括物流成本计划中规定的各项指标，但物流成本计划中通常都是一些综合指标，不能满足具体控制的要求，这就必须规定一系列具体的标准，确定这些标准的方法大致有三种：

第一，计划指标分解法。即将大指标分解为小指标。分解时，可以按部门、单位分解，也可以按功能分解。

第二，预算法。用制定预算的办法来制定控制标准。有的企业基本上是根据年度的生产销售计划来制定费用开支预算，并把它作为物流成本控制的标准。采用这种方法特别要注意从实际出发制定预算。

第三，定额法。建立起定额和费用开支限额，并将这些定额和限额作为控制标准来进行控制。在企业里，凡是能建立定额的地方，都应把定额建立起来。实行定额控制的办法有利于物流成本控制的具体化和经常化。

在采用上述方法确定物流成本控制标准时，一定要进行充分的调查研究和科学计算。同时，还要正确处理物流成本指标与其他技术经济指标（质量、生产效率）的关系，从完成企业的总体目标出发，进行综合平衡，防止片面性。必要时，还应在多种方案中择优选用。

(2) 监督物流成本的形成

根据控制标准，对物流成本形成的各个项目经常地进行检查、评比和监督。不仅要检查指标本身的执行情况，而且要检查和监督影响指标的各项条件，如设备、工作环境等。所以，物流成本日常控制要与生产作业控制等结合起来进行。

日常控制不仅要有专人负责和监督，而且要使费用发生的执行者实行自我控制，还应当在责任制中加以规定。这样才能调动全体职工的积极性，使物流成本的日常控制有群众基础。

(3) 及时纠正偏差

针对物流成本差异发生的原因，查明责任者，分别情况，分别轻重缓急，提出改进措施，加以贯彻执行。对于重大差异项目的纠正，一般采用下列程序：

第一，提出课题。从各种物流成本超支的原因中提出降低物流成本的课题。这些课题首先应当是那些物流成本降低潜力大、各方关心、可能实行的项目。提出课题的要求，包括课题的目的、内容、理由、根据和预期达到的经济效益。

第二，讨论和决策。课题选定以后，应发动有关部门和人员进行广泛的研究和讨论。对于重大课题，可能要提出多种解决方案，然后进行各种方案的对比分析，从中选出最优方案。

第三，确定方案实施的方法步骤及负责执行的部门和人员。

第四，贯彻执行确定的方案。在执行过程中也要及时加以监督检查。方案实现以后，还要检查方案实现后的经济效益，衡量是否达到了预期的目标。

4.1.4 物流成本控制的内容

物流成本控制按控制的时间来划分，具体可分为：物流成本事前控制、物流成本事中控制和物流成本事后控制三个环节。

(1) 物流成本事前控制

物流成本事前控制是指在物流活动或提供物流作业前对影响物流成本的经济活动进行的事前规划、审核，确定目标物流成本，它是物流成本的前馈控制。

(2) 物流成本事中控制

物流成本事中控制指在物流成本形成过程中，随时对实际发生的物流成本与目标物流成本进行对比，及时发现差异并采取相应的措施予以纠正，以保证物流成本目标的实现，它是物流成本的过程控制。物流成本的事中控制应在物流成本目标的归口分级管理的基础上进行，严格按照物流成本目标对一切生产经营耗费进行随时随地的检查审核，把可能产生损失浪费的苗头消灭在萌芽状态，并且把各种成本偏差的信息，及时反馈给有关责任单位，以利于及时采取纠正措施。

(3) 物流成本事后控制

物流成本事后控制是指在物流成本形成之后，对实际物流成本的核算、分析和考核，它是物流成本的后馈控制。物流成本事后控制通过将实际物流成本和一定标准进行比较，确定物流成本的节约和浪费额度，并进行深入的分析，查明物流成本节约或超支的主客观原因，确定其责任归属，对物流成本责任单位进行相应的考核和奖惩。通过物流成本分析，为日后的物流成本控制提出积极改进意见和措施，进一步修订物流成本控制标准，改进各项物流成本控制制度，以达到降低物流成本的目的。

物流成本的事中控制主要是针对各项具体的物流成本费用项目进行实地实时的分散控制。而物流成本的综合性分析控制，一般只能在事后才可能进行。物流成本事后控制的意义并非是消极的，大量的物流成本控制工作有赖于物流成本事后控制来实现。从某种意义上讲，控制的事前与事后是相对而言的，本期的事后控制，也就是下期的事前控制。

进行物流成本控制首先要制定成本控制标准。成本控制标准有预算成本、标准成本、目标成本和责任成本，相应的物流成本控制方法则分别是预算成本法、标准成本法、目标成本法和责任成本法。

4.2 预算成本法

预算成本的编制方法有弹性预算法和零基预算法两种。

4.2.1 弹性预算法

编制预算的传统方法是固定预算法，即根据固定业务量水平（如产量、运输量、销售量）编制出预算。这种预算的主要缺陷是：当实际发生的业务量与预期的业务量发生较大偏差时，各项变动费用的实际发生数与预期之间就失去了可比基础。在市场形式多变的情况下，这种偏差出现的可能性极大，因而将导致固定预算失去应有的作用。

为了弥补按传统方法编制预算所造成的缺陷，保证实际数同预算数的可比性，就必须根据实际业务量的变动对原预算数进行调整。于是就产生了“弹性预算”。所谓“弹性预算”是指在编制费用预算时，预先估计到计划期内业务量可能发生的变动，编制出一套能适应多种业务量的费用预算，以便分别反映在各种业务量情况下的开支费用水平。这种预算随着业务量的变化而变化，本身具有弹性，因此称为弹性预算。弹性预算的基本原理是把成本费用按成本习性分为变动费用与固定费用两大部分，固定费用在其相关范围内，其总额一般不随业务量的增减而变动，因此在按照实际业务量对预算进行调整时，只需调整变动费用即可。

物流活动在实际经营过程中经常会发生变化，因此为适应变化，编制物流成本弹性预算就显得非常必要。

4.2.1.1 物流成本弹性预算的编制过程

(1) 确定各物流成本费用的成本依存度

成本依存度是指成本总额对业务量的依存关系。弹性预算的编制以成本依存度的划分为基础，因此必须先确定各物流成本项目的成本依存度，将它们划分为变动成本（如运输中的燃油费、包装消耗的直接材料费）、固定成本（如物流设施和设备的折旧费）和混合成本（如物流机械设备的修理费）。

(2) 选取恰当的业务量计量对象

编制弹性预算时要随业务量水平的变化，计算出不同的计划成本。因此，应选择代表性强的业务量作为计量对象，并要求所选取的计量对象与预算中的变动部分有直接联系。经常选取的业务量有直接人工工时、运输吨公里、作业工人工资、机械运转时数等。

(3) 确定各项物流成本与业务量之间的数量关系

逐项研究、确定各项物流成本与业务量之间的数量关系。固定成本一般不随业务量变化而变化；对于变动成本，需确定单位业务量的变动成本即增加 1 单位业务量而增加的成本；将混合成本分解为固定成本和变动成本，列出表达式。

进行混合成本分解的过程：首先设 $y = a + bx$，其中，y 为混合成本，a 为混合成本中的固定部分；b 为混合成本中单位业务量的变动成本；x 为业务量。然后将已知的两个业务量和相应的混合成本代入方程，联立方程组，求解得出 a 和 b。

专栏 4.1　混合成本的分解

已知某汽车修理费在运行600小时时是600元，在运行540小时时是544元，则：

$$\begin{cases}600 = a + b \times 600 \\ 544 = a + b \times 540\end{cases}$$

$$\begin{cases}a = 40 \\ b = 0.93\end{cases}$$

（资料来源：连桂兰．如何进行物流成本管理［M］．北京：北京大学出版社，2004。）

(4) 选用表达方式，计算预算物流成本

第一种表达方式是公式法：将所有物流成本项目分解为固定成本和变动成本，

确定预算成本计算式 $y' = a' + b'x$ 中的系数。其中 y' 为预算物流成本，a' 为混合成本中的固定部分 a 加上固定成本的和，b' 为混合成本中的单位业务量变动成本 b 加上变动成本的和，x 仍然为业务量。利用这个公式可计算任一水平业务量的预算物流成本。

第二种表达方式是列表法：先确定业务量变化范围，划分出若干个业务量水平。再分别计算各项物流成本项目的预算成本，汇总列入一个预算表格。确定业务量变动范围时应满足业务量实际变动需要。确定业务量的方法有以下几种：

把业务量范围确定在正常业务量的60%～120%之间；

把业务量范围确定在历史上的最低业务量和最高业务量之间；

把业务量范围确定在预算期的悲观预测量和乐观预测量之间。

专栏4.2　仓库流通加工费用的弹性预算

某一仓库流通加工中心欲编制一套能适应多种业务量的弹性预算，资料如下：

①直接人工费：基本工资为3 000元，另加每工时的津贴0.10元；

②材料费：每工时负担0.15元；

③折旧费：5 000元；

④维护费：生产能力在3 000～6 000工时的范围内，基数为2 000元，另外每工时应负担0.08元；

⑤水电费：基数为1 000元，另加每工时应负担0.20元。

流通加工中心的弹性预算表　　单位：元

费用项目	分配率（元/工时）	流通加工生产能力（工时）			
		3 000	4 000	5 000	6 000
变动成本：					
直接人工费	0.10	300	400	500	600
材料费	0.15	450	600	750	900
维护费	0.08	240	320	400	480
水电费	0.20	600	800	1 000	1 200
固定成本：					
直接人工费		3 000	3 000	3 000	3 000
折旧费		5 000	5 000	5 000	5 000
维护费		2 000	2 000	2 000	2 000
水电费		1 000	1 000	1 000	1 000
合　计		12 590	13 210	13 650	14 180

4.2.1.2 物流成本弹性预算的应用

(1) 控制物流支出

物流成本固定预算只编制了一个业务量水平的预算物流成本，一旦业务量发生变化，就不再适用。物流成本弹性预算给出了不同业务量水平下的预算物流成本，使各业务量水平都有成本限额，在成本发生时就能进行控制。

(2) 考核物流业绩

计划期末，将物流成本执行情况与预算进行比较，分析发现成本差异的原因，并评价各部门物流成本的执行情况。

物流成本弹性预算为不同水平的业务量提供了物流成本预算，在实践中应用广泛。

4.2.2 零基预算法

零基预算也称为“以零为基础编制计划和预算”。在编制间接费用或固定费用预算时，传统的方法是以以往的各种费用项目的实际开支数为基础，考虑到预算期业务变化，对以往的开支数作适当的增减调整后加以确定。这种方法的不足之处在于，以往的开支中势必有不合理的费用支出，如果仅仅笼统地在此基础上加以增减，很可能使这些不合理的费用开支继续存在下去，无法使预算发挥其应有的作用。为了解决这个问题，人们提出了零基预算的预算编制方法。

零基预算不同于传统的预算编制方法，它对于任何一项预算支出，不是以过去或现有费用水平为基础，而是一切都以零为起点，从根本上考虑它们的必要性及其数额的多少。所以，这种预算编制方法更切合实际情况，从而使预算充分发挥其控制实际支出的作用。

零基预算的编制过程如下：

①根据计划期目标和任务，各部门提出预算期内完成各自任务需要的各项成本费用开支的性质、目的及数额。

②对各项物流成本费用进行成本-效益分析，权衡利弊得失，评价成本费用的合理性。

③将各项物流成本费用按轻重缓急的先后顺序排序，考虑可动用的资金，先保证顺序在前的项目实施，依此类推，落实预算。

零基预算能消除不合理的物流成本费用支出，减少浪费，有利于改善整个物流成本控制效果和提高预算管理的效率。

4.3 标准成本法

4.3.1 标准成本法及其实施步骤

4.3.1.1 标准成本法和标准成本

在泰勒的生产过程标准化思想影响下，20 世纪 20 年代在美国产生了标准成本法，它是泰勒科学管理思想在成本管理中的具体体现，现在已经成为企业普遍采用的行之有效的成本控制方法。

标准成本法是一个包括制定标准成本、计算和分析成本差异、处理成本差异三个环节所组成的完整系统。它以标准成本为基础，把成本的实际发生额区分为标准成本和成本差异两部分，并以成本差异为线索进行分析研究，具体掌握差异的成因和责任，并及时采取有效措施消除不利的差异，实现对成本的有效控制。

标准成本是通过精确调查、分析与技术测定而制定的，用来评价实际成本、衡量工作效率的一种预计成本。在标准成本中，基本上排除了不应该发生的“浪费”，因此被认为是一种在有效经营条件下“应该”实现的成本。标准成本要体现企业的目标和要求，主要用于衡量物流企业经营过程的工作效率和控制成本。

4.3.1.2 标准成本法的实施步骤

实施标准成本法一般有以下几个步骤：

①制定单位物流服务标准成本。

单位物流服务标准成本 = 单位物流服务标准消耗量 × 标准单价

②根据实际产量和成本标准计算物流服务的标准成本。

标准成本 = 实际产量 × 单位物流服务标准成本

③汇总计算实际成本。

④计算标准成本与实际成本的差异。

⑤分析成本差异的发生原因。如果标准成本已经纳入到账簿体系的，还要进行标准成本与成本差异的账务处理。

⑥向成本负责人提供控制报告。

⑦评价成本目标的执行结果，根据成本业绩实施奖惩。

4.3.2 标准成本的种类

4.3.2.1 理想标准成本和正常标准成本

标准成本按其制定时所根据的生产技术和经营管理水平分为理想标准成本和正常标准成本。

理想标准成本是以现有生产经营条件处于最优状态为基础确定的最低成本水平。它通常是根据理论上的生产要素耗用量，最理想的生产要素价格和可能实现的最高生产经营能力利用程度来制定的。采用这种标准不允许有任何失误、浪费和损失存在。由于这种标准成本未考虑客观存在的实际情况，提出的要求过高，很难实现，故实际工作中很少采用，它的主要用途是提供一个完美的工作目标，揭示实际成本下降的潜力。

正常标准成本是根据正常的耗用水平、正常的价格和正常的生产经营能力利用程度制定的标准成本。在制定时，生产经营活动中一般难以避免的损耗和低效率等情况也计算在内，使之切合下期的实际情况，成为切实可行的成本控制标准。这种标准成本的实现既非易事，也非高不可攀，而是经过努力可以达到的。

在标准成本法中，广泛使用正常标准成本。它具有以下特点：它是用科学方法根据客观实际和过去实践经充分研究后制定出来的，具有客观性和科学性；它排除了各种偶然性和意外情况，又保留了目前条件下难以避免的损失，代表正常情况下的消耗水平，具有现实性；它是应该发生的成本，可以作为评价业绩的尺度，成为督促职工去努力争取的目标，具有激励性；它可以在工艺技术水平和管理有效性水平变化不大时持续使用，不需要经常修订，具有稳定性。

4.3.2.2 现行标准成本和基本标准成本

标准成本按其适用期，分为现行标准成本和基本标准成本。

现行标准成本是在现有生产技术条件下进行有效经营的基础上，根据下一期最可能发生的生产要素的消耗量、预计价格和预计生产经营能力利用程度制定出来的标准成本。这种标准成本可以包括管理当局认为短期还不能完全避免的某些不应有的低效、失误和超量消耗。因其切实可行，这种标准成本最适用于在经济形式变化多端的情况下使用。

基本标准成本是指一经制定，只要生产的基本条件无重大变化，就不予变动的一种标准成本。这种标准成本可以使各个时期的实际成本与同一标准进行比较，以反映成本的变化。但由于基本标准成本不按各期实际修订，不宜用来直接评价工作效率和成本控制的有效性，因此，在实际工作中，基本标准成本很少被人们采用。

4.3.3 标准成本的制定

4.3.3.1 物流直接材料标准成本的制定

物流直接材料标准成本由物流直接材料用量标准和价格标准确定。

物流直接材料标准成本 = 用量标准 × 价格标准

直接材料标准成本常见于物流活动中的包装和流通加工，因为这些活动往往需要使用各种材料。直接材料用量标准应根据企业物流作业流程状况和管理要求等制定。直接材料价格标准应能反映目前市价、未来市场的走势以及批量采购的优势。价格标准应包括发票价格、运费、检验费用和正常损耗等，所以需要在征询采购部门的意见后制定。

4.3.3.2 物流直接人工标准成本的制定

物流直接人工标准成本由物流工资率标准和物流人工用量标准确定。

物流直接人工标准成本 = 工时标准 × 标准工资率

物流直接人工标准成本的制定基本上涉及物流活动的各环节，例如流通加工工人的工资标准和铲车司机的工资标准的制定。在制定标准成本时，如果是计件工资，标准工资率就是计件工资单价；如果是计时工资，标准工资率是单位工时工资，它可由标准工资总额除以标准总工时得到。对工时标准则需要根据现有物流运作技术条件，测算提供某项物流服务所需的时间，包括调整设备时间、直接服务操作时间、工间休息时间等。

4.3.3.3 物流服务费用标准成本的制定

物流服务费用标准成本分为变动物流服务费用标准成本和固定物流服务费用标准成本。

(1) 变动物流服务费用标准成本

变动物流服务费用标准成本由变动物流服务数量标准和变动物流服务价格标准确定。数量标准可采用单位物流服务直接人工工时标准、机械设备工时标准或其他标准，但需要与变动物流服务费用存在较好的线性关系。价格标准即每小时变动物流服务费用的标准分配率，根据变动物流服务费用预算除以数量标准总额得到。在采用单位物流服务直接人工工时标准时，变动物流服务费用标准成本用公式表示为：

变动物流服务费用标准成本 = 单位物流服务直接人工标准工时 × 每小时变动物流服务费用的标准分配率

其中：

$$\text{每小时变动物流服务费用的标准分配率}=\frac{\text{变动物流服务费用预算总额}}{\text{物流直接人工标准总工时}}$$

变动物流服务费用标准成本的例子很多，例如装卸搬运活动中使用的润滑油和配件的标准成本。在各部分变动物流服务费用标准成本确定后，将它们加总就得到变动物流服务费用的单位标准成本。

(2) 固定物流服务费用标准成本

固定物流服务费用标准成本由固定物流服务数量标准和固定物流服务价格标准确定。数量标准和价格标准的确定与变动物流服务费用相同。在采用单位物流服务直接人工小时标准时，固定物流服务费用标准成本公式表示为：

$$\text{固定物流服务费用标准成本}=\text{某物流服务直接人工标准工时}\times\text{每小时固定物流服务费用的标准分配率}$$

其中：

$$\text{每小时固定物流服务费用标准分配率}=\text{固定物流服务费用预算总额}/\text{物流直接人工标准总工时}$$

固定物流服务费用标准成本的例子很多，例如仓库租赁费和仓库管理人员工资标准。在各部分固定物流服务费用标准成本确定后，将它们汇总得到固定物流服务费用的单位标准成本。

将所得的物流直接材料、直接人工和服务费用的标准成本汇总，就可以确定有关物流服务的完整物流标准成本。

专栏 4.3 物流流通加工中心的直接人工标准成本的确定

下表是某物流流通加工中心对某项服务的直接人工标准成本的确定过程。

某物流流通加工中心的直接人工标准成本计算表

标　　准	计量单位	第一流通加工组	第二流通加工组
月标准工资总额	元	84 240	65 520
工人人数	人	50	35
月工时 = 20.5 × 8	时	164	164
出勤率	%	95	95
月人均可用工时	时/人	156	156
月标准总工时	时	7 800	5 460
小时工资率	元/时	10.8	12
单位服务工时标准	时	0.5	0.4
直接人工标准成本	元	5.4	4.8
流通加工中心直接人工标准成本	元	10.2	

4.3.4 物流成本差异的计算和分析

日常的成本控制是通过分析实际成本和标准成本之间的成本差异，并对其差异产生的原因进行分析和采取相应的措施来实现的。实际成本超过标准成本所形成的差异叫做不利差异；实际成本低于标准成本所形成的差异叫做有利差异。

按照成本项目可将成本差异分解为物流直接材料成本差异、直接人工成本差异和物流服务费用成本差异。其中，物流服务费用成本差异又可分为变动物流服务费用成本差异和固定物流服务费用成本差异。

4.3.4.1 物流直接材料成本差异分析

物流直接材料成本差异由物流直接材料价格差异和物流直接材料用量差异组成。可用公式表示为：

物流直接材料成本差异 = 物流直接材料实际成本 - 物流直接材料标准成本

物流直接材料用量差异 = （材料实际用量 - 材料标准用量） ×材料标准价格

物流直接材料价格差异 = （材料实际价格 - 材料标准价格） ×材料实际用量

确定成本差异后就应进一步分析差异产生的具体原因及其责任归属，采取有力的措施，消除不利差异，发展有利差异，以实现有效的成本控制。在明确成本差异责任时，应以成本能否为各职能部门或个人所控制为基础。

多种原因可能造成物流直接材料用量差异，如采用了新的包装技术，但用料标准未随之改变；操作工人技术不过关，责任心差等。这类差异的责任一般应由操作部门承担。导致价格差异的原因也很多，如没有按经济批量进行采购，采购时舍近求远等，这类差异的责任一般在采购部门。当然也有因市场供求关系所引起的价格变动，和需要进行紧急采购时由于改变运输方式而引起的价格差异，这些是采购部门所不能控制的。

4.3.4.2 物流直接人工成本差异分析

物流直接人工成本差异由物流直接人工效率差异和物流直接人工工资率差异组成。可用公式表示为：

物流直接人工成本差异 = 物流直接人工实际成本 - 物流直接人工标准成本

物流直接人工效率差异 = （实际人工工时 - 标准人工工时） ×标准工资率

物流直接人工工资率差异 = （实际工资率 - 标准工资率） ×实际人工工时

物流直接人工效率差异的形成原因是多方面的，如用人不当，职业工人经验不足，路况差导致额外运输时间，物流机械设备陈旧、低效等。这类差异的主要责任在操作部门。导致工资率差异的原因如工资制度的变动，临时工的变动等，劳动人事部门一般应对这类差异负责。

4.3.4.3 物流服务费用成本差异分析

(1) 变动物流服务费用成本差异分析

变动物流服务费用成本差异由变动物流服务费用效率差异和变动物流服务费用耗费差异构成。用公式表示为:

变动物流服务费用成本差异 = 变动物流服务费用实际成本 - 变动物流服务费用标准成本

变动物流服务费用效率差异 = (实际工时 - 标准工时) × 变动物流服务费用标准分配率

$$\text{变动物流服务费用耗费差异} = \left(\frac{\text{变动物流服务费用}}{\text{实际分配率}} - \frac{\text{变动物流服务费用}}{\text{标准分配率}}\right) \times \text{实际工时}$$

引起变动物流服务费用效率差异与引起物流直接人工效率差异的原因基本相同。变动物流服务费用耗费差异的形成往往是因为变动物流服务费用开支额或工时耗费发生变化,责任一般在物流操作部门。

(2) 固定物流服务费用成本差异分析

固定物流服务费用不因业务量而变动,在考核时不考虑业务量的变动,以原来的预算数为标准。固定物流服务费用成本差异由固定物流服务耗费差异和能量差异两部分组成。耗费差异是指固定物流服务费用的实际成本与固定物流服务费用预算成本之间的差额。能量差异反映未能充分使用现有作业能力而造成的损失,是指固定物流服务费用预算成本与固定物流服务费用标准成本的差异。其计算公式如下:

固定物流服务费用成本差异 = 固定物流服务费用实际成本 - 固定物流费用标准成本

其中:

固定物流服务费用耗费差异 = 固定物流服务费用实际成本 - 固定物流服务费用预算成本

固定物流服务费用能量差异 = 固定物流服务费用预算成本 - 固定物流服务费用标准成本

= 作业能力作业量标准工时 × 固定物流服务费用标准分配率

- 实际生产量标准工时 × 固定物流服务费用标准分配率

= (作业能力作业量标准工时 - 实际生产量标准工时) × 固定物流服务费用标准分配率

此外,能量差异又可分为闲置能量差异和效率差异。用公式表示为:

固定物流服务费用闲置能量差异 = (作业能力作业量标准工时 - 实际物流作业量实际工时)

× 固定物流服务费用标准分配率

固定物流服务费用效率差异 = (实际物流作业量实际工时 - 实际物流作业量标准工时)

× 固定物流服务费用标准分配率

固定服务费用效率差异产生的原因与人工效率差异产生的原因大致相同。导致闲置能量差异的原因往往是开工不足,车辆开动率和仓容利用率低,责任往往在管理部门;耗费差异的原因比较复杂,如标准成本制定得不切实际,实际物流服务量少于计划等等。对这类差异要进行更深入分析,才能分清责任部门。

通过分析标准成本差异产生的原因,找到责任部门,就可以采取积极有效措施，控制不恰当差异，降低物流成本。

专栏4.4 A产品流通加工成本差异的计算

某物流企业的物流成本计算采用标准成本计算系统，A产品有关的物流成本资料如下表所示：

单位产品流通加工标准成本

成本项目	标准数量	标准价格	标准成本（元/件）
直接材料	10kg/件	3元/kg	30
直接人工	4h/件	4元/h	16
变动物流服务费用	4h/件	1.5元/h	6
固定物流服务费用	4h/件	1元/h	4
单位产品标准成本	—	—	56

该企业本月流通加工A产品2 450件。购入原材料30 000kg，实际成本88 500元；本月流通加工A产品消耗原材料25 500kg；实际耗用工时9 750h；应付加工工人工资40 000元；实际发生变动物流服务费用15 000元；实际发生固定物流服务费用10 000元。该企业本月流通加工能力11 000工时。

据上述资料可知：

A产品流通加工实际消耗总成本＝88 500÷30 000×25 500＋40 000＋15 000＋10 000＝140 225（元）

A产品流通加工标准总成本＝2 450×56＝137 200（元）

实际成本与标准成本的总差异＝140 225－137 200＝3 025（元）

以下是各项成本差异的计算和分析：

(1) 直接材料成本差异：

直接材料成本差异＝实际成本－标准成本＝实际数量×实际价格－标准数量×标准价格

＝25 500×（88 500÷30 000）－2 450×3×10

＝1 725（元）

其中：

价格差异＝实际数量×（实际价格－标准价格）

＝25 500×（88 500÷30 000－3）＝1 275（元）

数量差异＝（实际数量－标准数量）×标准价格

＝（25 500－2 450×10）×3＝3 000（元）

(2) 直接人工成本差异：

直接人工成本差异＝实际人工成本－标准人工成本

＝40 000－2 450×16＝800（元）

其中：

直接人工效率差异＝（实际工时－标准工时）×标准工资率

＝（9 750－2 450×4）×4＝－200（元）

直接人工工资率差异＝实际工时×（实际工资率－标准工资率）

＝9 750×（40 000÷9 750－4）＝1 000（元）

(3) 变动物流服务费用的成本差异分析：

变动物流服务费用成本差异＝实际变动物流服务费用－标准变动物流服务费用

＝15 000－2 450×6＝300（元）

其中：

变动物流服务费用效率差异＝（实际工时－标准工时）×变动物流服务费用标准分配率

＝（9 750－2 450×4）×1.5＝－75（元）

变动物流服务费用耗费差异＝实际工时×（变动物流服务费用实际分配率－变动物流服务费用标准分配率）

＝9 750×15 000÷9 750－9 750×1.5＝375（元）

(4) 固定物流服务费用的成本差异分析：

固定物流服务费用的成本差异＝实际固定物流服务费用－标准固定物流服务费用

＝10 000－2 450×4＝200（元）

其中：

固定物流服务费用耗费差异＝固定物流服务费用实际成本－固定物流服务费用预算成本

＝10 000－11 000×1＝－1 000（元）

固定物流服务费用能量差异＝固定物流服务费用预算成本－固定物流服务费用标准成本

＝加工能量标准工时×固定物流服务费用标准分配率－实际加工量标准工时×固定物流服务费用标准分配率

＝（加工能量标准工时－实际加工量标准工时）×固定物流服务费用标准分配率

＝（11 000－2 450×4）×1＝1 200（元）

上述四项成本差异之和＝1 725＋800＋300＋200＝3 025（元）

（资料来源：李伊松，易华．物流成本管理［M］．北京：机械工业出版社，2005。）

4.4 目标成本法

4.4.1 目标成本法的管理思想

4.4.1.1 目标成本法与目标成本

为了更有效地实现企业的战略目标，使客户需求得到最大程度的满足，成本管理应从战略的高度分析，与战略目标相结合，使成本管理与企业经营管理全过程的资源消耗和资源配置协调起来，因而产生了目标成本法。

目标成本（Target Cost）是根据市场调查，预计可实现的营业收入和目标利润，为了实现目标利润而必须达成的成本目标值，即生命周期成本下的最大成本容许值。目标成本使“成本”成为产品和服务开发过程中的积极因素，而不是事后消极结果。企业只要将待开发产品和服务的预计售价扣除边际利润，即可得到目标成本，然后的关键便是设计能在目标成本水平上满足客户需求并可提供的产品和服务。

目标成本法是以实现目标利润为目的，以目标成本为依据，对企业经营活动中所发生的各种支出进行全面的管理。从本质上看，目标成本法是一种对企业的未来利润进行战略性管理的方法，也是战略成本管理的新工具。

4.4.1.2 目标成本法与传统成本法的比较

与传统的成本管理思想相比，目标成本规划所体现的成本管理思想主要反映在如下几个方面：

（1）战略性成本管理观念

目标成本法改变了为降低成本而降低成本的传统观念，取而代之为战略性成本管理的观念。战略成本管理所追求的是在不损害企业竞争地位前提下降低成本的途径。如果成本降低的同时削弱了企业的竞争地位，这种成本降低的策略就是不可取的。反之，如果成本的增加有助于增强企业的竞争实力，则这种成本增加就是值得鼓励的。

（2）以市场为导向

目标成本法是以市场为导向，围绕企业的经营管理目标所进行的成本管理。其所确定的各个层次的目标成本都直接或间接地来源于激烈竞争的市场，这种目标成本进行的成本控制和业绩评价，明显有助于增强企业的竞争地位。而传统成本管理手段则是根据企业自身的状况，以基期成本水平为依据，考虑计划期有关因素的变化和成本的影响来确定计划期的成本控制标准，揭示各种差异，从而达到成本控制和业绩评价的目的。虽然有助于提高企业的生产效率，但在市场信息瞬息万变的情况下，对企业竞争地位的提高不会产生很大的帮助。

(3) 全过程管理

目标成本法的管理范围将企业的全部经营活动作为一个系统，从事前的成本预测到成本的形成及事后的成本分析，实行全面、全过程的管理，将全部经营活动中的一切耗费都置于成本控制之下。而传统成本管理的范围只限于事中、事后的成本管理。

(4) 重视事前控制

目标成本法把工作的重点放在事前控制和事中控制，特别是事前管理。从国外的经验来看，目标成本是由产品的联合开发设计小组根据市场信息、内部潜力和供应商潜力的挖掘而确定的，这意味着成本管理的重点将由传统观念下的生产制造过程转移到产品的开发设计过程，因为人们逐渐认识到，产品的制造成本在一定程度上是由产品的设计阶段所确定。比如，产品的功能设计越复杂，制造成本也要相应增大。特别是随着信息技术的发展和消费者日益追求个性化产品，迫使企业要不断加大产品的创新程度，尽可能地根据顾客的需要提高产品的功能和质量，从而使得产品的制造成本与产品的功能和质量的设计之间的关系越来越密切。而传统的成本管理侧重于事后算账，虽然也进行成本分析，提出改进意见，但改进措施的实施要等到下一个成本管理期间。

(5) 分解归口管理

目标成本法强调成本指标的分解归口管理，在各自的责任范围内有效地控制成本，强调严格划分各责任单位的经济责任，采取措施及时消除不利因素，加强成本的控制地位。而传统成本管理以成本的形成为成本管理的出发点和归宿。

专栏 4.5　供应链管理中目标成本法的应用

合作竞争时代的到来，竞争无国界与企业相互渗透的趋势越来越明显，市场竞争实际上已不是单个企业之间的较量，而是供应链与供应链之间的竞争，这对传统企业管理思想产生了巨大的冲击。面对变化反复无常、竞争日趋激烈的市场环境以及客户需要多样化与个性化、消费水平不断提高的市场需求，一方面，企业越来越注重利用自身的有限资源形成自己的核心能力，发挥核心优势；另一方面，也越来越要求企业充分利用信息网络寻找互补的外部优势，与其供应商、分销商、客户等上下游企业构建供应链网络组织，通过供应链管理，共同形成合作竞争的整体优势。为了更有效地实现供应链管理目标，适应供应链管理模式，企业必须实施供应链目标成本法，以有效提高客户满意程度，增强整个供应链的竞争力。供应链成本目标是指整个供应链总成本的合理化，而不是单个企业成本的最小化。

供应链目标成本法是一种全过程、全方位、全人员的成本管理方法。全过程是指从供应链产品生产到售后服务的一切活动，包括供应商、制造商、分销商在内的各个环节；全方位是指从生产过程管理到后勤保障、质量控制、企业战略、员工培训、财务监督等企业内部各职能部门各方面的工作以及企业竞争环境的评估、内外部价值链、供应链管理、知识管理等；全人员是指从高层经理人员到中层管理人员、基层服务人员、一线生产员工。

与传统成本管理方法的明显差异在于，供应链目标成本法不是局限于供应链企业内部来计算成本。因此，它需要更多的信息，如企业的竞争战略、产品战略以及供应链战略。一旦有了这些信息，企业就可以对从产品开发、设计阶段到制造阶段，以及整个供应链物流的各环节进行成本管理。

一旦建立了目标成本，供应链企业就应想方设法来实现目标成本。为此，要应用价值工程（VE）等方法，重新设计产品及其制造工艺与分销物流服务体系。一旦供应链企业寻找到在目标成本点满足客户需求的方法，或者企业产品被淘汰以后，目标成本法的工作流程也就宣告结束。

总之，供应链目标成本法将客户需求置于供应链企业制定和实施产品战略的中心地位，将满足和超越在产品品质、功能和价格等方面的客户需求作为实现和保持产品竞争优势的关键。

供应链成员企业间的合作关系不同，所选择的目标成本法也不一样。一般说来，供应链目标成本法主要有三种形式，即基于价格的目标成本法，基于价值的目标成本法，基于作业成本管理的目标成本法。

(1) 基于价格的目标成本法

这种方法最适用于契约型供应链关系，而且供应链客户的需求相对稳定。在这种情况下，供应链企业所提供的产品或服务变化较少，也就很少引入新产品。目标成本法的主要任务就是在获取准确的市场信息的基础上，明确产品的市场接受价格和所能得到的利润，并且为供应链成员的利益分配提供较为合理的方案。

在基于价格的目标成本法的实施过程中，供应链成员企业之间达成利益水平和分配时间的一致是最具成效和最关键的步骤：应该使所有的供应链成员都获得利益，但利益总和不得超过最大许可的产品成本；而且，达成的价格应能充分保障供应链成员企业的长期利益和可持续发展。

(2) 基于价值的目标成本法

通常，市场需求变化较快，需要供应链有相当的柔性和灵活性，特别是在交易型供应链关系的情况下，往往采用这种方法。为了满足客户的需要，要求供应链企业向市场提供具有差异性的高价值的产品，这些产品的生命周期也多半不长，这就增大了供应链运作的风险。因此，必须重构供应链，以使其供应链成员企业的核心能力与客户的现实需求完全匹配。有效地实施基于价值的目标成本法，通过对客户需求的快速反应，能够实质性地增强供应链的整体竞争能力。然而，为了实现供应链成员企业冲突的最小化以及减少参与供应链合作的阻力，链上成员企业必须始终保持公平的合作关系。

基于价值的目标成本法以所能实现的价值为导向，进行目标成本管理，即按照供应链上各种作业活动创造价值的比例分摊目标成本。这种按比例分摊的成本成为支付给供应链成员企业的价格。一旦确定了供应链作业活动的价格或成本，就可以运用这种目标成本法来识别能够在许可成本水平下完成供应链作业活动的成员企业，并由最有能力完成作业活动的成员企业构建供应链，共同运作，直到客户需求发生进一步的变化，需要重构供应链为止。

许多供应链成员企业发现它们始终处于客户需求不断变化的环境中，变换供应链成员的成本非常高。要使供应链存续与发展，成员企业必须找到满足总在变化的客户需求的方法。在这样的环境条件下，基于价值的目标成本法仍可按照价值比例分摊法在供应链作业活动间分配成本。但是，供应链成员企业必须共同参与重构活动，以保证每个成员的价值贡献正好与许可的目标成本相一致。

（3）基于作业成本管理的目标成本法

这种方法适用于紧密型或一体化型供应链关系，要求供应链客户的需求是一致的、稳定的和已知的，通过协同安排实现供应链关系的长期稳定。为有效运用这种方法，要求供应链能够控制和减少总成本，并使得成员企业都能由此而获益。因此，供应链成员企业必须尽最大的努力以建立跨企业的供应链作业成本模型，并通过对整体供应链的作业分析，找出其中不增值部分，进而从供应链作业成本模型中扣除不增值作业，以设计联合改善成本管理的作业方案，实现供应链总成本的合理化。

目标成本法的作用在于激发和整合成员企业的努力，以连续提升供应链的成本竞争力。因此，基于作业成本管理的目标成本法实质上是以成本加成定价法的方式运作，供应链成员企业之间的价格由去除浪费后的完成供应链作业活动的成本加上市场利润构成。这种定价方法促使供应链成员企业剔除基于自身利益的无效作业活动。诚然，供应链成员企业通过“利益共享”获得的利益必须足以使它们致力于供应链关系的完善与发展，而不为优化局部成本的力量所左右。

（资料来源：李伊松，易华．物流成本管理［M］．北京：机械工业出版社，2005。）

4.4.2 物流目标成本控制的程序

物流目标成本的制定程序会因企业物流活动内容的不同而不同，但大体上可以分为五个阶段。即物流目标成本的初步确定、物流目标成本可行性分析、物流目标成本的分解、物流目标成本的实现、物流目标成本的追踪考核与修订。

4.4.2.1 物流目标成本的初步确定

根据企业经营目标确定预计服务收入，然后根据企业的物流经营决策确定目标利润，物流目标成本可以根据预计服务收入减去物流目标利润后的差额来确定，即：

物流目标成本 = 预计服务收入 - 物流目标利润

预计物流目标利润的方法有：

(1) 目标利润率法

目标利润率法是根据有关的目标利润率指标来测算企业的物流目标利润的一种方法，其计算公式为：

物流目标利润 = 预计服务收入 × 同类企业的平均服务利润率

或：　物流目标利润 = 本企业净资产 × 同类企业平均净资产利润率

或：　物流目标利润 = 本企业总资产 × 同类企业平均资产利润率

专栏 4.6　物流目标成本的确定

某企业物流运输的同业平均服务利润率为 17.764%，预计本年服务量为 408 万吨/公里，服务的市场价格为 1 元/吨公里。

物流目标利润 = 408 × 1 × 17.764% = 72.5（万元）

物流目标总成本 = 408 × 1 - 72.5 = 335.5（万元）

物流目标单位成本 = 335.5 ÷ 408 = 0.82（元/吨公里）

（资料来源：傅桂林．物流成本管理［M］．北京：中国物资出版社，2004.1。）

采用目标利润率法的理由是：本企业必须达到同类企业的平均报酬水平，才能在竞争中生存。有的企业甚至使用同类企业先进水平的利润率来预计目标成本，其理由是别人能办到的事情我们也应该做到。

(2) 上年利润基数法

上年利润基数法是指在上年利润的基础上计算物流目标利润，其计算公式为：

物流目标利润 = 上年物流利润 × 利润增长率

采用上年利润基数法的理由是：未来是历史的继续，应考虑现有基础（上年利润）；未来不会重复历史，要预计未来的变化（利润增长率），包括环境的改变和自身的进步。有时候上级主管部门或董事会对利润增长率有明确的要求，也促使企业采用上年利润基数法。按上述方法计算出的物流目标成本，只是初步设想，提供了一个分析问题的合乎需要的起点。它不一定完全符合实际，还需要对其可行性进行分析。

4.4.2.2　物流目标成本的可行性分析

物流目标成本的可行性分析是对初步测算的物流目标成本是否切实可行作出的分析和判断，包括分析预计服务收入、物流目标利润和目标成本。

企业分析预计服务收入，可以进行客户需求调研，调查客户需要的物流服务功能、特色、需用量和可接受的价格；也可以对竞争者进行分析，掌握竞争者物流服务的功能、价格、品质和服务水平等有关资料，并与本企业的资料进行对比。企业在进行客户需求研究、竞争者分析之后，可以通过比较确定自己的预计服务收入的可行性。

企业分析物流目标利润应与企业的中长期目标及利润计划相配合，同时考虑销售、利润、投资回报、现金流量、物流服务的品质、成本结构、市场需求、销售政策等因素的影响。

最后企业要根据自身实际成本的变化趋势、同类企业的成本水平，充分考虑成本节约的能力，分析物流目标成本的可行性。

4.4.2.3 物流目标成本的分解

物流目标成本分解是指设立的物流目标成本通过可行性分析后，将其自上而下按照企业的组织结构逐级分解，落实到有关的责任单位。可以先将总目标分解到各种产品，然后再将各产品的目标成本分解到各车间工序。物流目标成本的分解通常不是一次完成的，需要一定的循环，不断修订，有时甚至修改原来设立的目标。

如果某企业属于多品种作业的企业，在这种情况下，应先将企业总体目标成本分解为各产品（或作业）的目标成本。分解方法为：在确定每种产品目标销售利润率的基础上，倒推每种产品的目标成本，最终将各产品目标成本的合计值与企业总体目标成本进行比较并综合平衡，进而确定每种产品的目标成本。这种方法从每种产品的自身盈利状况出发，直接与企业总体目标成本进行比较。

无论是企业的总体目标成本还是各产品的目标成本均可采用“倒扣法”予以确定，计算公式如下：

企业总体目标成本或每种作业的目标成本 = 预计营业收入 − 应缴税金 − 目标利润

其中：　　目标利润 = 预计营业收入 × 目标销售利润率

各产品的目标成本确定以后，根据物流企业组织结构和成本形成过程的具体状况，选择分解方法，将其逐级分解，落实到有关的责任单位。具体的分解方法有以下几种：

①按管理层次将目标成本按总公司、分公司、部门、班组、个人进行分解。分解的内容包括料、工、费三项。

②按管理职能将成本在同一管理层次分解。如运输部门负责运输费用，仓储部门负责仓储费用，配送部门负责配送费用等。

③先将物流服务形成过程分成物流服务设计、物流材料采购、物流服务的提供等过程，再将物流服务成本分给各过程，形成每一过程的目标成本。

④按成本的经济内容先将服务成本分成固定成本和变动成本。然后把固定成本

进一步分解为折旧费、日常费、办公费、差旅费、修理费等项目，把年度目标成本分解为季度或月度成本目标，甚至旬或日的成本目标；把变动成本分解为直接材料、直接人工、各项变动费用。最后要明确责任单位。

专栏 4.7 目标成本的分解

假设某企业有甲、乙两种产品。预计甲产品的作业量为 5000 单位，单价为 600 元，预计应缴的流转税为165 000元；乙产品的预计作业量为 5000 单位，单价为 400 元，应缴流转税为110 000元。该企业以同行业先进的营业利润率为标准确定目标利润，假定同行业先进的营业利润率为 20%。要求预测该企业的总体目标成本，并说明如果该企业结合实际确定的甲产品的目标营业利润率为 23%，乙产品的目标营业利润率为 18%，那么该企业规定的总体目标成本是否具有合理性？

企业总体的目标成本 = (5 000 ×600 +5 000 ×400)(1 −20%) −(165 000 +110 000)
=3 725 000（元）

甲产品的目标成本 =5 000 ×600 ×（1 −23%）−165 000 =2 145 000（元）

乙产品的目标成本 5 000 ×400 ×（1 −18%）−110 000 =1 530 000（元）

甲乙两种产品的目标成本合计 =2 145 000 +1 530 000 =3 675 000（元）

虽然各产品自身的销售利润率与同行业先进的营业利润率不一致，但以此测算的总体目标成本为3 675 000元，低于企业规定的总体目标成本3 725 000元，因此，该企业规定的总体目标成本合理。还可将甲乙两种产品的目标成本进行调整，可调整量为50 000元（3 725 000 −3 675 000），按一定比例分配到甲、乙两种产品的目标成本中。

（资料来源：易华．物流成本管理［M］．北京：清华大学出版社，北京交通大学出版社，2005。）

4.4.2.4 物流目标成本的实现

实现目标成本，首先要通过将企业目前的物流成本与目标成本项进行比较，计算出成本差异。然后，通过运用价值工程、成本分析等方法寻求最佳的物流过程设计，用最低的成本达到客户需求的功能、安全性、品质等。如果此时计算出的最佳物流过程设计下的成本仍高于目标成本，则重复应用上述手段寻求最佳成本。

4.4.2.5 物流目标成本的追踪考核与修订

物流目标成本的追踪考核与修订包括对企业物流活动的财务目标和非财务目标完成状况的追踪考核，调查客户的需求是否得到满足，市场变化对物流目标成本有何影响等事项，并根据上述各阶段物流目标成本的实现情况对其进行修订。

4.4.3 运用价值工程法控制物流成本的实例

4.4.3.1 物流价值工程的核心问题

价值工程是以功能分析为中心，用最低的成本来实现和创造物流服务应具备的必要功能，使物流服务达到最佳价值的一项有组织的活动。

物流服务价值是物流服务的功能和成本的比值，反映了物流服务的功能与成本的关系，即物流服务的物美价廉的程度。用公式表示：

物流服务价值 = 物流服务功能 ÷ 物流成本

其中，功能是物流作业和服务所负担的职能或所起的作用。功能的提高是无限的，但它同时受客户需求和成本的制约，功能首先以满足消费者的需求为前提条件。因此，要确定物流服务的必要功能，避免功能过剩和功能不足现象的发生。成本则是物流服务的寿命周期成本，即为实现物流服务的必要功能在整个物流服务过程中发生的成本。价值工程就是在保证物流服务必要功能的前提下，使其寿命成本最低。由于物流服务的功能受客户需求的限制，而客户的需求又受物流服务寿命周期成本的制约。因此，要实现这个目的，需从提高功能和降低成本两个方面入手，既不能脱离成本的约束，片面追求高功能，也不能脱离客户的需求，片面追求低成本，造成物流服务的必要功能不足。

价值工程的核心问题是对物流服务活动进行功能分析，即在客户需求和物流服务寿命周期成本这两个基本约束条件下平衡物流服务活动的功能。在物流服务过程和物流服务方式设计时，着重对物流服务功能的分析研究，确定实现必要功能的最优方案。通过功能分析可以发现哪些功能是客户需要的，哪些功能是不必要的，哪些功能是过剩的，哪些功能是不足的。并提出改进方案，去掉不必要的功能，削减过剩的功能，补足不足的功能，从而使物流服务活动的功能更加合理，以达到既能满足客户需求，保证必要的功能，又能降低物流服务活动的寿命周期成本，实现最佳价值。

4.4.3.2 开展物流价值工程的步骤

价值工程所要解决的问题包括：价值工程的对象是什么？它的用途是什么？其成本是多少？其价值是多少？有无实现同样功能的其他方法？新方案的成本是什么？根据价值工程要解决的问题，开展物流价值工程应包括以下几个步骤：

（1）正确选择对象

企业没有必要对所有的物流服务活动都进行价值分析，也没有必要对一项物流服务活动的所有方面都进行价值分析，而应该有所选择。一般而言，要选择那些频率比较高、服务量比较大或成本结构中过高的物流服务活动作为分析研究的对象。

(2) 根据对象的性质、范围和要求，收集可靠的信息

这些信息包括企业的基本情况，如经营方针、产品品种、产量、质量等；有关的技术和经济资料，如本企业或同类物流服务活动的内容、方式、流程及成本的发生；客户的有关意见，如客户对物流服务的要求、目前所存在的问题等。

(3) 进行功能、成本和价值分析，评价各环节物流成本的合理性

首先要把价值工程的对象所具有的功能细致地加以研究，了解它们的作用。即分析对象在物流服务活动过程中所采取的每一流程、每道工序、每项作业对构成物流服务活动的最终价值起了什么作用，承担了什么职能，没有它们是否会影响物流服务活动的使用价值，有无其他形式的替代等。所有这些工作就是给每个分析对象的功能下定义的过程，实际上也是发现问题的过程。

其次，就是对已下定义的功能进行分类和整理，即搞清哪些是基本功能，哪些是辅助功能；哪些是客户需要的，哪些是客户不需要的；哪些是过剩功能，哪些是功能不足，以及各功能之间的关系。通过功能整理可以具体把握需要改进的功能范围，为进一步提出功能改进方案提供依据。

最后，要进行功能评价。针对不同的分析对象进行评价，然后与现实成本相互比较，求出各分析对象的价值系数。功能评价有许多方法，下面介绍评分法、功能价值和成本降低幅度评价两种方法。

第一种方法：评分法。即采 5 分制、10 分制和 100 分制，按物流服务活动各方面的重要性打分，例如，改进某物流服务方式的三种备选方案，从及时性、流程复杂性、操作方便、耗时、准确性、安全性等方面按 10 分制评分，如表 4-1 所示。

表 4-1 **功能评分表**

方案	及时性	流程复杂性	操作方便	耗时	准确性	安全	总分
1	5	10	10	7	4	9	45
2	9	5	8	5	6	4	37
3	9	8	10	8	7	9	51

方案 2 功能评分总分最低，不能满足对功能的需要，初选淘汰。然后根据估计成本再作比较，见表 4-2。

表 4-2 **估计成本比较表** 单位：元

方案	一次固定费用	直接材料和人工费用	总成本
1	30	150	180
3	20	164	184

设方案 1 的功能系数和成本系数都为 100，则方案 3 的功能系数 = 51 ÷ 45 = 113.33，成本系数为 184 ÷ 180 × 100 = 102.2。

则：方案 1 的价值系数 = 100 ÷ 100 = 1

方案 3 的价值系数 = 113.33 ÷ 102.22 = 1.1087

第二种方法：功能价值和成本降低幅度评价法。一项物流服务方式往往需要经过许多物流服务环节，因此，要将市场和技术预测确定的物流服务方式的目标成本根据有关功能的复杂和重要程度，按一定标准（功能评价系数）分摊到各功能环节，这实际上是分解目标成本的过程。分摊公式如下：

$$\text{某一物流服务环节的目标成本} = \text{该物流服务方式目标成本} \times \text{某物流服务环节的功能评价系数}$$

按功能评价系数分配目标成本后，求出功能价值或成本的改善期望值。

$$\text{功能价值} = \text{目标成本} \div \text{现实成本}$$

$$\text{成本降低幅度} = \text{目标成本} - \text{现实成本}$$

表 4-3 反映了某一物流服务方式及其各物流服务环节的功能价值和成本降低幅度的计算结果。

表 4-3　　功能价值和成本降低幅度的计算　　单位：元

物流服务环节	现实成本	按功能评价系数分配目标成本	功能价值系数	成本降低幅度
A	237	240	1.012	-3
B	168	180	1.190	-12
C	105	90	0.857	15
D	281	180	0.640	101
E	76	90	1.184	-14
F	133	120	0.902	13
合计	1 000	900	0.900	100

(4) 确定最优方案，并根据设计的服务功能的变化，计算出各责任单位的目标成本，以此作为物流服务成本事前控制的依据

用评分法，选择价值系数最大的方案为最优方案，即方案 3。然后以该方案的价值系数为依据，进行目标成本计算和控制。

用功能价值和成本降低幅度评价法，计算出上述结果后，按客户的要求，提出若干改进价值的新方案，再把各种方案进行分析和评价后，选择功能不变、成本最低或功能更高的最优方案。原则上应选择功能价值大于 1 或小于 1 的物流服务环节作为改善对象，因为如果价值系数为 1，则说明该物流服务环节的功能与成本平

衡，不便作为改善对象；价值系数大于1，说明功能重要性大的物流服务环节实际成本较少，如果要提高功能时，可将该环节作为改善的对象，如环节B和E有提高功能的潜力；价值系数小于1，说明功能重要性小的物流服务环节占用了过多的实际成本，如果要降低成本时，可将该环节作为改善的对象，如环节D、C、F有降低成本的潜力。

寻求最优方案是价值工程活动的关键，这需要组织各部门集思广益，集中物流、生产、财务、采购部门的人员，一起讨论，评价各方案的可行性，如果测算出的最佳物流服务成本仍高于目标成本，则要继续重复上述活动。

根据筛选出的最优方案进行目标成本的计算，即根据物流服务的目标成本按功能评价系数分配给各有关的物流服务环节，算出各物流服务环节的目标成本，作为对物流服务成本水平实行有效事前控制的依据。

4.5 责任成本法

4.5.1 责任成本和责任成本单位

4.5.1.1 责任成本

责任成本是指责任单位能对其进行预测、计量和控制的各项可控成本之和。按照谁负责谁承担的原则，以责任单位为计算对象来归集的，所反映的是责任单位与各种成本费用的关系。责任成本法将各责任单位、责任人的责任成本与其自身的经济效益密切联系，将降低成本的目标落实到各个具体物流部门及个人，可促使责任单位主动寻求降低成本的方法，也使物流成本的控制有了切实的保障。因此，采用责任成本法，对于合理确定与划分各物流部门的责任成本，明确各物流部门的成本控制责任范围，进而从总体上有效地控制物流成本有着重要的意义。

4.5.1.2 责任成本单位

确定责任成本的前提是划分成本责任单位。责任单位的划分不在于单位大小，凡在成本管理上需要、责任可以分清、其成本管理业绩可以单独考核的单位都可划分为责任单位。

(1) 横向责任单位

横向责任单位是指企业为了满足生产经营管理的需要，而设置的平行职能机构。它们之间的关系是协作关系而非隶属关系。

横向责任单位主要包括供应部门、生产部门、劳资部门、设计部门、技术部门、设备管理部门、销售部门、计划部门和质量管理部门等。

上述各部门内部下属的平行职能单位之间，也可以相对看成横向责任单位，如供应部门内部的采购部门与仓储部门之间互为横向责任单位。横向责任单位的划分，从某种意义上讲，是将物流成本在横向责任单位之间的合理分割与责任划分。

(2) 纵向责任单位

纵向责任单位是指企业及其职能部门为了适应分级管理的需要，自下而上层层设置的各级部门或单位。纵向责任单位之间虽然是隶属关系，但因其在成本的可控性上有其各自的责任与职权，所以，有必要在责任单位划分上将其区别开来。以运输部门为例，其纵向责任单位分为：公司总部、分公司、车队、单车（司机）。

4.5.2 责任成本控制的程序

责任控制在各类企业中应用广泛。物流责任控制过程如下：

(1) 合理划分物流责任单位

根据企业管理体制和经营管理的需要，划分若干责任单位，对各自的物流成本负责，并明确各中心应承担的经济责任和拥有的经济权利。

(2) 确定物流责任目标

把物流成本预算目标分解到每一责任单位，确定其相应的责任目标。各责任单位只对各自的可控成本负责。确定物流责任目标既明确了责任单位的工作任务，也为其提供了业绩考核标准。

(3) 建立物流责任计算系统

为考核物流成本履行的情况，需要建立一套完整的日常记录，计算和考核有关责任预算执行情况。借以评价和考核各有关责任单位的工作，并及时反映存在的问题。应注意某责任单位的责任成本与该责任单位发生的全部成本是两个概念。计算某责任单位的责任成本时，应在该责任单位发生的全部成本的基础上，扣除该单位不可控成本，加上其他单位转来的责任成本。

(4) 建立内部协调制度

各责任单位都有自己的部门利益，为此往往需要建立监督与协调机制来规范各责任单位的运作。例如，运输部门的经理就不会认同为了降低库存成本而增加运输成本的观点，因为库存成本并不在他们的预算考核范围内，他的业绩是通过运输成本的降低来衡量的。

(5) 定期编制物流业绩报告

责任报告是有关责任单位在一定期间内经营情况的集中反映，是责任单位预算执行情况结果的概括说明。定期编制物流业绩报告能使各责任单位发现存在的问题，以最大限度地降低物流费用水平。

(6) 考核物流工作业绩

物流工作业绩的考评也是物流责任控制的重要一环。对只发生物流成本费用的责任单位，因其只对范围内的可控成本负责，它的考评指标是成本节约额和成本节约率；而对除了发生物流成本费用外，还向企业内部其他部门或外部顾客收取服务费用的物流责任单位，其考评指标是毛利和营业利润等。物流成本涉及范围广、内容多，物流责任控制有利于物流成本的计算、控制和考核。

专栏 4.8　内部协调制度

由于物流各项活动间存在“二律悖反”关系，对各项物流活动的规划和控制要加以协调。内部协调制度包括：

不同部门间就物流服务互相收费或转移成本。各部门在结算时可以采用市场价格或以市场价格为基础的协调价格等。

建立某种形式的物流成本节约的分享机制。物流成本互相冲突的各责任单位将各自节约的费用集中在一起，按预先确定的分配比例制作一个清单，对节约的物流成本进行重新分配。

设立物流协调委员会，委员会的成员来自各个重要的物流责任单位的管理部门，委员会通过交流来协调议案。

（资料来源：连桂兰．如何进行物流成本管理［M］．北京大学出版社，2004。）

4.5.3　责任成本的计算与考核

为了明确各责任单位责任成本的执行结果，必须对其进行定期责任成本的计算与考核，以便对各责任单位的工作作出正确的评价。责任成本的计算和考核结果主要通过编制责任单位业绩报告来反映。

在进行责任预算指标分解时，其方式是从上级向下级层层分解下达，从而形成各责任单位的责任预算。因此，业绩报告也应按责任单位层次进行编制，从最基层责任单位，将责任成本实际数逐级向上汇总，直至企业最高管理层。每一级责任单位的责任预算和业绩报告，除最基层只编报本级的责任成本之外，其余各级都应包括所属单位的责任成本和本级责任成本。在业绩报告中应列出各项责任成本的实际数、预算数和差异数，以便对比分析。

下面以纵向责任单位责任成本的计算与考核为例，编制各级业绩报告。

4.5.3.1　班组责任成本的计算与考核

班组责任成本由班组长负责，各班组应在每月月末编制班组责任成本业绩报告交送车间。

甲车间是流通加工车间，下设 A、B、C 三个加工班组，其中 A 班组业绩报告见表 4-4。

表 4-4 责任业绩报告

责任单位：甲车间 A 班组 ××××年×月 （单位：元）

项　目	实　际　数	预　算　数	差　异
流通加工成本			
直接材料：			
原料及主要材料	12 080	12 200	-120
辅助材料	11 400	11 300	100
燃料	11 560	11 500	60
其他材料	1 450	1 460	-10
小　计	36 490	36 460	30
直接人工：			
生产工人工资	16 300	15 200	1 100
生产工人福利费	2 120	2 100	20
小　计	18 420	17 300	1 120
制造费用：			
管理人员工资及福利费	11 140	11 000	140
折旧费	11 450	10 660	790
水电费	1 680	2 000	-320
其他制造费用	11 350	11 500	-150
小　计	35 620	35 160	460
生产成本合计	90 530	88 920	1 610
减：折旧费	11 450	10 660	790
废料损失	150	-	150
加：修理费	5 300	5 000	300
责任成本	84 230	82 360	970

表 4-4 表明，甲车间 A 班组本月归集的实际生产成本90 530元，减去不应由该班组承担的折旧费11 450元，并减去废品损失（系因供应部门采购有质量问题的材料而发生的工料损失）150 元，再加上从修理车间转来的应由该班组承担的修理费5 300元，A 班组的责任成本为84 230元。

从总体上看，A 班组当月责任成本预算执行情况较差，超支 970 元。但从各成本项目来看，直接材料中的原料及主要材料和其他材料共节约 130 元；制造费用中的水电费和其他制造费用共节约 470 元。对于节约的费用项目应进一步加以分析，找出节约的原因，以巩固所取得的成绩。直接人工实际比预算超支1 120元，经查明，原因主要是企业提高计件工资单价所致；对于由企业机修车间转来的修理费5 300元，比预算超支 300 元，还应进一步加以分析，看其是否因本班组对设备操作不当导致维修费用增大，还是机修车间提高了修理费用。

4.5.3.2 车间责任成本的计算与考核

车间责任成本也是定期以业绩报告形式汇总上报企业总部。按上例，甲车间在编制业绩报告时，除归集本车间的责任成本外，还应加上三个班组的责任成本。其业绩报告见表 4-5。

表 4-5 责任成本业绩报告

责任单位：甲车间 ××××年×月 （单位：元）

项 目	实 际 数	预 算 数	差 异
A 班组责任成本	84 230	83 260	970
B 班组责任成本	68 930	67 890	1 040
C 班组责任成本	76 890	77 880	-990
合 计	230 050	229 030	1 020
甲车间可控成本：			
管理人员工资	24 500	24 300	200
设备折旧费	22 960	23 000	-40
设备维修费	22 430	22 500	-70
水电费	5 600	5 200	400
办公费	3 000	2 500	500
低值易耗品摊销	6 980	6 800	180
合 计	85 470	84 300	1 170
本车间全部责任成本	315 520	313 330	2 190

从表 4-5 中可以看出，甲车间的 A、B、C 三个班组中，C 班组的成本业绩是最好的，甲车间当月责任成本超支2 190元，其中下属三个班组共超支1 020元，本车间可控成本超支1 170元；A、B 两班组超支的2 010元是成本控制的重点。对于甲车间可控成本中的超支项目，还应进一步进行详细的分析，查找原因，采取措施，加以控制。

4.5.3.3 企业总部责任成本的计算与考核

企业总部责任成本应包括所属各管理部门的责任成本,所以当企业总部财会部门收到所属各部门报送的业绩报告后,应汇总编制公司的责任业绩报告。见表4-6。

××公司责任成本业绩汇总表

表4-6 ××××年×月 (单位:元)

项 目	实 际 数	预 算 数	差 异
甲车间责任成本业绩报告	315 520	313 330	2 190
乙车间责任成本业绩报告			
……			
供应科责任成本业绩报告			
……			
公司总部责任成本业绩报告	131 500	132 000	-500
责任成本总计	1 223 450	1 221 400	2 050
物流服务收入总额	1 455 450	1 445 300	10 150
盈利及盈利净增额	232 000	223 900	8 100

表4-6表明,该公司物流服务收入实际数额超出预算数10 150元,在抵减责任成本超支数2 050元后,其盈利额实际数比预算数净增8 100元。对物流服务收入增加数10 150元的增收原因,还需要进一步加以分析,看其是否与责任成本增加有关。

本章小结

1. 物流成本控制过程中的目标定位应当考虑:配合企业取得竞争优势;配合企业最大限度地取得利润;降低物流成本。为了有效地进行物流成本控制,必须遵循五项原则:经济原则,全面原则,责、权、利相结合原则,目标控制原则,重点控制原则。一般来说,物流成本控制应包括三项基本程序:制定成本标准,监督物流成本的形成,及时纠正偏差。基于上述目标、原则和基本程序,对物流成本进行事前控制、事中控制和事后控制。

2. 预算成本的编制方法有弹性预算和零基预算两种。所谓弹性预算是指在编制费用预算时,预先估计到计划期内业务量可能发生的变动,编制出一套能适应多种业务量的费用预算,以便分别反映在各种业务量的情况下所应开支费用水平的一种预算。零基预算是一切以零为起点，从根本上考虑它们的必要性及其数额的多少。

3. 标准成本法是一个由制定标准成本、计算和分析成本差异、处理成本差异三个环节所组成的完整系统。标准成本按其制定时所根据的生产技术和经营管理水平，分为理想标准成本和正常标准成本；标准成本按其适用期，分为现行标准成本和基本标准成本。制定物流标准成本主要有三个方面，包括直接材料、直接人工和物流服务费用的标准成本。

4. 目标成本法是以实现目标利润为目的，以目标成本为依据，对企业的经营活动发生的各种支出进行全面的管理。物流目标成本的制定程序大体上可以分为五个阶段：物流目标成本的初步确定、物流目标成本可行性分析、物流目标成本分解、物流目标成本的实现、物流目标成本的追踪考核与修订。价值工程是以功能分析为中心，用最低的成本来实现和创造物流服务应具备的必要功能，使物流服务达到最佳价值的一项有组织的活动。

5. 责任成本法将各责任单位、责任人的责任成本与其自身的经济效益密切联系，将降低成本的目标落实到各个具体物流部门及个人，可促使责任单位主动寻求降低成本的方法，也使物流成本的控制有了切实的保障。物流责任控制过程如下：(1) 合理划分物流责任单位；(2) 确定物流责任目标；(3) 建立物流责任计算系统；(4) 建立内部协调制度；(5) 定期编制物流业绩报告；(6) 考核物流工作业绩。责任成本的计算和考核结果主要通过编制责任单位业绩报告来反映。

本章思考题

1. 什么是物流成本控制？其目标、原则和基本程序如何？
2. 弹性预算法和零基预算法各自的优缺点如何？
3. 如何编制弹性预算和零基预算？
4. 什么是标准成本法？它包括哪几个实施步骤？
5. 物流责任控制包括哪几个过程？其程序如何？

案例分析 1

邯钢式目标成本管理与宝钢式标准成本管理①

(一) 邯钢式目标成本管理

邯钢式目标成本管理的基本内容如下：

① 中国审计网 (www.iaudit.cn)，2005-05-08.

1. 模拟市场核算。模拟市场核算的基本思路是：以市场变化为依据，进行动态调整。一是进行调查预测，充分考虑煤炭、电费、运费等各方面的调价信息。二是对自制半成品价格，从原料开始按成本逐步结转分步计算方法逐步推算，对其与市场价的差额进行调整。三是对直接面对市场的物资处室进行两头价格控制，即对进料物资部门下达最高价，对销售处下达最低销售基价。

2. 确定目标成本和分解目标成本。一是在确保企业获得一定的目标利润的前提下，通过市场预测和企业内部挖潜来确定目标成本。其测算步骤：第一步，确定盈利或亏损产品的单位盈利或亏损额；第二步，测算通过计划年度压缩管理费用，节约可控费用支出和可降低的单位成本；第三步，测算保证盈利或扭亏的目标成本。二是为确保目标成本和利润的实现，邯钢通过目标成本分解使之细化，实现自我控制。在目标成本分解中，横向从总厂及各二级分厂职能处室到边，纵向从总厂到二级分厂、车间、工段、班组到底，这样在全厂形成由上而下层层分解，由下而上逐级保证的纵横交叉条块结合、逐级管理、有效运转的成本管理网络。

3. 实行成本否决。其基本点：一是不讲客观，不搞分析，严格考核；二是实行彻底的成本否决权，即如果成本指标完不成，其他指标完成得再好，所有的奖金将被否决，同时与职工升级挂钩。

邯钢式目标成本管理的基本特点是：

1. 引入了市场竞争机制。通过改变过去那种传统的会计核算模式，把脱离实际的、一年一度不变的、以国家指令性价格核算固定不变的“内部计划价格”，转变为动态的“内部结算价格”，把引入市场机制作为新型经营机制的实现条件。

2. 改变了核算方式。通过实行模拟市场核算，将使用的原燃材料、劳务产品、自制半成品和出厂产品价格均以市场价格为依据来核算，以此核算各厂产品成本和计算各厂内部利润，为采取倒推法测算分厂产品目标成本，实施成本否决制度提供了基础条件。

3. 改变了目标成本确定方式。实行倒推法，从产品市场认可的价格开始，从亏损产品入手确定目标成本，并且自己把握原燃料项目的差异，推算出上一步骤产品的目标成本水平，即以生产流程的逆方向从后向前，依次推算出材、坯、钢、铁、烧、焦等各步骤的产成品及半成品的目标成本和进厂原燃料目标采购成本以及辅助生产各厂劳务产品目标成本。

4. 加大了成本考核力度。通过实施成本否决制度，规定了所有出厂产品成本加各项费用与市场价格比，起码要相等，绝不能亏损，使广大职工与企业真正形成了责、权、利相统一的利益共同体，从而建立起一整套比较完整的目标成本责任网络体系。

（二）宝钢式标准成本管理

宝钢式标准成本管理的基本内容及特点如下：

1. 成本中心的制定。成本中心是成本费用发生、归集和管理的基本单元。标准成本的首要问题便是制定成本中心，以衡量其绩效，分清各部门的责任。成本中心有三个特点：一是要确定责任区域；二是要在一定主管控制下；三是它为最小成本责任单位。宝钢将某种产品在其生产过程中所经过的并且有投入、产出的单元都作为成本中心，一级成本中心一般为一个厂，二级成本中心为分厂，三级成本中心为作业区。成本中心按其功能又可区分为生产性成本中心、服务性成本中心、辅助性成本中心和生产管理性成本中心。这样既可衡量一级成本中心的绩效，也可根据需要来衡量二级成本中心、三级成本中心的绩效。

2. 成本标准的制定与修订。成本标准是针对明细产品（产品大类+材质+规格）在各成本中心而制定的，它分为消耗标准和价格标准。消耗标准制定的依据为工艺技术规程、生产操作规程、计划值指标、历史消耗资料，而价格标准制定的依据为成本补偿。制定和修订标准要有一个权威机构，并且制定标准的人员应由工程技术方、生产方、财务方的人员一道参与。

3. 成本差异的揭示、分析及处理。成本差异包括消耗差异和价格差异；消耗差异=标准价格×（实际消耗-标准消耗）；价格差异=实际消耗×（实际价格-标准价格）。

（1）成本差异的揭示与分析。建立差异处理计算机系统，揭示生产厂和辅助部门的消耗差异和价格差异。差异揭示出来后，应分析差异产生的原因，进而提出一些改进的措施。差异产生的原因包括两方面：一方面是因为标准不够准确造成的；另一方面是因为实际生产操作和管理产生的。对于不够准确的要加以修订，对于由于生产操作管理产生的要具体进行分析。

（2）成本差异的处理。一是对差异进行归集，各相关财务人员按明细成本科目归集各成本中心的差异发生额。二是对差异进行分配：①按产量、实际消耗、标准成本加权平均分配；②自制半成品差异在制成品与在制品之间按消耗量加权平均分配。

宝钢式标准成本管理的基本特点是：

1. 便于成本核算。只要划定成本中心、确定成本标准。制定成本项目后，便可核算出标准成本、实际成本及成本差异。标准成本制度合理地解决了在制品分配不合理的难题。

2. 便于分清各成本中心的责任。由于标准成本将成本中心划定为一、二、三级，而三级成本已划到车间、作业区这一级，三级成本中心也能揭示出标准成本差异，这样打破了车间之间吃大锅饭的现象，是谁的责任只要看差异即可。

3. 便于成本控制。明确成本中心的责任后，使成本控制的责任下放到车间、作业区三级成本中心，便于车间、作业区把成本标准、成本指标层层分解到个人，加强考核，使奖金与成本业绩挂钩。

4. 便于决策。一方面便于管理层根据差异分析情况作出采用新工艺、新操作、新技术的决策，以控制成本；另一方面，便于管理层针对标准成本状况，作出销售经营决策。

案例思考题 1

1. 比较这两家企业运用的两种成本管理方法的异同。
2. 两种成本管理方法在两家企业的运用给了我们什么启示？

案例分析 2

沃尔玛的制胜：比对手更好地控制成本①

在沃尔玛的超市里，“天天低价”是其最醒目的标签，但只是沃尔玛的表象。

虽然薄利多销是沃尔玛恒久的原则。就像沃尔玛的创始人山姆·沃尔顿的名言：“一件商品，成本 8 毛，如果标价 1 元，其销量会是标价为 1.2 元时的 3 倍，我在一件商品上所赚不多，但卖多了，我就有利可图。”

沃尔玛从来都以合理的利润率决定价格，而非刻意低价。中国国内某些企业也一度把“低价策略”奉为圭臬，却成了价格战的牺牲品。沃尔玛“天天平价”的背后有一整套完善的物流管理系统。高效的物流配送体系是沃尔玛保持最大销售量和低成本存货周转的核心竞争力。

供应链制胜

山姆·沃尔顿有句话说：“供应链制胜的关键是——永远都要比对手更好地控制成本。”

沃尔玛起步之初，其商店就一直远离中心城市，大多选址在小城镇和郊区，以避免残酷的商业竞争。但随之而来的难题就是配送问题。供货商大多在中心城市，郊区的配送更为迟缓，从商店发出订单到收到货物，耗时往往要长达 30 天之久。这迫使沃尔玛不得不创新配送理念。最终，沃尔玛放弃了通行的直接送货到商店的方式，创建了集中管理的配送中心。沃尔玛的供应商根据各分店的订单将货品送至沃尔玛的配送中心，配送中心则负责完成对商品的筛选、包装和分拣工作。配送中心高度现代化，85% 的商品都采用机械处理，大大减少了人工处理商品的费用。

如今，从任何一个配送中心出发，汽车只需一天就能抵达它所服务的商店。当沃尔玛的商店用计算机发出订单，到它的商品补充完毕，这个过程平均只需 2 天。

① 傅桂林. 物流成本管理 [M]. 北京：中国物资出版社，2004.

比以往大大缩短了时日。

沃尔玛中国市场总监曾这样描述沃尔玛的配送中心："一个面积为110 000平方英尺的建筑，相当于23个足球场那么大。你再把自己能够想象到的各种各样的商品都放进去，从牙膏到电视机，从卫生纸到玩具，应有尽有。

"在配送中心里，每件货品都贴有条形码，当一件商品储存进来或者运出去时，有一台计算机专门追踪它所处的方位和变动情况。配送中心有600～800名员工，提供24小时不间断的服务。这些商品通过长约13.7公里的激光控制的传送带在库房里进进出出。激光识别出物品上的条形码，然后把它引向当晚完成某家商店定购任务的卡车。任务繁重的时候，这些传送带一天处理约200 000件商品。"

这应验了山姆的那句话："比对手更好地控制成本。"沃尔玛把货品送到商店的成本低于3，而其竞争对手做同样的事情一般要付出4.5到5。也就是说，当沃尔玛以同样的价格零售同样的商品时，他们比竞争对手多得2.5的利润。

沃尔玛一直没有请第三方的运输公司帮助自己运送货物，而组建了自己高效的运输车队。至今沃尔玛的机动运输车队是其供货系统的另一无可比拟的优势。沃尔玛已拥有40多个配送中心，4000多辆运货卡车，保证进货从仓库到任何一家商店的时间不超过48小时，相对于其他同业商店平均两周补货一次，沃尔玛可保证分店货架平均一周补两次。沃尔玛可以在全美范围内快速地送货，使沃尔玛各分店即使只维持极少存货也能保持正常销售，从而大大节省了存贮空间和费用。由于这套快捷运输系统的有效运作，沃尔玛85%的商品通过自己的配送中心运输，而竞争对手凯马特只有5%。结果是沃尔玛的销售成本因此低于同行业平均销售成本2%～3%，成为沃尔玛全年低价策略的坚实基石。

沃尔玛的卫星通讯系统也是完善的物流管理系统的重要一环。沃尔玛投资4亿美元由休斯公司发射了一颗商用卫星，实现了全球联网，在全球4000多家店面通过全球网络可在1小时之内对每种商品的库存、上架、销售量全部盘点一遍，并把销售情况传送给上千家供应商。并通知货车司机最新的路况信息，调整车辆送货的最佳线路。

这样沃尔玛通过自己的卫星通讯系统，把配送中心、供应商和每家分店更紧密地联成一体。既提高了工作效率，也降低了成本，把营业的高效和准确提升到极致。也使得沃尔玛超市所售货物在价格上占有绝对优势。

中国物流瓶颈

谈到沃尔玛的成功，供人参考的还是美国的经验。在中国，沃尔玛却没有成为美国沃尔玛的翻版。

1996年沃尔玛进入中国，相比家乐福等对手，沃尔玛的开店速度要慢得多。至今，沃尔玛在中国不过26家店，以广东、福建等南部沿海城市为据点，难以深入北方京津腹地。

全球物流和采购体系就像沃尔玛的两条腿，在中国，物流和采购体系不完善，滞缓了沃尔玛的前进。同时，因为中国政策环境、商业环境与美国的差异，沃尔玛许多在美国的经典策略没法在中国完全施展。

沃尔玛建店的“市场饱和战略”

每扩张一个区域，会以 20 英里左右为间隔，让沃尔玛的分店遍地开花，使该地区的零售市场趋于饱和。这样做，既可以充分发挥配送中心的效率，降低配货成本；也避免了竞争对手的进入，和自己争夺该地区的市场和顾客。

2004 年之前，沃尔玛在中国市场的发展几乎就是一个磨合期。根据中国加入世贸组织的承诺，2003 年将是国内商业领域开放即将告别试点的阶段，在结束试点后，零售业将转入正常开放，在外资商业企业的数量、布局上进一步放开限制。沃尔玛遍地开花的开店速度首先要受限于政策壁垒。没有足够的店面支撑，配送中心降低成本的作用失去了意义。

在美国，沃尔玛投资建设一个物流配送中心大约要 8 千万 ~1 亿美元，配送中心辐射的范围大约 100 家店。只有店面达到了一定的数量，配送中心才起作用。

目前，沃尔玛只在深圳蛇口有一家配送中心。其规模、效果和投入还难以与美国本土的配送中心相媲美。而且在中国沃尔玛只有 26 家分店，规模效果显现不出来。建立的物流配送中心不但起不到降低成本的作用，近 10 亿元人民币的建设费用反而会使成本上升。

除了市场准入条件尚不明朗，究竟采取何种形式实现本土化经营，沃尔玛也在摸索。在摸索的过程中，美国沃尔玛的一些策略在中国发生了“变通”。

国内的众多零售连锁商，大多通过压榨供货商的利益来赢利，如向供应商收取上架费、服务费等，也使供货商叫苦不迭。沃尔玛一直秉承着传统的“供应链制胜”的理念，不向供应商收取上架费。

沃尔玛绕开中间环节直接从供货商进货，因此更加注意保护供应商的利益——以最短时间和供应商结账，帮助供应商改进工艺、提高质量、降低劳动力成本、分享沃尔玛的信息系统等，以此博得了供应商的信赖。

但有业内人士对记者表示，在中国，沃尔玛对供应商的付款结算周期也在延长。在深圳，店面最初的某些铺货费用也要由供应商负责。

此外，沃尔玛的惯常原则是避开中间环节从制造商处直接进货。而 2002 年 9 月，沃尔玛中国公司的高级总监艾文纳在厦门也和 400 多家中小型进出口贸易商洽谈合作事宜。沃尔玛把贸易商当成合作伙伴，依靠贸易商和制造商的亲密关系，以解决沃尔玛的采购问题。虽然，直购是沃尔玛的原则，但降低成本才是根本。如果沃尔玛单个搜寻制造商，采购成本会更高。

2002 年，沃尔玛的全球采购办从香港迁到了深圳，10 月在上海成立了采购分部。也有意在武汉和天津建立北方区物流配送中心，满足沃尔玛在中国北区各店的配货需求。随着中国零售业、进出口贸易权、物流业的进一步开放，也会有助于沃尔玛中国脚步的提速。

案例思考题2

1. 沃尔玛依靠什么保持“天天低价”？

2. 沃尔玛在中国和美国控制成本的策略有什么不同？为什么会有这些不同？这些不同的策略产生了什么效果？

3. 从上述案例中你还能得到什么其他信息？

参考文献

1. 连桂兰．如何进行物流成本管理［M］．北京：北京大学出版社，2004.

2. 傅桂林．物流成本管理［M］．北京：中国物资出版社，2004.

3. 朱伟生．物流成本管理［M］．北京：机械工业出版社，2004.

4. 易华．物流成本管理［M］．北京：清华大学出版社，北京交通大学出版社，2005.

5. 李伊松，易华．物流成本管理［M］．北京：机械工业出版社，2005.

6. 邓凤祥．现代物流成本管理［M］．北京：经济管理出版社，2003.

第5章 采购成本管理

关键词：采购（stock） 采购成本管理（stock cost management） 经济采购量（economic stock quantity） 数量折扣（quantity discount） 价值分析（value analysis） 作业成本（task cost） 综合措施（integrated measures）

采购是各个企业所共有的职能，是保证生产正常运转的必要条件，而且也是降低资金占用、降低企业物流成本、提高利润的关键。在保证采购质量的基础上加强采购成本管理，对于加快资金流转，减少资金占用，降低财务费用和产品成本，提高利润都有重要的作用。本章介绍采购成本及其控制意义、影响采购成本的因素和控制采购成本的综合措施等问题。

5.1 采购成本及其控制意义

5.1.1 采购与采购程序

5.1.1.1 基本概念

采购的定义可分为狭义和广义两种。狭义的采购是买东西，就是企业根据需要提出采购计划、审核计划、选好供应商、经过商务谈判确定价格和交货条件，最终签订合同并按要求收货付款的过程。是一种以货币换取物品的方式，是最普通的采购途径。

广义的采购是指除了以购买的方式占有物品之外，还可以通过其他途径取得物品的使用权，来达到满足需求的目的。广义的采购除了购买之外，还可以通过租赁、借贷和交换等途径来完成。

采购可以从以下几方面来理解：

（1）采购是从资源市场获取资源的过程

采购能够提供生产或生活所需要的、但自己缺乏的资源，包括生活资料和生产资料、物质资料和非物质资料。采购的基本功能就是使人们从资源市场获取他们所需要的各种资源。

(2) 采购是商流和物流的统一

采购将资源从供应者手中转移到用户手中，在这个过程中，一是要实现所有权从供应者到用户的转移，二是要实现资源的物质实体从供应者到用户的转移。前者是商流过程，后者是物流过程。采购是这两个方面的完整结合，缺一不可，只有这两个过程都实现了，采购过程才算完成。

(3) 采购是一种经济活动

经济活动要遵循经济规律，追求经济效益。在采购过程中，一方面，通过采购获取资源，保证企业正常生产的顺利进行，这是采购的效益；另一方面，在采购过程中会发生各种各样的费用，这是采购成本。要追求采购效益的最大化，就是要不断降低采购成本，以最低的成本去获取最大的效益。

5.1.1.2 采购的地位

采购是企业经营的一个核心环节，是获取利润的重要来源，在企业的产品开发、质量保证、供应链管理及经营管理中起着积极的作用。产品的质量在很大程度上受采购品质量控制的影响。也就是说，保证企业产品质量不仅依赖于企业内部质量控制，更依赖于对供应商的质量控制。通过采购将质量管理延伸到供应商质量控制，是提高企业自身质量水平的基本保证。

采购是企业管理中最有价值的部分,采购成本是企业成本管理中的主体和核心部分。在工业企业的产品成本构成中,采购的原材料及零部件成本占企业总成本的比例随行业的不同而不同,大体在30% ~ 90%。从世界范围来说,平均水平在60%以上;而在中国的工业企业中,各种物资的采购成本要占到企业销售成本的70%。

5.1.1.3 采购的基本程序

(1) 提出需求

任何采购都产生于企业中某个部门的确切需求。负责具体业务活动的人应该清楚地知道本部门独特的需求：需要什么，需要多少，何时需要。这样，采购部门就会收到这个部门发出的物料需求单。

(2) 描述需求

如果采购部门不了解使用部门到底需要些什么，采购部门不可能进行采购。出于这个目的，就必然要对需要采购的商品或服务有一个准确的描述。准确地描述所需的商品或服务是采购部门和使用部门，或是跨职能采购团体的共同责任。

(3) 选择可能的供应源，评价供应商

根据需求选择信誉良好的供应商。供应商是企业外部影响企业生产运作系统运行的最直接因素，也是保证企业产品的质量、价格、交货期和服务的关键因素。因此，对供应商的评价是很重要的。

(4) 确定适宜的价格

确定了可能的供应商后，进行价格谈判，确定适宜的价格。

(5) 发出采购订单

对报价进行分析并选择好供应商后，就要发出订单。

(6) 订单跟踪与催货

采购订单发给供应商之后，采购部门应对订单进行跟踪和催货。企业在采购订单发出时，同时会确定相应的跟踪催货日期。在一些企业中，甚至会设有一些专职的跟踪和催货人员。

(7) 产品检验

采购合同上应明确产品检验体系。该检验体系应在采购合同签订之前由供应商和采购方达成协议。

(8) 不符与退货处理

如果厂商所交货品与合约规定不符而验收不合格，应依据合约规定退货，并立即办理重购。

(9) 结案

凡验收合格付款，或验收不合格退货，均须办理结案手续，清查各项书面资料有无缺失，绩效好坏等，呈报高级管理层或权责部门核阅批示。

(10) 记录与档案维护

凡经过结案批示后的采购案件，应列入档案登记编号分类保管，以便参阅或事后发生问题时查考。档案应该具有一定保管期限的规定。

5.1.2 价格和整体采购成本

5.1.2.1 商品价格

商品价格是采购成本的重要组成部分，但不是全部。它是供应商对自己的产品提出的销售价格。商品的价格由三个因素决定：

(1) 产品成本

产品成本是影响商品价格的内在因素，受生产要素成本，如原材料、劳动力价格、产品技术要求、产品质量要求、生产技术水平等的影响。

(2) 市场因素

市场因素是影响商品价格的外在因素，包括经济、社会政治及技术发展水平，具体有宏观经济条件、供应市场的竞争情况、技术发展水平及法规制约等。

(3) 消费者认同价值

决定供应商市场定价除了产品本身外，还包括客户对商品的适用性、可靠性、耐用性、售后服务和运货等方面相对价值的认同程度。认同程度的高低决定了采购者对采购商品价格的估计水平；认同价值作用的另一方面是价格的改变对采购量的影响程度。经济学中的“需求价格弹性”衡量了需求量对价格变动的反应程度，可以用公式表示如下：

$$E=\frac{\Delta Q/Q}{\Delta P/P}$$

式中，Q 表示变动前销售量，P 表示变动前价格，ΔQ 表示需求变动量，ΔP 表示价格变动量。

5.1.2.2 整体采购成本

整体采购成本又称为战略采购成本，是除采购成本之外考虑到原材料或零部件在本企业产品的全部寿命周期过程中所发生的成本，它包括采购物品在市场调研、自制或采购决策、产品预开发与开发中供应商的参与、供应商交货、库存、生产、出货测试、售后服务等整体供应链中各环节所产生的费用。作为采购人员，其最终目的是降低整体采购成本。

按功能划分，整体采购成本发生在以下的过程中：开发过程、采购过程、企划过程、质量过程、服务过程。

(1) 开发过程中，因供应商介入或选择可能发生的成本

①原材料或零部件影响产品的规格与技术水平而增加的成本。

②对供应商技术水平的审核产生的费用。

③原材料或零部件的认可过程产生的费用。

④原材料或零部件的开发周期影响本公司产品的开发周期而带来的损失或费用。

⑤原材料或零部件及其工装（如模具）等不合格影响本公司产品开发而带来的损失或费用。

(2) 采购过程中可能发生的成本

①原材料或零部件采购费用或单价。

②市场调研与供应商考察、审核费用。

③下单、跟单等行政费用。

④文件处理费用。

⑤付款条件所导致的汇率、利息等费用。

⑥原材料运输、保险等费用。

(3) 企划（包括生产）过程中可能因采购而发生的成本

①收货、发货（至生产使用点）费用。

②安全库存仓储费、库存利息。

③不合格来料滞仓、退货、包装、运输带来的费用。

④交货不及时对仓管等工作的影响造成的损失。

⑤生产过程中的原材料或零部件库存费用。

⑥企划与生产过程中的原材料或零部件的行政费用等。

(4) 质量过程中可能发生的采购成本

①供应商质量体系审核及质量水平确认产生的费用。

②检验成本。

③因原材料或零部件不合格使得本公司产品不合格而导致的损失。

④不合格品本身的返工或退货成本。

⑤处理不合格来料的行政费用等。

(5) 售后服务过程中因原材料或零部件而发生的成本

①零部件失效产生的维修成本。

②零部件服务维修不及时造成的损失。

③因零部件问题严重而影响本公司的产品销售造成的损失。

④因零部件问题导致本公司的产品理赔等产生的费用。

在实际采购过程中，整体采购成本分析通常要依据采购物品的分类模块选择主要的零部件进行，而不必运用到全部的物料采购。

5.1.3 控制采购成本的意义

5.1.3.1 通过控制采购成本提高利润

在制造业中，企业的采购资金占最终产品销售额的40% ~60%，因此，在获得物流方面所作的点滴成本节约对利润所产生的效果，要大于企业其他成本如销售领域内相同数量的成本节约给利润带来的影响。因此，对采购成本的控制成为企业提高利润的重要途径。可以用表 5-1 来说明。

表 5-1 利润增长 5% 要求相关项目的变动幅度 单位：百万元

	现状	销售额 +17%	价格 +5%	工资 -50%	管理费用 -20%	采购成本 -8%
销售额	100	117	105	100	100	100
采购成本	60	70	60	60	60	55
工资	10	12	10	5	10	10
管理费用	25	25	25	25	20	25
利润	5	10	10	10	10	10

某公司总销售额为 1 亿元人民币，利润为 500 万元。其中，采购成本占销售额的 60%，工资和管理费用分别占销售额的 10% 和 25%。为了使利润从目前的 500 万元提高到 1000 万元，即利润增加 1 倍，每个项目都做出相应的变动。从表 5-1

可以看出，除了价格和采购成本外，其余各项都必须经大幅度变动才能使利润增加1倍。而我们又知道，市场的激烈竞争会使价格的上涨很难实现，甚至会出现由于价格的上涨导致销售量下降而带来利润的减少。但是在采购成本方面，我们虽然无法控制购入原材料成本的主要部分，但是往往可以通过内部管理手段来大幅度降低成本，提高利润，如加强与供应商的协作控制成本，实行统一的采购管理，选择合理的采购模式等。这些方面的成本下降百分比不需要很多就可以实现绝对成本的大幅度下降、利润的大幅度提高，这实际上也体现了杠杆作用的原理。

5.1.3.2 通过控制采购成本，加快资金周转速度，提高资产回报率

资产回报率效应同样也能说明采购的重要性。除了提高利润外，采购价格的降低还会降低企业资产的基数，同样会使资产回报率增长的幅度大于成本下降的幅度。

假设某公司的年销售额为1000万元，总支出为950万元。企业拥有500万元的资产，其中200万元为库存，购入材料的成本占销售额的50%，如果采购价格下降5%，那么资产回报率的变化可通过图5-1表示。

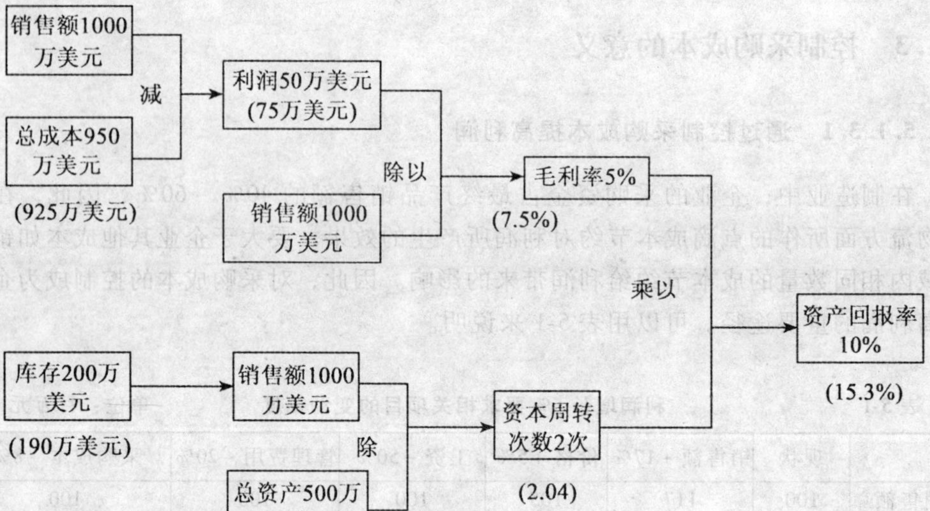

图5-1 采购价格下降5%左右的资产回报率①

注：①采购金额占总销售额的50%时。②括号中为假设采购价格下降5%时的数字。③库存占总资产的40%。

① 米歇尔·R. 林德斯，哈罗德·E. 费隆，著. 采购与供应链管理（第11版）[M]. 北京：机械工业出版社，2001.

由于杠杆作用，价格的小幅度下降使利润率增长50%。采购价格下降使库存资金占用减少到原来的95%，库存的资金占用成本减少，也由此而减少了公司总资产的基数，使资产周转速度从原来的2.00提高到2.04。一方面是毛利率的增加，一方面是资本周转时间缩短，最终使资产回报率从原来的10%增长到15.3%，提高了53%。

专栏5.1 物流成本控制要靠好的采购分析

随着产品生命周期的缩短、订单变化的起伏加大以及产品交货期的压力倍增，元器件采购和成品销售这一头一尾已成为电子制造企业发展与生存的关键。而作为采购管理与采购行为的基础，采购分析的重要性更是日益突出。

(1) 生产型企业在运作之初就必须意识到采购分析的重要性

一般来说，生产型企业通常要用销售额的40%~70%来进行原材料和元器件的采购。采购的速度、效率、订单的执行情况会直接影响到企业是否能够快速灵活地满足下游客户的需求。因此，生产型企业在运作之初就必须意识到：作为整个供应链管理的重要一环，采购分析对于企业成本的控制相当重要。采购分析没有做好，意味着企业的供应链和成本没有控制好，企业的生存、经营和发展就存在问题。

国内许多中小型规模的企业并没有采购分析的概念，只是当企业规模达到一定程度才意识到采购分析的重要；相比之下，我国台湾省的电子制造公司则设立了专门的采购管理部门来执行采购分析。

(2) 采购的原则就是一切从供应链的成本角度出发

所谓采购分析，就是分析该买什么、买多少、什么时候买、花多少钱、什么时候得到以及怎样得到等问题。由此可见，采购分析需要考虑的基本信息包括所采购物料的成本分析、交货时间和地点、交易的付款期限等。成本分析是其中最重要的部分，买家们不仅要考虑最原始的物料成本，也要考虑上游供应商的成本。

采购的原则就是一切从供应链的成本角度出发，供应商的成本也是总成本的一部分。我国台湾省电子制造厂商大多在大陆设有工厂，假如他们的供应商在台湾省有工厂，但在大陆没有工厂，势必牵扯到供应器件的运输成本。不论这一运输费用由谁来出，总是客观存在，并会打进总成本。因此，要求本地化的采购比例要越来越多，只有这样供应商和采购商的整体竞争力才能得到加强。采购商要从长远出发，多考虑整个供应链的成本，让供应商赚到足够的利润，才会有长远的合作关系。

(3) 进行采购分析要考虑到结订单和供应周期两个因素

在分析采购时，一定要结合库存情况。现在绝大部分的电子产品一生产出来就在跌价。产品放在仓库里面，就相当于钱一天天在损失，厂商所担的风险也越高。

因此，零库存的概念大行其道。许多台湾生产商都开始实行本地化采购，并力求越来越多的元件实现JIT，一点点把库存减到最小。

究竟该买多少才算合适？什么时候下单最好呢？要解决这一问题通常需要考察两个方面。首先是考察自己所接收到的订单情况，通过参考过去"一定时间内"物料使用量的平均值和变化的幅度，把这两个值进行加权计算，来得到未来的计划。其次需要考察供应商的历史供货情况，即"一定时间内"供货数量的平均值和变化的幅度，以计算出对供应商比较合适的交货周期和交货数量。

这里面有两个信息值得说明。首先，竞争的加剧促使订单变化快，对"一定时间内"的界定也变得越来越短（现通常为7天甚至更短)，而变化的幅度却越来越大。其次，在进行采购分析时，不仅要考虑自己的订单情况，也要结合供应商的供应能力，设身处地为他们着想，因为他们也有成本，也有供应商。

(4) 依据订单类别选择不同的供应商

在解决完上面两个问题之后，需要分析该向谁下单的问题。采购清单通常会被划分为三个小部分：传统的采购订单、JIT订单和VMI订单。这一分类的基础是供应商的类别属性，也体现出对供应商进行审查的重要性。

如何建立供应商评估系统？以我国台湾省厂商的经验为例，他们对供应商的评估有一个通用的流程。首先是审查供应商的基本信息，包括公司组织结构是否健全，财务状况是否稳定，生产的品种和产能如何，有哪些客户群体等。等供应商过了基本的审查关后，又派出由研发、采购、生产等相关人员组成的团队对其进行现场审查，做详细的认证。之后，再由供应商开始产品送样直到供应商的产品通过批量认证。审查供应商最重要的环节在于现场验证和样品抽验阶段。

目前，许多台湾省的公司已经建立了信息化系统来保证采购分析流程的准确和快捷。例如，明基在接到客户订单后，会通过ERP系统进行生产流程安排。ERP系统结合生产流程安排和库存方面的信息，计算出物料需求清单。SRM（供应商关系管理）系统会根据系统中预先设置的供应商属性，将物料需求清单分成传统PO、JIT和VMI三个部分，并分别排出所需物料的详细列表和具体进料时间。JIT信息可通过短信等方式通知供应商，让其登录公司的网站查询订单信息；VMI信息则及时反馈给供应商。

然而，上述流程的基础在于稳定的市场供应。供应紧张时又当如何？供应断链的情况一定会发生，当预感供应开始紧张时，通常要做两件事：提前备料和调整生产周期。

供应紧张时还需要分析成本与货源的问题。这种折中的问题需要分析哪一种利益最多。今天没有买进来，生产那一端就断掉了；但是吃进货以后，可能在成本上增加了一点。不过，虽然利润会减少一点，但总要好过不出货。有时候要保货，而不是要保成本。

虽然采购行为日趋理性,但采购决策人士仍需要敏感地把握整个市场的供需状态,即在理性中加一点感性。而感性的部分需要日积月累地进行市场信息情报搜集。

5.2 影响采购成本的因素分析

5.2.1 采购价格

在商品的采购过程中，采购价格是采购成本中最显性的部分，在很多情况下，它是采购成本构成中最大的组成部分，因此，采购价格是采购成本中非常重要的因素。而采购价格又受很多因素的影响。

(1) 供应商成本

这是影响采购价格的最根本、最直接的因素。供应商进行生产，其目的是获得一定利润，否则生产无法继续。因此，采购价格一般在供应商成本之上，两者之差即为供应商的利润，供应商的成本是采购价格的底线。一些采购人员认为，采购价格的高低全凭双方谈判产生，可以随心所欲地定价，其实这种想法是完全错误的。尽管经过谈判后供应商大幅度降价的情况时常出现，但这只是供应商报价中水分太多的缘故。

(2) 产品规格与品质

采购企业对采购品的规格要求越复杂，采购价格就越高。一个好的产品规格，不仅能使这个产品易于销售，便于生产，而且还易于提供售后服务，便于购买到经济的原材料或部件，反过来又能使其具有足够的吸引力，能够促使供应商进行生产和供应。所有这一切要求介入的各方在产品规格上做一定程度的妥协让步。

价格的高低与采购品的品质也有很大的关系。如果采购品的品质一般或质量低下，供应商会主动降低价格，以求赶快脱手。

(3) 交货条件

交货条件也是影响采购价格的非常重要的因素。交货条件主要包括运输方式、交货期的缓急等。如果货物由采购方来承运，则供应商就会降低价格，反之，就会提高价格。有时为了争取提前获得所需货物，采购方会适当提高价格。

(4) 采购品的供需关系

当企业所采购的物品为紧俏商品时，供应商就处于主动地位，就可以趁机抬高价格；当企业所采购的商品供过于求时，采购企业则处于主动地位，可以获得最优的价格。

(5) 生产季节与采购时机

当企业处于生产旺季时，对原材料需求紧急，因此不得不承受更高的价格。避免这种情况的最好办法是提前做好生产计划，并根据生产计划制定出相应的采购计划，为生产旺季的到来提前做好准备。

5.2.2 订货数量

一次的订购数量会影响到价格、运输成本和库存持有成本。购买方希望通过谈判得到优惠的价格，希望只有在需求出现时才实际进货，以此避免存货的积聚。对此，如果购买方预计今后的价格会升高，就会采取提前采购的措施，以避免涨价的损失；如果预计到今后的价格会上涨，如果可以抵消库存成本，则提前并大量采购是有利的。对于一些可以再出售的物品，低价时大量囤积，高价时出售能取得价差的利润。物流企业的采购和存货成本有：取得成本，储存成本和缺货成本。

(1) 取得成本：

$$TC_a = \frac{DS}{Q} + PD \tag{5-1}$$

式中，TC_a 为取得成本；D 为年需要量；S 为订货成本（元/订单）；P 为采购单价；Q 为每次采购量。

(2) 储存成本：

$$TC_c = \frac{ICQ}{2} \tag{5-2}$$

式中，TC_c 为储存成本；I 为用百分比表示的年持有成本；C 为库存点商品的单位成本。

(3) 缺货成本：由于存货不足而造成生产经营的损失，如失去销售机会的损失，信誉损失等。用 TC_s 表示。

$$TC = TC_a + TC_c + TC_s = \frac{DS}{Q} + PD + \frac{ICQ}{2} + TC_s \tag{5-3}$$

如果存货量大，可以防止因缺货造成的损失，减少缺货成本，但相应要增加储存成本；反之，如果存货量小，可以减少储存成本，但相应会增加订货成本和缺货成本。所以要使总成本达到最小，即要确定经济采购批量。

计算经济采购批量，要注意以下假设：

①企业能及时补充存货，不考虑缺货成本。

②集中到货。

③存货单价不变，不考虑现金折扣和数量折扣。

由：
$$TC = TC_a + TC_c + TC_s = \frac{DS}{Q} + PD + \frac{ICQ}{2} + TC_s$$

要使 TC 最小，只用 TC 对 Q 求导，当一阶导数 $TC' = 0$ 时，TC 最低。

此时，求得经济采购量：

$$EOQ = \sqrt{2DS/IC} \tag{5-4}$$

所以，每年最佳订货次数：

$$N = D/EOQ \tag{5-5}$$

5.2.3 价格折扣

供应商提供的价格会影响到企业的购买行为，进而影响到企业的采购成本。例如，当供应商推出价格折扣将其中一部分收益传递给买方时，企业受到鼓动而进行大批量的购买。折扣是工业企业产品销售常用的一种促销方式。了解折扣有助于采购商在谈判过程中降低采购价格。

5.2.3.1 折扣类型

价格折扣按提供折扣的原因分为以下几类：

(1) 付款折扣

现金付款通常比月结付款的采购价格要低；以坚挺货币付款比用其他货币付款具有价格优势。

(2) 数量折扣

数量小的订单其单位产品成本较高，因为小数量订单所需的订单处理、生产准备等时间与大数量订单并无根本区别，此外，有些行业生产本身具有最小批量要求，如印刷、电子元件的生产等。以印刷为例，每当印刷品的数量增加 1 倍，其单位产品的印刷成本可降低多达 50%。

(3) 地理折扣

跨国生产的供应商在销售时实行不同地区不同价格的地区差价，对于地理位置有利的客户予以折扣优惠。此外，如果供应商的生产场地或销售点接近顾客时，往往也可以因交货运输费用低等原因获得较优惠的价格。

(4) 季节折扣

许多消费品包括工业消费品都具有季节性，相应的原材料和零部件的供应价格也随着季节的变化而上下波动。在消费淡季时将订单下给供应商往往能拿到较低的价格。

(5) 推广折扣

许多供应商为了推销产品、刺激消费、扩大市场份额或推广新产品、减少市场进入障碍，往往采取各种推广手段在一定的时期内降价促销。策略地利用推广折扣也是降低采购成本的一种手法。

5.2.3.2 不同数量折扣最优经济批量的决定

按折扣适应面不同；数量折扣分为普遍数量价格折扣和特殊数量价格折扣。

普遍数量价格折扣是指随着购买量的增加，供应商会降低适用于所有订购产品的报价。这在消费采购中很普遍。特殊数量价格折扣是指降低的报价只适用于数量折扣范围内的产品。

如果企业的采购量很大，已经超过了价格折扣的分界点，就无需考虑不同价格对成本的影响。但是如果企业的购买量还不是很大，就要考虑是以较高的价格购买较少的数量，还是以较低的价格购买较多的数量，同时考虑库存持有成本增加的因素。

(1) 普遍数量价格折扣

普遍数量价格折扣可以表示成：

当 $0 < Q_i < Q_1$ 时，价格为 P_1；

当 $Q_i \geq Q_1$ 时，价格为 P_2；

其中，Q_i 为采购量。

总成本函数中存在不连续点，因此最佳采购量的计算比单一价格情况复杂一些。其计算步骤如下：

①在每个价格下计算出经济采购量(EOQ)。找出总成本曲线可行区间内的经济采购量，如果可行的经济采购量位于最低成本曲线上，那么这就是最佳采购量。如果不在最低成本曲线上，则计算出购买经济采购量时的成本 TC_{EOQ}，进行下一步。

②设 Q 为数量折扣临界点上的采购量，计算此时的总成本 TC_i。将 TC_{EOQ} 与 TC_i 进行比较。

③选择使总成本最低的 Q_i。

假设某公司对某产品需求为10 000件，供货厂商规定，凡一次购买1700件以下的价格为1.00元，以上的价格为0.80元。如果每次订货费用为10元，库存保管费用是库存单价成本的20%。价格包含送货费用，那么，该公司该订购多少呢？

首先计算1700件以上和以下的经济采购量。

价格为 P_1 时：

$$EOQ_1 = \sqrt{\frac{2DS}{IC}} = \sqrt{\frac{2 \times 10\ 000 \times 10}{0.2 \times 1.00}} = 1\ 000 \text{（件）}$$

根据公式（5-3），此时总成本为：

$$TC_1 = \frac{10\ 000 \times 10}{1\ 000} + 1.00 \times 10\ 000 + \frac{0.2 \times 1.00 \times 1\ 000}{2} = 10\ 200 \text{（元）}$$

价格为 P_2 时：

$$EOQ_2 = \sqrt{\frac{2DS}{IC}} = \sqrt{\frac{2 \times 10\ 000 \times 10}{0.2 \times 0.80}} = 1\ 118 \text{（件）}$$

我们可以看到，按折扣价格0.80元计算的经济采购量 $EOQ_2 = 1\ 118$ 件，达不到供应商给的价格折扣的数量1 700件，因此，EOQ_2 无效。现在，我们计算一下临界点处的总成本：

$$TC_2 = \frac{10\ 000 \times 10}{1\ 700} + 0.80 \times 10\ 000 + \frac{0.2 \times 0.80 \times 1\ 700}{2} = 8\ 195 \text{（元）}$$

由于 $TC_1 > TC_2$，所以企业应该订购 1 700 件以上，这样可以使总成本最低。

(2) 特殊数量价格折扣

如果供应商给出的是特殊数量价格折扣，上述求解过程需做出修改。在特殊数量价格折扣下，采购量大于价格分界点对应的数量时，平均价格会继续下降。可以通过反复试验法（Trial And Error）找到最佳订购量。即逐渐加大订购量，计算出相应的总成本，直到找到最小总成本为止。

仍然用前面的例题。在特殊数量价格折扣下，0.80 元的优惠价格仅适用于超过 1 700 件的订购量。为求得最佳订购量，我们慎重选择需要计算的 Q 值，我们从 $Q=1\ 500$ 开始，在这个基础上不断增加 Q 值，直到总成本停止下降开始升高为止。

平均价格的确定：

当 $Q \leq 1\ 700$ 时，$P=1.00$；

当 $Q>1\ 700$ 时，$P=\dfrac{1\ 700\times 1.00+(Q-1\ 700)\times 0.80}{Q}$；

总成本 $TC=\dfrac{DS}{Q}+PD+\dfrac{ICQ}{2}$。

计算过程如表 5-2 所示。

表 5-2 特殊数量价格折扣的最佳订货量确定

Q	平均价格 P	$(D\times S)/Q$ +	$P\times D$	+ $(I\times C\times Q)/2$	= 成本
1 500	1.00	66.67	10 000	150	10 216.67
1 600	1.00	62.5	10 000	160	10 222.5
1 700	1.00	58.82	10 000	170	10 228.82
1 800	0.99	55.56	9 900	178.2	10 122.44
1 900	0.98	52.63	9 800	186	10 028.11
2 000	0.97	50	9 700	194	9 944
2 100	0.96	47.62	9 600	202	9 868.67
2 200	0.95	45.45	9 500	210	9 800.91
2 300	0.947	43.48	9 470	218	9 739.74
2 400	0.941	41.67	9 410	226	9 684.33
2 500	0.936	40	9 360	234	9 634
2 600	0.93	38.46	9 300	242	9 588.15
2 700	0.926	37.04	9 260	250	9 546.30
2 800	0.92	35.71	9 200	258	9 508
2 900	0.917	34.48	9 170	266	9 472.90
3 000	0.913	33.33	9 130	274	9 440.67
3 100	0.909	32.26	9 090	282	9 441.03

测试时订货量以 100 件递增，总成本最低的最佳订货量为 3 000 件。

5.2.4 采购模式

不同的采购模式也会对采购成本产生影响。采购模式有集中采购和分散采购、联合采购、电子采购和招标采购等。

(1) 集中采购与分散采购

集中采购是指企业在核心管理层建立专门的采购机构，统一组织企业所需物品的采购进货业务。跨国公司的全球采购部门的建设是集中采购的典型应用。它以组建内部采购部门的方式，来统一管理其分布于世界各地分支机构的采购业务，减少采购渠道，通过批量采购获得价格优惠。

分散采购是由企业下属各单位，如子公司、分厂、车间或分店实施的满足自身生产经营需要的采购。分散采购是集中采购的完善和补充。

专栏 5.2 加强物资采购集中管理，江苏电信半年节资逾亿元

江苏电信公司加强物资采购集中管理，实行重点采购物资由省公司统一招标确定价格，并统一进行货款支付，有效地降低了通信工程的建设成本。2002 年上半年，通过对交换设备、电缆、光缆等重点项目进行公开招标，使采购价格平均降低了 20%，节约资金达 1 亿元。2002 年初以来，江苏省电信公司着力强化物资采购的集中管理，制定了通信设备器材采购集中管理暂行办法。按照设备类别、年投资额等，对通信设备器材分别采取省公司统谈统签、统谈分签，省公司确定采购范围、委托市分公司集中采购等不同的方式进行采购。由于实行了集中采购管理，在谈判中获得了有利条件，既坚持了同种设备全省同价，规范了厂商在全省各地的报价，也坚持开发技术、开放市场，形成了竞争，有效降低了工程建设成本。

（资料来源：孙小和．加强物资采购集中管理，江苏电信半年节资逾亿元 [N]．江苏邮电报，2002-08-05。）

(2) 联合采购

联合采购是指多个企业之间的采购联盟行为，它与集中采购不同，集中采购是指企业或集团内部的集中化采购管理。可以认为联合采购是集中采购在外延上的进一步拓展。随着市场竞争的日益激烈，企业在采购过程中实施联合已经成为企业间降低成本、提高效益的重要途径之一。

(3) 电子采购

所谓电子采购就是用计算机系统代替传统的文书系统，通过网络支持完成采购工作的一种业务处理方式，也称为网上采购。它的基本特点是在网上寻找供应商、寻找商品、洽谈贸易、订货，甚至在网上支付货款。电子采购具有费用低、效率高、速度快、业务操作简单、对外联系范围宽广等特点，因而成为当前最具发展潜力的企业管理工具之一。

(4) 招标采购

招标采购是通过在一定范围内公开购买信息，说明拟采购物品或项目的交易条件，邀请供应商或承包商在规定的期限内提出报价，经过比较分析后，按既定标准选择条件最优惠的投标人并与其签订采购合同的一种采购方式。

招标采购是在众多的供应商中选择最佳供应商的有效方法。它体现了公平、公开和公正的原则。通过招标程序，招标企业可以最大程度地吸引和扩大投标方之间的竞争，从而使招标方有可能以更低的价格采购到所需要的物资或服务，更充分地获得市场利益。招标采购方式通常用于比较重大的建设工程项目、政府采购或采购批量比较大等场合。

5.2.5 与供应商的协作关系

现代的产业结构包含着相当程度的专业化，而且随着产业技术发展速度的不断加快，产品寿命也相应地缩短了。随着产品寿命不断缩短，在第一时间得到正确的产品信息就变得越来越重要。在及时得到供应市场的有关信息上，采购人员发挥着至关重要的作用。随着专业化程度的不断加深，更多的公司会利用供方市场的信息通过创新开发出新产品来。得到的情报越早，同供应商的关系越紧密，公司就越有可能在获利上取得优势。尽管卖方在让潜在用户了解新的发展方向上发挥着重要的作用，但买方也在寻求创新，买方甚至会推动这种开发，不仅在传统市场中如此，在非传统市场中更是如此。

专栏 5.3　立石一真的采购理念

日本企业家立石一真针对采购人员总是坐等推销者上门，很难采购到物美价廉商品的情况，提出了他的最基本的理论："以世界上最便宜的价格买到市场上最好的商品。"他要求采购人员主动选择而不是被动地等供货者上门。

立石电机公司的采购员们十分注意同供应商进行卓有成效的密切合作，这些采购人员详细地向供应商们阐明立石公司降低成本和打算选择准时供货制的基本合作意图，使供应商做到了心中有数，从而都乐于同立石公司进行合作。

而立石公司在采购选择中有三条原则：一是竞争原则，"货比三家，采购两家"，即从多个供应商的竞争中去比较选择，从而可以以最低的价格购买最合适的物品，避免了采购商品中有次品、不合格材料的可能性，降低了损失。二是准时制原则，既可以降低库存积压，提高库存品的周转率，提高库存资金的价值，又避免了停工损失。三是购买费用最小化原则。

通过以上采购理念的贯彻，立石公司成功地达到了从总体上降低成本、提高利润的目的。

（资料来源：连桂兰．如何进行物流成本管理［M］．北京：北京大学出版社，2004。）

5.3 控制采购成本的措施

采购部门的职责包括采购政策、采购标准的制定及监督实施，采购系统的管理等，而控制并降低采购成本是采购部门的一项基本职责。在20世纪80年代，西方公司已开始对采购成本控制及供货商管理给予关注，通过采购成本控制，降低了零部件价格，简化了供应链并改善了市场反应速度，从而产生了大量的成本节余。因此，控制采购成本应着眼于供应商和供应市场，建立科学的采购管理系统，分析采购成本变化的情况和变化趋势，选择合适的采购模式和采购策略。

5.3.1 建立科学的采购管理系统

为控制企业的采购成本，企业应针对采购管理现状及未来发展，参照国内外先进采购管理模式，建立先进的物流采购系统，以理顺现有采购过程中各个要素的关系，在保证物流、资金流和信息流畅通的前提下，有效控制采购过程，使物资采购系统更有效率和效益，从而更好地控制采购成本。

企业可以建立如图5-2所示的采购管理系统来控制采购成本。

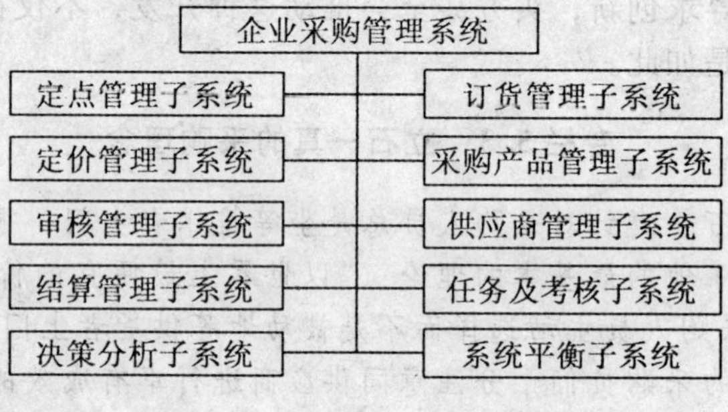

图5-2 采购管理系统成本控制

企业既可以通过采购管理系统来控制部门内的工作，又可以通过各种相关的信息记载来管理和考评业务人员的工作绩效。它可以给物流采购工作带来明显的改善和收益，使得产品成本、业务处理成本减少，业务周期缩短；使采购管理更加科学，减少管理层次；使机构更加扁平化，有利于高层管理者对业务人员的工作质量、工作能力及工作效率的了解；使人力资源也得到了最大程度的开发；增大了工作过程的透明度，有利于跨部门工作的连续性、一致性，大大提高了工作效率和采购效率。同时，合并在一起的较大采购量也能使供应商最大程度地提高效率和实现规模经济效益，从而让采、供双方实现“双赢”。

5.3.2 进行采购成本的定性和定量分析

采购在企业物流过程中占有非常重要的地位，因为购进的原辅材料一般要占产品总成本的大部分。这就意味着在获得物料方面所做的点滴成本费用节约都能对利润产生很大影响。因此，采购成本的分析对降低物流成本有很重要的意义。

5.3.2.1 采购成本的定性分析

(1) 分析材料消耗

采购材料所支出的款项平均占销售收入的60%左右，而用于支付工资的劳务费用仅占销售收入的15%～20%。对于资源短缺的日本，其材料支出在销售收入中所占的比重比美国和欧洲各国多5%左右。因此，从节约材料消耗入手，收效最大，最易于实现降低成本、增加盈利的目标。

(2) 分析库存占用资金

存货占用的资金规模很大，如果降低存货，可以减少利息支出，再考虑可以减少的仓储作业和运输搬运等费用，则节省的物流费用就更多。由此可见，材料管理对于促进企业再生产过程的顺利进行，节约资金占用，降低产品成本，提高企业盈利能力，起着举足轻重的作用。所以，人们把降低原材料消耗、节省物化费用称为取得利润的“第一源泉”。

(3) 分析采购成本的功能价值

在采购价值分析中，价值是指购入的材料或产品的功能与其采购成本或产品的寿命周期成本相对比的比值，是衡量材料采购效益大小的评价尺度。早在20世纪40年代，美国通用电气公司的采购员麦尔斯就成功地解决了短缺物资的代用问题，随之创立了价值分析学说。价值分析是以提高购入材料的价值为目的的一项有组织的创新活动。在材料采购方面开展价值分析活动，易于入手，花费少，见效快，收益大。实践表明，价值分析应用于物资采购中不失为一种有效的方法。

正确选购原材料，是企业合理使用原材料、降低产品成本的先决条件。根据材料在生产中的使用要求，进行功能价值分析和成本效益分析，力求花费最少的采购费用，购买物美价廉、适合生产使用的需要的材料。这是价值分析指导材料采购工作的基本原理。

以合理的价格采购原材料是价值分析的目的之一。任何功能都要为之付出费用，不切实际地追求多功能、高质量势必造成浪费。因此，应以性能价格比作为衡量物资采购成功与否的标志。降低材料的使用费用是价值分析的另一个目的。购置费用容易引起人们的重视，而使用费用往往被忽视。例如，有的材料购置费用低而使用费用及寿命周期费用却较高，价值分析则要求整个寿命周期费用降到最低。

材料采购的价值分析可根据价值分析的基本原理和实施的步骤，应用价值分析检核表，从功能和成本两方面进行分析。表5-3是降低直接材料成本的检核表。

表5-3　　**降低直接材料成本检核表①**

检核日：　年　月　日　　　　检核者：

区分	NO	检核要点	答复：是	答复：否	备注	区分	NO	检核要点	答复：是	答复：否	备注
Ⅰ设计	1	是否已推行价值分析？				Ⅲ加工	28	生产批量是否适当？			
	2	是否已检讨变更材料，以节省材料？					29	是否容易加工？			
	3	是否已进行轻量化的检讨？					30	是否可以变更加工制造以节省材料？			
	4	是否已检讨节省辅助材料？					31	收率情形是否良好？			
	5	是否已设法从技术上降低材料成本？				Ⅳ品质管理	32	是否已检讨品质资料？			
	6	可否利用边料？					33	有无过剩品质事情？			
	7	是否达到再生利用？					34	是否已检讨品质的单纯化？			
Ⅱ采购技术	8	是否已实施采购市场调查？					35	是否已实施品质保证？			
	9	是否调查代替材料？					36	是否有规格数据？			
	10	是否核对报纸上的商务版？					37	检验规定是否明确？			
	11	是否已进行轻量化检讨？					38	检讨是否适当？			
	12	是否已检讨节省辅助材料？					39	是否充分掌握检验意义？			
	13	是否已实施3家公司估价，向2家公司采购的方式？					40	样本与现物是否一致？			
	14	是否有进一步价格协调？					41	是否有良好售后服务制度？			
	15	是否查看原生产地？				获取	42	是否可简单获得？			
	16	购入地区是否适当？					43	交货是否确实？			
	17	是否有串通购入情况？					44	采用先进先出法是否可能？			
	18	是否对供货商提供辅导？				Ⅵ仓库管理	45	物料搬运法是否恰当？			
	19	流通线路是否适当？					46	搬运方法是否适当？			
	20	购入时期是否适当？					47	预备库存是否恰当？			
	21	大量采购是否可以更降低成本？					48	库存管理做得如何？			
	22	可否共同购入？					49	材料放置场是否恰当？			
	23	是否有更便宜的输入品？					50	仓库管理是否适当？			
	24	是否可以退货？									
	25	付款条件是否恰当？									
	26	是否已决定每部门降低成本主办人员？									
	27	降低成本专家有几位？									

① e企业信息化网（www.3722.cn），2007-04-27.

对以上检核表的项目进行分析，就可以发现通过淘汰、消化、合并、标准化、代用等途径，能以最少的费用，取得所需要的必要功能，即功能成本最优化。

5.3.2.2 采购成本的定量分析

(1) 价格与成本分析

价格与成本分析是专业采购的基本工具，主要借助于采购成本盈亏平衡分析（Even Point Analysis）方法，对供应商定价的基本依据和成本结构进行了解，以此进行采购决策。

根据量本利之间的关系，有：

$$销售收入\ S = 产品的产量\ Q \times 单价\ P$$

$$生产成本\ C = 固定费用\ F + 变动费用 = 固定费用\ F + 产品产量\ Q \times 单位产品变动费用\ C_v$$

当盈亏平衡时，即销售收入等于生产成本或单价等于单位产品成本时，有：

$$S_0 = Q_0 P = F + Q_0 C_v$$

从而，保本产量 Q_0 和保本收入 S_0 分别为：

$$Q_0 = F/\ (P - C_v),\ S_0 = F/\ (1 - C_v/P)$$

其中 $P - C_v$ 是指单位产品销售收入扣除变动费用后的剩余，叫做边际贡献或毛利，而 $1 - C_v/P$ 表示单位产品销售收入可帮助企业收回固定费用，实现企业利润的系数，叫边际贡献率或毛利率。

供应商在制定产品的价格时都会考虑到其边际贡献率或毛利率应该大于零，也就是说产品的单价应该大于成本（单位固定费用摊销与单位产品变动费用之和）。作为采购人员要了解供应商的成本结构，就要了解其固定费用及变动费用的内容。如果采购人员不了解所购买物品的成本结构，就不能了解所购买物品的价格是否公平合理，同时也会失去许多降低采购成本的机会。

一般情况下，在产品的成本结构中，固定成本比例越高，价格的弹性就越大，随市场季节变化及原材料的供应而变化的波动也就越强烈，因而这些产品在采购时可采用加大订购数量、在消费淡季订购等方法来降低采购成本。而对于可变成本比例较高的产品则要下力气改善供应商，促进其管理水平的提高并降低管理费用。

(2) 采购成本的因素分析

我们可以用连环替代法对影响采购成本的各因素进行定量分析。通常认为采购总成本受产品的生产量、单位产品的材料消耗量和单位材料的采购成本的影响。采购成本的因素分析就是要分别分析上述三个因素对采购总成本的影响方向和影响量。

假定某企业本月的采购成本计划为 2 500 万元，实际为 3 078 万元，比计划增加了 578 万元。其他相关的资料如表 5-4 所示。

表 5-4 采购成本的影响因素

影响因素	计量单位	计划（A_0）	实际（A_1）
产品产量（x）	万件	50	60
单位产品材料消耗量（y）	千克	10	9.5
单位材料采购成本（z）	元	5	5.4

$$计划材料总成本 = x_0y_0z_0 = 50 \times 10 \times 5 = 2\ 500（万元）$$

第一次替代产量因素：

$$x_1y_0z_0 = 60 \times 10 \times 5 = 3\ 000（万元）$$

产量增加了10万件，使材料采购总成本增加：

$$x_1y_0z_0 - x_0y_0z_0 = 3\ 000 - 2\ 500 = 500（万元）$$

第二次替代单位产品材料消耗因素：

$$x_1y_1z_0 = 60 \times 9.5 \times 5 = 2\ 850（万元）$$

单位材料消耗量减少了0.5千克，使材料采购总成本增加：

$$x_1y_1z_0 - x_1y_0z_0 = 2\ 850 - 3\ 000 = -150（万元）$$

第三次替代单位材料采购成本因素：

$$x_1y_1z_1 = 60 \times 9.5 \times 5.4 = 3\ 078（万元）$$

单位材料采购成本，使材料采购总成本增加：

$$x_1y_1z_1 - x_1y_1z_0 = 3\ 078 - 2\ 850 = 228（万元）$$

材料采购总成本差异 = 500 - 150 + 228 = 578（万元）

5.3.3 选择合适的采购模式和采购策略

根据采购的客观情况，选择合适的采购模式有助于采购成本的下降和采购费用的降低。

5.3.3.1 集中采购模式

采购部门一般人员多，负责采购的物品多，管理工作十分复杂。如果采购资源分散，采购管理分散，采购政策和标准不统一，采购行为不规范等等，势必难以控制采购成本。近年来，随着中国经济建设和买方市场的形成，加强和规范企业采购管理成为一个日益突出的问题。在相当一部分企业的采购环节中，收受回扣和贿赂、舍贱求贵、以次充好、损公肥私的现象相当严重，造成采购成本居高不下。从某种程度上说，加强企业采购管理既是一个经济问题，也是一个社会问题、伦理道德问题和政策规范问题。统一采购、全球采购、招投标采购能统一采购标准，规范采购行为，充分利用全国甚至全球范围的资源，是降低企业采购成本的重要途径。

专栏 5.4　一汽集团实行集中采购降低成本

一汽采购部是一汽的直属职能部门，以原一汽协作配套处和供应处为基础合并组建。一汽总经理竺延风说："成立采购部就是为了加强集中采购管理，统一管理采购网络，统一制定采购物资政策、标准、程序，充分利用一汽的商誉优势，优化、培育、计划采购资源，统一组织鉴定采购合同，实现全集团采购物资的统订分交，达到降低成本，提高采购管理水平的目的。"

降低采购成本，提高汽车的价格竞争力是一汽组建采购部的最直接原因。据专家介绍，当前国际汽车业开展质量、价格大战，整车成本下降率50%来自于采购系统的变革。过去，一汽实行分散采购，造成了大量浪费，同时，也存在很多"暗箱操作"，滋生了腐败行为。前些年，一汽曾严肃查处一系列违法违纪行为。因此，一汽希望通过采购部门的变革来提高整体竞争力。全公司每年的采购费用超过200亿元，每降低1个百分点，就可以降低采购成本2亿元。

近两年来，一汽把采购作为经营管理过程中的重要环节来抓，加大了采购改革的力度，加强集团采购的集中管理和采购网络的建设。一汽引入竞争机制，采用招标比价的方式，规范采购行为，取得了一定的经济效益和良好的社会声誉。负责采购的供应处和协作配套处全面推行了集中招标方法采购，仅此一项，两年就节约采购成本7.1亿元。通过集中统一采购，一汽更好地发挥了采购资源优势，利用买方市场的有利条件，降低整车成本。同时，为了确保集中采购政策、标准的实施，一汽还成立了集团公司采购决策委员会，它是采购部的决策组织，对采购部的采购行为进行监控、指导和决策，协调采购部与其他业务的横向关系。

一汽采购部的成立还将推动一汽采购管理与国际接轨，为逐步实现全球采购做准备。目前，我国汽车工业无论在采购管理水平、采购网络建设，还是在采购手段、人员素质方面，距离适应国际竞争的要求还有很大差距。一汽采购部将学习国外先进的采购管理经验，结合自己的实际，不断更新采购理念，改革采购模式，改善采购管理水平和手段。同时，用开放、竞争的采购机制和内部管理的约束机制规范全体员工的采购行为，做到采购过程的公正、公开、公平，形成一个高效、规范、低成本的采购供应管理体系。

一汽采购部成立后，还着手清理、淘汰没有竞争力的供应商，使协作产品的质量发生根本转变。同时，加快建立采购管理信息系统，部分产品实行网上招标采购。

在经济全球化的今天，一汽集团的内部采购机制的变革，对中国企业改进采购技术、降低采购成本、提高国际竞争力有着非常现实的借鉴意义；也从操作层面为管理界提供了一个降低采购成本的成功案例。

（资料来源：倪凤琴．物流成本管理［M］．北京：电子工业出版社，2005。）

5.3.3.2 联合采购模式

随着市场竞争的日益激烈，企业在采购过程中实施联合，已经成为企业降低成本、提高效益的重要途径之一。如同批发和零售的价格差距一样，商品采购的单价与采购的数量呈反比，即采购的数量越大，采购的价格越低。企业间联合采购，可合并同类商品的采购数量，通过统一采购使采购单价大幅度降低，使各企业的采购费用相应降低。例如，对于飞机制造器材，此种价差有时可达90%。

联合采购的方式可以有下列方式：

(1) 采购战略联盟

采购战略联盟是指两个或两个以上的企业出于对整个世界市场的预期目标和企业自身总体经营目标的考虑，采取一种长期联合与合作的采购方式。这种联合是自发的，非强制性的，联合各方仍保持各个公司采购的独立性和自主权，彼此依靠相互间达成的协议以及经济利益的考虑连接成松散的整体。随着现代信息网络技术的发展，企业有了一个崭新的合作空间，企业间可通过网络保证采购信息的及时传递，使处于异地甚至异国的企业间实施联合采购成为可能。国际上一些跨国公司为充分利用规模效益，降低采购成本，提高企业的经济效益，正在向采购战略联盟发展。

(2) 通用材料的合并采购

这种方式主要运用于有互相竞争关系的企业之间，通过合并通用材料的采购数量和统一归口采购来获得大规模采购带来的低价优惠。在这种联合方式下，每一项采购业务都交给采购成本最低的一方去完成，使联合体的整体采购成本低于各方原来进行单独采购的成本之和，这是这些企业的联合准则。这种合作的组织策略主要分为虚拟运作策略和实体运作策略。虚拟运作策略的特点是组织成本低，它可以不断强化合作各方最具优势的功能和弱化非优势功能。

5.3.3.3 电子采购模式

电子采购作为一种新兴的采购方式，以其快速、方便、节约的特点被越来越多的采购单位所采用。它一般经过提出采购、选择商品和供应商、订货付款和完成交易四个阶段的流程。

(1) 电子采购的优点

电子采购从根本上了改变商务活动的模式，它不仅将商品和服务采购过程自动化，极大地提高了效益、降低了采购成本，而且可以使企业在一定程度上避免因信息不对称而引起的资源浪费，有利于社会资源的有效配置，便于企业用更具有战略性的眼光进行采购。其优点有以下几方面：

①节省采购时间，提高采购效益。企业实施电子采购是提高效率最直接、最易于实现的手段。计算机代替手工，减少了简单劳动的工作量，提高了速度。电子采

购实现了采购信息的数字化、电子化、数据传送自动化，减少了人工重复录入的工作量，使人工失误的可能性降到了最低限度。电子采购实施过程中的流程再造，也简化了业务流程。

②采购成本显著降低。电子采购由于建立了用户和商家直接进行沟通和挑选的平台，减少了中间环节，节省了时间，从而使采购成本明显降低。

③优化采购及供应链管理。电子采购在提高效率的同时，使各部门甚至个人的任何采购活动都在实时监控之下，有效堵住了管理漏洞，减少采购的随意性，变事后控制为过程控制。同时提高了企业供应链管理水平。由于电子采购的计划性强，周期短，货物能够根据计划时间更准确地到达现场，实现零库存生产。

④加强了对供应商的评价管理。电子采购扩大了供应商资源。采购信息的公开化，吸引了更多的供应商。供应商静态数据库的建立为企业采购提供了方便的查询手段，帮助企业及时准确地掌握了供应商的变化，同时也为供应商选择提供了决策支持。

专栏 5.5 泰斯可的电子贸易共同体

泰斯可公司是英国最成功的食品零售商。它发展了一个拥有 1 500 家供应商的电子化贸易共同体，占供应商订货的 90% 以上。通过这个电子贸易共同体能迅速收集和传递商业数据，有助于快速响应客户的需求，且提高产品销售数量，精确地预测，及时地运送，使库存明显降低，利润率全面提高。

以前，80% 的商品被单个供应商直接分送到单个商店手中。订单经过供方代表手工发出。现在，物流采购过程发生了重大变化，90% 的商品现在由泰斯可公司的仓库运到商店，库存和销售数据通过电子化手段从商店传输到总部。订单在仓库这一环节被分批处理，然后发往供应商。此外，该公司还在销售技术电子化方面投资几百万英镑，使内部物流发生变革，这提供了销售、订货和运输周转间的连接，并给出了有关生产利润率和存货运动的信息。通过供应商与泰斯可公司进一步接触，电子数据交换也促使外部采购物流过程一体化。

信息管理是引起这种变革的关键因素。通过快速准确地收集产品和客户书记，泰斯可公司能根据客户需求变化，做出迅速反应，显著扩大产品销售的数量，更好地满足需求，同时也获得更佳的经济效益。

（资料来源：泰斯可公司——在零售业中发展电子化零售贸易共同体 . www. chaoshiren. com. cn。）

(2) 电子采购模式

①卖方一对多模式

卖方一对多模式是指供应商在互联网上发布其产品的在线目录，采购方通过浏览来取得所需的商品信息，以做出采购决策，并下订单。卖方一对多模式如图 5-3 所示。

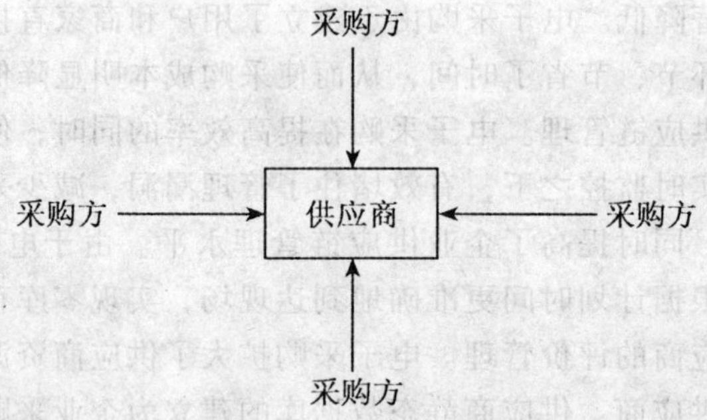

图 5-3 卖方一对多模型

在卖方一对多模式中，作为卖方的某个供应商为增加市场份额，开发了他们自己的因特网网站，允许大量的卖方企业浏览和采购自己的在线产品。买方登录卖方系统通常是免费的。例如商店或购物中心就是这样的。对买方企业而言这种模式的优点在于容易访问，并且不需要任何投资，缺点是难以跟踪和控制采购开支。

②买方一对多模式

买方一对多模式是指采购方在互联网上发布所需采购产品的信息，供应商在采购方的网站上登录自己的产品信息，供采购方评估，并通过采购方网站双方进行进一步的信息沟通，完成采购业务的全过程。如图 5-4 所示。

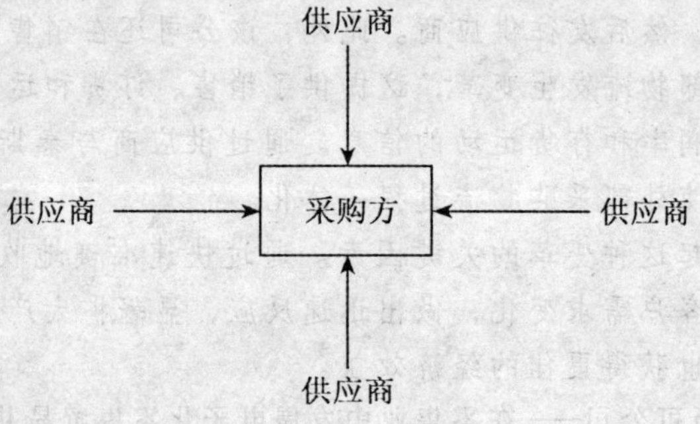

图 5-4 买方一对多模型

与卖方一对多模式不同，买方一对多模式中采购方承担了建立、维护和更新产品目录的工作。虽然这样花费较多，但采购方可以更好地控制整个采购流程。它可以限定目录中所需产品的种类和规格，甚至可以给不同的员工在采购不同产品时设定采购权限和数量限制。买方一对多模式一般适合大企业的直接物料采购。

③第三方系统门户

门户（Portals）是描述在 Internet 上形成的各种市场的术语。独立门户网站是通过一个单一的整合点，多个买方和卖方能够相遇，并进行各种商业交易的网站站点，它将成为 IT 业和信息经济发展中最具影响力的事件之一。其结构如图 5-5 所示。

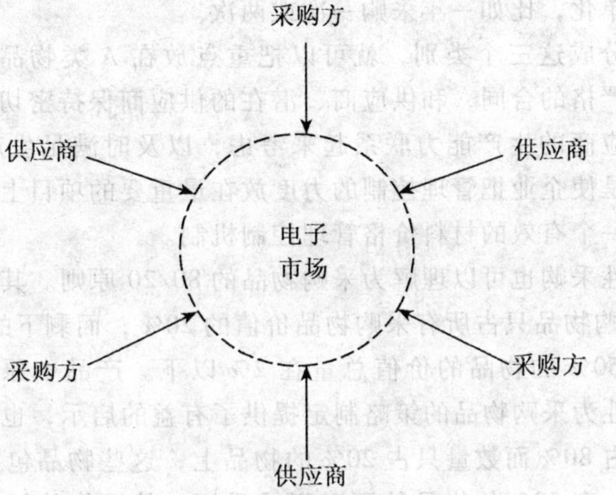

图 5-5　第三方系统门户

门户网站模式是因特网上全世界范围内任何人都可进入的单个网站站点，它允许任何人参与或登录并进行商业交易，但是要交一定的费用。门户网站上的主要内容有查看目录、下订单（在线拍卖的情况下成为竞标）、循序交货、支付等。

④企业私用交易平台

企业私用交易平台类似电子数据交换（EDI）系统，EDI 系统是大型企业长期以来使用的主机式应用程序，以电子方式交换订单、库存报表与其他资料。企业私用交易平台和 EDI 网络类似，能减少沟通的时间与成本，使合作厂商以标准格式，实时分享文件、图表、电子表格与产品设计。同时，企业私用交易平台还能实现国际网络平台的功能与 EDI 系统的安全性的结合。

5.3.3.4　关键性采购策略

建立一个有效的、有成本意识的物流、采购部门，首要的措施是建立 ABC 分类管理系统。ABC 分类管理系统，将采购的全部原材料和零部件分成三类：A 类表示该项目价格最贵，对公司的经营活动至关重要，在价值上占到全部物品的

70% ~75%，但在物品数量上仅占总数的5% ~10%。只要能正确地控制A类物品，就能降低采购成本。有人还把A类细分为A类和AA类，对AA类物品实行更严格的“关键点”控制。

B类物品不像A类那么昂贵，但比C类物品贵一些，在数量上占全部物品总数的20%左右，价值量上也约占总量的20%。

C类物品是企业中使用量大，但价格十分便宜的物品，如螺栓、螺帽、螺钉等。这类物品数量上占到70% ~75%，但价值却只占总量的5% ~10%，库存量大，管理可以简单化，比如一年采购一次或两次。

把所有物料分成这三个类别，就可以把重点放在A类物品上。对A类物品，采购时必须签订严格的合同，和供应商、潜在的供应商保持密切联系，把生产进度与采购进度、供应商的生产能力联系起来考虑，以及时满足生产的需要。ABC分类系统的目的就是使企业把管理控制的力度放在最重要的项目上，通过认真掌握A类部件情况形成一个有效的材料价格管理控制机制。

另外，关键性采购也可以理解为采购物品的80/20原则。其含义为：数量或者种类为80%的采购物品只占所有采购物品价值的20%，而剩下的20%则占有80%的价值；其中有50%的物品的价值总量在2%以下。产品中原材料（含零部件）的这种80/20特性为采购物品的策略制定提供了有益的启示，也就是采购工作的重点应该放在价值占80%而数量只占20%的物品上，这些物品包括了战略物资和集中采购品。此外，有50%的物品数可以不予重视，其运作的好坏对成本、生产等的影响甚微。

专栏5.6　三洋冷链的采购成本控制

改变运作方式，进行管理创新常常能带来惊人的效益，这就是众多企业都把创新作为管理手段之一的原因。在物流成本控制和采购成本控制方面，日本三洋冷链的生产统括事业部、企划部、采购部按照公司的要求，在对整个集团内提出的“Smart21”和“Pic 21”管理革新思想的指导下，依据经营管理学的80/20原则，采用新的管理手段进行降成本活动的尝试。

首先，是对历年来在材料采购成本中占据较大比例的木包装的价格调整。三洋冷链经过比较分析后，认为目前木包装的采购价格仍然有较大的下浮空间，于是果断采取了招标降价行动。先向所有木包装供应商发出邀请，对所有供应商进行了竞价采购的说明，详细介绍了冷链未来的发展规划以及降低成本方面的客观需求，以及供应商整合方面的计划和原则，本着公平、公正的原则进行竞价采购。通过一次性的价格比较以及供应商质量、能力的对比决定供应商的取舍。价格资料全部密封，统一时间开标评审，参与审核人员共同决定所选用的厂家。

其次，为了对木包装的成本构成有深入了解，采购科依据图纸，要求各个厂家在报价单上详细列明各项构成材料的价格，大到木材，小到螺钉。随后，主要审核人员对相关厂家进行了实地考察，将所有参加竞价投标的供应商的报价资料在统一时间开启进行评审，淘汰了不合格厂家，最终确定了三家供货的格局。

上述降低成本活动使木包装方面的主要产品平均价格下降了近20%，按照新公司每年700万元的采购额度，不难看出该公司从这次降低成本活动中得到的丰厚回报。更为可贵的是，木包装招标开创了三洋冷链原材料及零部件采购工作方面的先河，是新公司新组织体系下新思维的产物，木包装招标的成功经验，为该公司今后的降低成本活动提供了可贵的实践经验，势必推动降低成本活动取得明显的成效。

（资料来源：物流、采购成本的降低．一流在线（www. iliu. cn），2006-12-12。）

本章小结

1. 狭义的采购是企业根据需要提出采购计划、审核计划，选好供应商，经过商务谈判确定价格和交货条件，最终签订合同并按要求收货付款的过程。广义的采购是指除了以购买的方式占有物品之外，还可以通过其他途径取得物品的使用权，以达到满足需求的目的。商品价格是采购成本的重要组成部分，由产品成本、市场因素、消费者认同价值三个因素决定。

2. 整体采购成本又称为战略采购成本，是除采购成本之外考虑到原材料或零部件在本企业产品的全部寿命周期过程中所发生的成本。按功能划分，整体采购成本发生在以下的过程中：开发过程、采购过程、企划过程、质量过程、服务过程。通过控制采购成本可以提高利润，加快资金周转速度，提高资产回报率。

3. 采购成本受采购价格、订货数量、价格折扣、采购模式和与供应商的协作关系五项因素的影响。而在很多情况下，采购价格是采购成本中非常重要的因素，其又受很多因素的影响，包括：供应商成本、产品规格与品质、交货条件、采购品的供需关系、生产季节与采购时机。

4. 采购部门的职责包括采购政策、采购标准的制定及监督实施，采购系统的管理等，而控制并降低采购成本是采购部门的一项基本职责。控制采购成本应着眼于供应商和供应市场，建立科学的采购管理系统，分析采购成本变化的情况和变化趋势，选择合适的采购模式和采购策略。

本章思考题

1. 如何理解采购的概念？采购的基本程序有哪些？

2. 采购价格和采购成本有什么不同？

3. 影响采购价格的因素有哪些?

4. 降低采购成本的途径有哪些?

案例分析1

西门子公司的全球化采购策略①

西门子公司是一家有着150多年历史、横跨数个产业的航空母舰式的公司，仅仅西门子信息与移动通信一家公司，2001年的采购额就达到了20亿欧元。在过去很长一段时间内，西门子公司通信、能源、交通、医疗、照明、自动化与控制等各个产业部门根据各自的需求独立采购。随着西门子公司的逐渐扩大和发展，采购部门发现不少元部件的需求是重叠的：通信产业需要订购液晶显示元件，而自动化和控制分部也需要购买相同的元件。由于购买数额有多有少，选择的供应商、产品质量、产品价格与服务差异非常大。

精明的西门子人很快就看到了沉淀在这里的“采购成本”。于是，西门子公司设立了一个采购委员会，来协调全球的采购需求，把6大产业部门所有公司的采购需求汇总起来，这样，西门子公司可以用一个声音同供应商进行沟通。巨大的采购需求增加了西门子公司在谈判桌上的砝码，使其在谈判中处于相对主导的地位。

对于供应商来说，这也是一件好事情。以前一个供应商，可能要同西门子公司的6个不同产业部门打交道，而现在只需要与一个“全球大老板”谈判，避免了许多重复劳动，节省了大量的时间和精力。

西门子公司的全球采购委员会直接管理全球材料经理，每位材料经理负责特定材料领域的全球性采购，寻找合适的供应商，达到节约成本的目的，确保材料的充足供应。“手机市场的增长很快，材料经理的一项重要职责就是找到合适的、能够与西门子公司一起快速成长的供应商。”西门子公司认为，供应商的成长潜力在其他成熟产业可能并不重要，但是在手机产业，100%地保证供货能力是选择供应商的重要指标。

西门子移动公司的采购系统还有一个特色是，在采购部门和研发设计部门之间有一个“高级采购工程部门”，作为一座在采购部和研发部之间的桥梁，高级采购工程部的作用是在研发设计的阶段就用采购部门的眼光来看问题，充分考虑到未来采购的需求和生产成本上的限制。

有了这些充分集权的中央型采购战略决策机构，还需要反映灵活的地区性采购部门来实际操作。日本西门子移动公司的采购部门的角色类似于一个协调者，由于

① 柳和玲．物流运作案例剖析［M］．北京：中国物资出版社，2006.

掌握着核心技术，采购部门的主要任务就是与日本供应商的研发中心进行研发技术方面的协调、沟通和同步运作。中国西门子移动公司采购部的角色重心就不同了，其主要任务是利用中国市场的廉价材料，降低生产成本，提高西门子手机的全球竞争力。

在21世纪的采购管理中，供应商已不再是以前的小供应商，而是企业的战略联盟者。每年年底，西门子移动公司内部所有与供应商有过接触的部门还会对供应商进行价格、物流服务和产品质量三方面的总拥有成本进行评分，成本最高的供应商可能就会失去大笔订单。在竞争面前，供应商自然会对自己的产品质量、产品价格、物流服务等各方面严格审查，以达到西门子公司的高标准、严要求。西门子公司通过这种“充分竞争”的环境，高效地管理自己的供应商，节约采购成本。

案例思考题 1

1. 分析全球性采购的优势和风险。
2. 西门子公司降低采购成本的措施具体包括哪些方面？
3. 我国企业可以从此案例中得到哪些启示？

案例分析 2

三个“采购案例”的对比分析①

从20世纪80年代开始，为了顺应国际贸易高速发展的趋势，以及满足客户对服务水平提出的更高要求，企业开始将采购环节视为供应链管理的一个重要组成部分，通过对供应链的管理，同时对采购手段进行优化。在当前全球经济一体化的大环境下，采购管理作为企业提高经济效益和市场竞争能力的重要手段之一，它在企业管理中的战略性地位日益受到国内企业的关注，但现代采购理念在中国的发展过程中，由于遭遇的“阻力来源”不同，企业解决问题的方法各异等原因，就被予以了不同的诠释。

一、胜利油田

在采购体系改革方面，许多国有企业和胜利油田境遇相似，虽然集团购买、市场招标的意识慢慢培养起来，但企业内部组织结构却给革新的实施带来了极大的阻碍。

胜利油田每年的物资采购总量约85亿人民币，涉及钢材、木材、水泥、机电

① 中国应急物流网（www. cnel. cn7），2007-09-30.

设备、仪器仪表等56个大类，12万项物资。行业特性的客观条件给企业采购和管理造成了一定的难度，然而最让中国石化胜利油田有限公司副总经理裘国泰头痛的却是其他问题。

胜利油田目前有9 000多人在做物资供应管理，庞大的体系给采购管理造成了许多困难。胜利油田每年采购资金的85个亿中，有45亿的产品由与胜利油田有各种隶属和姻亲关系的工厂生产，很难将其产品的质量和市场同类产品相提并论，而且价格一般要比市场价高。例如供电器这一产品，价格比市场价贵20%，但由于这是一家由胜利油田长期养活的残疾人福利工厂，只能是本着人道主义精神接受他们的供货，强烈的社会责任感让企业背上了沉重的包袱。同样，胜利油田使用的大多数涂料也是由下属工厂生产，一般只能使用3年左右，而市面上一般的同类型涂料可以使用10年。还有上级单位指定的产品，只要符合油田使用标准、价格差不多，就必须购买指定产品。

在这样的压力下，胜利油田目前能做到的就是逐步过渡，拿出一部分采购商品来实行市场招标，一步到位是不可能的。

胜利油田的现象说明，封闭的体制是中国国有企业更新采购理念的严重阻碍。中国的大多数企业，尤其是国有企业采购管理薄弱，计划经济、短缺经济下粗放的采购管理模式依然具有强大的惯性。采购环节漏洞带来的阻力难以消除。

统计数据显示，在目前中国工业企业的产品销售成本中，采购成本占到60%左右，可见，采购环节管理水平的高低对企业的成本和效益影响非常大。一些企业采购行为在表面上认可和接纳了物流的形式，但在封闭的市场竞争中，在操作中没有质的改变。一些采购只是利用了物流的技术与形式，但经常是为库存而采购，而大量库存实质上是企业或部门之间没有实现无缝连接的结果，库存积压的又是企业最宝贵的流动资金。这一系列的连锁反应正是造成许多企业资金紧张、效益低下的局面没有本质改观的主要原因。

二、海尔

与大型国有企业相比，一些已经克服了体制问题，全面融入国际市场竞争的企业，较容易接受全新的采购理念，这类型的企业中，海尔走在最前沿。

海尔采取的采购策略是利用全球化网络，集中购买。以规模优势降低采购成本，同时精简供应商队伍。据统计，海尔的全球供应商数量由原先的2 336家降至840家，其中国际化供应商的比例达到了71%，目前世界前500强中有44家是海尔的供应商。

对于供应商关系的管理方面，海尔采用的是SBD模式：共同发展供应业务。海尔有很多产品的设计方案直接交给厂商来做，很多零部件是由供应商提供今后两个月市场的产品预测和待开发产品的形成图纸，这样一来，供应商就真正成为了海尔的设计部和工厂，加快了开发速度。许多供应商的厂房和海尔的仓库之间甚至不需要汽车运输，工厂的叉车直接开到海尔的仓库，大大节约运输成本。海尔本身则侧重于核心的买卖和结算业务。这与传统的企业与供应商关系的不同在于，它从供需双方简单的买卖关系，成功转型为战略合作伙伴关系，是一种共同发展的双赢策略。

1999 年海尔的采购成本为 5 个亿，由于业务的发展，到 2000 年，采购成本为 7 个亿，但通过对供应链管理优化整合，2002 年海尔的采购成本控制在 4 个亿左右。可见，利益的获得是一切企业行为的原动力，成本降低、与供应商双赢关系的稳定发展带来的经济效益，促使众多企业以积极的态度引进和探索先进、合理的采购管理方式。

与胜利油田相似，由于企业内部尤其是大集团企业内部采购权的集中，使海尔在进行采购环节的革新时，也遇到了涉及"人"的观念转变和既得利益调整的问题。然而与胜利油田不同的是，海尔在管理中已经建立起适应现代采购和物流需求的扁平化模式，在市场竞争的自我施压过程中，海尔已经有足够的能力去解决有关人的两个基本问题：一是企业首席执行官对现代采购观念的接受和推行力度，二是示范模式的层层贯彻与执行，彻底清除采购过程中的"暗箱"。

三、通用

与从计划模式艰难蜕变出来的大型国有企业相比，通用的采购体系可以说是含着银匙出世的，它没有经历体制、机构改革后的阵痛，全球集团采购策略和市场竞标体系自公司诞生之日起，就自然而然地融入了世界上最大的汽车集团——通用汽车的全球采购联盟系统中。相对于尚在理论层次彷徨的众多国有企业和民营企业而言，通用的采购已经完全上升到企业经营策略的高度，并与企业的供应链管理密切结合在一起。

据统计，通用在美国的采购量每年为 580 亿美元，全球采购金额总共达到 1 400 亿~1 500亿美元。1993 年，通用汽车提出了全球化采购的思想，并逐步将各分部的采购权集中到总部统一管理。目前，通用下设四个地区的采购部门：北美采购委员会、亚太采购委员会、非洲采购委员会、欧洲采购委员会，四个区域的采购部门定时召开电视会议，把采购信息放到全球化的平台上来共享，在采购行为中充分利用联合采购组织的优势，协同杀价，并及时通报各地供应商的情况，把某些供应商的不良行为在全球采购系统中备案。

在资源得到合理配置的基础上，通用开发了一整套供应商关系管理程序，对供应商进行评估。对好的供应商，采取持续发展的合作策略，并针对采购中出现的技术问题与供应商一起协商，寻找解决问题的最佳方案；而在评估中表现糟糕的供应商，则请其离开通用的业务体系。同时，通过对全球物流路线的整合，通用将各个公司原来自行拟定的繁杂的海运线路集成为简单的洲际物流线路。采购和海运路线经过整合后，不仅是总体采购成本大大降低，而且使各个公司与供应商的谈判能力也得到了质的提升。

面对三种在中国市场并存的“采购现象”，直接反映出在不同的市场机制和管理模式下，企业变革需要面对的一些现实问题。但从另一个角度看，我们就会发现采购在整个企业物流管理中的重要地位已经被绝大多数的企业所认可。

从不同“采购现象”背后，可以看到“采购理念”在中国发展遇到的现实问题，不仅在于企业对先进思维方式的消化能力，更重要的是在不同的体制和文化背景下的执行是否通畅。而在落实理念的过程中，必须革新中国的企业文化，要求高层决策人员和中层的管理人员应当具备解决系统设计问题的能力，底层的运作人员应能解决系统操作的问题，同时必须有发现问题的能力和正确理解问题的能力。从这个角度上讲，是否“以人为本”已经成为采购进入中国市场所必须解决的重大课题。

案例思考题2

1. 比较海尔和通用采购特点。
2. 分析海尔和通用的采购模式和采购策略。
3. 胜利油田的采购存在哪些问题？你有什么建议？

参考文献

1. 鞠颂东，徐杰．采购管理［M］．北京：机械工业出版社，2005.

2. 米歇尔·R. 林德斯、（美）哈罗德·E. 费隆．采购与供应链管理［M］．张群，译，北京：机械工业出版社，2001.

3. 邓凤祥．现代物流成本管理——消除“物流冰山”：获取利润之第三源泉［M］．北京：经济管理出版社，2003.

4. 刘小东，崔建昆．采购成本控制［J］．机械管理开发，2004-10.

5. 余舒源．如何进行采购成本管理［J］．物流与科技，2004-6.

6. 亚太博宇．企业节约采购成本的八种策略［J］．中国物流与采购，2004-7.

7. 倪凤琴．物流成本管理［M］．北京：电子工业出版社，2005.

第6章　运输成本管理

关键词：运输成本（transport cost）　运输成本控制（transport cost control）　第三方物流（the third-party logistics）　集运（consolidation）　复合运输（compound transport）　合理化运输（rationalized transport）

运输是物流的主要功能要素之一。物流是"物"的物理性运动，这种运动不但改变了物的时间状态，也改变了物的空间状态。而运输是改变空间状态的主要手段，运输再配以搬运、配送等活动，就能圆满完成改变空间状态的全部任务。运输因承担大跨度空间转移的任务，所以活动的时间长、距离长、消耗也大，节约潜力也大。通常运输成本在物流总成本中所占的比重非常大，在 50% 左右。2004 年，我国社会物流总成本为29 114亿元，同比增长 16. 6%。其中，运输成本为16 558亿元，同比增长 18%，占社会物流总成本的比重为 57%。所以，运输成本的节约是物流成本节约的关键所在。通过体制改革和运输合理化等手段可大大缩短运输里程，节约运输成本。运输成本控制的目的是使总运输成本最低，但又不影响运输的可靠性、安全性和快捷性。本章介绍物流运输成本的构成及影响因素，不同运输方式的成本分析，控制运输成本的方法和策略及运输合理化的实施途径等内容。

运输服务是一种创造价值的活动，运输成本是承运人为完成特定货物位移而消耗的物化劳动与活劳动的总和，其货币表现就是各种费用的支出，包括车队、燃料、设备维护、劳动力、保险、装卸等。根据分析个体的不同，可以用多种不同的方法来考察运输的支出。运输成本可以按客户、生产线、渠道类型、运输商、进货与发货方向等对象进行核算和控制。发运量、运输的重量、距离以及出发地和目的地不同，相应的运输成本变化很大。

6.1　运输成本的构成及影响因素

6. 1. 1　物流运输成本的分类

6. 1. 1. 1　运输变动成本和固定成本

运输服务涉及许多成本，如人工成本、燃油成本、维护成本、端点成本、线路成本、管理成本及其他成本。这些成本可以人为地分成随服务量和运量变动的变动成本和不随服务量和运量变动的固定成本。具体来说，固定成本是指在短期内虽不发生变化，但又必须得到补偿的那些费用，即使公司关闭了也是如此。固定成本包括获取路权的成本、维护成本、端点设施成本、运输设备成本和承运人管理成本。变动成本通常包括线路运输成本，如燃油成本、人工成本、装卸成本以及取货和送货成本。这些分类不是绝对的，随着考察范围的不同，固定成本和可变成本的分类也有所不同。所有成本都有部分固定成本的特征和部分变动成本的特征，将成本划分为这一类或者那一类只是角度不同的问题。

线路运费有两个重要因素：运距和运量。这两个因素一起影响运输费用。我们以铁路运输来分析这两个因素对运费的影响。如图 6-1 所示，总的运输费用随货物运送距离的变大而增加。因为火车燃油的用量取决于运输距离，使用人工的数量是距离（时间）的函数，所以会有这样的成本结构，这些都是变动成本。铁路运输的固定成本很高，因为铁路部门在购置火车、铁路线路的建设、火车站的建设等上需要花费很多资本，这些成本是不随运量和运距而变化的，属于固定成本。图 6-2 表示的是随托运人运量变化的铁路成本函数。此时，途中的人工成本是不变的，但装卸成本是可变的。如果运量不少于整个车厢或整列火车，将带来成本的显著下降，导致总成本曲线在零担（LTL）、整厢（TL）和多节车厢运量之间的不连续。

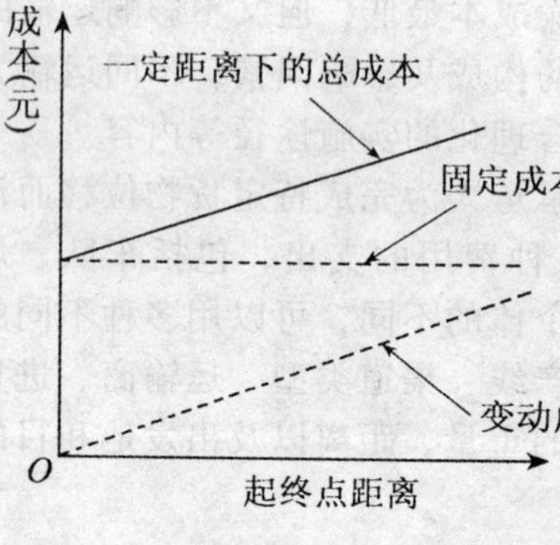

图 6-1 作为运距函数的铁路成本曲线

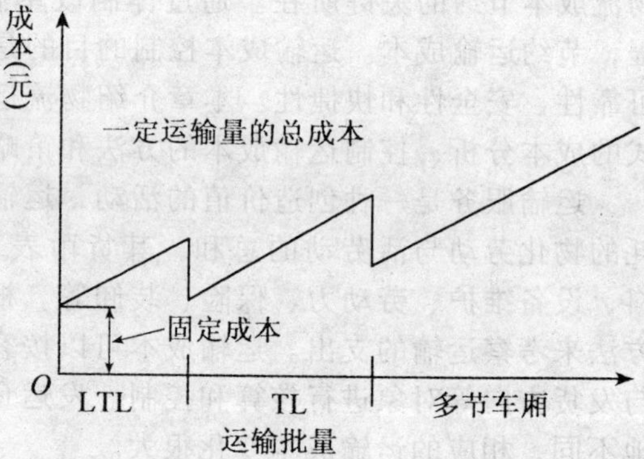

图 6-2 作为运量函数的铁路成本曲线

6.1.1.2 不同运输方式的运输成本的构成

一般来讲，运输总成本包括：货运、车船队、燃料、设备维护、劳动力、保险、装卸、逾期和滞留费用、税收、跨国费用等。不同的运输方式所包含的运输成本有不同的构成类别和范围，可以分为两大类，即直接营运成本和间接营运费用。

(1) 公路运输成本项目

公路运输涉及车辆、装卸机械、房屋建筑物、燃料、轮胎、配件、驾乘人员、管理人员等方面的开支，形成车辆直接费用和营运间接费用。

车辆直接费用是能直接计入某一特定营运车辆的费用，包括：营运车辆司机的工资、职工福利费、燃料费、轮胎费、修理费、车辆折旧费、养路费、运输管理费、车辆保险费、事故损失费、车船使用税及各种行车杂费等。

营运间接费用包括：运输企业以下的基层分公司、车队、车站发生的营运管理费用（但不包括企业行政管理部门发生的管理费用），运输企业为筹集资金而发生的各项财务费用。

(2) 铁路运输成本项目

铁路运输企业营运生产过程中发生的与营运生产直接有关的费用项目包括：营运人员工资福利费、材料费、燃料费、动力和照明用电费、折旧费等。间接支出包括：管理人员的差旅费、工资福利费、职工教育经费、工会经费、职工待业保险费、损失性费用、冲减成本费用的收入、财务费用和委托加工修理费等。

(3) 水路运输成本项目

水路营运成本是与船舶营运生产直接有关的各项支出，包括：燃料、物料、润料、用具和索具的耗用费；船舶固定资产的折旧费、修理费、租赁费、保险费、港口费、货物费、代理费、船员工资福利费以及事故净损失等。

水运管理费用是行政管理部门为管理和组织营运生产活动的各项费用，包括：公司经费、工会经费、劳动保险费、财产、土地使用税、技术转让费、技术开发费等。此外，还有利息、汇兑净损失、调剂外汇手续费、金融机构手续费等财务费用。

集装箱固定费用是保证集装箱良好使用状态所发生的经常费用，包括空箱保管维护费、折旧费、租赁费、修理费、保险费、底盘车费用等。

(4) 航空运输成本项目

航空运输直接营运费用是能直接计入某一特定货邮运输机型的成本费用，包括工资、奖金、津贴和补贴，福利费，制服费，油料消耗费，材料消耗费，高价周转件摊销，折旧费，修理费，保险费，经营性租赁费，国内外机场起降服务费，飞行训练费，货物、邮件赔偿费等。

间接营运费用项目包括航空公司在执行航空运输业务过程中发生的、不能直接计入机型，需要按照一定标准进行分摊的各项费用。

6.1.2 影响运输成本的因素

运输成本的高低通常受输送距离、载货量、货物疏密度、装载能力、承担责任的程度以及运输供需等因素的影响。

(1) 输送距离

输送距离是影响运输成本的主要因素，因为它直接对劳动力、燃料和维修保养等变动成本发生作用。图 6-3 显示了距离和成本的一般关系，并说明了以下两个要点：第一，成本曲线不是从原点开始的，因为它涉及和距离无关、但与货物的提取和交付活动有关的固定费用；第二，成本随距离变大而变大，但是变大的幅度慢慢减小，即曲线的一阶导数小于0。这种特征被称为递减原则，即输送距离越长，城市间的输送距离所占比例越高，则单位运输成本越低。因为在这种情况下，承运人可以使用更高的速度，使城市间每公里单位费用相对较低，并且行驶更远的距离但使用的燃料和劳务费用相同；而市内运输通常会频繁地停车，还要增加额外的装卸成本。

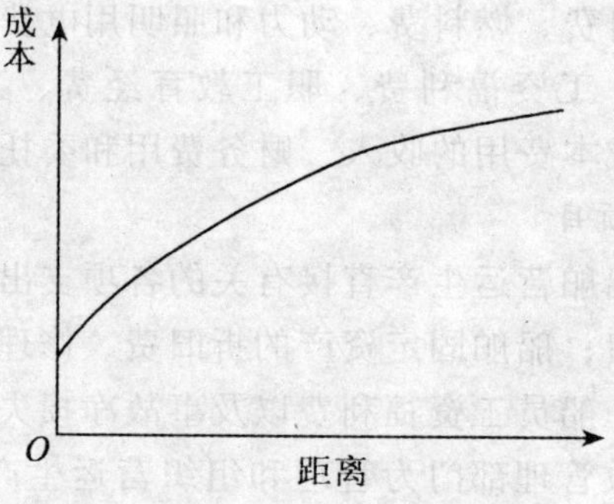

图 6-3 距离和运输成本之间的一般关系

(2) 载货量

第二个因素是载货量，它之所以会影响运输成本，是因为与其他许多物流活动一样，运输活动也存在规模经济。如图 6-4 所示，每单位重量的运输成本随载货量的增加而减少。这是因为提取和交付活动的固定费用以及行政管理费用可以随着载货量的增加而被分摊到更多的货物上，从而，每单位货物的固定成本减少。但这种关系受运输工具最大尺寸的限制，一旦该车辆满载，对下一辆车会重复这样的关系。这种关系给管理部门的启示是，小批量的载货应该整合成更大的载货量，以期利用规模经济。

(3) 货物疏密度

第三个因素是货物疏密度，它把重量和空间方面的因素结合起来考虑。这类因素之所以重要，是因为运输成本通常表示为每吨公里所花费的金额。在重量和空间方面，运输工具更多地受到空间限制而不是重量限制，而且运输车辆实际消耗的劳动成本和燃料成本也主要受距离而不是重量影响，那么，货物疏密度越高，重量越重，则分摊到每吨公里的运输成本相对较低。如图 6-5 所示，每吨公里的运输成本

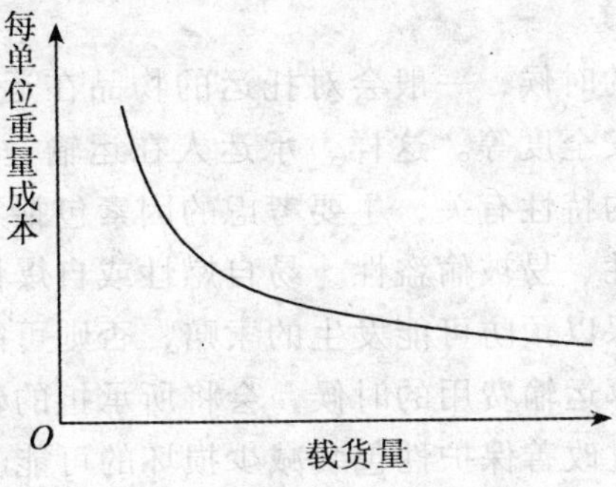

图 6-4　载货量与运输成本之间的一般关系

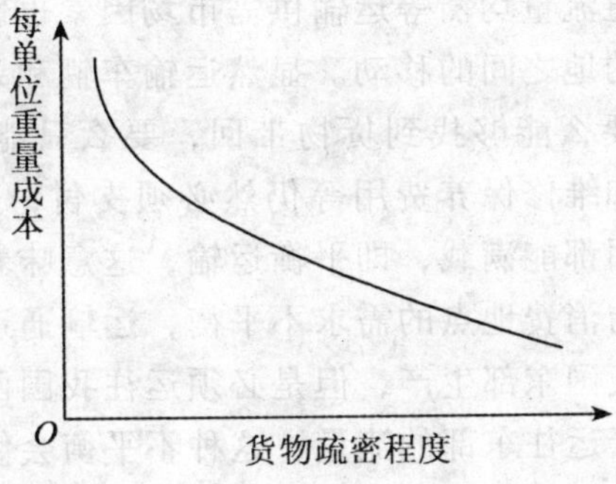

图 6-5　货物疏密度与运输成本的关系

随货物疏密度加大而下降。

为了降低物流运输成本，物流管理人员应该设法增加货物疏密程度，以便能更多地利用运输工具的运输空间，使运输工具能装载更多的货物。增加货物包装密度，可以将更多单位的货物装载进固定容积的车辆中。但如果由于车辆满载，即使再增加货物密度，也无法增加利益。如从容积的角度来看，像啤酒或汽水之类的液体货物在装入公路拖车容量的一半时，就会达到满载。

(4) 装载能力

装载能力是指有产品的具体尺寸和装运规模所决定的运输工具的空间利用能力。由于有些产品具有古怪的尺寸和形状，以及超重或超长等特征，使之不能很好地利用装载空间，浪费装载能力。一般来说，具有标准矩形外形的产品要比形状古怪的产品更容易装载。例如，钢条与钢块有相同的密度，但是由于钢条的长度和形状不规则，而钢块有比较标准的矩形外形，使得钢条装载起来不如钢块容易。

装载能力还受到装运规模的影响：大批量的产品往往能够相互嵌套、便利装载，而小批量的产品则有可能难以装载或可能浪费装载能力。例如，整车的塑料桶可以相互嵌套，而一个个塑料桶单独的装载就会浪费装载能力。

(5) 承担责任的程度

托运人在托运货物的时候，一般会对托运的物品在运输过程中的情况有要求，如到达时间、耗损率、安全度等。这样，承运人在运输途中，就承担了很多责任。承担责任的程度与货物的特性有关，主要考虑的因素包括易损坏性、对货运损害所承担责任的大小、易腐性、易被偷盗性、易自燃性或自爆性及单位价值等。承运人必须通过向保险公司投保以预防可能发生的索赔，否则可能要承担任何损坏的赔偿责任。由于承运人在计算运输费用的时候，会将所承担的责任量化为货币计入运输费用，故托运人可以通过改善保护性包装减少损坏的可能性，降低风险，最终降低运输成本。

(6) 运输供需平衡因素

运输通道流量和通道流量均衡等运输供需市场因素也影响运输成本。所谓运输通道流量指起运地与目的地之间的移动。显然运输车辆和人员必须返回起运地，于是在他们返回的时候，要么能够找到货物带回，要么只能空车返回。当空车返回时，有关的劳务、燃料和维修保养费用等仍然必须支付，这样就增加了运输成本。理想的情况是运输的来回都能满载，即平衡运输，这意味着运输通道两端的流量相等。但是由于制造地点与消费地点的需求不平衡，运输通道两端流量相等的情况很少。例如，很多货物在我国东部生产，但是必须运往我国西部地区消费，这样就会造成运往西部的流量大于运往东部的流量，这种不平衡会使西行运输的成本大大高于东行运输的成本。此外，这种平衡也会受季节的影响。很多产品的生产具有季节性，而其消费比较均衡；很多消费品消费也具有季节性，而生产比较均衡。这种需求的方向性和季节性会导致运输成本随方向和季节的变化而变化。

(7) 市场竞争程度

不同运输方式间的竞争和同一运输方式的线路竞争都会影响运输费用的波动。铁路、水路、航空以及海运之间长期以来都存在不同程度的竞争，有时为了赢得市场份额，会提供一些不同的价格策略或优惠策略。例如，相同起讫地的货物运输可采用两种不同的运输方式进行，速度较慢的那种运输方式只能实行较低的运价。

6.2 不同运输方式的成本分析

6.2.1 各种运输方式的服务特性

运输方式有铁路运输、公路运输、水路运输、航空运输和管道运输五种。不同种运输方式的服务特性各有不同。

6.2.1.1 公路运输的服务特性

相比其他运输方式，公路运输具有较大的灵活性和通用性。中国公路的总长度超过 1 765 万公里，目前，交通部正在全国实施“村村通路”工程，这样就确保公路运输具有足够的灵活性，使得公路运输可实现任何一个起始点到终点间的点到点服务。公路运输的通用性是指可以满足任何距离，不同规模与重量的运输要求，也可以运载任何产品，包括那些需要不同工具运载的货物。同时存在灵活性与通用性，使得公路运输对所有国家来说，都是最主要的运输方式。

公路运输为客户提供快速、可靠的服务，并且货物损耗低。通常其运输速度快于铁路运输，在短距离方面也快于航空运输。许多公路运输公司，特别是那些涉足 JIT 生产项目的运输公司，运输作业按既定时间表进行，运输周期非常可靠。公路运输公司的货物损坏率远低于铁路运输，略高于航空运输。没有其他运输方式能提供公路运输所能提供的运输覆盖能力。但公路运输能耗较高，劳动生产率低，运输成本较高，不太适合长距离运输大宗物品。

6.2.1.2 铁路运输的服务特性

由于铁路轨道的局限性，铁路运输缺乏公路运输所具有的灵活性和通用性。所以，与航空运输、水路运输和管道运输一样，对大多数托运人来说，铁路运输提供的是“站点到站点”的运输服务，除非有一条铁路直达该托运人的生产地，一般不能提供“点到点”的运输服务。

通常，铁路运输能耗较低，其运输成本比航空运输和公路运输都低。铁路运输根据既定的时间表发车到站，货物的到发时间准确性较高，但是发车频率比公路运输低，如果托运人对货物的发送和抵达的时间有严格要求，不容易满足托运人要求。在货物损耗率方面，铁路运输相比其他运输方式较高，特别是与公路运输相比。因此，相对公路运输，铁路运输的竞争优势不明显。

6.2.1.3 航空运输的服务特性

尽管现在采用航空运输进行日常运输的托运人数目逐渐增加，但由于航空运输的成本高昂，运输能力小，大多数人仍把航空运输视为紧急情况下所采用的运输方式。航空运输直接面临公路运输的挑战，在国际货运方面，则面临水运的挑战。航空运输主要承运的是高价值和存放期短的货物，如果运输低价值货物，通常是不合算的，因为其高昂的运输成本在货物产品价格中占据的比例太大。

航空运输提供了迅捷的运输服务，但是中转与交付的延迟和拥挤可能会降低其一部分优势。从点到点的运输要求出发，公路所花费的总时间可以与航空运输相当或更有优势，特别是在短距离运输上。

6.2.1.4 水路运输的服务特性

在运输体积大、低价值产品时，水路运输可能是最廉价的方式。尽管国际贸易的发展使得海运业的地位越来越重要，但是由于水路运输的内在缺陷，它不太可能在国内运输中占有较高地位。随着巨型油轮或超大型油轮的发展，石油生产国和石油消费国之间的石油运输，主要由海运业来承担。对工业国而言，能源非常重要，因此在能源运输中，水运必将继续维持其非常重要的地位。此外，世界各国开始大力发展集装箱运输。如某国托运人在自己的生产地或发货地把货物装到自己的或租赁的集装箱中，通过铁路或公路运输，把集装箱运至某港口，再装载到集装箱船，运至目的港卸载，再通过铁路或公路运输，送达客户或收货人手中。使用集装箱，可以很方便地利用水路运输。

6.2.1.5 管道运输的服务特性

管道运输的可靠性非常好，运作成本极低。由于管道内货物流动的计算机监视与控制、管道破裂或渗漏所造成的货物损耗极低、不受气候影响等原因，相对于其他运输方式而言，管道运输具有可靠性和成本优势。当然，只有货物是（或者可以是）液体、气体或浆状状态时，才能利用管道进行运输。

每种运输工具的优缺点和相关营运特征如表 6-1 和表 6-2 所示。

表 6-1 **各种运输方式优缺点比较**

运输方式	优　点	缺　点
公路	可以进行门到门的连续运输；适合近距离运输，较经济；使用上灵活，可满足多种需求。	运输单位小，不适合大宗运输、长距离运输，运费较高。
铁路	可以满足大量货物的一次性高效率运输；运输运费负担较小的货物时，单位运费低，比较经济；由于采用轨道运输，事故少，安全性高；运输网络完善；运输受天气影响较小。	近距离运输费用较高；不适合紧急运输的要求；长距离运输情况下，由于要进行货物配车，中途停留时间较长。
水运	适合运输负担能力较小的大量货物运输；适合体积大、重量大的货物运输。	运输速度慢；港口装卸费用较高；航行受天气情况影响；运输的安全性和准确性较差。
航空	运输速度快；适合运费负担能力大的少量货物长距离运输。	运费高，不适合低价值货物与大量货物的运输；重量受限制；机场所在地以外的城市在利用上受限制。
管道	运输效率高；适合气体、液体货物；占用土地少运输效率高，适合自动化管理。	运输对象受限制。

表 6-2 各种运输方式的相关营运特征

运营特征	铁路	公路	水路	航空	管道
运价	3	2	5	1	4
速度	3	2	4	1	5
可得性	2	1	4	3	5
可靠性	3	2	4	5	1
能力	2	3	1	4	5

每种运输工具都有独特的成本特征，所以在给定条件下，某种运输工具的潜在优势可能会是其他服务方式无法相比的，从而也就给予企业比较选择、优化组合的机会。

6.2.2 各种运输方式的成本特征

6.2.2.1 公路运输的成本特征

公路运输的固定成本是所有运输工具中最低的，因为承运人不拥有用于运营的公路，拖车也只是很小的经济单位，车站运营也不需要昂贵的设备。另一方面，公路运输的可变成本很高，因为公路建设和公路维护成本都以燃油税、公路过路费、重量-公里税的方式征收。

公路运输成本主要分为端点费用和线路费用。端点费包括取货和送货成本、站台装卸成本、制单费和收费成本，约占公路运输总成本的15%～25%。这些成本以元/吨公里计算，在运输批量小于一定量时，这些成本会随运输批量的变大而很快降低。当运输批量超过一定量后，随着端点成本被分摊到更大的运量上面，单位运量的端点费会持续下降，但下降的速度比小批量时运输费用下降的速度慢得多。线路费用占总成本的50%～60%。线路费用和运距与运量的关系不确定，端点成本等固定成本会随更多的运距与运量而降低，所以总单位成本也会随运量与运距的增加而降低，但是没有铁路运输的规模效应那么明显。

6.2.2.2 铁路运输成本特征

铁路运输与公路运输的成本特征形成鲜明的对比。铁路运输的固定成本高，可变成本相对较低。装卸成本、制单和收费成本、多种产品和多批货物的调度换车成本，导致铁路运输的端点成本很高。而每批货物运量的增加及由此导致的平均端点成本的下降，会带来一定程度的规模效益，即随着每批货运量的增加，单位成本会降低。铁路的固定成本还包括铁路维护和折旧、端点设施的折旧和管理费用。铁路运输的可变成本（线路成本），包括工资、燃油、润滑油和维护成本。一般来说，可变成本会随运距和运量的变化而变化。但某些可变成本（如人工成本）存在一定程度的不可分性，所以单位可变成本会随运量和运距的增加而略微下降。对于铁路成本的固定成本和可变成本的确切比例应当如何，存在争议，但一般认为铁路运输部门的固定成本占总成本的1/2或者2/3。

固定成本高和可变成本相对较低使得铁路运输存在明显的规模经济。如图6-6所示，将固定成本分摊到更大的运量或运距上，将会明显地降低单位运输成本。

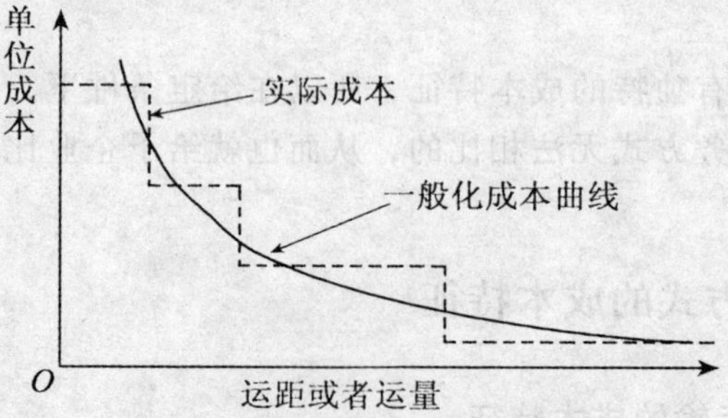

图6-6　随运距或运量变化的单位成本变化曲线

6.2.2.3　水路运输成本特征

水路运输的主要成本在运输设备的投资和端点设施的建设上。水路和港口都是公有的，由政府运营，只有少数项目向水运承运人收费，内陆水运尤其如此。水运承运人预算的主要固定成本都与端点作业有关，包括船只进入港口时的港口费和货物装卸费。水运货物装卸速度非常慢，除散货和集装箱货可以有效利用机械化搬运设备外，昂贵的搬运成本使得其他情况下的端点费用十分高。

水运很低的线路成本一定程度上可以抵消其昂贵的端点成本。水路不对运营者收费，水运的可变成本仅包括那些与运输的设备相关的成本。因为水运很慢、牵引力小，其能耗也很小。

由于端点成本很高，线路成本很低，吨公里成本随运距和运量的增加急剧下降，所以水运是最廉价的大宗货物运输工具，适合长距离、大批量运输。

6.2.2.4　航空运输成本特征

航空运输有较低的固定成本和昂贵的可变成本。航空运输的固定成本包括端点费用和运输设备的购置及维修费用等。机场和航空线路一般不属于航空公司。航空公司根据需要以燃油费、仓储费、场地租金和起降费来购买机场服务。购买机场服务的费用加上购买线路费用成为航空运输的端点费用。航空公司一般自己拥有或租用运输设备，在经济寿命周期内通过折旧来计算其固定成本。

航空公司的变动成本受运距影响较大，因为频繁的起落将会带来大量的机场费用及其他费用。所以变动成本会随运距的增加而降低。运量对可变成本有间接的影响，因为对空运服务的需求增加，使得航空公司可以引入大型飞机，从而能降低按吨公里计算的单位运营成本。

昂贵的总成本使得航空运输的适用性受到很大限制，但随着端点费用和其他固定开支分摊到更大的运量和运距上，单位成本会有所下降。

6.2.2.5 管道运输成本特征

管道运输与铁路运输的成本特征相似。管道公司拥有运输管道及其他一些设备。这些固定成本加上其他成本使管道运输的固定成本占总成本的比例是所有运输工具中最高的。为了降低成本，管道运输运量必须非常大，以分摊这么高的固定成本。可变成本主要包括运送货物时所消耗的动力和设备运行的成本。对动力的需求取决于线路运量和管道直径。摩擦损失和动力随管道周长的增加而变大，运量则随截面的增大而增大。其结果是，只要运量足够大，大管道的每吨公里成本会迅速降低。在一定管道规格条件下，如果运送的产品过多，其规模效应会递减。其成本特征曲线如图 6-7 所示。

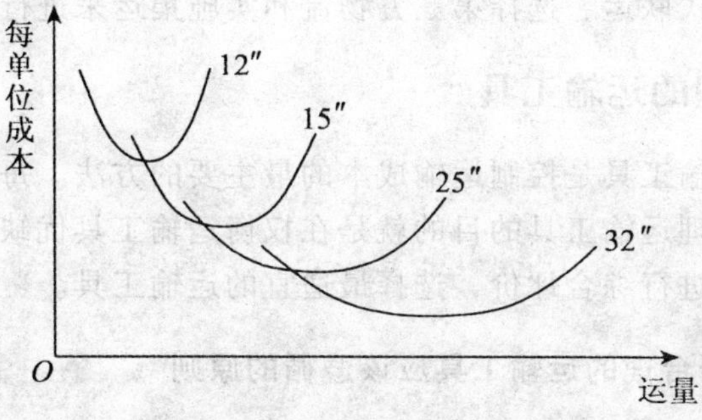

图 6-7 管道直径和管道运量与管道运输成本的关系

专栏 6.1 各种运输方式的技术速度、载重量和成本构成特征

目前，我国各种运输方式的技术速度分别是：铁路 80～160 公里/小时，海运 10～25 海里/小时，河运 8～20 公里/小时，公路 80～120 公里/小时，航空900～1 000公里/小时。公路通常载重量是 5～10 吨，铁路一般载重量是 3 000 吨，水路运输的载重能力最大，从几千吨到几十万吨的船舶都有。一般认为，距离在 500 公

里内主要选择公路运输，500～1 000公里主要选择铁路和水路运输，1 000公里以上则尽可能选择水路运输。

（资料来源：连桂兰．如何进行物流成本管理［M］．北京：北京大学出版社，2004。）

表6-3综述了5种运输方式的成本特征。

表6-3　各种运输方式成本构成的比较

运输方式	固定成本	变动成本
铁路运输	高（车辆及轨道）	低
公路运输	适中（车辆及修路）	适中（燃料、维修）
水路运输	适中（船舶、设备等）	低
航空运输	低（飞机、机场）	高（燃料、维修）
管道运输	最高（铺设管道）	最低

6.3　运输成本控制的策略

运输成本控制主要可以通过选择合适的运输工具、适当拥有车辆、优化仓库布局、复合运输和多式联运、选择第三方物流和实施集运来进行。

6.3.1　选择合理的运输工具

选择合理的运输工具是控制运输成本的最主要的方法。每种运输工具都有其优势和缺点，选择合理运输工具的目的就是在权衡运输工具优缺点的前提下，对运输工具所具有的特性进行综合评价，选择最适宜的运输工具。

6.3.1.1　选择合理的运输工具应该遵循的原则

一般来说，运输工具的选择应该遵循及时、准确、经济、安全、增值、优化的原则。

①及时。指按照产、供、运、销等实际需要，能够及时将物品运达指定地点，尽量缩短物品在途时间。

②准确。指在运输过程中，能够防止各种差错事故的发生，准确无误地将物品送交指定收货人。

③经济。指通过合理的选择运输工具和运输路线，有效地利用各种运输工具和设备，利用规模经济的原理，用最少的人力、物力、财力来按时按量地完成运输

任务。

④安全。指在运输过程中，能按要求保证货物以规定的质量和数量到达目的地。

⑤增值。指物流企业通过规模化和专业化来取得成本优势，同时又提供其他增值服务。它可以分为增值创造和回避风险。

⑥优化。指按照客观经济规律，以一定的原则、程序和方法，对人力、物力和财力进行有效的组织和协调，达到以最少的代价取得最佳的经济效益。

6.3.1.2 选择运输方式的综合评价方法

运输工具的选择取决于运输方式的服务特性，主要归纳为经济性、迅速性、安全性和便利性等。综合评价方法的原理是先对每一种运输方式的四个方面分别评分，然后根据不同服务特性的重要性程度，对不同的特性给予不同的权重，最后计算各种运输工具在四个方面的综合评分，从而找到最优的运输工具。

综合评价法的步骤如下：

首先，确定运输工具的评价因素。选择经济性、迅速性、安全性和便利性四个方面作为运输工具服务特性的评价因素，分别用 F_1，F_2，F_3，F_4 来代表。

其次，为每个因素分配权重。如果假设每个因素权重相等，则运输工具的综合评价值为：

$$F = F_1 + F_2 + F_3 + F_4$$

但是，由于货物的形状、价格、交货日期、运输批量等条件的不同，运输工具的这些评价因素对综合价值的影响也是不同的。所以，我们应该给予这四个因素不同的权重。权数 a 值的确定没有固定的方法，应该结合货物本身的特性，听取实际工作者的意见，具体情况具体分析。假设四个因素的权重分别为 a_1，a_2，a_3，a_4，且满足：

$$a_1 + a_2 + a_3 + a_4 = 1$$

则运输工具的综合评价为：

$$F = a_1F_1 + a_2F_2 + a_3F_3 + a_4F_4$$

假设有三种运输工具：铁路（R）、公路（T）、船舶（S），它们的评价值分为 $F(R)$、$F(T)$、$F(S)$，则有：

$$F(R) = a_1F_1(R) + a_2F_2(R) + a_3F_3(R) + a_4F_4(R)$$

$$F(T) = a_1F_1(T) + a_2F_2(T) + a_3F_3(T) + a_4F_4(T)$$

$$F(S) = a_1F_1(S) + a_2F_2(S) + a_3F_3(S) + a_4F_4(S)$$

F_1、F_2、F_3、F_4 的量化，可以按下述方法来计算：

(1) 经济性 F_1 的量化

运输工具的经济性由运费、包装费、保险金等运输费用的合计数来表示。费用越高，经济性就越低。设三种成本分别用 $C(R)$、$C(T)$、$C(S)$表示，其平均值为：

$$C=\frac{C(R)+C(T)+C(S)}{3}$$

则运输工具经济性相对值为：

$$F_1(R)=\frac{C(R)}{C},\ F_1(T)=\frac{C(T)}{C},\ F_1(S)=\frac{C(S)}{C}$$

(2) 迅速性 F_2 的量化

运输工具迅速性由从发货地到收货地所需天数表示。所需天数越少，则迅速性越高。设各种运输工具所需时间为 $H(R)$、$H(T)$、$H(S)$，其平均值为：

$$H=\frac{H(R)+H(T)+H(S)}{3}$$

则运输工具迅速性的相对值为：

$$F_2(R)=\frac{H(R)}{H},\ F_2(T)=\frac{H(T)}{H},\ F_2(S)=\frac{H(S)}{H}$$

(3) 安全性 F_3 的量化

运输工具的安全性，可以根据过去一段时间内货物破损率来表示。破损率越高，安全性越低。设各种运输工具破损率为 $D(R)$、$D(T)$、$D(S)$，其平均值为：

$$D=\frac{D(R)+D(T)+D(S)}{3}$$

则运输工具安全性相对值为：

$$F_3(R)=\frac{D(R)}{D},\ F_3(T)=\frac{D(T)}{D},\ F_3(S)=\frac{D(S)}{D}$$

(4) 便利性 F_4 的量化

便利性的量化评价可以用代办时间与货物运到代办点的时间来表示。时间越长，便利性越低。设各种运输工具的时间为 $V(R)$、$V(T)$、$V(S)$，其平均值为：

$$V=\frac{V(R)+V(T)+V(S)}{3}$$

则运输工具便利性的相对值为：

$$F_4(R)=\frac{V(R)}{V},\ F_4(T)=\frac{V(T)}{V},\ F_4(S)=\frac{V(S)}{V}$$

根据以上结果，可以得出各种运输工具的综合评价值分别为：

$$F(R)=a_1\frac{C(R)}{C}+a_2\frac{H(R)}{H}+a_3\frac{D(R)}{D}+a_4\frac{V(R)}{V}$$

$$F(T)=a_1\frac{C(T)}{C}+a_2\frac{H(T)}{H}+a_3\frac{D(T)}{D}+a_4\frac{V(T)}{V}$$

$$F(S)=a_1\frac{C(S)}{C}+a_2\frac{H(S)}{H}+a_3\frac{D(S)}{D}+a_4\frac{V(S)}{V}$$

这四个评价指标都是逆指标，为了控制运输成本，我们应选择 $F(R)$、$F(T)$、$F(S)$ 中综合评分最小的运输工具。

6.3.2 开展复合运输和国际多式联运

复合运输是指行程中包含了两种或两种以上不同运输工具。复合运输的目标是组合几种运输工具的优点，同时避免各自的缺点，是通过综合利用各种运输工具的优点来降低运输成本的。国际多式联运是复合运输国际化的表现，如果想将物料从中国武汉运至波兰华沙，可先将物品装上卡车送至火车站，换乘火车穿越中国至上海，然后装船运达荷兰鹿特丹，再利用公路运输横跨欧洲，用卡车运至华沙。在这个行程中，利用了铁路运输、公路运输和水路运输三种运输方式，将低的海运成本与公路运输的弹性和铁路运输的优势结合起来，通过多式联运，扬长避短；各个运输环节密切配合，简化了货运环节，加速了货运周转，减少了货物损耗；同时多式联运全程使用一份联运单据，收取全程单一运价，简化了制单手续，节省了大量时间、人力和物力。

复合运输和国际多式联运也带来了需要解决的问题，一个主要问题是每次运输工具的变换都可能导致延迟和增加额外的处理费用。当在汽车和火车或汽车和轮渡间转换时，我们会感觉到这种影响，复合运输只有在这种转换能有效运作时才能节约时间和费用。为了实现无缝运输，顺利地实现运输方式转换，需要应用现代技术手段。

托盘化运输和集装箱运输就是解决问题的有效方法。托盘化运输使全程以托盘作为单元货载，可以缩短运输中转时间、加快中转速度，同时可以提高实际操作的可靠性和机械化程度。集装箱作为现代运输的重要载体，既是一种包装容器，又是一种有效的运输工具。通过集装箱可以提高装载效率，减轻劳动强度，节省了装卸搬运费用；可以起到加固外包装的作用，节省商品包装费用、检验费用、保险费用，并防止货损货差。

在 19 世纪 60 年代，船只要花 60% 的时间停靠在港口用于装卸。自从集装箱运输被采用以来，停靠时间已经大大减少，船只能在几个小时内返航。经验表明，原来需要三周回转的传统船只，现在通过使用集装箱运输回转只需要一天。据统计，现在超过 70% 的货物运输都采用了集装箱运输的方式。

6.3.3 适当拥有车辆

不管是自有运输企业还是第三方物流企业，都会拥有自己的运输工具。运输工具会带来很多成本，如购置费、维修保养费、人工费等。运输工具拥有过多，购置和使用成本很高，而运输工具拥有过少，通过租赁方式满足运输需求，同样会带来很大的租赁成本。通过比较自有车辆和租赁两种方式的成本，确定能使成本最小化的最佳车辆拥有量将能降低运输成本。

下面举例说明确定适当车辆数的数学方法。

某企业配送中心过去一段时间必要车辆台数的实际情况如表 6-4 所示。

表 6-4　**必要车辆台数的实际分布情况**

必要台数	相对比率	累积比率
10	0.20	0.20
15	0.18	0.38
20	0.25	0.63
25	0.20	0.83
30	0.11	0.94
35	0.3	0.97
40	0.03	1.00

车辆费用分别为：自有车辆费用 $C_1=200$（元/台・日），自有车辆闲置费用 $C_2=160$（元/台・日），车辆租赁费用 $C_3=300$（元/台・日）。要确定该配送中心应适当拥有的车辆数。

设必要车辆台数为 x，本企业车辆拥有台数为 X，有：

（1）当 $x \leqslant X$ 时，即必要车辆数比实际拥有车辆台数少时，所需费用为：

$$xC_1+(X-x)C_2 \text{（运行费＋闲置费）}$$

（2）当 $x>X$ 时，即必要车辆数比实际拥有车辆数多时，所需费用为：

$$XC_1+(x-X)C_3 \text{（运行费＋租赁费）}$$

设 $p(x)$ 为必要车辆台数相对比例，则费用的目标函数为：

$$C=\sum_{x=1}^{X}\left[p(x)\{xC_1+(X-x)C_2\}\right]+\sum_{x=X+1}^{\infty}\left[p(x)\{XC_1+(x-X)C_3\}\right]$$

对上式求导,可得费用最小的车辆台数,是满足下面公式的 x 值:

$$\sum_{x=1}^{X}p(x)=\frac{C_3-C_1}{C_2+C_3-C_1}\quad(C_1<C_3)$$

根据上述数据,可得:

$$\sum_{x=1}^{X}p(x)=\frac{300-200}{160+300-200}=0.385$$

从表 6-4 可得,累积比例为 0.385 的 x 值大约为 15 台,即该配送中心应该拥有车辆 15 台。

只有在 $C_1 < C_3$ 时，即自备车费用比租车费用低的情况下，才能用这个公式。如果自备车费用比租车费用高（$C_1 > C_3$），则应该尽量多租车使用。

6.3.4 优化仓库布局

6.3.4.1 小批量运输直接送货和大批量运输当地送货的成本分析

运输存在巨大的规模效益。如果每次运送小批量的货物，将造成巨大的浪费，如制单费、调度费、燃料费、人工费等。利用仓库，我们可以实现集运，从而降低运输成本。通常制造商在广泛的区域销售产品，如果客户的订货量很少，那么每次专门的运输显然是不合理的，利用仓库的功能，实现集运，可以把小批量的货物集中起来运输，从而实现规模效应，降低物流成本。

假设一个制造商的平均每批运量为 10 吨，每个客户的使用费率为每吨 71.8 元。每一批直接从制造点运到市场的运输成本为 718 元。每批 40 吨或更多的运输量费率为每吨24 元，在市场区域中当地送货费率为每吨13.5 元。在这些条件下，产品在没有仓库的情况下送到目的地，每吨费用为 37.5 元，或每批 10 吨，运输费 375 元。如果建立一个仓库，仓库和运输总成本将降至每吨35.3 元，或每 10 吨353 元。使用仓库分销到市场的总成本最低。图 6-8 说明了这种关系。

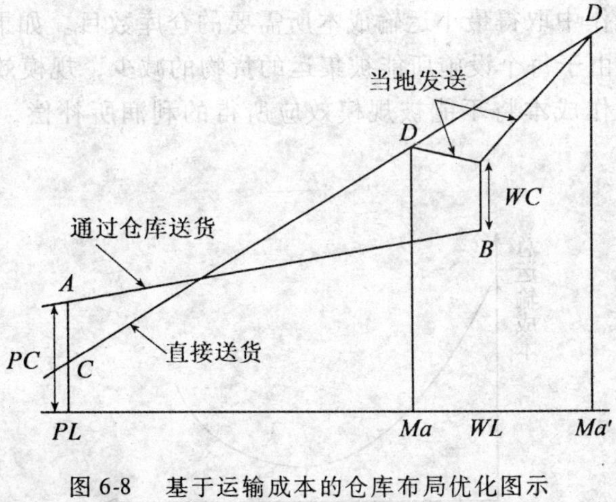

图 6-8　基于运输成本的仓库布局优化图示

图中 PL 为制造点，WL 为仓库位置，*Ma* 和 *Ma'* 为销售目的地。*PC* 线上的 *A* 点表示利用仓库时的大批量的装卸和搬运等处理成本，*C* 点表示没有仓库情况下的小批量的装卸搬运等处理成本。*CD* 直线表示用小批量送货的成本曲线，*AB* 直线表示大批量送货的成本曲线。可以看出，*CD* 直线的斜率大于 *AB* 直线的斜率，小批量送货的边际成本高于大批量送货的边际成本。*WC* 垂线表示仓库运作成本和维持库存的成本。*DD* 直线表示在市场区域内的 *Ma* 到 *Ma′* 之内的从仓库到客户的成本。当地发送所标明的区域指通过使用仓库使运输总成本低于直接从制造地点运送到客户总成本的部分。单从成本考虑，不论制造厂或仓库服务的客户是否精确地落在 *Ma* 和 *Ma′* 上均无差别。

一般来说，仓库布局必须满足下列条件：

$$\sum \frac{\overline{P_v} + \overline{T_v}}{\overline{N_x}} + \overline{W_x} + \overline{L_x} \leqslant \overline{P_x} + \overline{T_x}$$

式中，$\overline{P_v}$ 为运输量处理成本；$\overline{T_v}$ 为运输量的运输成本；$\overline{W_x}$ 为平均运输的仓库成本；$\overline{L_x}$ 为平均运输的当地发送成本；$\overline{N_x}$ 为运输量的平均发送次数；$\overline{P_x}$ 为平均运输的处理成本；$\overline{T_x}$ 为平均运输的直接取货成本。

是否利用仓库，唯一的约束条件是要有足够的货运量去覆盖每个仓库设施的固定成本。只有仓库与当地发送的联合成本等于或小于直接运送至客户的联合成本，建立与运作附加的仓库设施在经济上才是合理的。

6.3.4.2 仓库数目与运输成本的关系

运输成本与仓库数目的关系如图 6-9 所示。总运输成本将会随着物流网络中仓库数量的增加而减少。在总成本曲线降至最低点位置（图中所示为 A）所对应的仓库数目即实际操作中取得最小运输成本所需要的仓库数目。如果设施的数目超过 A 点对应的数目，由于每个设施所能被集运的货物的减少，规模效应降低，由设施数目增加产生的运作成本将不能被规模效应所得的利润所补偿，从而总成本会增加。

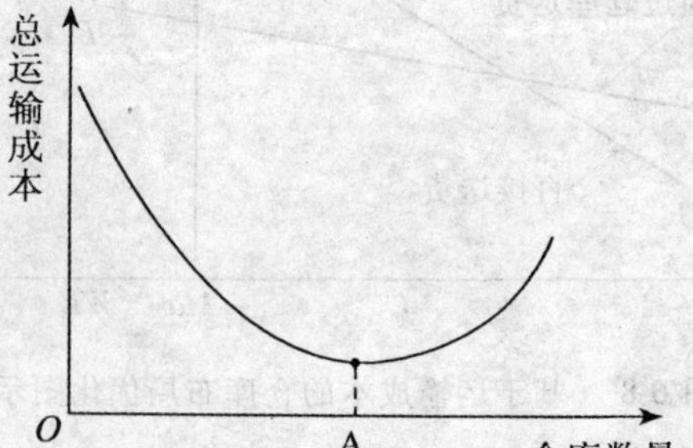

图 6-9 运输成本与仓库数目的关系示意图

6.3.5 自有运输与第三方运输的选择

企业在进行运输作业时可以选择自有运输和由第三方物流企业承运，进行选择的目的是使总运输成本最低。

6.3.5.1 自有运输与第三方运输的特点

自有运输指组织利用自己的运输车队运送物资。自有运输最普遍的形式是大型公司运营自己的车队，其优点是灵活、易控制、物流紧密结合以及易于沟通。运输时适应组织的需要，使用最佳的车辆类型、规模、运输时间等。

但自有运输费用昂贵，只有在比使用第三方承运人更廉价时企业才应该考虑运营自己的车队，这意味着自有运输必须至少与专业运输公司一样有效。然而，由于运输压力减小会产生利润、税收优惠和津贴等，有潜在的成本节约，同时也有无形的效益，比如可利用车辆广告效应和服务及时、可靠的效果。一般来说，只有大型组织才能支付运营自有车队的资本投资和费用，但是一般的企业可以通过租赁等方式来融通资金。如通过分期购买或长期租赁会使企业有更大的选择空间。

专业物流公司可以为其他公司提供一系列服务，包括运输服务，通过其自身的专业化和规模化来降低运输成本。例如它们可以通过将小批量货物组合成大批量，减少目的地间的运输次数，或通过协调运输的方式来实现运输流量的平衡。

6.3.5.2 选择自有运输还是第三方运输要考虑的因素

(1) 运营成本

在不同环境下，自有运输或第三方运输都有可能很廉价，只有存在其他方面的显著收益时，才会放弃它们的廉价选择。

(2) 资本成本

资本总是稀缺的，即使自有运输看起来很诱人，一个企业也很难证实车辆投资的合理性，因此在得到任何具体结论之前应认真考虑资本成本。

(3) 客户服务

企业一定要以最佳的运输工具提供合理的客户服务，有时第三方承运人不能满足客户的全部服务要求，因此可以选择自有运输。

(4) 控制

企业运营自有运输会对其有较大的控制力，从而可以扩展业务。然而，这种控制要以高成本来实现。

(5) 弹性

自有运输车队的结构和运作相当固定，不能迅速做出调整以适应变化的环境。如突然出现需求高峰，无法在几天之内增大车队的规模，当需求高峰过后规模又不能缩小。

(6) 管理技能

管理运输需要专业技能，这是很多企业不可能有的，也是第三方承运人存在的一个重要因素。

(7) 补充和培训

公路运输一般是劳动密集型的，这使得雇佣成本很高，同时熟练司机的短缺会使很多企业发现补充和培训合适的人员很困难，这些都促使采用第三方运输。

在确定采用自有运输或第三方运输策略之前，应仔细考虑以上各种因素，权衡它们的成本，选取总成本最低的运输策略。

专栏 6.2　企业物流能不能外包?

企业业务的任何环节都不应该是弱项，企业把物流外包给第三方物流商不是简单地只专注于核心业务，而是转变为对合作方的控制和管理。现在许多人都在谈论企业物流外包，认为企业只要专注于生产，把运输、仓储业务交给物流公司是最好的选择。其实事情并非这么简单。有一点必须明确说明，外包是企业间互相交换各自善于解决的问题。外包方善于业务的操作，而出包方要建立和完善对外包方的管理。

外包应该放在价值链分工的角度来分析。成熟的外包业务具有两方面的条件：第一个条件是，企业自己的业务理得较顺，模块化较强。如果企业业务模块化做得好，物流可以外包，做得不好，更应该外包。业务水平低虽是多方面的结果，但反映了业务梳理不畅，模块化较差，往往造成业务上不好剥离，想把物流外包都困难。目前普遍接受的以"核心业务说"支持物流外包的观点其说服力是不够的。价值链上的任何部分都是重要的，都必不可少，任何一个环节都不应该是弱项。物流外包不是因为企业觉得物流不重要，但当我们告诉企业它应专注于主营核心业务时，实际上是做了肯定的判断，而这种说法是有问题的。家电企业大多外包物流业务，但却相信"渠道是金"的道理。它们会说自己的核心能力是品牌建设、市场营销或生产工艺等，物流不是自己的核心业务，但它们对物流的重视有增无减。

外包的第二个条件是，企业只有相信物流公司能比它做得好才会考虑外包。外包有时是一个经济理性问题，但有时需要在理性之上。理性的企业会考虑它对外包部分的控制能力。这些年的讨论过多关注于物流本身的操作能力，如计划、运输、仓储等，以为具备这些能力就可以承担物流外包了，而恰恰没有考虑企业是否对第三方物流的控制能力有信心。即使企业有而且相信自己有这样的控制能力，但还是不肯外包，这就是信任问题了。这时，是否外包就转化成了理性之上的问题。

企业外包决策还需要什么？现在的价值链和供应链的分析工具过多强调链的过程环节，如计划、采购、生产、运输、仓储等，这可能是受了业务流程再造的思想影响。价值链分析强调专业化是对的，分析核心业务能力也没有错，但却忽略了一点，就是企业对整个供应链有着合理的控制愿望。满足这种愿望的第一步就是建立控制能力，而前提是明白这样一个道理：双方，特别是企业（出包方）的角色改变了，从以前的操作能力为主转变成以对外部合作方的控制和管理能力为主，而不是简单地转变为专注于核心业务。外包以后，企业将对人和资产的管理转变成对物流服务合同的管理。

如何在安排上让企业不觉得失去控制是一个很大的挑战，这不仅仅是成本和服务水平的问题，因为这些都比较容易解决。第三方物流企业应该帮助企业面对这个新的挑战。

（资料来源：全球制造网（www. easyeb. com），2005-06-27。）

6.3.6 实施集运

在物品运输中，运输批量越大，费率就越低。这样就促使企业采用大批量运输工具。将小批量物品合并成大批量进行运输是降低单位运输成本的有效方式。

6.3.6.1 运输车辆合并和运输时间合并

实行合并的主要方式有运输车辆合并和运输时间合并。在拣取货物和发送货物都达不到整车容积或载重量的情况下，为提高运载效率，可以安排同一辆车到多个地点取货和送货。为实现运输车辆合并的规模经济，需要对行车路线和时间表进行整体规划。

企业可以在一定时期内积累客户订单，这样可以一次性运送大批量的物品，而不是小批量多次运送。通过运输时间合并，对大批量的运输路径进行规划，使单位运输费用降低，企业也可以获得运输中的规模效益。当然，随着发货时间的延长，会造成服务水平降低。因此，我们要在运输成本和其对服务水平造成的影响之间进行权衡。运输成本是显而易见的，而服务水平下降造成的损失却比较难估计。下例说明时间合并对运输成本的影响。

如某食品公司工厂设在 A 地，该公司要将货物从 A 地运送至 B、C、D 三地，其具体数据如表 6-5 所示。公司一般在接到订单的当天就发送货物。现在物流经理考虑将三天货物一起发送是否可以节约物流成本。

表 6-5 食品公司运送货物数据

运输路线	第 1 天	第 2 天	第 3 天
自 A 至 B	5 000 单位	25 000 单位	18 000 单位
自 A 至 C	7 000 单位	12 000 单位	21 000 单位
自 A 至 D	42 000 单位	38 000 单位	61 000 单位

已知该地区第三方物流运输服务商的运输费率（价格/百单位），在收到订单的当天运输，则物流成本如表6-6所示。

表6-6 当天发送的物流运输成本 （单位：元）

运输路线	第1天	第2天	第3天	总计
由A至B	16.41×50=820.50	9.91×250=2 477.50	14.90×180=2 682.00	5 080
由A至C	15.87×70=1 110.90	14.38×120=1 725.60	9.55×210=2 005.50	4 842.00
由A至D	6.33×420=2 658.60	6.33×400=2 532.00	6.33×610=3 861.60	9 051.90
总计	4 590.00	6 735.10	8 548.80	19 873.90

表中第2天“由A至D”栏用400单位容量的整车运输工具发送380单位的货物。

如果将三天订单集中运输，由于运价的降低，其成本为：

由A至B：7.09×（50+250+180）=3 403.20（元）

由A至C：6.83×（70+120+210）=2 732.00（元）

由A至D：6.33×（420+380+610）=8 925.30（元）

总计运输费用为15 060.50元。

集中订单后运输成本节约：19 873.90－15 060.50=4 813.40（元）

将运输成本的节约与服务水平下降所造成的影响结合起来考虑，从而决定是否实施运输时间合并。

6.3.6.2 自发集运和共同运输

从运作的角度看，自发集运与共同运输和配送是实现货物集运的有效方式。

（1）自发集运

把一个市场区域中到达不同客户的小批量运输结合起来，叫自发集运。发展在运入和运出市场领域中集运的难点是每日要有足够的数量。为了抵消数量的不足，通常可以采用以下三种方法：一是集运的货物可以被送到一个中间散件货点以节约运输费用，在那里再被分开运到各自的目的地；二是企业可以选择货物集运，在某几个特定的日期，按计划将货物运至目的地；三是公司可利用第三方物流服务来取得本公司不可能取得的规模效应，实现共同运输。

（2）共同运输

共同运输是指由一个货运代理人、公共仓储或运输公司为在相同市场中的多个货主安排集运。提供共同运输的公司通常具备大批量送货的长期送货约定。在这种安排下，集运公司还要为满足客户需要提供如分类、排序、进口货物的单据处理等服务。

共同配送是几个配送中心联合起来，共同制定计划，共同使用配送车辆，共同对某一地区的用户进行配送。它能解决长途运输车辆跑空车和运费上升的问题，特别是当两个以上的产地和销地相距较远且又交叉运输时，其优点尤为突出。采用共同配送，既能减少企业的物流设施投资，使物流设施布局合理化，也能充分合理利用物流资源。目前许多发达国家广泛采用共同配送模式。

专栏 6.3　沃尔玛降低运输成本的学问

沃尔玛公司是世界上最大的商业零售企业，在物流运营过程中，尽可能地降低成本是其经营的哲学。

沃尔玛有时采用空运，有时采用船运，还有一些货物采用卡车公路运输。在中国，沃尔玛百分之百地采用公路运输，所以如何降低卡车运输成本，是沃尔玛物流管理面临的一个重要问题，为此它们主要采取了以下措施：

(1) 沃尔玛使用一种尽可能大的卡车，大约有16米加长的货柜，比集装箱运输卡车更长或更高。沃尔玛把卡车装得非常满，产品从车厢的底部一直装到最高，这样非常有助于节约成本。

(2) 沃尔玛的车辆都是自有的，司机也是它们的员工。沃尔玛的车队大约有5 000名非司机员工，还有3 700 多名司机，车队每周每一次运输可以达7 000～8 000公里。

沃尔玛知道，卡车运输是比较危险的，有可能会出交通事故。因此，对于运输车队来说，保证安全是节约成本最重要的环节。沃尔玛的口号是“安全第一，礼貌第一”，而不是“速度第一”。在运输过程中，卡车司机们都非常遵守交通规则。沃尔玛定期在公路上对运输车队进行调查，卡车上面都带有公司的号码，如果看到司机违章驾驶，调查人员就可以根据车上的号码报告，以便于进行惩处。沃尔玛认为，卡车不出事故，就是节省公司的费用，就是最大限度地降低物流成本，由于狠抓了安全驾驶，运输车队已经创造了300 万公里无事故的纪录。

(3) 沃尔玛采用全球定位系统对车辆进行定位，因此在任何时候，调度中心都可以知道这些车辆在什么地方，离商店有多远，还需要多长时间才能运到商店，这种估算可以精确到小时。沃尔玛知道卡车在哪里，产品在哪里，就可以提高整个物流系统的效率，有助于降低成本。

(4) 沃尔玛的连锁商场的物流部分，24 小时进行工作，无论白天或晚上，都能为卡车及时卸货。另外，沃尔玛的运输车队利用夜间进行从出发地到目的地的运输，从而做到了当日下午进行集货，夜间进行异地运输，翌日上午即可送货上门，保证在15～18 个小时内完成整个运输过程，这是沃尔玛在速度上取得优势的重要措施。

(5) 沃尔玛的卡车把产品运到商场后，商场可以把它整个地卸下来，而不用对每个产品逐个检查，这样就可以节省很多时间和精力，加快了沃尔玛物流的循环过程，从而降低了成本。这里有一个非常重要的先决条件，就是沃尔玛的物流系统能够确保商场所得到的产品是与发货单完全一致的产品。

(6) 沃尔玛的运输成本比供货厂商自己运输产品要低，所以厂商也使用沃尔玛的卡车来运输货物，做到了把产品从工厂直接运送到商场，大大节省了产品流通过程中的仓储成本和转运成本。

沃尔玛的集中配送中心把上述措施有机地组合在一起，做出了一个最经济合理的安排，从而使沃尔玛的运输车队能以最低的成本高效率地运行。当然，这些措施的背后包含了许多艰辛和汗水，相信我国的本土企业也能从中得到启发，创造出沃尔玛式的奇迹来。

（资料来源：李伊松，易华．物流成本管理［M］．北京：机械工业出版社，2005。）

6.4 运输合理化与物流成本节约

6.4.1 实施物流运输合理化的意义

运输合理化是指从物流系统的总体目标出发，运用系统理论和系统工程原理方法，充分利用各种运输工具，选择合理的运输线路和运输工具，以最短的路径、最少的环节、最快的速度和最少的成本，组织好物品的运输活动。物流运输合理化的主要意义表现在以下几个方面：

(1) 实施运输合理化，有利于加速社会再生产的进程，促进国民经济持续、快速、协调地发展

按社会主义市场经济的基本要求，通过实施合理运输，可以实现物资从供给地到需求地迅速地转移，加速资金周转，促进社会再生产过程的顺利进行，保证国民经济健康的发展。

(2) 合理运输能节约运输费用，降低物流成本

运输成本是物流成本的主要组成部分，一般占到物流成本的1/3～2/3。因此，降低物流运输成本是提高物流系统效益、实现物流行业发展的主要途径。物流运输合理化通过运输工具、运输线路的选择，缩短运输里程，提高运输效率，从而达到节约运输成本，提高物流效率的目的。

(3) 运输合理化缩短了运输时间，加快了物流速度

运输时间的长短决定着物流速度的快慢。所以，物资运输时间是决定物流速度的重要因素。合理地组织物资运输，可使被运输物资在途时间尽可能少，缩短前置期，减少货物库存量，降低库存成本，节约资金占用，提高社会资金的使用效率，

从而促进经济的发展。

(4) 物流运输合理化，可以节约运力，缓解运力紧张的状况，节约能源

我国处于经济高速增长的阶段，运输能力和能源是我国经济保持稳定增长的瓶颈。运输合理化可以克服许多不合理的运输现象，节约运力的同时还能减少能源的消耗，提高能源的利用率。这对缓解我国目前交通运输和能源紧张的状况具有重大意义。

6.4.2 不合理的运输形式

不合理运输是指在各种运输工具之间，或是在同一运输工具内部各条线路上或航道上，发生可以互相替代的对流运输、重复运输、过远运输、迂回运输和违反各种运输工具合理分工原则的运输。这样的运输造成不必要的货物周转和装卸工作，浪费了运输能力，增加了运输成本。

我国不合理运输的主要形式如下：

(1) 对流运输

对流运输亦称相向运输、交错运输，指同一种货物或彼此间可以相互替代而又不影响管理、技术及效益的货物，在同一线路上或平行线路上作相对方向的运送，而与对方运程的全部或一部分发生重叠交错的运输。已制定了合理流向图的产品，一般必须按合理的方向运输；但如与合理流向图指定的方向相反，也属对流运输。在判断对流运输时应注意，有的对流运输是不明显的隐蔽对流。例如不同时间的相向运输，从发生运输的那个时间看，并无对流运输发生，从而可能做出错误的判断。所以还要注意隐蔽的对流运输。

(2) 返程或起程空驶

空车无货载行驶，可以说是不合理运输的最严重的形式。在实际运输的组织中，有时候必须调运空车，从管理上不能将其看成不合理运输。但是，因调运不当，货源计划不周，不采用运输社会化而形成空驶，则是不合理运输的表现。造成空驶的不合理运输主要有以下几个原因：能利用社会化的物流运输体系而不利用，却依靠自己自备设备送货提货，这往往出现单程重车、单程空驶的不合理运输；由于工作失误或计划不周，造成货源不实，车辆空去空回，形成双程空驶；由于车辆过分专用，只能单程实车、单程空载。

(3) 迂回运输

迂回运输是舍近取远的一种运输；是可以选取近距离进行运输，但实际上却选取了路程较长的路线进行运输的一种不合理运输形式。迂回运输有一定复杂性，不能简单地分析。只有在计划不周、地理不熟、组织不当时发生的迂回运输，才属于不合理运输。由于在最短路程上存在交通阻塞、道路情况不好或有对噪音、排气等特殊要求限制而不能不发生迂回时，不叫迂回运输。

(4) 重复运输

重复运输的一种形式是本来可以直接将货物运到目的地，但在未到达目的地时，或在目的地以外的地方将货物卸下，再重复装运送达目的地的运输形式。重复运输的另一种形式是，同品种货物在同一地点一边运进，又一边运出。重复运输的最大的不合理之处是增加了不必要的中间环节，从而延缓了流通速度，增加了运输费用和货物损坏的几率。

(5) 倒流运输

倒流运输指货物从销售地或中转地向产地或起运地回流运输的一种现象。其不合理程度更甚于对流运输，原因在于往返两地的运输都是不必要的，形成了双程的浪费。倒流运输也可以看成隐蔽的对流运输形式。

(6) 过远运输

过远运输指调运货物舍近求远，近处有货物不利用，而从更远的地方调用，从而运输里程增加，形成浪费。过远运输占运力时间长，运输工具周转缓慢，阻碍了社会再生产的顺利进行。货物在途时间长，使存货成本增加，占用了更多的资金。由于运输路程远，时间长，又会使货物损坏的几率变大，货损增加，成本也相应增加。

(7) 运输工具选择不当

由于没有综合考虑各种运输工具的优势，不能正确地利用运输工具造成的不合理现象，常表现为以下几种形式：

①弃水走陆。在同时可以利用水运和陆运时，不利用成本较低的水运或水陆联运，而选择成本较高的铁路运输或汽车运输，使水运优势不能发挥。

②铁路、大型船舶的过近运输。指违反运输经济性原则，在不是火车、大型船舶经济运输里程的范围内利用这些运输工具进行运输的不合理做法。火车及大型船舶起运及到达目的地的准备、装卸时间长，机动性和灵活性不足，在过近距离中，不仅发挥不了其速度优势，反而由于装卸时间过长，会延长运输时间。另外，和小型运输设备相比，火车及大型船舶的装卸难度大、费用高。

③运输工具承载能力选择不当。不根据承运货物数量及重量选择承载能力，盲目选择运输工具，造成超载、货物没满载等现象。“大马拉小车”的现象尤其突出，由于载货量小，单位成本必然增加。

④托运方式选择不当。托运人可以选择最好的运输工具时却没有去选择，造成运力浪费和费用增加的不合理运输现象。例如，应选择整车运输而未选，却采用零担托运；应直达却选择了中转运输；应中转却选择直达运输等，这些都属于托运方式不当。

上述各种不合理运输形式都是在特定情况下表现出来的，在进行判断时必须注意其不合理的前提条件，否则就容易出现判断错误。例如，同一种产品，商标不同，价格不同，所发生的对流，不能看成不合理。因为其中存在着市场机制引导的竞争，优胜劣汰，如果强调因为表面的对流而不容许运输，就会导致阻碍竞争，违反社会主义市场经济的基本原则。

以上对不合理运输的描述，主要就形式本身而言，是从微观观察得出的结论。实践中，必须将其放在物流系统中做综合判断，在不做系统分析和综合判断时，可能出现“效益悖反”的现象。单从一种情况看，避免了不合理的情况，做到了合理运输，但它的合理却是来自于其他部分的不合理。只有从系统的角度，进行综合判断，才能有效地避免“效益悖反”现象，优化整个系统。

6.4.3 运输合理化的因素

运输是物流活动最重要的组成部分，物流成本的节约很大程度上依赖于运输合理化。运输合理化的影响因素很多，起决定性作用的主要有五个方面，称为合理运输“五要素”。

(1) 运输距离

在运输时，运输时间、运输损坏、运费、车辆或船舶周转等运输经济指标，都与运输距离有一定比例关系，运输距离长短是运输是否合理的一个最基本因素。缩短运输距离从宏观、微观来看都会带来好处。

(2) 运输环节

运输环节每增加一次，不但会增加起运的运费和总运费，还必定会增加运输的附属活动，如装卸、包装等。所以，减少运输环节，尤其是同类运输工具的环节，对合理运输有促进作用。

(3) 运输工具

各种运输工具都有其使用的优势领域，对运输工具进行优化选择，按运输工具特点进行运输作业，最大程度地发挥所用运输工具的作用，是运输合理化的重要环节。

(4) 运输时间

运输是物流过程中需要花费时间较多的环节，尤其是远程运输。在全部物流时间中，运输时间占绝大部分。所以，运输时间的缩短对整个流通时间的缩短有决定性作用。此外，运输时间的缩短，有利于运输工具的加速周转，充分发挥运输能力；有利于货主资金周转；有利于提高运输线路的通过能力，对运输合理化起到很大的作用。

(5) 运输费用

我们知道运输费用在物流成本中占有最大的比重，运费的高低在很大程度上决定了整个物流系统的竞争能力。实际上，运输费用的降低，无论是对货主来讲，还是对物流企业来讲，都是运输合理化的一个重要目标。运费的高低，也是各种合理化运输措施实施是否有成效的最终判断标准。

6.4.4 实施运输合理化的措施

(1) 合理装载，提高实载率

合理装载是充分利用运输工具的载重量和容积，合理安排装载的货物及载运方法以提高运输工具实载率的一种有效措施。通过合理装载和提高实载率，可以充分利用车船的额定能力，减少运力浪费。

实载率是一定时期内车船实际完成的货物周转量（以吨公里计）占车船载重吨位与行驶里程的乘积的百分比。在计算车船行驶里程的时候，不但计算载货行驶里程，也计算空驶里程。

合理装载有如下几种方式：

①拼装整车运输。由同一发货人将不同品种发往同一站、同一收货人的少量货物组合在一起，以整车方式运输至目的地；或将同一方向、不同到站的少量货物集中在一起，以整车方式运送到适当的中转地，然后分运至目的地。实际作业中，通常表现为零担拼整直达、零担拼整接力直达或中转分运、整车分卸、整装零担等方式。

②组织轻重装配。即把实重货物和轻泡货物组装在一起，既可充分利用车船装载容积，又能利用装载重量，以提高运输工具的效率。

③实行解体运输。对一些体积大、笨重、不易装卸又容易碰撞致损的货物，如自行车、缝纫机和科学仪器、机械等，可以在装载前先行拆分，分别包装，以缩小所占空间，并易于装卸，以提高运输工具的效率。

④多样堆码方法。根据车船的货位情况和不同货物的包装情况，采取各种有效的堆码方法，如多层装载、骑缝装载、紧密装载等，以提高运输效率。

(2) 实现运输工具的合理分工

主要表现为根据运距的长短进行铁路和公路的分流。目前对杂货及煤炭等较普遍地使用铁路运输。一般认为，公路的经济里程为200～500公里，随着高速公路的发展，高速公路网的形成，新型货车与特殊货车的出现，公路运输的经济里程有时可达1 000公里以上。在公路运输的经济里程范围内，应尽可能地利用公路运输，这样有两个好处：一是对于比较紧张的铁路运输，用公路分流后，可以有一定程度的缓解，从而提高这一地区运输通过能力；二是充分利用公路从门到门运输的能力和速度快且灵活机动的优势，实现铁路运输难以达到的服务水平。当然实现运输工具的合理分工不仅仅表现在铁路运输和公路运输的选择，还涉及其他一切的运输工具，在决定运输工具的时候，需要进行认真的分析。

(3) 分区产销合理运输

分区产销合理运输，就是在组织物流运输时，对某种货物，使其一定的生产区固定于一定的消费区。根据产销情况和交通运输条件，在产销平衡的基础上，按近产近销的原则，使货物走最少的里程。这种形式适用于品种单一、规格简单或生产集中和消费集中、调运量大的货物，如煤炭、木材、水泥、粮食等。实行这种运输，对于加强产、供、运、销的计划性，消除过远、迂回、对流等不合理运输，充分利用地方资源，促进生产合理布局，降低物流费用等都有十分重要的作用。

实现分区产销合理运输，首先要调查物资产销情况、供应区域、运输路线及合理的运输方式，为制定合理调运方案提供信息。其次，划定物资调运区域，将某种物资的生产区和销售区固定。如工业产品以生产地为中心，以靠近生产地的区域为销售区域；粮食以城市为消费中心，同附近的农村产粮区建立固定的产销关系，从而形成一个合理的调运规划。再次，绘制合理的运输流向图。即根据已制定的调运区域范围，按运程最短和产销平衡的原则，制定合理的运输流向图。最后，制定合理运输的调运方案，其依据是上述信息。

(4) 实行直达运输和直拨运输

直达运输是指通过减少中转过载换载，从而提高运输速度，节省装卸费用，降低中转损耗。直达运输的优势在一次运输批量和用户一次需求量达到整车时表现得最为突出。此外，在生产资料、生活资料的运输中，通过直达运输，建立稳定的产销关系和运输系统，也有利于提高运输计划水平，大大提高运输效率。值得注意的是，如同其他合理化措施一样，直达运输的合理性也是在一定条件下才成立，不能绝对地认为直达运输一定优于中转运输，这需要根据客户的要求，从整个物流体系来考察。如从客户需求来看，当批量大到一定程度时，直达才是合理的；在小批量时用直达运输，成本将会高于中转运输（如图 6-10 所示）。

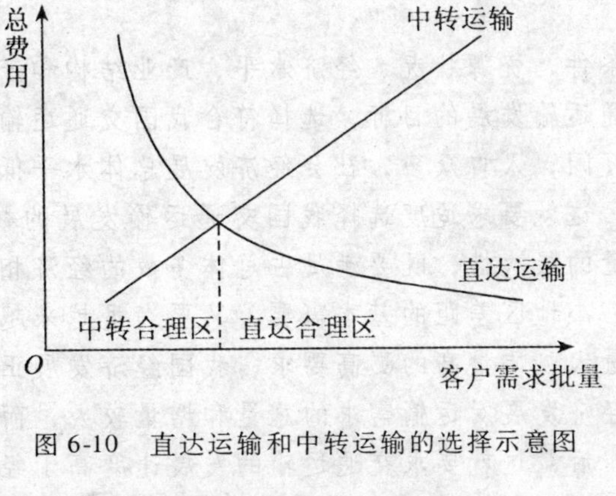

图 6-10　直达运输和中转运输的选择示意图

直拨运输指企业在组织货物调运时，对当地生产或由外地送达的商品不运进批发站仓库，而直接将商品发送给基层批发、零售商甚至直接发给最终用户，以减少运输中转环节。这种运输方式在运输时间和运输成本方面都能取得经济效益。实际作业中，通常采用就厂直拨、就车站直拨、就仓库直拨、就车船直拨等具体方式，即“四就”直拨运输。其与直达运输的不同之处是直拨运输里程较近、批量较小，而直达运输主要指中、长里程运输和大批量运输。

(5) 通过流通加工，使运输合理化

有不少产品，由于其本身外型及特性问题，很难实现运输合理化，如果进行适当加工，就能有效解决合理运输的问题。如将造纸木材在产地预先加工成干纸浆，然后压缩体积运输，就能解决造纸木材运输不能满载的问题；轻泡产品预先捆绑包装成规定尺寸，装车就容易提高装载质量等。

(6) 发展社会化运输体系

运输社会化指发展运输的社会化大生产的优势，按专业分工，打破一家一户自成运输体系的状况。在社会化运输体系中，各种联运是其中社会化较高的形式。联运方式通过充分利用面向社会的各种运输体系，通过协议进行一票到底运输，有效打破了一家一户的小生产，受到欢迎。

专栏6.4 完善运输体系七大标准“画杠杠”

构筑并完善综合运输体系，是近30年来世界交通运输发展的重点。如何构筑和完善综合运输体系，世界各国大多选择了不同的发展模式。我国有自己特殊的国情，不可能照搬国外，但就发展标准而言，各国之间可以相互借鉴。近几年来，国外尤其是发达国家对综合运输体系的完善标准做了深入研究，研究的结论具有明显的趋同性。现借鉴其基本结论并结合我国国情，试提出我国综合运输体系的完善标准，作为我国构筑和完善综合运输体系的参考。

符合国情标准

从我国的自然条件、资源状况、经济水平、产业结构和产业布局等具体国情出发，来制定我国交通运输发展的目标，选择符合我国交通运输发展的道路。我国的总体国情是：地域辽阔，人口众多，社会经济发展总体水平低下，地区之间社会经济发展水平不平衡，这就要求适度选择我国交通运输发展的数量目标和质量目标，充分考虑数量与质量的层次性，既要满足占总体多数的经济相对落后的地区依靠交通振兴地区经济、缩小地区差距的基本需要，又要满足越来越多的经济相对发达的地区对运输需求总量大、质量高的更高要求；我国经济发展正处于快速增长阶段并将持续较长时期，经济发展对运输需求的总量和增量较大，而现有运输总体能力不足、交通发展相对滞后，这就要求交通运输的发展速度高于经济增长的速度，要求国家在相当长时期内采取倾斜政策优先发展交通运输，彻底解除交通运输对社会经济发展的制约；我国天然运输资源总量丰富但又相对短缺，这就要求对河流、海洋、岸线和土地等有限的天然运输资源予以有效地综合利用，以最少的资源占用和资源消耗来满足交通运输的需求，谋求交通运输的可持续发展。

能力充分标准

综合运输体系的完善主要是运输功能的完善，即要求综合运输体系在运输服务的数量、质量和种类等方面均能满足需要。首先在数量上要求能力充分并保有一定富余，即要求线路不拥挤，运力不紧张，港站不压货，实现货畅其流、人便于行，从根本上解除交通运输对社会经济发展的制约，从而使交通运输对社会经济的发展真正起到先导性和基础性作用。其次在质量上要求运输服务在安全、完整、快速、准时、方便、灵活、价廉等各方面满足要求。再次在种类上要求满足多样化、层次化的运输需求。综合运输能力与质量的提高有赖于运输线路、车船、港站以及运输组织管理等各环节能力与质量的全面提高与协调。

结构合理标准

综合运输体系的完善追求、综合运输结构的合理化和综合运输整体的最优化，其整体功能不等于各种运输方式功能的简单总和，而是各种运输方式的最佳组合。各种运输方式之间存在着相互协作、相互促进、相互制约和相互竞争的关系，综合运输体系的发展和完善要求充分发挥各种运输方式的优势，加强各种运输方式之间的分工、协作和互补关系直至最大限度，减弱各种运输方式之间的制约、竞争和替代关系直至最低限度，通过运输结构的调整与优化，实现各种运输方式之间的协调与平衡发展，达到综合运输体系的整体功能最强。同样，各种运输方式内部各要素之间和要素内部也都存在结构优化和协调发展问题，否则闲置与浪费的是运输资源。

衔接紧密标准

当代运输业的发展有两大趋势，一是运输技术的现代化，二是运输过程的统一化。综合运输体系的完善要求各种运输方式之间线路贯通、能力匹配、技术配套、组织有效、过程统一，即要求线路、车船和港站在能力、技术和管理上均不存在薄弱环节，各种运输方式之间通过分工与协作形成连续、无缝、全程化的综合运输体系。这是实现一票到底和门到门运输的基本条件。

技术先进标准

综合运输体系的完善必须向现代化的标准看齐。综合运输体系的现代化是建立在各种运输方式的现代化基础之上的广泛应用高新技术的全面现代化，包括线路主骨架、车船主运力、港站主枢纽以及组织管理的现代化。

效益合理标准

效益合理是指交通运输业的发展既要考虑其社会公益性，不以利润最大化为目的，而重在社会效益，又要具有适度的经济效益，以求能够保持其自身的正常营运，能够实现其自身的扩大再生产。

可持续发展标准

交通运输的发展依靠运输资源的取得和使用，而自然赋予的资源是有限的。因此，综合运输系统的完善必须以占用和消耗最少的资源为代价，合理规划和有效使用河流、海洋、岸线和土地等有限的天然运输资源，注重运输活动的节能降耗，积极开发和应用运输替代能源，减少公害和污染，保护环境、维持生态平衡，谋求交通运输的可持续发展。

本章小结

1. 运输成本由固定成本、可变成本以及端点成本和线路成本构成，各种运输方式的运输成本构成各不相同。

2. 影响运输成本的因素有六个，它们是输送距离、载货量、货物疏密度、装载能力、承担责任的程度以及运输供需和竞争因素。

3. 有五种运输方式：公路运输、铁路运输、水路运输、航空运输、管道运输。每种运输的运输性质及成本特征都不同。我们在确定运输方式前要进行综合评价，谨慎选择。

4. 通过适当拥有车辆、优化仓库布局、复合运输、选择第三方物流和实施集运等可以有效控制运输成本。

5. 在实践中，由于不合理的运输形式造成了大量的浪费，包括物力、人力和财力。通过实施合理化运输，可以有效地节约成本。合理化运输的方式有合理装载、提高实载率，实现运输工具的合理分工，分区产销合理运输，实行直达运输和直拨运输，通过流通加工使运输合理化，发展社会化运输体系等。

本章思考题

1. 各种运输工具的运输成本由哪些部分构成？
2. 简述五种运输方式的成本特性。
3. 运输工具服务特性的评价方法怎样运用？
4. 如何在第三方运输和自有运输间进行抉择？
5. 怎样实施集运？
6. 不合理运输通常表现在哪些方面？
7. 怎样实施合理化运输？

案例分析 1

宝洁中国有限公司对运输方式的比较选择

宝洁中国有限公司在广州黄埔工厂生产的产品要分销到中国大陆的全市场区域。宝洁公司为这个分销网络设计了一个配套的物流网络，其中运输是这个物流网络中的主要业务之一。北京是宝洁公司在北方的一个区域配送中心所在地，北京配送中心物流目标是：保证北方市场的销售，尽量降低库存水平，降低物流系统总成本。宝洁公司对市场销售需求和降低成本的目标要求进行了权衡和协调，最后确定了运输成本目标。在锁定的运输目标成本的前提下，产品从广州黄埔工厂到北京宝洁区域配送中心的运输要在铁路、公路、航空运输方式间进行选择。

铁路能够为宝洁公司大批量地运送商品，同时由于铁路运价“递远递减”，从广州到北京采用铁路运输的运价是比较合算的，还有铁路能够提供全天候的运输服务等等。但是铁路部门致命的弱点就是手续复杂，影响办事效率，运作机制缺乏灵活性，采用铁路运输时，两端还需要公路运送配套，增加了装卸搬运环节和相关的费用，这样使铁路的待运期增加。铁路部门提供的服务与宝洁公司的要求也有不少差距。如果采用公路运输，宝洁公司将需要大批的卡车为它服务，在绵延 1000 多公里的京广公路运输线上的宝洁货运车队遇到的风险明显比铁路运输要大得多，同时，卡车运输的准时性、商品的破损率等都不会比铁路运输有优势，再有，超过 1000 公里的距离采用公路运输从运输成本上来说是不合算的，但是公路运输的最大的优势是机动灵活、手续简便，如果气候条件好，卡车能够日夜兼程，在途时间还比铁路运输短。同样，航空运输也有其优势和劣势。

宝洁公司在进行铁路、公路等运输方式比较时发现，在方便、快捷、经济等许多特性上，采用各种运输方式所能达到的目标是不同的。任何一种运输方式都有其能够实现的目标和优势，某种运输方式能够实现目标并不是其他任何一种运输方式都能实现的。在比较运输方式时，不能只看一个目标，而是将各种运输方式所能达到的所有目标和不能达到的目标结合起来同时考虑，最后综合、权衡选择合适的运输方式。

另外，运输的速度和安全可靠性会影响托运人和买方的库存水平以及他们之间的在途库存水平。如果选择速度慢、可靠性差的低成本运输方式，物流渠道中就需要有更多的库存，从而出现因库存持有成本增加而抵消或超过运输服务成本的降低。因此，最合理的是既能满足客户需要，又能获得物流总成本最低的运输方式。根据以上的考虑，最终它们主要选择了公路运输方式。

案例思考题

1. 宝洁中国有限公司在选择运输工具时考虑了哪些因素?
2. 它们有什么发现?
3. 它们的最终选择是什么?

案例分析 2

卡利奥公司运输方式的选择①

卡利奥箱包公司是生产系列箱包产品的公司。公司的分拨计划是将生产的成品先存放在工厂，然后由第三方物流承运人运往公司自有的基层仓库。目前，公司使用铁路运输将东海岸工厂的成品运往西海岸的仓库。铁路运输的平均时间为 $T=21$ 天，每个存储点平均库存100 000件箱包，箱包的平均价值 $C=30$ 美元，库存成本 $I=30\%/$年。

公司希望选择使总成本最小的物流运输方式。据估计，运输时间从目前的 21 天每减少一天，平均库存水平可以减少 1%。每年西海岸仓库卖出 $D=700\ 000$件箱包。公司可以选择以下的运输服务方式，运输费率及运送时间如下表所示:

运输方式	运输费率（美元/件）R	门到门运送时间（天）T	每年运输批次（次）
铁路	0.10	21	10
驮背	0.15	14	20
公路	0.20	5	20
航空	1.40	2	40

其中，采购成本和运输时间的变化忽略不计。

选择不同的运输方式将影响货物的在途时间。在途库存的持有成本为 ICDT/365。在各种运输方式下，因为每年的运输批次不一样，分拨渠道两端的平均库存量 Q 也不一样：铁路运输为100 000件，驮背运输和公路运输都为50 000件，航空运输为25 000件。每件商品的库存成本为 IC，但商品价值在分拨渠道的不同地点是

① （美）Ronald H. Ballou. 企业物流管理——供应链的规划、组织和控制［M］. 北京：机械工业出版社，2003.

不同的，在工厂商品价值是产品的出厂价格；而在仓库，商品价值是产品的出厂价格加上运输费率，即 $C+R$。

案例思考题

1. 列表计算卡利奥箱包公司各种运输方式的运输成本、在途库存成本、分拨系统两端的库存成本和运输方式总成本。

2. 为卡利奥公司选择最合理的运输方式。

参考文献

1. 杨海荣. 现代物流系统与管理 [M]. 北京：北京邮电大学出版社，2003.

2. 现代物流管理课题组. 物流成本管理 [M]. 广州：广东经济出版社，2002.

3. 邓凤祥. 现代物流成本管理 [M]. 北京：经济管理出版社，2003.

4. 唐纳德. 物流管理——供应链过程的一体化 [M]. 北京：机械工业出版社，1999.

5. 菊池康也. 物流管理 [M]. 北京：清华大学出版社，1999.

6. 傅桂林. 物流成本管理 [M]. 北京：中国物资出版社，2004.

7. 李伊松，易华. 物流成本管理 [M]. 北京：机械工业出版社，2005.

8. 连桂兰. 如何进行物流成本管理 [M]. 北京：北京大学出版社，2004.

第7章 仓储与库存成本管理

关键词：仓储成本（storage cost） 库存持有成本（inventory holding cost） 缺货成本（out-of-stock cost） 净现值法（net present value method） ABC分析方法（the ABC analysis method） JIT（Just-in-time） MRP（material requirement planning system） MRP Ⅱ（manufacturing resource planning） ERP（enterprise resource planning）

仓储是保护、管理、储藏物品的行为或活动，广义的仓储活动是包含仓储和库存在内的一种广泛的经济现象。仓储活动是物流的主要功能要素之一，在物流中，运输承担了改变“物”的空间状态、产生位移的重任，而仓储承担了改变“物”的时间状态的重任。所以，在物流系统中，运输和仓储是并列的两大主要功能要素，称为物流的两大支柱。仓储成本及与仓储有关的库存成本占企业物流总成本的1/3左右，因此，对仓储和库存进行有效的管理对降低物流成本意义重大。本章重点讨论仓储和库存的功能及风险、存储成本的构成和计算、存储成本的控制方法等问题。

7.1 仓储的功能及风险分析

7.1.1 仓储的功能

仓储的功能分为经济功能和物流功能。

7.1.1.1 仓储的经济功能

（1）整合

整合是体现仓储经济效益的方面之一。整合仓库接收来自一系列制造工厂指定送往某一特定地区的材料，然后把它们整合成单一的一票运输。其好处是有可能实现最低运输费率，并降低在客户的收货站台发生拥塞的概率。

为了提供有效的整合装运，每一个制造工厂必须把该仓库作为货运储备地点或用作产品分类和组装的设施，因为整合装运的主要目的是把货票小批量装运的物流流程结合起来联系到一个特定的市场地区。整合仓库可以由单独一家厂商使用，也可以由几家厂商联合起来共同使用。通过这种整合方案的利用，每一个单独的制造商或托运人都能享受到物流总成本低于其各自分别直接装运成本的好处。

(2) 加工/延期

仓库还可以通过承担加工或参与少量的制造活动，来延期或延迟生产。具有包装能力或加标签能力的仓库，可以把产品的最后一道生产一直推迟到该产品的需求明确之时。加工/延期提供了两个基本的经济利益：第一，风险最小化，因为最后的包装要等到敲定具体的订购标签和收到包装材料时才完成；第二，通过对基本产品使用各种标签和包装装置，可以降低存货水平。通过降低风险和存货水平，降低了物流总成本。

(3) 堆存

堆存服务是利用库存来平缓供需不平衡。例如，家具和玩具是全年生产的，但主要是在非常短的一段市场营销期内销售的；与此相反，农产品是在特定时间收获，但消费是在全年进行的。这两种情况都需要仓库的堆存来支持市场营销活动。堆存提供了存货缓冲，使生产活动在受到材料来源和客户需求的限制条件下得到效率的提高。

7.1.1.2 仓储的物流功能

仓储是物流体系中最重要的构成部分之一。仓储的物流功能包括对进入物流系统的货物进行保管、保养、维护、分发等一系列活动。其作用主要表现在两个方面：一是完好地保证货物的使用价值和价值；二是为将货物配送给用户，在物流中心进行必要的加工活动。随着经济的发展，物流由少品种、大批量进入到多品种、小批量或多批次、小批量时代，仓储功能从重视保管效率逐渐变为重视发货和配送作业的效率。例如流通仓库不再以存储保管为其主要目的，而是具体包括拣选、配货、检验、分类等作业流程，并具有多品种、小批量，多批次、小批量等收货配送功能，以及附加标签、重新包装等流通加工功能。

仓库根据使用目的的不同，分为不同的类型，不同类型的仓库其功能也不同。

①存储中心型仓库：以存储为主要功能。

②配送中心（流通中心）型仓库：具有发货、配送和流通加工的功能。

③物流中心仓库：具有存储、发货、配送和流通加工的功能。

物流系统现代化仓储功能的设置，以生产支持仓库的形式，为有关企业提供稳定的零部件和材料供给，将企业独自承担的安全储备逐步转为社会承担的公共储备，减少企业经营的风险，降低物流成本，促使企业逐步形成零库存的生产物资管理模式。

专栏 7.1 长虹仓储直销引爆空调业渠道革命

4月10日，长虹在四川遂宁召开长虹空调仓储直销全国启动新闻发布会，同时，长虹在八省一市（河南、河北、湖南、湖北、陕西、广西、安徽、四川和重庆）的空调仓储直销中心店同时开业，标志着长虹空调仓储直销全面启动。

据了解，2001年、2002年两年，长虹分别在川渝地区大规模地开展了空调"仓储直销"和"百城千店"实践，由于这一崭新的营销形式降低了经销商的经营风险，使消费者得到了更多的实惠，因而长虹空调的品牌知名度和市场销量均获得大幅提升。有关统计显示，长虹空调2002年实现销售116万套，在2002年整个空调行业十分危困的境地中脱颖而出，成为中国空调行业中一匹强劲的黑马。

2003年伊始，产能严重过剩的中国空调业就率先进入了激烈竞争期，各大空调厂商纷纷使出浑身解数，广告秀、概念秀、价格秀依次粉墨登场。面对纷繁的市场战术，作为中国空调业主力军的长虹在及时总结长虹空调仓储直销和百城千店成功经验和广泛吸收借鉴美国最先进的仓储直销模式的基础上，将形式更规范、内容更丰富的新型仓储直销模式推向了全国。

据长虹空调经营部部长黄益欣介绍，仓储直销与传统营销方式相比优势十分明显，遍及八省一市的117余个地市、786个县的5000余家长虹空调仓储直销店的成功设立，大大减少了销售过程中流通环节，进一步拉近了生产厂家与消费者之间的距离，使消费者能够更及时地购买到品质更优、价格更平、安装更及时、售后服务更规范的空调产品。

（资料来源：奥一中国家电网（www. Ao Yi Wang. com），2006-06-26。）

7.1.2 库存的功能

所谓库存，就是社会物资在企业生产经营过程中形成的停滞。一般来说，在采购生产阶段，为了保证生产过程的平衡化和连续性，需要有一定的原材料、零部件的库存；企业在销售阶段，为了能够及时满足客户需求，避免发生缺货或延期交货的情况，需准备一定数量的库存。但同时库存的商品要占用资金，发生库存维持费用，并存在库存积压而产生损失的可能。因此，从某种意义上来说，库存是一种资源的闲置，它的存在会增加企业的开支，造成一定程度的浪费。企业之所以会维持一定的库存，是因为库存具有缓冲、调节和平衡的作用，它通过克服产品生产和消费在时间上的差异而创造时间效应；通过整合需求和供给，维持各项活动顺利进行。因此，库存在生产和流通过程中发挥了不可替代的作用，企业要采取各种技术手段，做好预测和管理工作，既要防止缺货，避免库存不足，又要防止库存过量，避免发生大量不必要的费用。

7.1.2.1 从企业的角度看库存的作用

(1) 缩短订货提前期，满足需求变化

当制造商维持一定量的成品库存时，客户可以很快地采购到所需物品，从而缩短客户的订货提前期，加快再生产速度。即使外部需求出现不稳定性和不确定性的情况，有一定量的库存保证也能满足市场需求的变化。

(2) 分摊订货费用

需要一件采购一件，可以实现零库存，但不一定经济。订货需要一笔费用，可以称为交易成本。这笔成本若分摊在一件物品上将很高。如果一次采购一批，分摊到每件物品上的订货费用将相对减少。

(3) 增强生产计划的柔性

库存能减轻生产系统的压力，即生产的提前期宽松了。在制订生产计划时，可以通过加大生产批量使生产流程更加有条理，并降低生产成本。生产准备完成后，若生产批量较大，能使高额的生产准备成本得以分摊。

(4) 保持生产的连续性，防止短缺

生产过程中维持一定量的在制品库存，可以防止生产中断。若某道工序的加工设备发生故障，如果工序间有在制品库存，其后续工序不会中断。同样，在运输中维持一定量的库存，可以保证供应，使生产正常进行。

7.1.2.2 从供应链的角度看库存的作用

将视野从单个企业扩大到整个供应链，会发现库存数量将大大增加。组成供应链的各个企业之间的关系是相互买卖的交易关系，企业之间并不习惯交流信息，也不习惯相互协调进行库存管理，更不用说在整个供应链水平上进行信息分享和库存协调，因而形成了不必要的大量库存，同时也会降低客户满意度。例如，过去组成供应链的各个企业对各自的供应商及时、准确交货的承诺并不完全信赖，因此，它们的存储往往超过实际需要，以防万一出现供应商延期交货或不能交货的情况，这种超过实际需要量的库存被称为“缓冲库存”。同样，以前供应链上的各个企业和各自的客户之间缺乏必要的信息交流，从而对客户的需要，特别是最终消费者的需要难以把握，往往依靠预测来安排生产。由于预测与实际情况之间存在着一定差异，容易产生库存不足或库存过剩的现象。另外，企业为了满足客户的大量突发性的订货，经常会增加“缓冲库存”。据有关资料统计，这种缓冲库存差不多占据了整个零售业库存的1/3。因此，从供应链的角度来看，过去这种传统交易习惯导致了不必要的库存，给企业增加了不少成本，而这些成本最终将反映在销售给客户的产品价格上，减少了客户的满意度。当然，实现真正的零库存在现实中是不可能的，这只是及时制生产方式努力的目标。

随着组成供应链的企业之间的关系从过去建立在买卖关系基础上的对立关系向基于共同利益的协作伙伴关系的转变，供应链上各个企业之间交流、共享信息，协调库存成为可能。通过先进的库存管理方法，可以有效地减少“缓冲库存”，从而降低整个供应链的库存成本。

7.1.3 仓储对企业物流成本的负面影响

拥有适当的库存，可以节省加班费用，减少人工成本；可以避免由于缺货而进行紧急采购时引起的成本增加；还可以使企业能在有利时机进行销售，增加销售利润，或在有利时机实施购进，从而减少购进成本。而另一方面，在“存”的过程中产品的使用价值可能不断降低，同时为了实施仓储活动，必须有成本的支出，因此，仓储作为一种停滞也常常会冲减物流系统效益，从而冲减企业利润。仓储的负面影响表现在以下方面：

(1) 增加固定资产投资与其他成本支出

实施仓储活动会引起仓库建设等固定资产投资的增加，从而增加企业成本；进货、验收、发货、搬运等仓储作业的支出会导致企业收益的降低；此外，分担库存产品风险的保险费开支和仓库管理费用也占相当大的比例，并有上升的趋势。

(2) 机会损失

库存占用资金必须支付的利息，以及这部分资金用于其他项目可能会带来的收益，都是企业由于仓储活动而必须承担的机会成本。一般情况下，库存占用资金所带来的利息损失和机会损失都是很大的。

(3) 陈旧损失与跌价损失

产品在库存期间可能发生各种化学、生物、物理、机械等方面的损失，严重时会使产品失去使用价值而报废。随库存时间的延续，存货发生陈旧变质的可能性变大。对于技术含量较高且技术发展迅速的产品而言，由于储存时间过长，产品技术过时而引起的跌价损失，是企业仓储扩大不得不面临的另一个重大问题，因为一旦错过有利的销售期，企业就只能降价出售产品，从而带来损失。

(4) 仓储活动有可能占用企业过多的流动资金，从而增加企业的经营风险

在企业全部运营活动中，仓储对流动资金的占用有时可能高达40% ~70%，更为严重的是有的企业库存可能会占用其全部的流动资金，从而使企业的资金链断裂而无法正常运转，甚至倒闭。所以将库存看成是“洪水猛兽”，当然也就不足为怪了。

仓储利害兼有的两重性给物流管理提出了一个重大的课题，这就是如何在物流系统中充分发挥仓储有利的一面而遏制其有害的一面。

7.2 存储成本的构成和计算

7.2.1 仓储成本的构成

为实现仓储的功能就需耗费相应的成本，仓储成本由建造、租赁、购置仓库设施设备所带来的成本和出入库操作、流通加工、分拣、装卸搬运等仓储作业所带来的成本两部分构成。前者是获得仓储设施的成本，后者是各类仓储作业成本，它们都与库存水平无关，只与仓储作业和仓库规划有关。

7.2.1.1 获得仓储设施的成本构成

企业获得仓库等设施设备服务的方式共有三种，一是自有、二是租赁、三是购买合同。获得仓库服务的方式不同，其成本构成也不一样。

(1) 自有仓库成本

①自有仓库设施设备折旧费。企业的仓库等设施设备均属于企业的固定资产，自有仓库为企业提供仓储服务时，由于使用、自然力的作用或科学技术的进步而逐渐丧失原有的价值，产生有形损耗和无形损耗，必须对其计提折旧以补偿仓库设施设备的价值损耗。

②自有仓库的维修与保养费用。

(2) 租赁仓库成本

租赁仓库专门提供存储货物品的服务，很少或不提供其他物流服务。租赁仓库的成本是租金。

影响租金的因素包括租赁费率、时间长短和租赁的空间大小。租赁合约期限一般都很长；租赁的空间取决于企业在租赁期内最大存储需求，当企业库存没有达到最大值时，租金也不会因为仓储空间没有完全利用而降低。因此，租赁成本不会随着库存水平的变化而变化，它属于仓储成本。租金费率取决于市场供求情况，在需求增加的时候会上升，在需求下降时会下降。

(3) 合同制仓库成本

合同制仓库为企业提供各种物流服务，如卸货、存储、存货管理、分类、拼装、运输安排、信息管理等企业物流方面的各种服务。通过合同制仓库的方式取得仓储设施，实际上已经和第三方建立了一种合作伙伴关系。通过这种关系，企业可以把自己并不熟悉的物流活动转包给专业的物流公司，自己可以集中精力从事核心业务。合同制仓库利用专业化和分工，有利于企业降低物流成本，发挥核心竞争优势。合同制仓库与租赁仓库的另一个区别是合同制仓库属于短期合同，企业可以根据市场情况灵活调整。

合同制仓库的成本是仓库服务的提供方向需求方收取的服务费用，这些费用包括三个部分。

①存储费。存储费与企业在合同制仓库中的存货数量与存储时间有密切联系，一般按每月每担为单位收取，也可以按所占用空间来收取。

②搬运费。它是指因货物出库入库等搬运作业收取的费用，可以每担为单位收取，也可以次数为单位收取。

③其他费用。它是指与合同制仓库使用有关的、不属于以上两种费用的费用，如运输安排、信息管理等。

合同制仓库收费的高低受以下因素的影响：所需仓库空间的大小与期限；存储产品的种类数；产品存储的特殊要求；仓储作业强度的大小；订单的平均规模；文字记录工作量等。

在以上三种费用中，存储费与库存水平直接相关，随库存的多少而变化，在计算成本时，应该记作库存成本。搬运等费用是由于仓储作业产生的成本，属于仓储作业成本的一部分，它在合同制仓库收费中占相当大的比重。

7.2.1.2 各类仓储作业成本

(1) 仓储作业

随着经济的发展及各种新的物流形式的出现，仓储作业不断变化，复杂程度也出现很大的提升，其主要包括以下几类：

①出入库作业。在发货与接货时，制作相关单据、传递有关信息的作业属于出入库作业。

现代仓库的出入库作业包括以下内容：对入库产品进行登记，制作相应的单据，进行信息传递；为入库产品贴附方便仓储管理的条形码等。根据产品订单或出库通知，对出库产品进行登记，并制作相应单据进行信息传递。

②验货作业。根据出入库清单对即将出入库的产品进行数量、质量、种类和规格的核对。随着条形码、电子标签的广泛使用以及便携式终端性能的提高，现代仓库的验货作业工作量大大减少，作业效率大大提高。

③场所管理作业。场所管理分为两种，一是固定型场所管理，即利用信息系统事先将货物进行分类、编号、贴码等；一是流动型管理，即所有产品按顺序摆放在空架位上，不事先确定其摆放位置。在固定管理模式下，各货架内装载的货物在很长时间内是一致的，有利于从事货物备货作业，建立管理信息系统，利用计算机，可以很方便地了解存货，以便及时调节。与此相反，在流动管理模式下，由于各货架内装载的货物不断变化，在货物变更时，信息的记录容易出差错。一般来讲，固定型管理适用于非季节性产品，因为它周转比较慢，不用频繁进行搬运作业，而流动性管理由于周转较快，出入库频繁的产品，更适用于季节性产品和流行性产品。

④日常养护作业。日常养护作业的目的是保证货物的完好，减少货物损耗。此外，对货物的防火防盗也是养护作业的内容。

⑤备货作业。备货作业指在接受订货、发货指令时，备货员按清单在仓库内寻找、提取货物的工作。它又称作分拣作业。可以分为：全面分拣，即由一个备货员负责一个订单从开始到结束的整个过程；批处理分拣，由备货员负责一组订单，在接受订单后，先建立批处理清单，然后负责按批处理订单分拣货物并将货物送至站台，并要将货物在各个订单间进行分配；分区分拣，由每个备货员负责一个分区，按订单要求拣出属于自己分区的货物，然后传递给下一个备货员，这样传递下去，直到订单所有货物分拣完毕；分拨分拣，按照某一特征，如按照同一产品或同一承运人承运的订单确定分拣作业的依据。

⑥装卸搬运作业。装卸搬运指在同一地域内进行的，以改变货物的支承状态和空间位置为目的的作业活动。在现代仓库中，各个作业环节或同一环节的不同活动之间，都必须进行装卸搬运作业。如原材料或产品在运输至仓库并准备入库前，必须由专门的人员和工具，将其从运输工具上卸下，检验入库后，又必须通过搬运作业将其送至相应的货架进行存储。同样，仓库货物出库也需要同样的作业。在仓储活动中，装卸搬运是一项非常重要的作业，贯穿整个仓储活动的始终。

⑦流通加工作业。流通加工指在货物从生产领域向消费领域流动的过程中，为了促进销售、维护货物质量、提高物流效率，对货物进行简单的加工，包括对货物进行包装、分割、计量、组装、贴标签等简单作业。流通加工是物流系统的重要环节。通过流通加工，可以提高物流系统服务水平和效率，减少物流过程中的损失，降低操作成本，从而降低整个物流系统的成本；同时，流通加工还可以为企业提供增值服务，从而提高企业利润。实行流通加工作业是现代仓储业与传统仓储业的最主要区别。

（2）仓储作业的成本构成

①出入库作业、验货、备货、日常养护与管理、场所作业的成本构成。

人工成本。包括从事以上作业的员工工资、加班费、奖金、福利等费用。该项成本从相关会计科目中抽出，如果某个员工从事多项作业时，应当根据员工从事各项作业的时间在各项作业间进行分配。

以上作业消耗的能源、低值易耗品的成本。

以上作业使用的机器和工具的折旧及维修费用。如机器或工具为租赁所得，则租金代替折旧。

相关的管理费用等间接成本。

②装卸搬运成本构成。

人工费。包括支付给装卸搬运工人、装卸搬运机械司机和装卸搬运管理人员的工资、加班费、津贴、职工福利、劳动保护费等费用。

燃料和动力费。装卸搬运过程中消耗的燃料和电能等能源的费用。

消耗的低值易耗品。指装卸过程中，消耗的轮胎、垫带及耗用的机油、润滑油等成本。

折旧。装卸搬运的机械工具按会计原则应计的折旧成本。

修理费用。为装卸搬运机械和工具进行维护和小修所发生的成本。

租赁费用。指企业租赁装卸搬运机械或设备时应付的租金等费用。

对外支付的装卸搬运费。支付给外单位支援装卸搬运工作所发生的成本。

运输管理费。按规定向运输管理部门缴纳的运输管理费。

事故损失。在装卸搬运作业过程中发生的应由本期负担的货损、机械损坏、人员伤亡等赔偿费用。

应由装卸搬运作业承担的管理费等间接成本。

③流通加工成本的构成。

人工成本。包括发生在流通加工过程中从事加工活动的管理人员、工人的工资、奖金、福利等费用。

流通加工过程中消耗的材料费用。如标签等材料成本。

流通加工作业消耗的燃料和动力费。

流通加工作业消耗的低值易耗品。如润滑油等。

流通加工设备折旧费。如现代化仓库常见的流通加工设备包括剪板机、印贴标签的喷印机、拆箱机等，购置这些设备所支出的成本以折旧的形式计入流通加工费。

流通加工设备维修费用。

流通加工设备租赁费用。

流通加工过程中产生的废品损失。

流通加工作业外包成本。

流通加工作业事故损失。

流通加工作业应负担的管理费等间接费用。

7.2.2 仓储成本的计算

将某一成本对象在一定计算期的各种仓储费用按上述构成分门别类进行归集和分配，就可以计算成本对象的总仓储成本和单位仓储成本。在仓储成本计算中难以计量的是自有仓库设施设备的折旧费用。

7.2.2.1 仓库设施设备的价值损耗——折旧

按折旧的原因，可以将仓库设施设备价值损耗分为有形损耗和无形损耗。

(1) 有形损耗

有形损耗是仓库等设施由于使用或自然力的影响而引起的设施能力的降低。如仓库由于使用的原因或受风吹雨打等自然力的侵蚀，致使仓库的使用能力下降。前者称为使用损耗，后者称为闲置损耗。使用损耗与使用强度正相关，闲置损耗与闲置时间正相关。

影响有形损耗的因素主要有如下几点：仓库设施的质量和可靠性，包括合理的设计、原材料的特性、安装的规范等；仓库设施的使用条件，如工作负荷、工作时间、工作特性、人员技术熟练程度等；仓库设施的自然条件，如湿度、温度、风力、雨量等；仓库设施的养护程度和维修水平。

(2) 无形损耗

由于科学技术的进步新型仓库设施的出现，致使旧仓库被淘汰或报废，从而造成资产损失；或者由于社会劳动生产率的提高，重新建造同样仓库的成本降低而造成的原有仓库的贬值，贬值的数量构成无形损耗，这种损耗不影响仓库的使用性能。

7.2.2.2 影响仓库设施设备折旧费大小的因素

(1) 折旧的基数

所谓折旧的基数指取得仓库设施的原始成本。原始成本的计价可以用仓库设施设备的原始账面价值，也可使用仓库设施的完全重置成本来计算。

(2) 仓库设施的净残值

仓库设施的净残值指预计的仓库设施报废时可以收回的残余价值扣除预计清理成本后的数额。如企业直到仓库设施不再具有服务能力时才予以报废，则固定资产的残值会很小。有些企业在仓库设施还有使用寿命时就予以更新，此时的残值就要根据被处置的仓库设施在处置时的市价来决定。有些情况下，可能出现负残值，如仓库设施的清理成本远远大于其残值。

(3) 仓库设施的使用年限

因为折旧是把一次性的固定资产投资成本分摊到其使用的期限内，所以仓库设施的使用年限就对折旧有很大的影响。年限越长，其折旧比例就越低。确定固定资产的使用年限时，要考虑有形损耗、无形损耗以及对仓库设施的维修保养。

(4) 折旧的方法

仓库设施采用的折旧方法不同，当期计提的折旧费用数额会有差异，必须要合理地确定折旧方法。确定恰当的折旧方法，应该根据仓库等设施的性质和消耗方式，合理地确定资产使用年限和预计残值，还要考虑自然环境、科技发展水平等因素。

7.2.2.3 自有仓库设施设备折旧的方法

仓库设施的折旧应该遵循按月提取的原则。当月增加的仓库设施，当月不折旧，从下月起折旧；当月减少的仓库设施，当月折旧，从下月起不折旧。仓库等设施折旧全部提取完后，不管能否再使用，都不应该再折旧；提前报废的仓库设施，也不再折旧。常用的折旧方法有两种：直线法和加速折旧法。

(1) 直线法

①平均年限法。平均年限法把折旧平均分摊到其使用年限内，其公式如下：

$$年折旧率=\frac{1-预计净残值率}{使用年限}\times 100\%$$

$$月折旧率=年折旧率\div 12$$

$$月折旧额=固定资产原值\times 月折旧率$$

平均年限法没有考虑使用强度，只考虑了使用的时间。因此，在使用期限内，不管其使用强度怎样，其折旧额都相同，所以这种方法有所不足。

②工作量法。工作量法把折旧分摊到其生命期内的每一个工作量上去，公式如下：

$$每一工作量折旧额=\frac{固定资产原值\times (1-预计净残值率)}{预计总工作量}$$

$$固定资产月折旧额=该资产当月工作量\times 每一工作量折旧额$$

(2) 加速折旧法

考虑资产的使用价值和价值随使用年限的增加而价值降低的速度不同，故提出加速折旧法。

①双倍余额递减法。在这种方法中，折旧的基数逐渐减少，而折旧率保持不变；在第一年，折旧按照仓库等设施的全部成本计算；在最后两年，折旧应用直线法。

$$年折旧率=2\div 预计使用年限\times 100\%$$

$$月折旧率=年折旧率\div 12$$

$$月折旧额=固定资产账面净值\times 月折旧率$$

②年数总和法。其公式如下：

$$年折旧率=尚可使用年数\div 总年数$$

$$月折旧率=年折旧率\div 12$$

$$月折旧额=(固定资产原值-预计净残值)\times 月折旧率$$

$$总年数=[预计使用年数\times (预计使用年数+1)]\div 2$$

$$每年折旧额=\frac{(原始价值-净残值)\times 尚可使用年数}{总年数}$$

③余额递减法。也称为定率递减法，其折旧额等于一个固定百分率乘以仓库设施在每一个会计期间的账面价值。

④折旧率递减法。指用一个呈递减趋势的折旧率来计算折旧的方法。对有残值的仓库设施，先估计其残值，计算其占仓库设施原成本的百分比，然后与各年的折旧率相加，必须等于100%。

以上提出了几种计算折旧的方法。使用不同的方法，每年的折旧额会不同。使用直线法，每年折旧额相等；使用工作量法，每年折旧额没有特定的模式，因为折旧额取决于对资产的使用强度，使用得越多，折旧额越大。而在加速折旧的情况下，资产折旧在第一年折旧最多，最后一年最少。企业决定用什么样的折旧法和其公司财务管理模式有关。

7.2.3 库存成本的构成和计算

库存成本是与库存水平和库存周转速度有关的成本。在一个企业的物流成本中所占的比例相当大，一般在30%至60%之间。库存成本一般由库存持有成本、在途库存成本和缺货成本三部分构成。

7.2.3.1 库存持有成本

库存持有成本包括与库存水平有关的资金成本、保险、税金、库存风险成本、储存空间成本等。其构成比例如表 7-1 所示。

表 7-1 库存持有成本构成

构成项目	占商品价值的平均比例（%）	范围（%）
资金成本	15.00	8 ~ 40
税金	1.00	0.5 ~ 2
保险	0.05	0 ~ 2
风险成本	1.20	0.5 ~ 2
储存成本	2.00	0 ~ 4
合计	19.25	9 ~ 15

（1）库存资金成本

库存资金成本指库存产品占用资金产生的机会成本。任何投入到存货中去的资金都会失去其赚钱的能力，限制了资本的可得性以及其他的投资。企业将库存产品用于其他投资所能实现的收益就是库存投资的资金成本，这种成本是对于可能丧失的获利机会的反映，它由库存占用资金和相关收益率相乘得到。为了核算上的方便，库存资金成本的相关收益率采用当前银行利率；也可以用企业新投资的最低预期资本回报率，因为从投资的角度来说，库存投资与建新厂、增加机器设备等的投资是一样的。

(2) 税金

当存货被存放在配送设施中时，有些地方将它作为财产来征税。税率和评估方法通常随地点不同而不同。一般情况下，税金是根据一年内某个特定日的存货水平或某一段时间内平均存货水平征收。典型做法是按货物价值的百分比来确定税金。

(3) 保险

保险费用根据风险的评估或承担风险的程度直接征收。风险的评估和承担的风险取决于产品和存储设施两方面的性质。例如，容易被偷盗的高价值产品以及易燃的危害性产品将会导致相对较高的保险费用。保险费用还受到储存设施内的预防措施的影响，例如保安摄像机和自动灭火系统等。

(4) 库存风险成本

库存风险成本指由于库存水平的原因，造成库存商品过时贬值、破损变质及丢失被盗等损失，且得不到保险的补偿。库存风险成本的计算是根据经验来确定的。如产品被降低标价、损坏或被盗的总计金额等。当产品在式样设计方面过时时，这种风险还可能扩大到市场营销损失。

(5) 储存空间成本

储存成本包括与产品存放有关而不是与产品搬运有关的设施费用，主要指使用合同制仓库的所支付的存储费，它与库存水平有直接的关系。

7.2.3.2 在途库存成本

在途库存成本指货物在运送的过程中，作为库存方面所造成的成本，它不包括运输成本。如企业以目的地交货价格出售产品，意味着企业负责将产品运达客户，因此，只有在客户收到产品时，产品的所有权才转移。从理财的角度来看，产品仍是卖方库存，存在资本成本、保险费用，也可能有货物的变质风险成本。与仓库库存持有成本相比，在途库存风险成本要小，也不存在缺货成本。一般来说，在途库存持有成本要比仓库库存持有成本小，需要对每一项成本进行分析，才能准确计算出实际在途库存成本。

7.2.3.3 缺货成本

企业为了平缓需求方面的不确定性和延缓提前期，必须保留一定的保险库存。保险库存太大意味着多余的库存，而保险库存不足则意味着缺货或失销。缺货对企业的影响较大，由于存货供应中断，可能造成停工损失、丧失销售机会等。

缺货成本是因供货中断而产生的各种损失，分析缺货成本的目的，主要是为了确定在既定服务水平下，进行安全库存数量的决策。缺货成本由三部分构成。

(1) 延期交货成本

延期交货有两种形式：第一，缺货商品在下次规则订货中补充；第二，利用快速延期交货。如果使用第一种方式，企业实际上没有经济损失，但是频繁的延期交货可能导致商誉的损失，从而失去客户。如果采用第二种方式，就会发生特殊订单处理和运输费用。延期交货的特殊订单处理费用相对于一般的订单费用要高。由于延期交货的商品经常是小规模运输，运输成本较高。而且，延期交货的商品可能需要长距离运输，如从国内另一地区的仓库供货。此外，延期交货还可能需要利用快速、昂贵的运输方式。因此，延期交货成本可以根据额外订单成本和额外运输费用来计算。

(2) 失销成本

如果顾客不允许延期交货，则会产生失销成本。许多公司都有生产替代商品的竞争者，当一个供应商没有客户所需要的产品时，客户就会从其他供应商处购买，从而形成失销。其直接损失是这种产品的利润损失。可以通过计算产品的利润，再乘以客户的订货数量来计算直接损失。除了直接损失外，还存在由于负责这笔业务的销售人员的人力、精力的浪费，称为机会损失。失销损失很难确定，因为机会损失难以计量；订货数量也难以确定，如许多客户习惯电话订货，在这种情况下，客户只是询问是否有货，而未指出要订购多少，也就不知道直接损失；一次缺货对未来销售的影响也是很难估计的。

(3) 失去客户的成本

由于缺货，客户可能永远转向另一供应商，造成失去客户。失去了客户，企业也就失去了未来的一系列收入，这种缺货造成的损失很难估计，需要用管理科学的技术以及市场营销研究方法来分析和计算。除了利润的损失，缺货还能造成信誉损失。

缺货成本可以计算具体某次的，也可以计算各次平均的。某次缺货成本的计算，需要先确定该次缺货的类型是延期交货成本、失效成本还是失去客户的成本，然后将该次缺货造成的各种损失成本相加即可。计算平均一次的缺货成本，应在市场调查的基础上，先计算三种类型的各类缺货成本，然后确定三种缺货成本类型的比例，再利用加权平均法计算平均一次的缺货成本。

某公司向 300 名顾客询问他们遇到缺货时的态度，发现其中 10% 的顾客会推迟购买；70% 的顾客会去购买其他生产商的商品，但下次有货时会再购买该企业商品；20% 的顾客将永远转向其他供应商。企业又计算出三种情况下的缺货成本分别是 20 元，50 元，1200 元。因此该企业的平均一次缺货成本为：$20 \times 0.1 + 50 \times 0.7 + 1\,200 \times 0.2 = 277$（元）。

专栏 7.2 美国存储成本的计算方法——经验比例测算法

从会计科目中分离出仓储库存成本的各项构成成本，然后作相应的汇总可以得到成本对象的存储成本，这种方法比较准确也比较烦琐。美国的存储成本计算采用的是一种经验比例测算法。

存储成本是美国物流总成本的三个构成部分之一。美国的存储成本又可分为仓储固定成本、仓储作业成本和库存成本三部分。仓储固定成本与库存数量无直接关系，其成本项目主要包括仓库租赁费、取暖照明费、仓库折旧费、税金、保险费等；仓储作业成本包括搬运装卸费用、设备折旧费、能源消耗、人工费用等；库存成本包括资金占用成本、库存商品的损害、丢失、变质等损失。

计算时，先确定所有库存商品的价值。可采用先进先出法、后进先出法、移动加权平均法、加权平均法、个别计价法等存货计价方法计算库存商品的价值。

然后，估算每一项仓储库存成本占库存商品价值的比例。其中，仓库租金、折旧、税金、保险等仓储固定成本占库存商品价值的3%～10%；仓储作业成本占库存商品价值的1%～5%；库存成本占库存商品价值的8%～25%。

最后，用全部仓储库存成本占库存商品价值的比例（12%～40%）乘以库存商品价值，就可估算出保管一定数量商品的年存储成本。

（资料来源：连桂兰．如何进行物流成本管理［M］．北京：北京大学出版社，2004。）

7.2.4 库存商品成本价值的计算

库存商品成本也称为库存商品价值，指库存商品所占用的全部资金。它是计算资金成本、保险费、税金等的基础，也是采用经验测算法计算存储成本的基础。

7.2.4.1 取得存货的成本价值计算

企业取得存货，有外购、自制、委托加工三种方式。这三种方式的成本计算方法有所不同，但都按历史成本计价。

（1）外购存货成本

外购存货的成本一般用历史采购成本计算。采购成本指在采购过程中发生的支出，包括买价和其他相关费用。

买价。在没有特殊情况发生的情况下，买价指发票金额。如果购买货物时，得到折扣，买价指已扣除商业折扣、但包括现金折扣的存货价格。

税金。税金包括因为采购货物所支付的海关税、消费税、增值税、资源税等税金。

采购费用。包括采购所发生的运输费、装卸费、保险费、运输途中的合理损耗，以及入库前的加工、整理、挑选费用等。

专栏7.3 商业折扣和现金折扣

折扣，会计上解释为：销售方根据购货方支付货款的时间或采购量的多少而给予的一种价格优惠。它分为商业折扣和现金折扣。

商业折扣，又称价格折扣，是企业为了鼓励购买者批量采购而在价格上给予一定数额的折扣，即购买越多，价格越低。通常情况下，商业折扣从商品价目单上规定的价格中直接扣算，扣减后的净额才是实际售价。因此，购销双方均是以折扣后的净额，即实际价格计算反映。也就是说，发票所开金额是折扣后的净额，商业折扣对企业会计记录没有影响，故不存在调整销售收入和增值税的问题。

现金折扣又称销售折扣，是企业为了鼓励购买者在一定信用期内早日付款而给予购买方一定数额的折扣，这种折扣，其收款金额小于发票所开金额，实际上是销售收入的减少，因此，采用现金折扣就涉及企业在进行销售核算时，究竟按发票所列金额确认收入（总额法记账法），还是按发票金额抵现金折扣后的净额（净价法）确认为销售收入的问题。现行财务制度规定，企业发生现金折扣应采用，即按发票所列金额记账，实际发生折扣时作为财务费用。在这种方法下，将实际发生的现金折扣视为销货是企业为了鼓励客户提早付款而发生的理财费用。

（资料来源：姜波、张波 . www. chinafm. org. 2006-09-14。）

(2) 自制存货成本

自制存货的历史成本，是指耗用的外购存货和加工成本的总和，包括制造过程中发生的直接材料费用、人工费用以及其他应计为存货成本的费用。

(3) 委托加工存货成本

委托加工成本包括加工过程中耗用的材料费用、半成品的成本、加工费用和往返运输费用及应缴税金。

7.2.4.2 库存出库和结存的成本价值计算

同种货品进入仓库的批次不同，货品的单位成本价格也不同，因此，出库货品的成本价值和仓库中现有存货价值的计算应确定合适的计价方法。

库存出库和结存的成本价值计算一般有四种方法：先入先出法（FIFO）、后入先出法（LIFO）、平均成本法、特定成本法。上述四种方式只与成本价值流动有关，而和真实的货物流动无关。企业决定计算的方法取决于许多因素，如出库的类型、预计的经济状况、税法等。下面分别介绍四种计算方法。

(1) 先入先出法

先入先出法假设所有出库货物都是由仓库中最早的存货供给的，并且供给的物品都按记载在存货账中的最初成本计价，任何时候的在库货都是最后购入的。由于先入先出法方法简单，并且可以适用于永续盘存制和定期盘存制，所以在实际中应用最广泛。表 7-2 反映了用先入先出法进行出库货物和库存结存的成本价值计算的过程。

表 7-2 先入先出法计算出库货物和库存结存的成本价值 单位：元

日期	入库			出库			库存		
	数量	单价	成本价值	数量	单价	成本价值	数量	单价	成本价值
1	300	10	3 000				300	10	3 000
2				150	10	1 500	150	10	1 500
3	100	15	1 500				250	10（150） 15（100）	3 000
4				200	10（150） 15（50）	2 250	50	15	750
5	200	20	4 000				250	15（50） 20（200）	4 750

（2）后入先出法

后入先出法假设最后入库的产品最先出库，也就是仓库中在库产品都是最先购入的产品，发货产品按最近购入价计算，库存成本按最早的购入成本计算。采用后入先出法的目的是使本期收入与本期成本相一致，但是此法可能导致资产负债表中存货价值失真，从而流动比率和其他关于流动资产的关系失真。在单位存货成本上涨时期，它使收入减少，可以减少所得税；在单位存货成本下降时期，它使收入增加。它也适用于永续盘存制和定期盘存制。表 7-3 反映了用后入先出法进行出库货物和库存结存的成本价值计算的过程。

表 7-3 后入先出法计算出库货物和库存结存的成本价值 单位：元

日期	入库			出库			库存		
	数量	单价	成本价值	数量	单价	成本价值	数量	单价	成本价值
1	300	10	3 000				300	10	3 000
2				150	10	1 500	150	10	1 500
3	100	15	1 500				250	10（150） 15（100）	3 000
4				200	15（100） 10（100）	2 500	50	10	500
5	200	20	4 000				250	10（50） 20（200）	4 500

比较两种方法发现，虽然入库、出库的物品的时间和数量都未变，但期间出库货物的总成本价值，先入先出法为3750元，而后入先出法为4000元；期末现有存货的成本价值，先入先出法为4750元，而后入先出法为4500元。

(3) 平均成本法

平均成本法假设单位存货成本是一定时期内入库的所有该种货品的平均成本价值。采用这种方法，企业既能获得较真实的期末存货价值，又能获得较为真实的出库货品价值。平均的方法有三种：简单平均法、加权平均法、移动平均法。

简单平均法用生产或采购的货物的单位成本之和除以入库次数来计算。它忽略了每次入库批量的大小，给每次入库存货相等的权重。当入库批量相差较大时，简单平均法会出现较大的误差。

加权平均法用一定时期的存货总成本价值除以存货总数量。它既考虑了各批存货的成本价值的影响，也考虑了批量大小的影响。

表7-4反映了用加权平均法进行出库货物和库存结存的成本价值计算的过程。

表 7-4　**加权平均法计算出库货物和库存结存的成本价值**　单位：元

日期	入库			出库			库存		
	数量	单价	成本价值	数量	单价	成本价值	数量	单价	成本价值
1	300	10	3 000				300	14.17	4 251
2				150	14.17	2 125	150	14.17	2 125
3	100	15	1 500				250	14.17	3 542
4				200	14.17	2 833	50	14.17	708
5	200	20	4 000				250	14.17	3 542
合计	600	14.17	8 500	350	14.17	4 958	—	—	—

移动平均法在计算平均成本时，在原有库存的基础上加入最近购入和追加的库存成本，计算现有库存的平均成本价值，从而能更真实地反映库存成本的变化。

表7-5反映了用移动平均法进行出库货物和库存结存的成本价值计算的过程。

表 7-5　**移动平均法计算出库货物和库存结存的成本价值**　单位：元

日期	入库			出库			库存		
	数量	单价	成本价值	数量	单价	成本价值	数量	单价	成本价值
1	300	10	3 000				300	10	3 000
2				150	10	1 500	150	10	1 500

续表

日期	入库			出库			库存		
	数量	单价	成本价值	数量	单价	成本价值	数量	单价	成本价值
3	100	15	1 500				250	12	3 000
4				200	12	2 400	50	12	600
5	200	20	4 000				250	18.4	4 600

简单平均法和加权平均法要在计算期过去之后才能使用，它们更适合于定期盘存制，而移动平均法更适用于永续盘存系统。

(4) 特定成本法

在所有存货出库计价方法中，特定成本法所提供的期末存货价值和销售商品成本价值最为真实。采用这种方法，成本流动和实物流动是等同的。由于特定成本法比较烦琐，故一般用于数量小、价值大的商品的成本计算。

四种方法在计算库存成本时各有优缺点。单位成本相同，所有方法基本等效；但单位成本有明显变化时，这些方法之间便存在较大区别。若存货周转率较高，各种方法之间的差异也会减小。确定用哪种方法取决于企业的性质和目的。

专栏 7.4 库存的盘存方式

库存成本盘存是确定库存的作业，它包括定期盘存和永续盘存两种方式。

(1) 定期盘存

定期盘存制也称实地盘存制，指会计期末通过对全部库存进行实地盘存，以确定期末库存结存数量，然后分别乘以各项库存的盘存平价，计算出期末库存物品价值；计算期末库存的购进，不计减少，再采用倒算的方法确定销售或耗用的库存物品的数量和价值。

定期盘存的优点是简化了日常存货核算工作，缺点是加大了期末工作量，而且由于存货成本是用倒算的方法确定的，如出现收发错误、损毁、自然损耗等情况时，账面无法反映。

(2) 永续盘存

永续盘存制又称账面盘存制，是对库存项目设置经常性的库存记录，即分品名规格设置明细账目，对存货的增减变动进行连续记录，并随时结出存货数量。这样，通过会计账簿资料，可以完整地反映存货的收入、发出和结存的情况。因此，在没有发生缺损丢失和记账错误的情况下，存货账户余额应与实际库存相符。在永续盘存制下，也要对存货进行定期或不定期盘点，使账目和实际数值一致。如发生账实不符，应在查明原因的基础上调整账面记录，使之与实际相符。

永续盘存制克服了定期盘存的不足，便于库存的日常核算，有利于加强库存的控制和管理，缺点是工作量比较大。

（资料来源：李伊松，易华．物流成本管理［M］．北京：机械工业出版社，2005。）

7.3 仓储成本的控制

7.3.1 选择合适的仓储类型

企业可以通过建造自有仓储、租赁仓库或采用合同制仓库来获得仓储空间。企业应该根据自身条件，在对成本和客户服务要求进行对比分析的基础上来选择合理的仓储类型。

7.3.1.1 各种仓储类型的特点

各种仓储类型都有其优缺点，具体情况见表 7-6。

表 7-6 三种仓储类型的优缺点比较

仓储类型	优点	缺点
自有仓储	* 可以很大程度地控制仓储活动。 * 期限长、利用率高的自有仓储，等于形成的一种规模经济，其成本可能低于租赁仓库和合同制仓库。 * 可以为企业树立良好形象，增强客户信任感。	* 自有仓库位置固定，难以适应变化的市场需求。 * 自有仓库容量固定，占用大量的资金，造成企业的一部分资源浪费。 * 自有仓库的前期建设资金规模大，资金难以筹集，机会成本较高。
租赁仓储	* 企业不需要自建仓库的巨大投资，可避免财务风险。 * 满足企业库存高峰时的大量额外需求。 * 使用租赁仓库，企业可以灵活改变库存策略。	在一定租赁期内，租赁的仓储空间是一定的，不会因企业库存量的改变而改变，容易造成浪费。
合同制仓储	* 企业不需要自建仓库的巨大投资，并可避免财务风险。 * 合同制仓库与自有仓库结合形成仓储设施网络，扩大企业的市场覆盖范围，增强企业经营的灵活性。 * 设施设备的利用效率高，具有规模效应，可以降低企业的成本。 * 可以得到全方位的专业化仓储服务，避免管理上的麻烦与困难。	* 可能存储不同的商品，需要保护性的包装，增加了企业包装成本。 * 企业容易对物流活动失去直接控制。

7.3.1.2 选择仓储类型时要考虑的因素

自有仓储、租赁仓储和合同制仓储各有优势，仓储类型的选择需要考虑如下的因素。

(1) 仓储总周转量

合同制仓储的成本只含可变成本，成本函数是线性的。而租赁仓储和自有仓储成本构成中既有固定成本，也有变动成本。由于合同制仓储属于赢利性质，其可变成本增长率一般要高于自有仓储和租赁仓储的可变成本增长率。当总周转量较低时，合同制仓储成本更低；当总周转量较高时，则应该选择租赁和自有仓储。

(2) 需求的稳定性

需求的时间和空间较稳定的企业一般都自建仓库，因为在需求稳定的情况下，自有仓库的利用率比较高，从而比较合理。如果需求的时间和空间都不稳定，可通过自有仓库满足稳定需求的需要，通过租赁和合同仓库满足变化需求的需要。

(3) 市场密度

市场密度较大或供应商较集中的时候，企业可以考虑自建仓库。因为零担运输费率较高，经自有仓库拼箱后，整车运输费率会大大降低。

(4) 灵活性的要求

自营仓库因由企业完全控制，具有更大的作业灵活性，而租赁、合同仓库往往对所有客户都采用同一仓储政策和作业程序，灵活性差。所以，当仓库作业灵活性要求高时，特别是需要专门设备和人员时，应选择自有仓储服务。同时自有仓库还可作为销售、运输部门和采购部门的服务基地，提供增值服务。

企业也可以结合投资决策分析来对仓储空间的获取方式进行选择。投资决策分析方法主要有三种：净现值法、现值指数法、内含报酬率法，这三种方法都适用于进行企业仓储空间取得方式的决策。

专栏 7.5 伊莱克斯：外包物流

1995 年，伊莱克斯与长沙中意电冰箱厂合资组建伊莱克斯-中意电冰箱有限公司时，就明确了责任分工：伊莱克斯只负责产品生产，而中意冰箱厂全权负责产品的销售与售后服务工作。随后，伊莱克斯将物流又交由了专业物流公司负责。选择第三方物流公司比自建物流体系费用高，但对于伊莱克斯 1994 年在中国近 20 亿元的销量来说，只能选择第三方物流。由于销量不高，为了赶超第一名海尔，伊莱克斯只好轻装上阵。而且企业要自建物流体系，至少得有 50 亿元的销量，形成一定规模才行。虽然算下来自建成本要低些，但目前按同一型号单台产品来算，平均下来海尔的成本要高。

虽然是把物流交给了第三方，但还是要负责全面统筹。最头痛的事是库存预测的准确率，如何才能预测准确？会不会出现生产 1 万台产品，结果只要 3 000 台的情况呢？他们的做法是每个月 5 号，分公司都会从市场、大分销商处收集信息，再把信息发往北京销售总部，在总部由预测小组根据市场调研和历史类比对数据进行分析、估计与评价，最后达成共识，做出预测。这样，预测的准确性得到了较大的提高。与此同时，他们还十分关注存货盘点的准确度、存货周转率和它们在中国的 30 多个仓库的利用率等影响物流成本的关键数据。

由于伊莱克斯在国外销量大，曾尝试自建过物流体系，但后来觉得麻烦，不太划算，又慢慢分包回去了。自建物流体系首先要招进大量管理人才，物流成本会增多，而且物流部门做大了，和企业还会发生冲突，销售老总能不能配合企业老总又是一个关键，太多的不确定因素增大了管理难度。交给第三方物流公司做，则轻松许多，而且第三方物流公司之间有一个游戏规则，便于有序竞争。但不能把物流交给一家公司做，这样容易使企业受到牵制，只有交给几家公司，让他们之间进行竞争，优胜劣汰，对企业才有利。

（资料来源：海尔、伊莱克斯对垒分销物流，博客论坛（bbs. bokee. com），2005-08-12。）

7.3.2 制定正确的混合仓储空间策略

当企业对仓储空间的需求不稳定，具有季节波动时，如企业根据高峰时期的需求量来确定自有仓库或长期租赁仓库的存储空间，那么在库存水平较低时便会出现仓库空间利用率低的情况，增加企业物流成本。解决的方案是采用混合仓储空间策略，也就是将多种仓储空间获取方式相结合，既利用公共仓储的灵活性，又利用自有仓储的成本效益，有效地适应需求的变化，控制仓储成本。该方案如图 7-1 所示。

选择最优混合策略具体步骤如下：

①预测全年不同时期对仓储空间的需求量。

②在满足仓储空间需求的前提下，计算各种规模的混合策略的相关年仓储总成本。

③根据计算的数据以横坐标表示仓储空间的需求量，纵坐标表示不同规模仓储组合的总成本，绘制不同规模组合下的成本曲线。

④根据成本曲线的最低点所对应的组合方式确定最优的混合组合。

由于自有仓储空间或长期租赁仓储空间的仓储成本既包含固定成本又包含变动成本，短期使用合同制仓库的成本都属于变动成本。因此，当自有仓储空间或长期租赁仓储空间的规模在一定范围时，随着自有仓储空间或长期租赁仓储空间的规模扩大，组合的总成本会不断下降，当自有仓储空间或长期租赁仓储空间的规模超过该范围之后，随着自有仓储空间或长期租赁仓储空间的规模扩大，组合的总成本会不断上升。因此，成本曲线上会出现一个低点，该点所代表的组合的成本是所有组

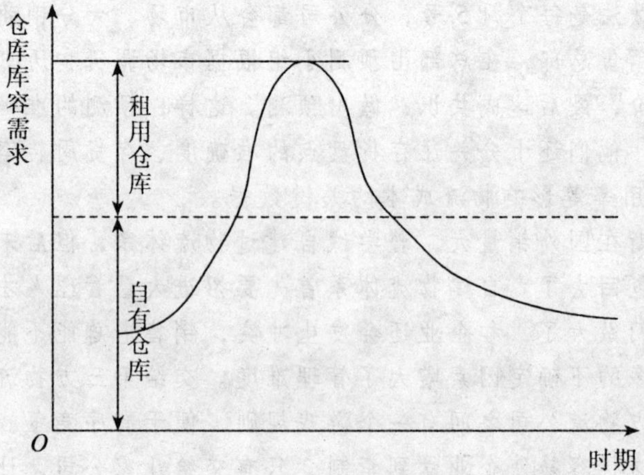

图 7-1 混合仓库库容策略示意图

合中最低的，该点对应的组合即为企业应当采取的最优的混合组合。

例如一家生产企业计划在长江三角洲地区建造一个仓库，由于该企业产品的需求具有季节性，所以企业仓储空间需求也具有季节性，表 7-7 显示了企业预测出的该年各月的货物吞吐量。如果该仓库的库存周转率为 4 次/月。总仓储空间中 40% 为巷道，为了应对未来可能发生的仓储空间需求的变化，仅有 80% 的仓储空间被利用。1kg 产品平均占用 $0.5m^3$ 的仓储空间，在货架上可堆码 5m 高。该仓库连同设备在内的投资为 200 元/m^2，折旧期限为 20 年，运营成本为 0.3 元/kg。总仓储空间的年固定成本为 4 元/m^2。

使用合同制仓库的空间费率为每月 10 元/m^2，入库-出库搬运成本为 0.4 元/kg。那么如何进行不同规模的混合仓储空间决策呢？

首先需要计算企业在不同月份对仓储空间的需求数：从库存周转率可知，每月通过仓库流转的每 4kg 产品中有 1kg 成为库存，因此，需要进行储存的产品数量为吞吐量的 1/4；1kg 产品平均占用 $0.5m^3$ 的空间，且在货架上可堆码 5m 高，因此，每储存 1kg 产品需要 $0.5/5m^2$ 的空间；巷道占用 40% 的空间，且仓库利用率只有 80%，因此所需仓储空间还应再乘以两个修正系数：1/60% 和 1/80%。由此可得每月仓储空间的面积需求为：

每月仓储空间需求 = 每月吞吐量 ×1/4 × (0.5 ÷ 5) × (1 ÷ 60%) × (1 ÷ 80%)

= 每月吞吐量 ×0.05

其次，计算不同规模的组合成本。

以自营仓库规模为 20 000m^2 为例进行测算，一个 20 000m^2 仓库的造价 =

200 × 20 000 = 4 000 000（元）。

在 20 年折旧期限内分摊，年计提折旧费 = 4 000 000 ÷ 20 = 200 000（元）。

由于总仓储空间的年固定成本为 4 元/m^2，20 000m^2 仓库的年固定成本 = 20 000 × 4 = 80 000（元）。

20 000m^2 仓库的全部固定成本为 280 000 元，各月固定成本为 23 333 元。

自有仓库每月的变动成本 = 自有仓库该月处理的吞吐量 × 单位运营成本 0.3 元/kg

合同制仓库的成本包括存储费和搬运费。

存储费 = 使用合同制仓库空间大小 × 合同制仓库空间费率 10 元/m^2

搬运费 = 合同制仓库处理的吞吐量 × 出入库搬运费率 0.4 元/ kg

该企业自有仓库规模为 20 000m^2 时，自营份额和合同份额、各月仓储成本和年仓储总成本的计算过程见表 7-7。

表 7-7　**自有仓库规模为 20 000m^2 时各月仓储成本和年仓储总成本计算表**

月份	仓库吞吐量（kg）	仓储空间需求（m^2）	自营仓储份额	每月固定成本（元）	每月变动成本（元）	合同制仓储份额	每月存储费（元）	每月搬运费（元）	每月总成本（元）
1	13 300	665	1	23 333	3 990	0	0	0	27 323
2	65 600	3 280	1	23 333	19 680	0	0	0	43 013
3	209 700	10 485	1	23 333	62 910	0	0	0	86 243
4	428 200	21 410	0.9341	23 333	120 000	0.0659	14 100	11 280	168 713
5	564 000	28 200	0.7092	23 333	120 000	0.2908	82 000	65 600	290 933
6	479 000	23 950	0.8351	23 333	120 000	0.1649	39 500	31 600	214 433
7	260 600	13 030	1	23 333	78 180	0	0	0	101 513
8	92 180	4 609	1	23 333	27 654	0	0	0	50 987
9	19 980	999	1	23 333	5 994	0	0	0	29 327
10	3 060	153	1	23 333	918	0	0	0	24 251
11	60 440	3 022	1	23 333	18 132	0	0	0	41 465
12	111 340	5 567	1	23 333	33 402	0	0	0	56 735
合计	2 307 400	115 370	—	280 000	610 860	—	135 600	108 480	1 134 940

按此方法对各种自有仓库规模进行计算。表 7-8、表 7-9 是自有仓库规模为 25 000m^2、30 000m^2 时，自营份额和合同份额、各月仓储成本和年仓储总成本的

计算过程。

表 7-8　自有仓库规模为 25 000m² 时各月仓储成本和年仓储总成本计算表

月份	仓库吞吐量（kg）	仓储空间需求（m²）	自营仓储份额	每月固定成本（元）	每月变动成本（元）	合同仓储份额	每月存储费（元）	每月搬运费（元）	每月总成本（元）
1	13 300	665	1	29 167	3 990	0	0	0	33 157
2	65 600	3 280	1	29 167	19 680	0	0	0	48 847
3	209 700	10 485	1	29 167	62 910	0	0	0	92 077
4	428 200	21 410	1	29 167	128 460	0	0	0	157 627
5	564 000	28 200	0.886 5	29 167	150 000	0.113 5	32 000	25 600	236 767
6	479 000	23 950	1	29 167	143 700	0	0	0	172 867
7	260 600	13 030	1	29 167	78 180	0	0	0	107 347
8	92 180	4 609	1	29 167	27 654	0	0	0	56 821
9	19 980	999	1	29 167	5 994	0	0	0	35 161
10	3 060	153	1	29 167	918	0	0	0	30 085
11	60 440	3 022	1	29 167	18 132	0	0	0	47 299
12	111 340	5 567	1	29 167	33 402	0	0	0	62 569
合计	2 307 400	115 370	—	350 000	673 020	—	32 000	25 600	1 080 620

表 7-9　自有仓库规模为 30 000m² 时各月仓储成本和年仓储总成本计算表

月份	仓库吞吐量（kg）	仓储空间需求（m²）	自营仓储份额	每月固定成本（元）	每月变动成本（元）	合同仓储份额	每月存储费（元）	每月搬运费（元）	每月总成本（元）
1	13 300	665	1	35 000	3 990	0	0	0	38 990
2	65 600	3 280	1	35 000	19 680	0	0	0	54 680
3	209 700	10 485	1	35 000	62 910	0	0	0	97 910
4	428 200	21 410	1	35 000	128 460	0	0	0	163 460
5	564 000	28 200	1	35 000	169 200	0	0	0	204 200
6	479 000	23 950	1	35 000	143 700	0	0	0	178 700

续表

月份	仓库吞吐量(kg)	仓储空间需求(m^2)	自营仓储份额	每月固定成本(元)	每月变动成本(元)	合同仓储份额	每月存储费(元)	每月搬运费(元)	每月总成本(元)
7	260 600	13 030	1	35 000	78 180	0	0	0	113 180
8	92 180	4 609	1	35 000	27 654	0	0	0	62 654
9	19 980	999	1	35 000	5 994	0	0	0	40 994
10	3 060	153	1	35 000	918	0	0	0	35 918
11	60 440	3 022	1	35 000	18 132	0	0	0	53 132
12	111 340	5 567	1	35 000	33 402	0	0	0	68 402
合计	2 307 400	115 370	—	420 000	692 220	—	0	0	1 112 220

可根据所得到的数据绘制年总成本曲线。选取成本最低的那一点作为最优的混合模式即可。显然该企业的自有仓库规模在 25 000 ~ 30 000m^2 之间，年仓储总成本最低，见图 7-2。

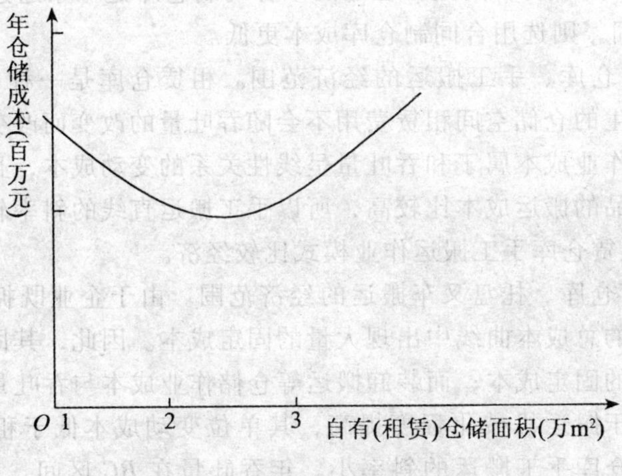

图 7-2 仓储空间最优混合决策图

7.3.3 合理选择不同吞吐量的仓储类型和作业模式

当企业通过自有仓库进行仓储活动时，仓储成本是企业自有仓库内部产生的成本；当企业通过租赁仓库或合同制仓库的形式实施仓储活动时，仓储成本是外部提供仓储服务收取的费用。不同仓储系统表现出不同水平的固定成本和变动成本，因此，不同吞吐量下，采用不同的仓储类型与作业模式会带来不同的仓储成本，具体如图7-3所示。为了降低企业的仓储成本，必须根据企业吞吐量的规模，恰当地选择仓储类型与作业模式。

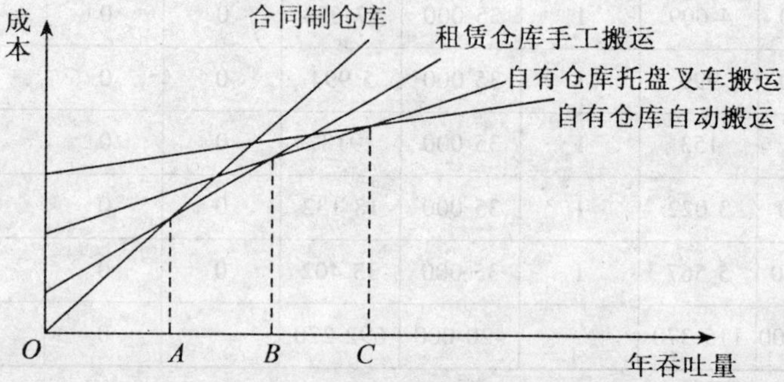

图7-3 采用不同仓储类型与作业模式时的仓储成本

①OA为合同制仓库的经济范围。合同制仓库的收费中既有库存持有成本又有仓储成本，它与吞吐量呈线性关系，同时，当企业库存为0时，企业就可以终止合同，从而使相关成本为0，因此，在上图中合同制仓库是一条通过原点的直线。年吞吐量在OA区间，则选用合同制仓库成本更低。

②AB为租赁仓库、手工搬运的经济范围。租赁仓库是一种长期的租赁协议，成本计算期内发生的仓储空间租赁费用不会随吞吐量的改变而改变，它属于固定成本；手工搬运的作业成本属于和吞吐量呈线性关系的变动成本，且由于手工搬运效率较低，单位物品的搬运成本比较高，所以手工搬运直线的斜率较大。年吞吐量在AB区间，选用租赁仓库手工搬运作业模式比较经济。

③BC为自有仓库、托盘叉车搬运的经济范围。由于企业既拥有仓库又拥有搬运设备，在企业的总成本曲线中出现大量的固定成本。因此，其固定成本高于租赁仓库、手工搬运的固定成本；而装卸搬运等仓储作业成本与吞吐量呈线性关系，属于变动成本。由于搬运机械化程度提高，其单位变动成本低于租赁仓库、手工搬运，斜率较租赁仓库手工搬运的斜率小。年吞吐量在BC区间，则采用自有仓库、托盘叉车搬运成本更低。

④C以上部分为自有仓库、全自动搬运的经济范围。自动化的仓库和搬运设备需要很高的固定投资，其成本线的截距最大；但是自动化仓库的劳动效率大大提高，变动成本很低，其成本线的斜率最小。年吞吐量大于C点时，自有仓库、全自动搬运作业模式是最佳选择。

7.3.4 降低各项仓储作业成本

7.3.4.1 降低装卸搬运成本

物料搬运的主要目的是为了将需要的物料运送到需要的场所，并做到迅速、有效、安全，在运送过程中避免停滞、拥塞、等候、倒流等现象。为了降低装卸搬运成本，必须做到：

①经济合理地选择装卸搬运设备。企业固定投资的很大比重是对装卸搬运的投资，此外对装卸搬运设备的维护、保养、运行等带来的变动成本也是一笔很大的开支。装卸搬运设备对日后的操作成本影响很大，因此，选择合适的装卸搬运设备可有效地控制装卸搬运投资费用、运作费用和作业成本。

②在高峰期间或试用期间可以使用租赁的方式获取装卸搬运设备，以减少设备投资。

③合理规划仓库的布局，优化搬运顺序和路线，提高装卸搬运作业的组织调度工作水平，尽量减少装卸搬运的次数和距离。

④选择适当的作业方式和作业方法。根据货物种类、形状确定以分块、散装还是以托盘、集装箱进行作业。尽量提高一次搬运的作业量，充分利用装卸搬运设备的作业能力。

7.3.4.2 降低备货作业成本

备货作业是所有仓储作业中最烦琐的作业，降低其成本的原则是降低作业烦琐的程度，理顺作业的程序，提高效率。

(1) 合理选择备货作业方式

一般来说，如果产品品种较多时，应采取全面分拣的方式；产品品种较少时，采取批处理分拣方式；仓库面积较大，不同产品存放区域相隔较远，可以采取分区分拣方式；当不同的订单由不同的承运商承担运输，并对分拣产品有不同要求时，应采用分波分拣方式。

(2) 进行合理分区

进行合理的分区，可以减少仓储空间，缩短需要移动货物的数量和距离，有效地减少备货作业量和备货时间，提高备货作业效率。如将仓库分为储藏区和备货区；或将货架下部作为备货区，其他的部分作为储藏区。产品从备货区出库，其减少部分从储藏区补充，这样虽然增加了一道工序，但大大提高了作业效率。

(3) 加强场地管理，提高作业效率

整理好场地工作环境，制定科学的场地管理规则，可以节省备货人员寻找货物的时间，提高效率，从而降低备货成本。如对货物分区编号，熟悉产品存放的位置；对储藏区采用流动场地管理法，对备货区采用固定场地管理法；将出库频率比较高的产品集中堆放在仓库门口附近等都可以提高作业效率。

7.3.4.3 运用技术手段，简化验货与出入库作业

验货与出入库作业的烦琐程度仅次于备货作业。如果能简化这道工序，将大大提高仓储作业的效率。计算机扫描仪的使用可以提高准确度和检查速度。此外，条形码和计算机信息管理系统的广泛使用还可以大大提高出入库作业的效率。

7.3.4.4 降低流通加工成本

通过采取“备货—贴价格标签—验货”一条龙的作业办法，可以提高流通作业的效率。具体步骤是在分拣出库产品前预先印制好产品价格标签，然后在分拣产品时就把预先印好的标签贴在出库商品上，并进行产品检验。

7.4 库存成本管理

专栏 7.6 了解汽车物流库存“冰山”

近年来，中国汽车业竞争加剧，车价呈下降趋势，降低成本显得越来越迫切。汽车制造商的成本主要来自于生产、销售、物流和管理等费用。中国汽车行业的采购成本占整个生产制造总成本的60%～80%，而库存成本占其中很大部分。

传统上，供应链各个环节都是自己的库存控制目标和策略。由于各自的库存控制策略不同，所以为防止将来需求可能发生的变化，在库存的保有量方面预留一定的空间，使整个库存管理产生需求放大现象，也就是著名的“蝴蝶效应”。同时，由于相互之间缺乏信息沟通，彼此独占库存信息，不可避免地会产生需求信息的扭曲和时滞。在汽车行业，无论是零部件供应商，还是汽车制造商，均为此付出巨大的库存成本代价。

目前，我国汽车行业的信息化建设出现了“贫富分化”的局面。一些大型的汽车厂，尤其是中外合资企业，整体信息化水平已经达到较高水平。另一方面，在中国日益膨胀的汽车业中，更多新“入围”的企业是在缺少信息化基础上搭建起来的造车厂。因此，许多企业面临选择：是采用企业内部信息一元化管理的ERP系统，还是企业间进行业务和信息交流的SCM。

北京富士通在对我国汽车整车和零部件行业进行调查之后，结合富士通多年为日本汽车行业的服务经验，推出了应用于汽车行业基于VMI（Vendor Managed Inventory）供应商库存管理模式的富华恒通综合物流管理系统。该系统提供了可对供应链上所有环节进行有效管理的功能，包括订单、采购、库存、计划、生产制

造、质量控制、运输、分销、服务与维护等，使企业降低库存成本，并加快反应速度。

富华恒通系统架构包括三大部分：信息处理系统、物流中心管理系统和运输配送系统。

信息处理中心是整个系统的神经中枢，负责对订单进行处理加工、客户关系管理、物流中心的运营绩效统计分析。仓储管理系统是对具体业务进行处理，包括商品的进货、出货货位管理、库内管理、流通加工、盘点、退货等物流业务。而运输配送系统则是针对客户的需要，将商品在物流中心所花成本最低的情况下按时送到客户手中，系统包括智能配车、在途跟踪、车辆管理、配送成本分析等。

富华恒通系统的核心概念是：把客户需求和企业内部的制造活动以及供应商的制造资源整合在一起，体现了完全按用户需求制造的思想，使得企业适应市场与客户需求快速变化的能力增强；将制造业企业的制造流程看作是一个在全社会范围内紧密连接的供应链，其中包括供应商、制造工厂、分销网络和客户等。

从系统功能来看，该系统强调各功能子系统的紧密联系以及配合与平衡。正是这些功能子系统把企业所有的供应商、制造场所、营销系统紧密结合在一起，从而实现全球范围内的多工厂、多地点的跨国经营运作，更好地支持和管理混合型制造环境，满足了企业的多元化经营需求。而且，富华恒通更强调事前控制能力，为企业提供了对适应变化、客户满意、业绩、资金需求、资金控制等关键问题的实时分析能力。

富华恒通系统还通过 EDI（电子数据交换）来传送下游企业的生产和库存数据，供应链上游的供应商将会直接接触准确的需求信息，供应商利用该信息调节库存水平，降低安全库存量，做到有预见性的组织生产，以降低应急反应所付出的额外成本。另一方面，大大缩短了供需双方的交易时间，使上游企业更好地控制其生产经营活动，更好地满足用户需求，从而提高整个供应链的柔性。

企业生产计划变更频繁，不仅使库存资金占用大，而且经常造成零部件的缺货，这是企业最苦恼的问题。对此，富华恒通把用户从传统的以计划为中心的推动式采购，转变为以看板为主的拉动式采购，通过信息的整合，协调整机厂和供货商的力量，从而在降低库存资金占用的同时，保证生产必须的零部件供给。

据悉，富华恒通 VMI 综合物流解决方案已经在中国一家汽车制造公司实际应用。北京富士通本次为该公司实施的系统主要为采购部门的采购、供货商管理、仓库管理以及与供货商的结算等，并且提供网上的查询功能，以供供货商和公司各相关部门进行查询。通过信息的沟通和整合，从降低整个供应链上各个环节的库存，降低了整个供应链的物流成本。

富华恒通系统的另一个特点：不完全依赖于订货订单。利用该系统，供应商可以参考需求预测、库存情况，确定送货的数量和周期，从而能够适应需求不稳定、经常有变更的情况。供应商所要做的是维持物流中心商品的安全库存数量。当客户的需求发生变化时，由于安全库存能够提供巨大的缓冲空间，使客户的需求依然能够得到满足，提高了供应商对客户的服务水平。

（资料来源：成本压力不断增大，车企应“未雨绸缪”［N］. 中国商报：汽车导报，2007-08-03。）

7.4.1 利用各种方法控制库存水平

库存成本管理的目的是在满足顾客服务要求的前提下，通过对企业库存水平进行控制，力求尽可能降低库存水平，减少库存成本，提高物流系统效率，以强化企业竞争力，主要方法有 ABC 库存成本控制方法、定量库存成本控制法、定期库存成本控制法、定期定量混合控制法、MRP 库存控制方法和 JIT 库存控制方法等。

7.4.1.1 ABC 分类控制方法

（1）ABC 分类控制方法的原理

ABC 库存成本控制方法又叫 ABC 分析法（ABC Analysis），于 1951 年由 GE 公司首先应用。此后在各企业迅速普及，是当前应用最为广泛的库存管理方法。

ABC 分析的基础可源自于帕累托分析。帕累托在 1897 年研究社会财富分配时，收集许多国家的收入统计资料，得出收入与人口的关系：即占人口比重不大（20%）的少数人收入占总收入的大部分（80%），而大多数人（80%）的收入只占总收入的少部分（20%），收入分配极不平衡。由此他得出“关键的少数和次要的多数”的理论。后来，GE 董事长迪基对该公司某厂库存进行调查后发现，上述原理也适用于库存管理。他将库存物品分为三类，并分别采取不同的存储管理策略。

仓库所保管的货物品种繁多，有些货物价值高，而多数货物价值低，保管要求也不是很高。如果我们采用一样的管理办法，则可能人力、财力投入很多，却事倍功半。如何在管理中突出重点，是 ABC 分析方法的目的。

80/20 原则是 ABC 分析的指导思想。所谓 80/20 原则，简单地说，就是 20% 的因素带来 80% 的结果。在库存中就是说 20% 的库存产品占用了 80% 的资金。当然 20% 和 80% 不是绝对的数值，真实数值可能分布在它们周围。应用 ABC 分析法，就是对企业的库存货物进行分类，找出占用大量资金的少量库存物品，并加强对它们的管理；对那些占用资金较少的物品，则进行较简单的控制。一般人们将价值比例为 65% ~80%、数量比例为 15% ~20% 的物品划为 A 类；将价值比例为 15% ~20%、数量比例为 30% ~40% 的物品划为 B 类；将价值比例为 5% ~15%、数量比例为 40% ~55% 的物品划为 C 类。如图 7-4 所示。

（2）ABC 货物的分类步骤

第一，分析本仓库所存货物特征和存储资料。包括货物单价、需用量、库存

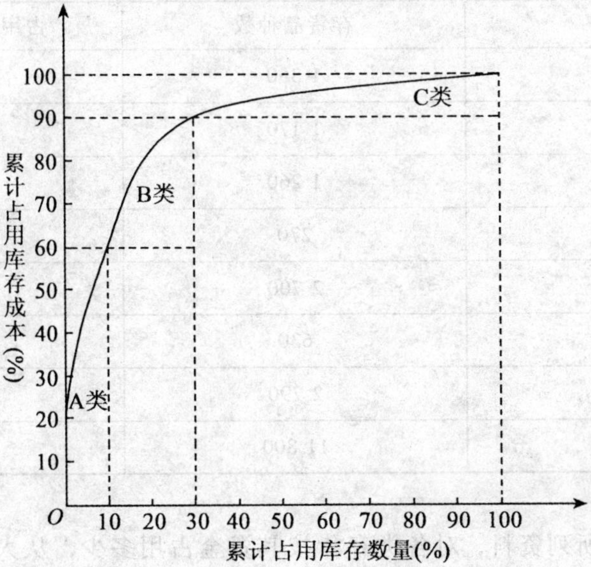

图 7-4　ABC 分类图

量、重要性以及保管上的要求等。

第二，用单价乘以一定时期的货物数量计算出每种物品在一定期间的价值。

第三，将物品按价值的金额从大到小排序，然后计算各种物品占物品总价值的百分比。

第四，按物品金额大小的品种序列计算累计百分比。把占累计总金额的前 70% 左右的各种物品作为 A 类；占随后累计金额的 20% 左右的物品作为 B 类；余下的为 C 类。根据价值比例和数量比例，绘制 ABC 分析图。

第五，考虑各种物资的单价和重要性等因素，对单价高，或一旦短缺将威胁正常经营的重要物资，也要归入 A 类，严密监视，加强管理。

某企业存货共有 11 800 种，年占用资金 8 310 万元，各类存货及资金占用见表 7-10。

表 7-10

存货编号	存货品种数	占用资金（万元）
201	505	5 130
202	585	990
203	540	540

续表

存货编号	存货品种数	占用资金（万元）
204	1 350	108
205	1 170	720
206	1 260	225
207	270	20
208	2 700	217
209	630	290
210	2 790	70
合 计	11 800	8 310

根据表 7-10 所列资料，对各类存货按其资金占用多少，从大到小排序。分别计算各编号的资金占用占存货总金额的百分比和每个品种占总品种数的百分比。根据以上两个百分比，将存货分为 ABC 三类，并编制 ABC 分析表，见表 7-11。

表 7-11 **ABC 分析表**

类 别	存货编号	占用资金（万元）	品种比重（%）	资金比重（%）	类别比重（%）	类别资金比重（%）
A	201	5 130	4.28	61.73	9.24	73.64
	202	990	4.96	11.91		
B	203	720	9.92	8.66	14.50	15.16
	204	540	4.58	6.50		
C	205	290	5.34	3.49	76.26	11.20
	206	225	10.68	2.71		
	207	217	22.88	2.61		
	208	108	11.43	1.30		
	209	70	23.64	0.84		
	210	20	2.29	0.24		
合 计	—	8 310	100	100	100	100

(3) ABC 各类物品的管理

根据 ABC 分析图，需要对不同等级的物品进行不同的管理方法。

首先是 A 类物品管理。采取定期订货方式，定期盘点和查看；一次购买量不多，经常进货；尽量控制、减少每次发货的数量；货物放置于便于进出的地方；与用户密切联系，掌握生产或经营动态，掌握需求时间，避免过早积压资金；严密监视库存量的变化，采取各种措施，防止缺货。

其次是 C 类物品管理。将一些物品不列入日常管理范围，如螺丝、螺母等数量大、价值低的货物；减少订货次数，为防止库存缺货，安全库存应该多一些；减少这类货物的盘点次数；给予最低的优先作业次序；对积压物资应清仓处理。

最后是 B 类物品管理。采用比 A 类货物相对简单的常规管理方法；B 类货物中销售额比较高的品种要采用定期订货方式或定期定量混合控制方式。

ABC 库存管理法对占用资金主要部分的 A 类物品进行重点控制管理，有利于库存积压资金的节约。对 C 类物品简化管理，有利于减轻库存管理人员的工作量。这种库存管理法在节约成本的同时保证了各种库存的供应，也保证了生产经营活动的正常进行。

表 7-12 进一步就 ABC 各类物品分类管理方法进行对比分析。

表 7-12 **ABC 分类库存管理表**

对比项目	A	B	C
定额的综合程度	按品种甚至按规格	按大类品种	按该类总金额
消耗定额	技术计算法	现场查定法	经验估算法
周转库存定额	按公式准确计算	按公式准确计算	经验统计法
检查	经常检查	一般检查	按季或年度检查
统计	详细统计	一般统计	按总金额统计
控制	严格控制	一般控制	金额总量控制
安全库存量	较低	较大	允许较高

7.4.1.2 定量库存成本控制法

定量库存成本控制法又称订购点法，它预先确定一个订购点，当实际储备量降到订购点时，就按固定的订购数量（每次订购数量一般用经济批量法确定）提出订购。运用这种方法，每次订购的数量不变，而订购的时间由物资的需求量决定。

定量库存控制的关键是正确确定订购点，即提出订购时的储备量标准。如订购点偏高，会增加库存成本；如订购点偏低，则容易发生供应中断。确定订购点时需要考虑四个因素：一是经济订购批量的大小；二是订货提前期；三是超常耗用量；四是保险储备量。计算公式如下：

订购点量 = 订购时间 × 平均每日正常耗用量 + 保险储备量

保险储备量 = （日最大耗用量 - 每天正常耗用量） × 订购提前期

该方法手续简单，管理方便，但是对物资储备量的控制不够严格。因此，它一般适用于耗用量少、用途固定、价值较低、订购时间较短的物资库存管理。

7.4.1.3 定期库存成本控制法

定期库存成本控制法是以定期检查和固定订货周期为基础的一种库存成本控制法。它预先确定一个订购时间，按固定时间间隔检查储备量，并随即提出订购，补充至一定库存量。所以这种方法订购时间固定，而每次订购数量不定，按实际储备量情况来确定。计算公式如下：

订购量 = 平均每日需要量 × （订购时间 + 订购时间间隔） + 保险储备量 - 实际库存量 - 订货余额

这种订货方式对物资库存量控制得比较严格，既能保证生产需要，又能避免库存过量造成成本攀升。但是由于其手续烦琐，每次订购都得去检查储备量和订货合同，并计算出订货量，所以它一般适用于企业必须严格管理的重要货物。

7.4.1.4 定期定量混合控制法

定期定量混合控制法也称最高最低库存量控制法。它结合了定量控制和定期控制的方法，是一种不严格的订购点法。它规定了一个最高库存量和一个最低库存量，并进行定期检查。当实际盘点库存量等于或小于最低库存量时，提出订购，而订购量是可变的，满足如下公式：

订货量 = 最高库存量 - 现有库存量

如果检查时实际盘点库存量高于最低库存量，就不能发出订购单。

7.4.1.5 MRP 库存控制方法

MRP 是物料需求计划（Material Requirement Planning System）的简称，由美国著名生产管理和计算机应用专家欧·威特和乔·伯劳士在 20 世纪 60 年代提出。MRP 被看作是以计算机为基础的生产计划与库存控制系统。

如果说 EOQ 解决了需求独立物资的库存控制问题，那么 MRP 解决了需求相关物资的库存控制问题。需求相关物资是指这些物资的需求与其他物资的需求有着直接联系，即按产品结构，一个低层次物料的需求取决于上一层部件的需求，而上一层部件的需求又取决于更上一层物资的需求，依此类推。对需求相关的物资，其需求取决于最终产品的生产数量和交货期，因此要采用 MRP 对其进行控制，按最终产品的需求量和需求时间来确定各种物资的需求数量和需求时间。因此，MRP 既是一种精确的排产系统，又是一种有效的物料控制系统，其目标是在保证供应的前提下保有最低库存量。

MRP 系统运行的步骤如下：

①根据市场预测和客户订单，编制可靠的生产计划和生产作业计划，在计划中规定生产的品种、规格、数量和交货日期，同时，生产计划必须和生产能力相适应。

②编制产品结构图和各种物料、零件的用料明细表。

③正确掌握各种物料和零件的实际库存量及最高保险储备量等相关资料。

④正确制定各种物料和零件的采购和交货日期及订货周期和批量。

⑤根据上述资料，通过 MRP 系统运算确定各种物料和零件的实际需求量。

⑥按各种物料和零件的实际需求量和规定的订货批量和时间，向采购部门发出采购通知单或向生产车间发出生产指令。

MRP 系统流程图如图 7-5 所示。

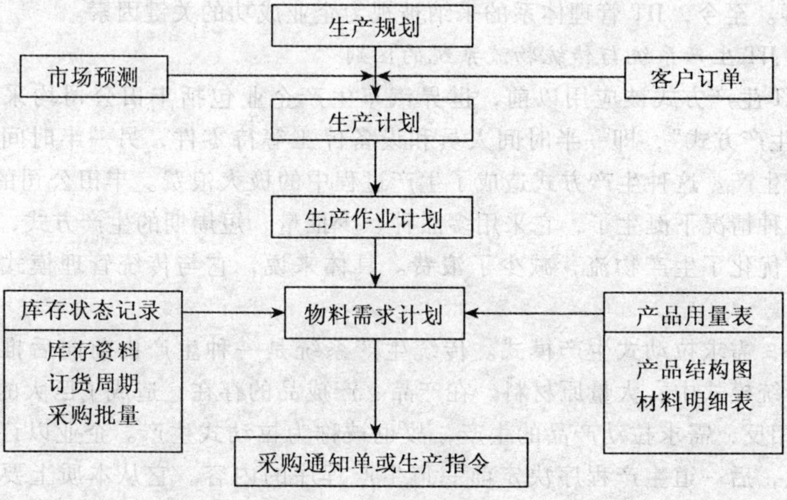

图 7-5 MRP 系统流程图

尽管 MRP 的目标之一是在将库存保持在最低水平的同时保证供应，但是 MRP 还是存在缺陷：没有考虑到生产企业现有生产能力和采购有关条件的约束。因此，计算出的物料需求日期可能因没有设备或工时不足而不能生产，或因为原料不足而无法生产。同时，它也缺乏根据实施情况反馈信息以对计划进行调整的功能。

为了解决以上问题，MRP 系统在 20 世纪 70 年代发展为闭环 MRP 系统。闭环

MRP系统除了物料需求计划外，还将生产能力需求计划、车间作业计划和采购业务计划也全部纳入MRP系统，形成一个闭环。随后，闭环MRP系统又加入了对制造范围的资金控制，计划的名称随控制对象的升级而改为制造资源计划（Manufacturing Resource Planning），也叫MRPⅡ。随着管理科学和计算机理论的迅速发展，在20世纪90年代，美国人又提出企业资源计划（Enterprise Resource Planning）的概念。ERP在资源计划和控制功能上的进步表现在：计划和控制的范围从制造延伸到整个企业；资源计划的原理和方法应用到非制造业。

7.4.1.6 JIT库存控制方法

（1）JIT简介

JIT即Just In Time，译为准时制。JIT是丰田公司在20世纪60年代最先运用的。1973年后，这种方式对丰田公司度过第一次能源危机起到了突出的作用，引起了各国企业的重视，并逐渐在欧美国家广泛应用，取得了良好的效果。据统计，到1989年为止，日本的制造行业已经广泛地采用不同程度的JIT管理模式；美国工业企业也有约40%以上采用该管理模式；澳大利亚制造商中有39%吸取了JIT的管理模式，并使存货资金占总资金比重由1992年的平均17%下降到1995年的平均11%等。至今，JIT管理体系的采纳被视为企业成功的关键因素。

（2）JIT生产系统与传统物流系统的区别

在JIT生产方式被应用以前，世界汽车生产企业包括丰田公司均采用福特式“总动员生产方式”，即一半时间人员和设备停工等待零件，另一半时间等零件运到后全力生产。这种生产方式造成了生产过程中的极大浪费。丰田公司的JIT管理方式在这种情况下诞生了，它采用多品种、少批量、短周期的生产方式，大大消除了库存，优化了生产物流，减少了浪费。具体来说，它与传统管理模式有以下不同：

第一，需求拉动式生产模式。传统生产系统是一种生产由前向后推动式的模式。在传统模式中，大量原材料、在产品、产成品的存在，造成了巨大的浪费，而JIT与此相反，需求拉动产品的生产，故也被称为拉动式生产。企业以订单的要求为出发点，后一道生产程序决定前一道生产程序的内容。它从本质上要求企业的供、产、销各环节紧密配合，大大降低了库存，从而降低了库存成本，提高了效益。

第二，均衡化生产。在传统模式下，生产集中在一段时间内，而另一段时间处于等待状态，生产不均衡。而JIT将每一周或一日的生产量按时间平均进行，所有生产流程都按此来组织，这样一条流水线上每个作业环节单位时间必须完成多少和完成何种作业都有了标准定额，所有环节都按标准组织生产，因此要按此生产定额均衡地组织物资的供应和安排物资的流动。JIT生产方式的生产是按周或日平均进行的，所以与传统的大批量生产方式不同，JIT 方式中没有批次的概念。

(3) JIT 库存控制策略

JIT 的基本思想是“只在需要的时候，按需要的量，生产需要的产品”。其核心是追求一种无库存生产系统，或使库存达到最小。它的出发点是减少或消除从原材料投入到产成品产出全过程的库存及各种浪费，建立起平滑而有效的生产过程。

JIT 在减少库存方面的新思路是：把库存看成一条河的深度，库存中存在的问题是河底的石头，水深时，要弄清石头必须潜入水中调查，如果减少水量，石头就会自己露出来。对于库存来说，若减少库存，存在的问题就会显露出来，从而能针对问题提出解决方案。

JIT 实现的是适时适量生产，即在需要的时候按需要生产所需的产品，产品生产出来的时间就是顾客所需要的时间，同样，材料、零部件到达某一工序的时间，也就是该工序准备生产的时间，没有不需要的材料被采购入库，也没有不被需要的产品被生产出来。

通过实现生产同步化，JIT 使工序间的在制品库存接近零。工序间不设置库存，前一工序生产的产品马上被送往下一工序，工序间通过看板传递信息。在制品库存的减少可使设备故障、次品及人员过剩等问题充分暴露，并针对问题提出解决方案。

在原材料方面，JIT 注重与供应商建立良好关系，利润分享且相互信赖，以减少由于价格波动对企业造成的不利影响，选择能按质、按量、按时交货的供应商，保证 JIT 的顺利运行。这样，JIT 就从根本上解决了库存存在的原因，有效地控制了库存，降低了库存成本。

专栏 7.7　汽车业寻求准时制精益生产

从整车厂到零部件供应商的供应链层级众多，在很大程度上为汽车业的精益生产带来不利因素。

2004 年 6 月份，首届中国汽车零部件企业家年会暨汽车电子信息化国际研讨会在京举行，国内数百家整车和零部件厂商汇聚一堂，共同探讨国内和国际汽车零部件产业现状及发展趋势。与会代表纷纷表示，需利用 IT 管理推动汽车零部件行业向精益生产方式发展。

精益生产（Lean Production，LP）源于日本丰田准时制 JIT（Just In Time）生产方式，是美国麻省理工学院国际汽车计划组织（IMVP）的专家对丰田生产方式进行研究后总结而成的，被视为当今制造业中最理想且最具生命力的新型生产系统之一。准时制精益生产的基本思想是“只在需要的时候，按需要的量，生产所需的产品”，其终极目标是“零浪费”。它以准时制生产为出发点，将传统生产过程中前道工序向后道工序送货，改为后道工序根据“看板”向前道工序取货，看板系统是JIT生产现场控制技术的核心。准时制精益生产以订单为驱动，通过看板，采用拉动方式把供、产、销紧密地衔接起来，使物资储备、成本库存和在制品大为减少，提高生产效率。

利用IT管理推动汽车行业的精益生产，已成为与会代表的共识。在这次研讨会上，QAD公司提出了“客户自助服务”这一理念，它是对JIT/s（准时制顺序生产）的深层次延伸，QAD中国区总经理缪青认为，真正的准时制生产基于准时制的信息，精益企业就是要将最及时的信息和精益的概念融合于业务流程，根据每个客户的定制需求，以具有竞争力的价格、在客户需要的时候、以客户希望的方式交付成型的产品。

汽车业的供应链层级较多，从整车厂到各零部件供应商一般存在5级或6级供应链，这种多层级的供应链体系会给精益生产带来一些不利因素：

（1）生产时间拖延，库存积压。通常每级供应商都会有2周左右的时间延迟，而在企业信息化水平较低的情况下，就只能依靠库存来弥补，即所谓“安全库存”。以一个4级供应链为例，它一般会造成4~6周的时间延误，最末端的供应商则要维持60~90天的库存量。

（2）整车与各级零部件供应商的信息化水平参差不齐。一般而言，处于供应链上越末端的企业，其信息化程度越低，这就要依靠一级供应商协助下游企业进行基本的信息化建设。有些供应商连基本的定制管理都没有实现，就想上ERP，对于这种条件还不成熟的企业，应先从企业内部的管理入手。企业的信息化建设必须建立在明确业务与管理流程的基础之上，企业必须根据其发展战略与市场环境确定并优化业务流程，不断调整与变革的业务流程才是企业的核心竞争力。QAD认为，评估企业是否成熟的因素主要包括：业务系统需求、员工素质以及领导者的想法。在信息化水平较低的情况下，追求精益生产切忌盲目建设、急于求成，需要从培养信息化的观念与需求做起。

我国汽车业从20世纪70年代末期开始引入精益生产，长春第一汽车制造厂最先开始应用“看板”系统控制生产现场作业。上海汽车工业总公司近年来推行以精益生产方式JIT为主要内容的“危机管理”，桑塔纳轿车生产成本连年下降5%，劳动生产率连年提高5%。中国二汽在变速箱厂推行精益生产方式1年，产量比原设计能力翻一番，流动资金和生产工人减少50%，劳动生产率提高1倍。一汽变速箱厂推行精益生产方式JIT，半年中产值增长44.3%，全员劳动生产率增长37%，人均创利增长25.1%。

精益生产给汽车整车及零部件企业带来的效益有目共睹，因此推广准时制精益生产方式，并使之与中国汽车业国情相结合，已经成为一股不可逆转的潮流。

（资料来源：谭啸．汽车业寻求准时制精益生产［N］．计算机世界报，2004-07-05。）

7.4.2 采取科学的保管措施，控制库存风险

存储物品的保管方法和措施，因物不同，因环境不同，应制定相应的物品保管规章制度，经常总结物品保管经验，不断改进工作。一方面要防止不合理的保管引起的物品磨损和变质，另一方面要减少存储物品的短缺和事故造成的库存成本的损失。

7.4.2.1 防止储存品损害变质的措施

为了维护存储物品品质，首先在进行仓储设计时就应考虑周到，比如要考虑温度、湿度光线等自然因素对物品的影响；灰尘、公害、虫害等问题；邻近物品货物料之间的相互影响；物品重量影响和卡片放置情况；有效存储期及其保证；防水、防火、防盗措施及设备；除锈措施以及对酸、碱、盐的防护；物品搬运是否方便等问题。

为防止储存物品损害变质，在日常管理中还需要注意：

①保持适当的温度、湿度、光照，防止因储存环境不合适造成的物品损害和变质。

②配备保管设备，如测温仪、红外线装置、空气调节器等和测试、化验使用的仪器和工具。

③编制装卸搬运作业指导书，对装卸搬运专业进行控制，防止搬运过程中的损坏。

④物品入库验收应注明接收日期，对有储存期要求的物品，应建立储存物品周转制度。

⑤危险品和非危险品、性质相互抵触的物品应该区分放置，不得混淆。

⑥重物放下层，轻物放上层；大件物品放下层，小件物品放上层。

⑦经常或定期检查和养护仓储物品，特别是对易变质或对储存环境要求比较特殊的物品更应注意。

⑧对接近保质期的物品，应及时通知有关人员对其进行质量和重量检验，一旦发现物料变质，要书面呈报上级。

7.4.2.2 减少仓储品的偷盗和事故损失

存储物品的短缺和事故构成了无谓的仓储成本损失，很多情况下，它们都是人为因素引起的。因此，加强库存风险管理，减少物品短缺和事故，是仓储成本管理的重要环节。减少储存物品短缺和事故的措施有：

①每一个仓库都必须制定仓库规章制度，工作人员要严格遵守，做到防范于未然。

②任何人必须经过许可才能进入仓库设施及周围场地，并严格通过一个大门进出货物。

③除非有齐全的出库单证，否则仓库不应该发放任何物品。

④销售人员有权使用的储存样品，应该与其他存货分隔开。

⑤定期进行岗位轮换。

⑥详细的存货记录应由一个未得到存货移动或存货保管授权的员工进行。

⑦存货明细记录应当反映原材料、包装材料、在制品、产成品和样品等存货的数量和金额。

⑧高价、易被偷窃或限制性物品应储存于安全地区，只限授权的人员接触。

⑨不允许有明火进仓，下班前应关好门窗及电源。

⑩定期检查电线绝缘是否良好。

⑪对危险化学物品和易燃、易爆品要放入指定区域，由专人保管。

⑫按消防部门颁布的标准配备消防设施，每季度定期检查一次，以确保其可正常使用。

⑬配备安全防范系统，如警卫服务、仓储安全监视系统等。

专栏 7.8　改进防盗措施

有一家企业实施的防窃条例规定，私人车辆不允许进入库场，但对办公室里的两位残疾雇员网开一面。一天夜里下班后，一位雇员发现一辆汽车的挡泥板下用胶布粘牢了一捆东西。随后的检查发现该汽车已变成了一辆名副其实的送货车。包括那两名残疾雇员在内的几名案犯被逮捕归案后供认，他们已经偷取了价值近 100 万元的公司商品。于是企业规定，以后残疾人也同样必须遵守规定，并购买了一辆小型车辆，专为残疾雇员提供从办公室到正常的停车地点的交通服务。

本章小结

1. 仓储成本和库存成本占物流总成本的37%左右，控制这两个成本对我国的物流业发展有现实的意义。仓储成本包括获得仓储空间的成本和仓储作业成本。通过分析各种仓储空间成本，利用投资学理论，我们可以恰当地确定获取的方式。通过优化布局，科学作业，我们可以控制作业成本。

2. 库存成本是所有物流成本中最有控制潜力的部分，其包括持有成本、采购成本及缺货成本等。通过 ABC 库存控制方法、最优订购批量、MRP 管理方式、JIT 管理方式等，可以有效地控制库存量，节约库存成本。

3. 可以通过选择合适的仓储类型、制定正确的混合仓储空间策略、合理选择不同吞吐量的仓储类型和作业模式，以及降低各项仓储作业成本等方式来进行仓储成本控制。

4. 库存成本控制的主要方法有：ABC 库存成本控制方法、定量库存成本控制方法、定期库存成本控制方法、定期定量混合库存成本控制方法、经济批量控制方法、MRP 库存控制方法和 JIT 库存控制方法等。另外，还应制定相应的物品保管规章制度，一方面防止不合理的保管引起的物品磨损和变质，另一方面减少存储物品的短缺和事故造成的库存成本的损失。

本章思考题

1. 仓储和库存各有哪些功能？
2. 仓储成本由哪些部分组成？
3. 库存成本由哪些部分组成？
4. 自有仓库、公共仓库和租赁仓库各有什么特点？
5. 自有仓库折旧的方法有哪些？各有什么特点？
6. 怎样应用 ABC 分析方法？
7. 经济批量订购方法的步骤是什么？
8. MRP 及其延伸方式的含义是什么？
9. 进行 JIT 管理要注意些什么？

案例分析 1

逼近零库存①

零库存，没有资金和仓库占用，是库存管理的理想状态。然而，由于受到不确定供应、不确定需求和生产连续性等诸多因素的制约，企业的库存不可能为零，基于成本和效益最优化的安全库存是企业库存的下限。但是，通过有效的运作和管理，企业可以最大限度地逼近零库存。

准确的预测

不同的生产模式对应着企业不同的库存控制方法。像戴尔这样采取按单生产模式的企业，控制原材料和零配件库存是焦点。一般情况下，包括手头正在进行的作业在内，它的任何一家工厂里的库存量都不超过 5 ~ 6 个小时的出货量。这种模式，就是 JIT 方式，即以最准时、最经济的生产资料采购和配送满足制造需求。另一种模式是按库存生产，控制合理库存量是这类生产模式的关键。

① 波斯狗网（www.pcdog.com），2006-05-02.

大部分企业兼容了这两种模式，一些引入成本控制的企业由管理库存的部门或销售公司等非最终消费者确定库存量，并以此向生产部门下订单。比如美的公司的物流事业部和海尔公司的销售公司，它们承担产品库存成本，采购订单由它们下达。而美的和海尔的制造工厂则像戴尔一样，按这些订单制造，承担原材料和零配件的库存成本。它们分开核算库存成本，便于分别控制用于销售和生产制造的不同性质的库存。如果成品存货超过预定量，那么积压的资金将按一定比例从物流事业部年度赢利额中扣除。这种激励机制客观上迫使物流事业部不得不尽可能地做好市场预测。于是，往年的历史销售数据、市场的自然增长率、企业本身的发展期望值、竞争对手的销售数据等，都成了预测的重要参数。它们一般先做年度产品计划，再根据产品的不同类型、产品销售的月份、产品市场区域等，分解成中、短期计划，其中考虑了销售计划和分销平衡。

从理论上讲，预测周期越短，预测精确度越高。但是计划调整得太频繁，均衡生产又难以保证。因此，企业往往通过平衡生产线成本和库存成本，得到最佳预测周期。美的目前最短的预测周期是一周。

要想做好预测，来自市场的信息也不可忽视。然而，从销售渠道中逐级反馈得到的信息，容易产生“皮鞭效应”，因此缩短销售渠道或利用信息系统实现信息共享不失为有效方法。

虽然美的目前的销售仍然沿着一级经销商、二级经销商到零售商的渠道，但它的第三方物流公司一般把产品直接运送到指定的二级经销商或零售商处，从而缩短了与市场的距离。物流公司所掌握的市场流量信息的有效性相对提高，为物流事业部的库存预测提供了帮助。而海尔的市场渠道更短，面对零售商的销售公司能够直接获取市场信息，这也为它们的订单下达增加了把握。

宝洁和它的零售商沃尔玛之间干脆用信息系统架起了直通桥梁。宝洁可以实时跟踪其产品在沃尔玛的库存情况，从而及时制定批量生产计划，实现为沃尔玛自动补货。这样，一方面减少占用沃尔玛的库存资源，同时也可以节省自己的生产资源，减低自己的库存成本。

宝洁与沃尔玛的协同，是通过沃尔玛的配送中心实现的。而其他零售商没有这样的配送体系，因此它们与宝洁的协同还存在一些障碍。到目前为止，没有哪家企业能够做到100%的准确预测，最好的准确度大概是80%至90%。因此，总有10%至20%的库存偏差，如果滞销，则作为库存积压，如果脱销，则不能满足市场。

协同供应链

在生产制造阶段，库存的控制很大程度上依赖采购策略。今天，企业倾向于与供应商结成战略伙伴，通过整体成本的下降，得到自身利益的提高。JIT就是在供应链协同的基础上诞生的一种降低库存、提高生产效率的方法。

戴尔公司之所以能实现 JIT，就是因为它有一个组织严密的供应商网络。戴尔公司95%的物料来自这个供应网络，其中75%来自30家最大的供应商，另外20%来自规模略小的20家供应商。戴尔公司几乎每天都要与这50家主要供应商分别交互一次或多次。在生产运营中，如果生产线上某一部件由于需求量突然增大导致原料不足，主管人员就会立刻联系供应商，确认对方是否可能增加下一次发货的数量。如果问题涉及硬盘之类的通用部件，主管人员就会立即与后备供应商协商。如果穷尽了可供选择的所有供应渠道后，仍然没有收获，主管人员就会与公司内部的销售和营销人员磋商，通过他们的“直线订购渠道”与客户联系，争取把客户对于某些短缺部件的需求转向那些备货充足的部件。所有这些操作，都能在几个小时内完成。

戴尔的成功给人们带来了启迪。越来越多的公司在朝着 JIT 方向努力，除了一些比较特殊的生产资料（例如那些采购周期长、具有战略意义、货源紧缺，或量大且成本低的原料）外，大部分原材料或零配件都陆续采用 JIT 采购、JIT 配送。如果企业实力很强，在供应链中居于核心地位，那么供应商就有可能在企业工厂附近自建或租用仓库，并自行管理，保证货品随要随到。这种所谓的供应商管理库存，对那些采购周期长的货品尤其有效，比如原先需要一个月时间的跨国订货，由于计划的偏差造成存货偏差，企业无疑会因此增加成本。这对于供应商也不利，因为它不能掌握其货品的实际流量。应该说，供应商管理库存可以降低供求双方的营运成本，包括库存成本。目前海尔、美的和本田的制造工厂附近都簇拥着这样的仓库。

一家著名手机制造商目前斥资100亿元人民币在国内营造核心生产资料供应网。它的最终目的之一，就是取消中间库存，实现在途库存，从而最大限度降低整个供应网的营运成本、提高产品的市场响应速度。

显然，运作这样一个规模的供应网，实现这样的目标，信息实时沟通非常重要，而且沟通信息的手段要很简单。这个供应网中有一个由这家手机厂商控制的虚拟“电子中心”，这是它与众多供应商直接交互的平台。手机厂商可以从中看到供应商的库存情况和供应能力，并向它们下采购订单。通过这个平台，手机厂商可以操纵整个网络的生产联动。它首先根据市场需求计划，制定供应网络计划，然后再把整体计划分解到针对每个供应商的采购计划，包括长期的和中短期的，其中也包括违约赔偿比例等。在日常营运中，它的 JIT 采购和配送已经非常精确。比如，按照手机组装的详细排产，它要求其中的某一电子器件供应商每隔2小时向它提供一个批次的货，另外一家供应商每隔3个小时供应一次货物……这样，在它自己的组装厂里，就可以有条不紊地先组装一部分，等要装另一部分时，所需的原材料刚好到货。

无论是生产资料，还是成品，物流配送在一定程度上影响其库存量。如果配送时间长、效率低，那么配备一个长周期的库存量是必然的；如果配送质量不高，中途物品损坏率大，那么作为弥补的安全库存量也比正常状态下大。有鉴于此，不少企业把物流配送这块业务外包给第三方物流公司，实现专业配送。

案例思考题1

1. 怎样有效地逼近零库存？
2. 在实现JIT运作时，整个供应链应该怎么合作？

案例分析2

戴尔的零库存①

零库存可以追溯到20世纪的六七十年代，当时的日本丰田汽车实施准时制（JIT）生产，在管理手段上采用看板管理、单元化生产等技术实行拉式生产，以实现在生产过程中基本上没有积压的原材料和半成品，这不仅大大降低了生产过程中的库存及资金的积压，而且在实施JIT的过程中，提高了相关生产活动的管理效率。此后，零库存不仅应用在生产过程中，而且延伸到原材料供应、物流配送、产成品销售等各个环节，例如戴尔计算机公司运用直销模式以实现产成品的零库存。在网络经济如火如荼发展的时候，零库存又被很多“新经济”公司作为战胜传统企业的法宝，宣称通过网上在线订单、及时配送等手段做到库存的降低和库存成本的节约（即所谓的“以信息代替库存”），从而取得战胜其他企业的竞争优势。

在中国的电脑卖场选购时，常看到戴尔产品与其他品牌的电脑摆在一起待价而沽，这颇令人费解：戴尔不是直销的吗，怎么跑到这里来卖货了？

戴尔“号称”将直销、按需定制、零库存等先进的销售方法带进中国，但在实际运作中，却创造性地采用了和国内其他IT生产商一样的渠道分销法，这在IT业界已是半公开的秘密。事实上，戴尔四成以上产品是通过分销到达消费者手中的——当然，以独特销售模式著称的戴尔公司官方从未承认这一点。

零库存的前提是按需定制的“工厂—订户”模式，订一台产一台，产一台卖一台，否则就一定有库存。观察戴尔在中国的广告，仍然是在主打几款产品，而不是在强调按需定制，只不过销售热线比其他厂商多了几个而已。想来点个性化的定制？当然也行，你可以要求戴尔为你加一条内存或加一块硬盘。不过，如果这也称得上定制的话，国内IT厂家自从销售电脑那天起就在这么“定制”了。当然，真

① 李华丽，零库存的运用条件分析．上海物流网．2005-11-04．

正的按需定制还是有的，但主要是面对政府企业等大客户而言。

戴尔在中国为什么不采用它横扫全球的销售方法了？这和中国的物流链有关。中国物流的效率难以支持戴尔在美国提出的将产品三天内从工厂送到用户手中——尤其是非中心城市的用户手中的承诺。而且，一般的中国用户恐怕也不想为了享受一次上门服务，多承受几百块的成本。

更重要的是，分销还与中国人的购买习惯有关。中国的消费者购买商品喜欢去卖场货比三家，因为卖场里可以多一些选择机会，购买前还能看到真品。对于电脑这类的大件商品，非要试用几下，才能买得踏实。像美国人那样还没看到真品模样，就打个电话购买了产品，一般的中国消费者还难以接受。这归根结底还是因为中国的人均收入暂时还处于较低的水平：美国人买一台电脑很平常，算不得什么大件；而我们就不一样了，购置电脑对中国大部分普通家庭来说，还是能令一家老少一起出动的大事。

国情决定购买习惯，购买习惯决定销售方法——戴尔深谙此道，在中国干脆采用分销和直销结合的形式，能卖出产品就行。毕竟产品的质量、品牌、服务还是一流的，这足以使其成为有力的市场竞争者。分销，是戴尔适应市场的行为。

案例思考题 2

1. 你如何理解零库存？
2. 请你评价戴尔公司的“零库存”。
3. 你认为在我国实现零库存还有哪些需要努力的？

参考文献

1. 现代物流管理课题组．物流成本管理［M］．广州：广东经济出版社，2002.
2. 邓风祥．现代物流成本管理［M］．北京：经济管理出版社，2003.
3. 唐纳德·沃特斯．物流管理概论［M］．北京：电子工业出版社，2004.
4. 杨海荣．现代物流系统与管理［M］．北京：北京邮电大学出版社，2003.
5. 真虹．物流企业仓库管理与实务［M］．北京：中国物资出版社，2003.
6. 李伊松，易华．物流成本管理［M］．北京：机械工业出版社，2005.
7. 罗斯，威斯特菲尔德，杰富．公司理财［M］．北京：机械工业出版社，2003.

第8章 配送成本管理

关键词： 配送（distribution） 配送成本（distribution cost） 定时配送（timing distribution） 定量配送（ration distribution） 配送运输成本（transport cost of distribution） 分拣成本（pick up cost） 流通加工成本（processing cost of circulation） 仓储保管成本（storage cost） 配送价格（distribution price） 配送路线（distribution route） 配送中心（distribution center） 目标成本管理（objective cost management） 选址布局（location layout） 配送需求计划法（distribution demand planning method）

为了提高对顾客的服务水平，越来越多的企业建立配送中心，进行配送作业，但这种作业往往带来成本的居高不下，甚至失控。对配送成本的控制变得越来越重要，这种控制应从其源头开始，比如从配送中心的选址规划、配送设施的配备、作业的规划等处着手。当然对于一个已成型的配送中心只能是通过一些经营方向上的调整，用数量方法对路线进行规划，用管理会计方法进行核算，以求配送成本的最小化。

8.1 配送成本的构成

8.1.1 配　　送

8.1.1.1 配送的概念

物流研究在我国的发展相对落后于美国、日本等发达国家，现在我们所使用的“配送”这个词，实际上是原封不动地照搬了日语中的两个日语汉字，并赋予了汉语读音。对“配送”的概念，目前还没有一个统一的解释，各种文献说法不一。不同国家对“配送”的定义各有不同，甚至同一个国家不同的部门或者不同时期对“配送”的定义都有所出入。例如，我国出版的《现代物流学》将“配送”定义为：以现代送货形式实现资源最终配置的经济活动；按用户订货要求，在配送中心或其他物流结点进行货物配备并以最合理的方式送交用户。而我国另外一本物流专著《现代物流手册》则将“配送”定义为：在经济合理区域范围内，根据客户要求，对物品进行拣选、加工、包装、分割、组配等作业，并按时送达指定地点的物流活动。美国《物流管理——供应链过程的一体化》一书没有直接对“配送”下定义，但它将“实物配送”表述为：“实物配送这一领域涉及将制成品交给顾客的运输”，“实物配送过程，可以使为顾客服务的时间和空间的需求成为营销的一个整体组成部分”。日本对“配送”的定义更是五花八门，日本文部省审定的物流培训教科书将“配送”定义为“最终将物品按指定时日安全准确交货的输送活动”。日本日通综合研究所编写的比较有影响力的《物流手册》一书则认为：生产厂到配送中心之间的物品空间移动叫“运输”，从配送中心到顾客之间的物品空间移动叫“配送”。而日本工业标准（JIS）则将“配送”简单地统一定义为：把货物从物流结点送交收货人处。我国著名的物流专家王之泰教授则认为“配送”应该全面地定义为“按用户的订货要求，在物流据点进行分货、配货工作并将配好之货送交收货人”。综上所述，虽然对“配送”的定义莫衷一是，但众多定义概括起来都是指“经过一系列的工作流程，将用户所需货物商品送达收货人”这一经济活动。

8.1.1.2 配送的作用

配送的作用可以简单地用图 8-1 表示。

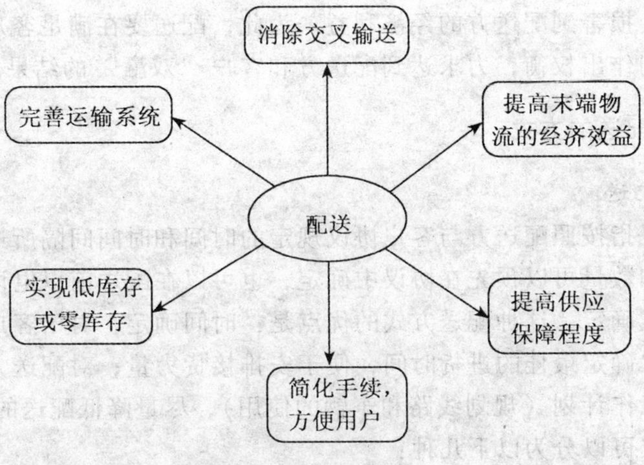

图 8-1 配送的作用

为了全面理解配送，需要注意以下几个关键点：

(1) 配送起着配置资源，沟通顾客的作用

配送在资源配置方面所起的作用，是最终的、最直接的。它把资源（货物和

商品）送到最终消费者的手中。与此同时，因为这样的活动是直接面向客户的，客户可以通过感受企业的配送水平和服务态度等方面来取得对企业的认同感，高质量的配送服务无疑是企业无形的广告，为此，企业对配送的重视程度日益提高。

（2）配送的成功有赖于“配”和“送”的有机结合

对配送的理解，人们往往会把重点放在“送”这个环节，认为配送其实就是“送”而已。其实不然，现代配送恰恰强调了“配”的重要作用，并以此区别于送货这个概念。如前所述，配送是按照客户的要求，通过高效的分拣、加工、配货等前期准备工作，使送货量达到一定的规模后再组织送货，这样可以通过规模优势来降低送货的成本，实现企业利益最大化。否则不通过“配”，需要一件就送一件，这样势必会使活劳动和物化劳动消耗大大增加。由此可见，“配”在整个配送过程中是不可或缺的重要环节。

（3）配送要以“最大限度地满足客户的要求”为宗旨，坚持“服务第一”

配送是在“供过于求”这一买方市场形成的基础上发展起来的，从一开始它就处于服务和被动的地位，而具有选择权的买方则处于被服务和主动的地位，因此，这就要求配送工作要充分地考虑到客户的利益，力求使客户感受到“顾客就是上帝”的待遇，最大限度地满足客户的要求。

（4）配送要有“成本—收益”观念

上面提到要“最大限度地满足客户的要求”，但实际工作中也有个别客户的要求过高或者配送方的条件有限的情况出现，这时候如果一味地强调满足客户的要求，就很可能会损害到配送方的经济利益。为此，配送要在满足客户要求和符合自身配送条件之间作出权衡，力求达到配送方和客户“双赢”的结果。

8.1.1.3 配送的方式

（1）定时配送

定时配送是指按照配送方与客户协议规定的时间和时间间隔所进行的配送。每次配送的品种和数量可以预先在协议中确定，也可以在配送前以电话、传真、电子邮件等联络方式确定。这种配送方式的优点是：时间确定，对于客户而言，可以按照自身经营现状确定最佳的进货时间，便于安排接货力量；对配送方而言，可以有效地安排配送工作计划（规划线路和车辆的使用），尽量降低配送的成本。

定时配送又可以分为以下几种：

①小时配送。它是指在接到客户配送要求后的1小时内将物品送达客户手中的配送方式。客户的这种要求一般带有突发性和应急性。BtoC型的电子商务，在一个城市范围内，通常也采用这种配送方式。

②日配。它是指在接到客户配送要求后的24小时内将物品送达客户手中的配送方式。日配是定时配送的主要形式，它有利于配送中心实现“零库存”。

③准时配送。它是指按照配送方与客户的协议，准时将物品送达客户手中的配送方式。它对配送系统的要求较高，往往适用于所需物品是重复、大量且没有什么大的变化的企业，因此需要一对一的配送。

④快递配送。快递配送这种配送服务覆盖的范围很广，有些甚至是跨国的配送服务。它没有明确送达的具体时间，因此一般适用于作为社会广泛服务的配送方式。美国的“联邦快递”、中国的“EMS”和日本的“宅急便”都是这方面的典型。

专栏 8.1　黑猫宅急便“户到户特快递送”

以日本大和运输株式会社开放的宅急便系统，即“户到户特快递送”为例。该系统成功运作的关键技术是电子信息技术。自主计算机、分组计算机、工作站（计算机）等组成的“黑猫”综合信息系统，是宅急便系统运作所依托的计算机信息网络。其中，便携式终端机以及集成线路卡（IC）的开放与应用形成了“大和”技术创新的特色内容，成为该企业的专用技术。

从“户到户特快递送”的系统剖析可以看到，该系统突出了这样几个特点：

(1) 用户至上、方便用户的经营观念——观念创新。从营业所受理托运货物的程序来看，用户可直接与营业所联系，也可就近交给代理店办理托运。由于代理店通常是与日常生活密切相关的商店（如米店、酒店、百货居、杂货店等），与居民个人居住点很近，分布点也很多，仅 1995 年在日本，就有 283 253 间代理店。这样，既方便了用户又节约了集货成本。这也是“大和”为什么能占有包裹递送业最大市场份额的原因之一。

(2)“站”、“店”联网，信息集成的经营控制——运作创新。从顾客、代理店、营业所到中转站，不仅在物流业务上，而且在信息沟通上均连接成向。正是由于以电子信息技术作为物流系统运作的核心技术，形成宅急便物流信息集成基础上的全程控制，才能使 28.3 万多个代理店、1 740 多个营业所，与 59 个中转站上形成“形散而神不散”的有机整体。

(3) 以少聚多、“点”、“面”转换的经营方式——组织创新。产量法则告诉我们只有达到一定的业务量才能够降低单位业务量的成本。包裹重量虽轻，但其件数却很多，由少积多就可创造可观的经济效益。将甲地行政区域的“面”上的物流量集中到“点”上，从而形成点（中转站）与点（中转站）间的长途运输，又将乙地“点”上的量分散到乙地所处的行政区域的“面”，这样便于采用成组化、集装化作业或实行共同配送，使得现代化物流设施、设备的优越性能够充分发挥，提高物流效率及服务质量。

(4) 分散经营、集中控制的管理模式——管理创新。分散经营有利于调动个人的积极性，集中控制又使得整个系统有条不紊地运行，随时掌握特定货物所处地点、状态等情况，确保一流的物流服务水平的基础是计算机在线经营信息系统。利用“黑猫”综合信息系统的集成信息进行集中控制的范围，可以有效地达到每一个直接受理货物的代理店和司机，可以避免任何货物的丢失、应收流失、经营失控等现象。

可见，从主计算机（3台）、分组计算机（59台）到工作站计算机（800台左右）都是商业化技术的应用，重要的是便携式终端站（1 500多台设备）和便携式终端机（约3.2万只）构成了其技术创新的核心内容，而这一核心内容奠定了“大和”市场领先者的地位。

（资料来源：资讯中心．实务（www. jctrans. com），2005-02-11。）

（2）定量配送

它是指按照双方协议规定的数量进行配送。由于它对送达的时间没有严格的要求，所以有利于配送方将不同客户所需的物品凑够整车后再进行合理的配装配送，尽量做到整车配送，提高配送效率。

（3）定时定量配送

它是指按照规定的配送时间和配送数量进行的配送，由于它兼顾了定时、定量两种配送方式的优点，因而较为精密。但缺点是成本较高，难以有效规划，不易于普遍的推广。

（4）定时定路线配送

它是指在规定的配送车辆运行路线上，制定配送车辆到达的时间，按运行时间表进行配送，客户可以按照配送方规定的路线及时间选择这种配送方式，并在指定的时间到指定的地点接货。定时定路线配送的成本较低，特别适用于小商业区这类商业企业密集地段的配送。

（5）即时、应急配送

它是完全按照客户突然提出的配送要求随即进行的配送方式，是一种具有很高灵活性的配送方式，也是大型的配送中心所应具备的应急能力。因为这种方式的成本较高，所以不易于作为配送中心日常的配送服务方式。

（6）共同配送

它是指“为了提高物流效率，对许多企业一起进行的配送”（日本工业标准（JIS）的解释）。通过共同配送可以提高配送整车率，降低配送成本，改善交通环境。共同配送已经成为现代配送方式的潮流。

专栏8.2　共同配送盛行的原因

美国德克萨斯州的沃斯堡孟买家具及配件公司，近来想要成立一家服务于成千上万家零售店和网上商店的批发分公司，原计划利用其原有的物流网络来组织新的商业物流。但是，孟买公司的物流副总裁很快就意识到，孟买批发分公司要想成功，就必须采用全新的物流方式，因为孟买公司配送中心的设计是专门符合家具的存储和分拣配送的，而新成立的批发分公司所销售产品的性质和零售渠道和家具是完全不同的，它们必须要有能力处理位于不同地方的成千上万个客户的订单。由于服务的集约化以及运量的不同，它们几乎需要使用所有的运输方式，很多客户同时还要求采用特殊的条形码和标签。

由于孟买配送中心初期并不具有灵活处理订单的能力，它们打算寻求物流业务外包，但是新的批发分公司刚刚起步，未来发展如何还不能确定，与第三方物流公司签订长期的个体租用合同对其来说是一种冒险。因此，孟买公司的总裁说："在我们不知道业务会做到多大时，我们需要更多的柔性。"于是综合各方面的因素，共同配送成为孟买批发分公司的首选。当年 10 月，孟买批发分公司选择了 USCO 物流公司作为其物流服务商，共享其物流设施。它们之间的协议是一月一签约，并且是采用按件计费的收费方式。这样使得孟买批发分公司避免了支付人工、设备和设施等高额的管理费用，这同样给孟买公司更大的发展空间，并为它们的服务能力带来了更大的柔性。

随着客户订单的快速增长，对于不同客户订单的自动处理能力对于孟买公司的成功至关重要。而该能力恰恰是孟买公司的物流系统所不具备的，因此孟买批发分公司依靠 USCO 物流公司来帮助公司实现订单履行程序的自动化，并提供帮助该公司建立为顾客定制的条形码和标签的技术支持。孟买批发分公司同样也把公司所有的外向运输交给了 USCO 物流公司，这在一定程度上要比孟买公司自己与运输公司谈判签约所付的运费要低。

孟买公司的物流经理相信：共同配送与高的交付率和订单履行能力一起将帮助孟买公司为客户提供优于其竞争对手的服务，更重要的是，这种更具竞争力的优势将帮助孟买批发分公司树立良好的服务品牌。

（资料来源：韩岗．共同配送盛行的原因．锦程物流网 www. jctrans. com。）

（7）加工配送

它是指配送和流通加工相结合，通过流通加工后再进行的配送。这种配送方式可以使流通加工更加具有针对性，同时还可以通过加工实现商品货物的增值，提高配送效益。

8.1.2 配送中心

配送中心是从事配送业务的物流场所或者物流组织，具体而言，它是接受并且处理末端客户的订货信息，对上游运来的各种商品货物进行分拣，按照客户的订货要求进行拣选、加工、组配等作业，并进行送货的设施和机构。

配送中心的形成和发展有一定的历史原因，它是物流系统化和规模化发展的必然结果，是物流领域社会分工、专业分工进一步细化之后所产生的。因为客户在商品货物处理的内容上、时间上以及服务水平上都提出了越来越高的要求，为了满足客户的这些要求，物流企业必须引进先进的分拣设施与配送设施，建立迅速、高效、价廉的作业机制。加上在20世纪70年代石油危机以后，配送企业为了挖掘物流活动中的经济潜力，开始对物流活动进行细分，加之世界经济普遍存在的买方市场环境，企业纷纷以服务水平的提高来争夺客户和市场。在物流企业中出现了“营销重心下移”和“贴近客户”等营销策略，“贴近客户”的“末端物流”受到了物流企业空前的重视，配送中心就是在这样的经济环境下，在仓库功能不断进化和演变中发展起来的物流设施。所以，世界上大多数的大型企业都建立了自己专门的配送中心。

根据功能的不同，配送中心可以分为如下四类：

(1) 转送模式的配送中心（Transfer Center，TC）

其主要功能是传送，不具备保管、库存管理等功能，主要进行商品货物的周转、分拣等作业。这种模式的配送中心通常被认为与供货商关系比较密切，货源充足，商品在配送中心的储存时间较短，储存量亦很少。日本著名的阪神配送中心就是这方面的典型。

(2) 分销模式配送中心（Distribution Center，DC）

它拥有保管、库存管理等管理性功能，同时又进行商品周转、分拣和配送业务。这种模式的配送中心一般设立在口岸或中心城市，以便对腹地和周边地区进行分拨或分销。通常情况下，分销型配送中心遵循“勤进快出”的原则，大批量进货，然后进行分装或组配，及时地分送到客户货位或直接装载，一般不具有长期储存商品的功能。

(3) 储存模式配送中心（Stock Center，SC）

它兼有储存和配送双重功能，以商品货物的储存、保管功能为主，商品货物在配送中心的储存时间比转送模式要长。这种模式的配送中心拥有较大规模的仓储设施，具有很强的储存功能，因此可以将零售店铺的商品储存时间和空间减至最低程度。瑞士GIBA-GEIGY公司的配送中心和美国的赫马克配送中心都是世界上大型的储存模式配送中心，前者拥有世界上规模位于前列的储存库，可以储存4万个托盘，后者则拥有一个163 000个货位的储存区。

(4) 加工模式配送中心（Process Center，PC）

它将大批采购的半成品（多为生鲜食品）进行加工、解冻、分割、包装，然后分送到各分店或客户，这种模式较适合于超市生鲜食品部。这种模式的配送中心主要功能是对产品进行清洗、整理、包装、再生产，以保证其上市即可出售并消费。如某些食品和农产品配送中心等。世界著名的连锁快餐服务店麦当劳和肯德鸡的配送中心，就是这种类型的配送中心。此外，在工业和建筑领域，生混凝土搅拌的配送中心也属于加工模式配送中心。

配送中心是连接生产和消费的流通部门，是产生时间与空间效益的物流设施，它的主要功能有：

①配送中心可以调整生产与消费之间在时间、空间上的错位性。

②配送中心合理、顺畅的配送，可以提高车辆和装载利用率，降低物流成本，节约能源，减少污染，缓解大中城市的交通运输紧张状况。

③配送中心合理准确的配送活动，提高了供应保证程度，减少了生产和流通领域对库存的需求，从而降低社会的总库存。

④配送中心是发展连锁经营的关键，它有力地支持市场营销体系，实现物流系统化和规模效益的有机结合，强化了商品的生产与消费、进货与销售之间的协调，完善了连锁经营体系。

专栏 8.3　沃尔玛的看家本领——高效的配送中心

在多数人眼里，沃尔玛一直在南方活动。在宣传上，它一贯保持低调和谨慎。但不可否认的是，在无声无息间，一刻没有停止扩张的脚步。2005 年沃尔玛在天津建设北方物流配送中心，露出配送的看家本领，发挥其低价、高利润的核心竞争力。

沃尔玛的看家本领

熟悉沃尔玛的人知道，它拥有世界上效率最高的物流配送系统，而正是这样一个系统，使沃尔玛能够强于其他竞争对手，稳居世界零售业之首，也成为沃尔玛倡导的“天天平价”卖点的最有力支持。沃尔玛配送系统的精华就在于其先进的通讯网络。早在 20 世纪 80 年代中期，沃尔玛投巨资购买了一颗休斯公司的人造卫星，建立了自己的全球商业卫星通讯系统。该系统的应用使得沃尔玛总部、全球各地的配送中心和各商店之间实现了双向声音和数据传输，全球 4000 多家沃尔玛分店都能够通过自己的终端与总部进行实时联系。在短短数小时内便可完成“填妥订单、各分店订单汇总、送出订单”的整个流程，大大提高了营业的高效性和准确性。在全球各地，沃尔玛商店几乎 85% 的商品来自于各区域的配送中心，沃尔玛在美国拥有 100% 的物流配送系统。

物流配送老拳将出

一直以来，国内商家看到的是一个并不可怕的沃尔玛。业内分析，这主要源于沃尔玛这套高效的配送系统迟迟没有使用。据了解，在深圳，沃尔玛拥有一个配送中心。但该配送中心还只是一个货物的中转站，其功能无法与沃尔玛高效的物流配送中心相提并论。沃尔玛在国内的店面主要依靠供货商直接配货。沃尔玛在中国物流配送系统一直未筹建主要是由于在中国店面数量不够，尚未形成一定的网络规模，但只要店面数量足够，就将建设物流配送中心。1996 年开始沃尔玛在中国的发展靠的是店铺先行的策略，至今在国内拥有近 20 家店铺。其中南区 14 家，北区仅有 4 家。按照业内的说法，连锁业的店铺至少达到 20 家以上，才适合建物流配送中心。

沃尔玛高层接受媒体采访时表示，2003 年年底在中国开店数量要达 44 家店。目前跳出了珠江三角洲的沃尔玛在以哈尔滨、沈阳、大连为核心的东北区已初具网络规模。目前记者还从多方获悉，2005 年沃尔玛将从大连走向天津，全面启动津、京两地开店的具体筹备工作。沃尔玛南方区采购经理也有相当一部分正在向北方调动。沃尔玛在华北区的大力渗透已经开始。种种迹象表明，沃尔玛在天津建设北方区物流配送中心的网点资源已经具备。

成本比对手低 2%

沃尔玛全国供货商朴经理透露，沃尔玛高层向其表示将在 2005 年天津建设北方区物流配送中心，依靠此中心满足沃尔玛在中国北区各店的配货需求。在业界，沃尔玛的全球配送系统一直被认为是经典案例。据统计，沃尔玛利用配送系统把货品送到商店的物流成本占销售额的 2.5% 左右，而其竞争对手做同样的事情一般要付出 5% 的成本。那就是说，当沃尔玛与对手经营同一种商品的时候，他们比竞争对手的成本要低 2.5% 左右。

沃尔玛配送中心如果发挥功能，减少供货商为各地商店直接配货的物流成本，将成为其低价的有力支撑。更重要的是，在零售业微利的时代，能够比同行低 2% 左右的成本，获取高额利润，恐怕是沃尔玛最具杀伤力的武器。天津乐购超市的沙波表示，沃尔玛国内的物流配送系统如果发挥功能，他们将真正开始“闪转腾挪”。

（资料来源：沃尔玛的看家本领—高效的配送中心，北方网（www.enorth.com.cn），2004-02-27。）

8.1.3 配送作业

配送中心的配送一般包括以下主要作业：

第一，进货。众多的商品和货物由供应商送达配送方（配送中心），由配送方核对其数量、质量，为下一流程做准备。

第二，分货。按照进货的品种、送货方向及顾客的类型等进行分类。一般比较大型的配送中心都配备有分类机，它可以大大地提高工作效率。

第三，储存。商品货物经过简单的分类后，往往不能马上就进入下一阶段，这时候就要把商品货物储备或者暂存起来，等待进入下一流程。

第四，加工。在发货之前需要进行粘贴商品标价以及其他标记、装袋、切割、包装等作业，这主要是可以提高整个物流活动的效率，增加商品货物的附加值，同时也可以满足客户的多元化需求。

第五，按客户订单分拣。根据客户的订货清单将加工后的商品货物从仓库中取出。这是配送中心工作量最大的流程，分拣的速度及准确率往往决定着配送中心的工作效率，因而它是配送中心的核心流程。

第六，验货。为了确保商品货物按质、按量、按时、按地送达收货方，配送中心在商品货物配装上车前一般还有一道检验的程序，以此确保准确性。

第七，配装发货。商品货物检验完成后，就可以进入发货的前期阶段了，因为有时候单个客户的配送数量达不到车辆的有效运载量，这就要求配送中心尽可能地集中不同客户的配送货物，进行配装，联合装载，以充分地利用运力，节省配送的成本。在配装完成后，就可以正式地发货了。

第八，送达交货。在把商品货物送达收货方后，有时会出现送达物品与收货方所需物品不完全一致的情况，这就要求送货方做好协调工作。同时，应该提前与收货方协商好卸货的地点以及卸货的方式，最后完成结算。

第九，回程。在完成配送任务后，配送车辆要返回配送中心准备下一次的配送任务。对配送方来说，配送车辆回程要尽量避免空载，缩短回程的路线，这样可以降低配送成本，增加企业的效益。为此，配送中心在发货前要精心地规划最佳的配送路线，同时，配送车辆回程时也可以把商品货物的包装物、残次品等运回配送中心做进一步的处理，或者把客户的产品运回配送中心，以备日后配送使用（见图 8-2）。

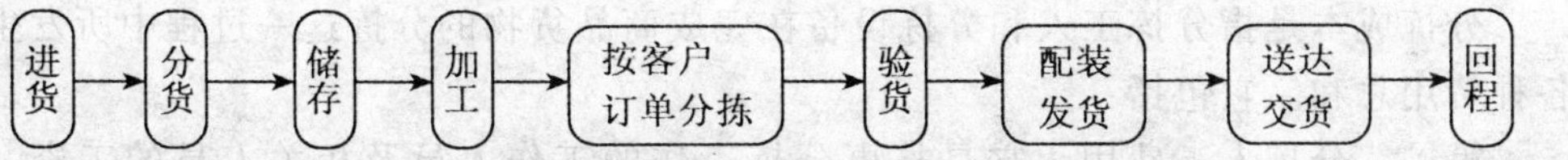

图 8-2　配送作业的一般流程

8.1.4　配送成本的构成

如前所述，全面理解配送要有“成本 - 收益”观念，完成配送活动是需要付出相应成本的，这就是配送成本。配送成本泛指在配送过程中所发生的全部费用的总和，它主要由配送运输成本、仓储保管成本、分拣成本、配装成本以及流通加工成本构成。

8.1.4.1　配送运输成本

配送运输成本主要由两方面构成：

第一，运输车辆费用。主要指从事配送运输而发生的各项费用，包括驾驶员及其助手的工资福利费、燃料费、修理费、轮胎费、折旧费、养路费、车船使用费、运输管理费等。

第二，营运间接费用。主要是营运过程中发生但不能直接计入各成本计算对象的站、队费用，包括站、队人员的工资、福利费、办公费、水电费、折旧费等，但管理费用不包括在内。

8.1.4.2 仓储保管成本

仓储保管成本是指所配送的商品货物在储存、保管过程中所发生的费用，它包括：

第一，储运业务费。主要由代运费、机修费、验收费、代办费、装卸费和管理费组成。值得注意的是，储运业务虽然不会增加商品货物的使用价值，但参与商品货物价值的创造，增加了它们的价值。

第二，仓储费。主要包括：仓库管理人员的工资，商品货物在保管过程中发生的维修保管费，固定资产折旧费和低值易耗品的摊销等。

第三，进出库费。主要包括：进出库过程中参与装卸搬运和验收工作的人员工资、劳动保护费、固定资产折旧费、大修理费和管理费等。

第四，服务费。它是特指配送中心在对外保管服务过程中所消耗的活劳动和物化劳动的货币支出。

8.1.4.3 分拣成本

分拣成本是指分拣工人和分拣设备在完成商品货物的分拣这一过程中所发生的各种费用总和。它包括：

第一，分拣人工费用。它是从事分拣工作的工作人员及相关人员的工资、奖金、补贴等费用的总和。

第二，分拣设备费用。它是指分拣设备的折旧费和修理费用。

8.1.4.4 配装成本

配装成本是指在完成配装商品货物的过程中所发生的各种费用。它包括：

第一，配装人工费用。它是指从事配装工作的人员及相关人员的工资、奖金、补贴等费用。

第二，配装材料费用。配装材料主要有木材、纸、自然和合成纤维、塑料等，这些配装材料因为功能不同，成本相差较大。

第三，配装辅助费用。如包装标记、包装标志的印刷等方面的支出。

8.1.4.5 流通加工成本

部分商品货物在进入配送中心后还需按客户的要求进行加工，由此而发生的成本就是流通加工成本。它包括：

第一，流通加工设备费用。它是指购置流通加工所用设备的支出。它通过流通加工费的形式转移到所加工的商品货物上。

第二，流通加工劳务费用。它是指直接从事加工活动的人员及相关管理人员的工资、奖金等费用的总和。

第三，流通加工材料费用。为了完成对商品货物的加工，往往需要使用一定的材料，这些材料的成本就构成流通加工材料费用。

第四，其他费用。如流通加工过程中的照明费、燃料费等，均应构成流通加工成本。

8.2 配送成本的计算

配送包含一系列的流程，每个流程都发生相应的成本及费用，因此配送成本的计算也是多环节多流程的过程。配送成本就是各个流程成本的总和，其计算公式如下：

配送成本 = 配送运输成本 + 仓储保管成本 + 分拣成本 + 配装成本 + 流通加工成本

值得注意的是，虽然各个流程的成本计算都有其自身的特点，但在实际操作中应注意避免各流程成本费用计算的重复和交叉，如实地反映配送成本，为配送成本的管理和控制提供真实的数据材料。

8.2.1 配送运输成本的计算

配送运输成本是指配送车辆在完成整个配送商品货物的过程中所发生的各种车辆费用及配送间接费用的总和。它在配送总成本中所占的比重很大，是配送成本管理乃至物流成本管理的重点。

8.2.1.1 配送运输成本的计算方法

从总体而言，配送运输成本由车辆费用和配送的间接费用构成，但在具体的计算时，成本的项目也有容易混淆的地方，如驾驶员的工资和配送运输管理部门人员的工资，两者虽然会计科目一样，但是数据的来源却不同，因此在计算时要分别列示，这样做有利于对成本进行有效的监控和管理。配送运输成本计算的各个主要的成本项目的数据来源如下：

（1）工资和职工福利费

这里的工资和职工福利费是指驾驶员及其助手等直接从事配送运输人员的工资和福利费，按照“工资分配汇总表”和“职工福利费计算表”中各种车型所分配的金额计入成本。

（2）轮胎

这里要注意的是，轮胎的外胎和内胎的数据来源是不同的，具体而言：轮胎外胎按照“轮胎发出凭证汇总表”中各种车型领用的金额计入成本，它采用一次摊消法；有些企业采用的是按照车辆行驶的公里数来分配轮胎消耗成本，则要按照“轮胎摊提费计算表”中各种车型应该负担的摊提额来计入成本；轮胎的内胎、垫带则要按照“材料发出凭证汇总表”中各种车型的成本领用额来计入成本。

（3）燃料

按照“燃料发出凭证汇总表”中各种车型消耗的燃料金额计入成本，如果配送车辆不是在本企业的油库加油，其领发的数量不应作为企业购入和发出处理，而应该在发生时按照配送车辆领用数量和金额计入成本。

（4）修理费

对配送车辆进行保养和维修往往是辅助生产部门的工作，因此其费用按照“辅助营运费用分配表”中各种车型应分配的金额计入成本。

（5）折旧费

按照“固定资产折旧计算表”中各种车型应提取的折旧额计入各分类成本。

（6）养路费和运输管理费

企业应该在月末计算成本时，编制“配送营运车辆应交纳养路费及管理费计算表”，据此计入配送成本中。

（7）车船使用税、行车事故损失及其他费用支出

一般情况下，这些成本费用都是通过银行转账、应付票据或者现金支付的，可以按照付款凭证上面的金额直接计入相关的车辆成本。如果是通过实物的形式支付，如领用本企业仓库内的材料物资，则要按照“材料发出凭证汇总表”或者“低值易耗品发出凭证汇总表”中各种车型领用的金额计入成本。

（8）营运间接费用

它是指配送运输管理部门为了对配送运输过程进行组织和管理所发生的各项管理费用及业务费用，按照“营运间接费用分配表”计入有关配送车辆的成本。

8.2.1.2 配送运输成本计算表的编制

配送企业应在月末编制配送运输成本计算表，据以反映配送运输总成本及单位成本。这里的总成本是指各个成本项目的金额之和，单位成本是指各成本计算对象完成单位周转量所用的成本，这里的周转量是一个复合单位，如千吨公里或者万吨

公里。

在编制配送运输成本计算表时，企业往往要计算出本月的成本降低额及成本降低率，以考察成本控制的成效，指定下一步的成本控制计划。成本降低额是用该配送成本的上一年度实际单位成本乘以本计算期实际周转量所得的总成本，再减去本计算期的实际总成本所得的差额。它是一个绝对指标，反映了由于单位成本降低而产生的总成本减少额。而成本降低率是指成本降低额和上一年度实际单位成本乘以本计算期实际周转量所得乘积进行比较的百分比，它是一个相对指标。

成本降低额和成本降低率的计算公式分别为：

成本降低额 = 上一年度实际单位成本 × 本计算期实际周转量 - 本计算期实际总成本

$$成本降低率 = \frac{成本降低额}{上一年度实际单位成本 \times 本计算期实际周转量} \times 100\%$$

一般的配送运输成本的计算表格式如表 8-2 所示。

表 8-2 **配送运输成本计算表**

编制单位： 年 月 单位：元

项　目	计算依据	配送车辆合计	配送营运车辆		
			解放	东风	其他
一、车辆费用					
工资					
职工福利费					
轮胎					
燃料					
修理费					
折旧费					
养路费					
运输管理费					
车船使用税					
行车事故损失					
其他费用支出					
二、营运间接费用					
三、配送运输总成本					
四、周转量/千吨公里					
五、单位成本/（元/千吨公里）					
六、成本降低额					
七、成本降低率（%）					

8.2.2 仓储保管成本的计算

仓储保管成本由两部分构成，一是对外支付的保管费，它可以全额直接计入仓储物流成本；二是配送企业内部发生的仓储保管费用，这部分费用往往与其他部门的费用混合在一起，计算时需要按照一定的比例从“管理费用”、“营业费用”、“财务费用”等大科目中间接地推算出来。如人工费的提取比例可以是仓储保管人员数占总人员数的百分比，但具体操作还要根据企业的实际情况而定，不能一概而论。按照支付的形式分类，仓储保管成本可分为仓储搬运费、仓储管理费、仓储保管费、材料消耗费、人工费和仓储占用资金利息等。

仓储保管成本可以简单地用表8-3进行汇总计算。

表8-3 仓储保管成本计算表

编制单位： 年 月 单位：元

科目 项目	管理费用	财务费用	营业费用	合计
仓储搬运费				
仓储保管费				
仓储管理费				
材料消耗费				
人工费				
仓储占用资金利息				
合计				

8.2.3 分拣成本的计算

与配送运输成本相似，分拣成本也可分为分拣直接费用和分拣间接费用。

8.2.3.1 分拣成本的计算方法

①工资和职工福利费。按照“工资分配汇总表”和“职工福利费计算表”中本环节分配的金额计入分拣成本。

②修理费。与配送运输成本的计算方法相似，对分拣机械进行保养和维修往往是辅助生产部门的工作，应按照“辅助生产费用分配表”中分配的金额进入分拣成本。

③折旧费。按照“固定资产折旧计算表”中分拣机械所提取的折旧额计入分拣成本。

④其他费用。按照“低值易耗品发出凭证汇总表”中分拣环节所领用的金额计入成本。

⑤分拣间接费用。这类成本主要是负责管理分拣工作部门的支出，按照“配送管理费用分配表”所列示的金额计入分拣成本。

8.2.3.2 分拣成本计算表的编制

配送企业应在月末编制分拣成本计算表，以及时反映分拣成本，进行成本控制。分拣成本计算表的格式如表 8-4 所示。

表 8-4 分拣成本计算表

编制单位： 年 月 单位：元

项目	计算依据	合计	分拣物品			
			物品 A	物品 B	物品 C	物品 D
一、分拣直接费用						
工资						
福利费						
修理费						
折旧费						
其他费用						
二、分拣间接费用						
分拣总成本						

8.2.4 配装成本的计算

配装成本由配装直接费用和配装间接费用组成。

8.2.4.1 配装成本的计算方法

①工资和福利费。按照“工资分配汇总表”和“职工福利费”中所分配的金额进入装配成本，而计入产品成本中的直接人工费用则是按照“工资结算汇总表”和“职工福利费计算表”来计算确定的。

②材料费用。按照“材料发出凭证汇总表”、“领料单”和“领料登记表”等原始凭证上面所分配的金额计入装配成本。直接材料费用中，材料费用是按照全部领料凭证汇总编制“耗用材料汇总表”来确定的。需要指出的是，在归集计算直接材料费用时，凡是能够分清某一成本计算对象的费用，应该单独列出，这样就可以把该费用直接汇总到装配对象的产品成本中去；凡是直接材料费用是由几个配装对象共同耗用的，则要依据一定的分配方法，计算出各个装配对象所应负担的直接材料费用。

③辅助材料费用。按照“材料发出凭证表”和“领料单”上面的金额计入装配成本。

④折旧费。按照“固定资产折旧计算表”中装配机械所提取的折旧额计入装配成本。

⑤其他费用。按照“材料发出凭证汇总表”和“低值易耗品发出凭证”中所分配的金额计入配装成本。

⑥配装间接费用。按照“配装间接费用分配表”上面的金额计入配装成本。

8.2.4.2 配装成本计算表的编制

配装成本计算表的一般格式如表8-5所示。

表8-5 配装成本计算表

编制单位： 年 月 单位：元

项目	计算依据	合计	配装物品			
			物品A	物品B	物品C	物品D
一、配装直接费用						
工资						
福利费						
材料费用						
辅助材料费用						
折旧费						
其他费用						
二、配装间接费用						
配装总成本						

8.2.5 流通加工成本的计算

8.2.5.1 流通加工成本的计算方法

(1) 直接材料费用

流通加工过程中直接材料费用是指对流通加工物品进行加工所直接消耗的材料、辅助材料、包装物、燃料及其他动力费用，与工业企业不同，流通加工过程中的直接材料费用占流通加工成本的比例较小。

在计算直接材料费用时，材料和燃料费用是通过全部领料凭证汇总编制的“耗用材料汇总表”来确定的，而外购的动力费用则可以通过有关的付款凭证直接确定。值得注意的是，在归集计算直接材料费用时，凡是能够分清某一成本计算对象的费用，应该单独列出，这样就可以把该费用直接汇总到流通加工对象的产品成本中去；凡是直接材料费用是由几个流通加工对象共同耗用的，则要依据一定的分配方法，计算出各个流通加工对象所应负担的直接材料费用。

(2) 直接人工费用

这里的直接人工费用是指直接从事加工生产的人员的工资总额和按照工资总额计提的职工福利费。计入产品成本中的直接人工费用，是按照本期的“工资结算汇总表”和“职工福利费计算表”确定的。而“工资结算汇总表”则是通过“工资结算卡”按照人员类别（即工资的用途）来编制的，它是企业进行工资结算和分配的原始依据。“职工福利费计算表”是通过“工资结算汇总表”所确定的各类人员工资总额，并按照法定的计提比例计算后汇总编制。

(3) 制造费用

它是配送中心自身的生产加工车间为组织和管理生产加工所发生的各项间接费用，如生产加工车间管理人员的工资和计提的福利费、生产加工车间所用建筑物和加工设备的折旧费修理费等等。制造费用是通过设置制造费用明细账，依据费用发生的地点来归集的。制造费用明细账依据生产加工单位设置，并按照费用明细账项目设立专栏，据此进行核算。因为在总成本中，流通加工环节的折旧费用、固定资产修理费用等所占的比重很大，所以企业都非常重视对它们的归集和核算。

8.2.5.2 流通加工成本计算表的编制

流通加工成本计算表的一般格式如表 8-6 所示。

表 8-6 流通加工成本计算表

编制单位： 年 月 单位：元

项　目	计算依据	合　计	流通加工物品			
			物品 A	物品 B	物品 C	物品 D
直接材料费用						
直接人工费用						
制造费用						
流通加工总成本						

8.3 配送成本控制的标准与策略

8.3.1 配送成本控制的必要性

在收入一定的前提下，配送成本的节约可以增加配送企业的利润。在利润空间越来越小的大环境下，配送企业开始对配送成本挖潜，通过比同行较低的配送成本来取得竞争优势。配送成本是由多个环节的成本费用构成的，因此配送成本的控制也应该是多环节的成本控制，任何顾此失彼的控制都不是最优的。配送成本控制的目标就是使得配送成本最小化，但现实中配送企业存在的种种不合理的现象往往有悖于这个目标的实现。从另一个角度来分析，正是这些不合理现象的存在迫使配送企业要对配送成本进行控制，因此充分地认识到这些现象，并对症下药，不失为进行配送成本控制的方法。这些不合理的现象主要有：

(1) 配送中心选址和布局的不合理

配送中心的选址和布局需要有战略的眼光，因为它不仅直接影响到配送成本，还会影响到运输成本、采购成本以及装卸搬运成本等。通常，物流企业对配送中心的选址布局是很慎重的，但部分物流企业急于快速地占领市场，对配送中心缺乏总体和长远的规划就匆匆地进行大规模的兴建，其结果往往是配送中心布局不合理，造成重复建设，增加了企业的成本。

(2) 配送中心的库存策略的不合理

一般而言，配送中心的集中库存总量要小于各个分散的客户库存量的总和，这样才能体现出配送中心在物流方面的优势，同时也可节约社会成本，降低各个分散的客户平均负担的库存成本。由此可见，配送中心合理的库存策略不仅对配送中心本身还是配送中心所服务的客户，都是有利的。为此，配送中心应该通过科学的管理和统筹规划，实现较低的库存总量，充分发挥出自身作为配送中心（物流结点）

的优势。

(3) 配送中心资源筹措的不合理

与上面所述相似，配送中心的优势是体现在通过筹措资源所产生的规模效益来降低自身的资源筹措成本，使得配送中心的资源筹措成本小于各个分散的客户独自进行资源筹措的成本。这就要求配送中心要尽量集中多个客户进行有一定规模的资源筹措，节约成本。

(4) 配送价格的不合理

一般来说，为了使配送中心的客户有利可图，配送的价格应该低于客户独立完成物流活动的价格总和。配送价格过低，会使配送企业无利可图甚至亏损；配送价格过高，例如高于客户独立完成物流活动的价格，则客户是接受不了的。因此，配送中心要在自身的利益和客户的接受程度两者之间做出权衡，制定双方都能接受的配送价格。此外，配送价格的确定还要充分考虑到同行的价格水平，做出横向比较。

8.3.2 配送成本控制的策略

物流是企业的“第三利润源泉”，而处于末端物流的配送则具有提高物流经济效益，优化和完善物流系统，降低物流成本的功能，配送在物流系统中处于举足轻重的地位。但是，配送企业在满足客户送货要求的同时，也会发生一定的配送成本，从成本和效益关系来看，配送成本越高，则配送企业的利润越低；同样，对客户而言，配送成本越高，需要由其负担的成本也就越多。所以，从供需双方来说，降低配送成本都是其共同的需要。

进行配送成本的控制要有行之有效的策略作为指导思想，从总体上去统筹配送成本控制工作，这些策略主要有：

8.3.2.1 引入目标成本管理机制

配送中心的总目标是实现利润最大化，但这只是表面的目标。从财务会计的角度可以更深层次地分析配送中心的经营目标，但具体到配送成本的管理和控制，则必须引入目标成本管理机制，设置一些具体的指标，如对单位成本、成本降低率、现金流量、投资报酬率、净利润等分目标进行具体的管理和控制。

在相同的技术水平上，有时候为了实现这些管理目标中的一些目标，必须以牺牲其他的目标为代价。但是，随着高新技术的不断发展，我们可以逐步地借助先进的信息技术和富有创造性的网络设计技术，减少这种情况的出现，逐步达到各个目标的共同实现。

实现这些管理目标时，要以“经济效益”这个总目标为基准。如上所述，有时候为了实现一些目标，可能要牺牲部分其他的目标。如库存成本、运输成本的降低，往往是以牺牲对客户的服务水平和增加供应商的库存成本、运输成本为代价的。从短期来看，这样可以降低配送中心的成本和费用，加快商品货物和资金的周转率，对配送中心而言是有利无弊的；但从长远来看，供应商也会从自身的利益考虑，提高所供应商品货物的价格，与此同时，配送中心服务水平的降低会引起客户的不满，部分客户很可能会流失。所有这些都会使得配送中心的运营陷入困境。因此，配送中心在进行目标成本管理时，要在成本和服务水平之间作出权衡，结合自身的吸收能力来大力引进先进的信息技术，在设计目标成本时，充分利用这些信息技术来实现目标成本的降低和服务水平的提高。此外，现金流量是反映企业经济收入健康度的财务指标，对企业的日常运营起着重要的作用，所以，配送中心要加快资金的周转率，保持充足的现金流量，使得其日常的运营有充足的现金支持。

目标成本管理的重点应该放在制约成本降低的瓶颈因素上面。在很多情况下，配送中心在其他环节的成本控制都做得非常好，但往往是由于某一个环节的制约而影响了整个配送中心的成本控制，从而使得成本控制事倍功半。例如，配送中心的分拣速度慢，这一瓶颈的制约将会导致配送中心运输车辆的闲置，驾驶员的闲置，客户由于等待而增加的缺货成本等等。但是不少的配送中心在遇到这种情况时往往都是采取“治标不治本”的措施应对，如要求供应商加快供货的速度、增加客户库存或者增加仓库管理人员等。增加仓库管理人员或许会解决表面的问题，但要求供应商加快供货的速度和增加客户库存则会造成供应链其他环节成本的上升，得不偿失。其实，针对这种情况，配送中心应该从造成分拣速度慢的原因这个根本症结来进行分析，采取具有针对性的措施，如将发货单上面的商品货物按照货位号来打印。目标成本管理要求配送中心的运营以“经济效益”这个总目标为基准，对各个分目标进行有效的整合，同时针对不同的要求，对某些分目标有所侧重。此外，善于发现和解决瓶颈问题，会使总目标的实现事半功倍。

8.3.2.2 建立责任中心管理机制

企业中具有一定权力并且承担相应工作责任的各级组织和各个管理层次，随着企业规模的不断扩大，应该把配送中心作为一个责任中心，并考虑划分出若干责任区域并指派下属经理（配送经理）进行全面的管理。从某种意义上来说，一个企业就是若干个责任中心的集合体，在最底层的是那些负责部门或班组的小型的组织单位，在较高层次的则是由几个小型的组织单位加上一些员工和管理者而组成的部门。如果从企业最高管理者的角度看，整个企业就是一个责任中心。

(1) 责任中心的类型

分权管理通常是按照企业设立的分部来实施的，它是现在大型企业中很流行的事业部制组织。企业可以按照其提供商品或者劳务的不同来设立分部，当然也可以按照地区来设立分部。从便于进行财务控制的角度来考虑，企业往往按照分部经理职权的不同，将责任中心作为分权管理的基本单位。一般来说，把分权单位分为收入中心、成本中心、投资中心和利润中心：①收入中心，其经理人员仅对收入负责；②成本中心，其经理人员仅对成本负责；③投资中心，其经理人员不仅要对收入和成本负责，还要对投资负责；④利润中心，其经理人员要同时对收入和成本负责。配送中心应该属于哪一种责任中心要视不同的企业实体而定，如制造商和中间商一般把配送中心视为成本中心，而物流企业则把其视为利润中心和收入中心。现在的趋势是越来越多的企业把配送中心视为投资中心来管理。

除了制定价格和控制成本外，责任中心经理还可以作出投资决策，如新配送中心的开业或停业。因此，营业利润和投资报酬率是衡量投资中心业绩的标准。

(2) 建立责任中心的要点

为了便于各个责任中心的管理，并对其经营业绩和经营成果进行评估，企业需要制定一个业绩计量标准，这是企业建立责任中心的一个要点。业绩计量标准包括决策规则、标准和奖励制度。通过整个标准，企业可以向各个责任中心传达“希望它们做什么”，并据此对其业绩进行评估。业绩计量标准的制定总体上可以从两方面着手，一方面，详细规定各个责任中心被允许的和可被采纳的行为，并对中心经理可以选择的行动方案加以限制，如指定供应商、限定项目投资的最高额度等；另一方面，必须建立一套完善有效的奖励制度来激励中心经理，充分调动其工作积极性，使其目标与责任中心的目标趋于一致。

各责任中心之间关系不协调、目标的不一致和过度消费等因素往往会导致业绩计量标准调节机制的失效，从而与企业最高管理层建立责任中心的初衷背道而驰。

①各责任中心之间关系不协调。企业中各个责任中心的业务常常是相互影响的，一个责任中心的业务可能不仅影响到自身的业绩计量，还会影响到其他责任中心的业绩计量，如各责任中心之间转移价格的制定。处于相同的价值链不同环节的各个责任中心，其业务活动的关联性往往会导致各自业绩计量的相互干扰，如制造工厂的效率会受到供应部门效率的影响，由此造成的影响应该属于供应部门的责任而不应该归咎于制造工厂，但实际操作中往往难以区分。

②目标的不一致。理想化的业绩计量标准应该与企业的总目标保持一致，但由于各种各样的原因和不确定性的存在，单一的业绩计量标准往往不能保证分部目标和企业的总目标保持完全一致，原因有：业绩计量标准的选择带有人为因素，它和企业总目标的相关程度往往依赖于高层管理者的主观判断；单一业绩计量标准没有考虑到各责任中心当前业务活动对未来经营所造成的影响及其后果；大部分的业绩计量标准是以内部业绩而非外部机会为基础的，而有时候恰恰是外部机会影响了企业总目标的实现。

③过度消费。在责任中心管理过程中，由于各自负责的考核标准不同，往往会导致浪费现象的出现。如拥有费用支配权力的管理人员会花巨资修建豪华的办公场

所，大幅度提高自身的福利水平，这些支出虽然会降低其业绩，但只要他从过度的消费和挥霍中所得到的好处远远多于业绩奖励，这种情况就会不断地出现。

同时，下级管理人员还可能会尽量扩大其所管理组织的规模，以获得更多的非货币性实惠，这种行为也被称为“帝国大厦”。

8.3.2.3 全面提高配送作业各流程的效率

(1) 入货、发货时商品货物检验的效率化

伴随着订发货业务的开展，在配送作业中，商品的检验作业也在集约化的中心里进行，特别是随着条形码的广泛应用和便携式终端性能的不断提高，物流作业的效率有了大幅度的提高。具体的操作是：在客户订货信息的基础上，在进货的商品货物上面贴附条形码，商品货物在进入配送中心时用扫描仪读取条形码上面的信息来检验商品货物；在企业发货信息的基础上，在对发货商品货物进行检验时加贴条形码。如此一来，企业的仓库保管和进发货业务都在条形码的基础上进行管理，大大地提高了配送作业的效率。此外，随着零售业的不断发展，很多大型的零售企业都建立了自己的配送中心，利用自己的配送中心把商品货物直接运送到本企业的各个店铺。采用这种配送方式的企业，一般都会在商品货物上面贴附有配送对象店铺名称的条形码，从而在保证商品货物检验作业合理化的基础上，实现企业配送作业的效率化。

(2) 备货作业的效率化

备货作业是配送中心中最难实现自动化的作业，主要是由于商品货物的形状不同，备货作业的自动化难易各异，即使容易实现备货作业自动化的商品或者产业，也往往需要投入大量的资金。所以，当配送中心内商品货物处理量不大时，配送中心往往不愿意进行资金的投入。物流实践经验表明，啤酒业是少数几个能够满足备货作业自动化的产业之一。虽然在建设备货作业自动化的进程中困难重重，但大部分的配送中心都在努力地通过信息系统的运用来节省人力资本，建立高效的备货自动化系统。数码备货是备货自动化中最为普遍的形式，它是指不通过人力，而是通过利用信息系统进行有效的备货作业，具体说来，数码备货系统是在信息系统接受客户订货的基础上，向分拣员发出数码指示，然后按照指定的数量和品种进行正确、有效和迅速备货的作业系统。实现自动化备货作业以后，各货架或者货棚的顶部都装有液晶显示器，上面会显示商品货物的分类号和店铺号，因此，作业员就可以很快地查找到所需的商品货物，从而可以大大提高备货作业的效率。

备货作业的具体方法主要有两种，一种是抽取式，另一种是指定存放式。抽取式是指把商品货物从货架或者货棚中取出，直接放到流水线传输过来的空箱中，而后者通过的货箱是固定不变的，备货员按照数码信息把商品货物放到指定的货箱中。一般来说，抽取式的使用较为频繁，而指定存放式对必须把商品货物直接配送

到客户的生鲜食品比较适用。

(3) 分拣作业的效率化

对于厂商、零售商和批发商等不同的经济主体，分拣作业的形式是不一样的。对厂商来说，如果客户是使用工厂订货的形式，则产品生产出来后就可以直接运送到客户手中，无需通过分拣作业；如果是预约订货的形式，就需要先把商品货物送到仓库进行储存保管，在接到客户的订货后，再进行备货、分拣作业，然后配送到客户的手中。另外，对于那些在全国范围拥有产品销售网络的厂商，产品生产处理后先是运送到各地的物流中心，各地的物流中心再在接受当地订货的基础上，分别进行备货、分拣作业，最后直接将产品配送到客户手中。

8.3.2.4 建立高效顺畅的信息系统

物流成本管理是通过高效顺畅的信息系统、先进的自动化系统等手段，实现配送中心内部作业的机械化，节省人力资本，简化订发货作业，缩短商品货物的在途时间，真正实现商物分离，降低物流成本。下面以分拣作业和场所管理信息系统的构建为例来说明这些高效顺畅的信息系统是如何降低物流成本的。

从零售商的角度来看，零售商往往选择建立自己的物流中心，先从厂商或者批发商手中购入商品货物，再把这些商品货物运送到自己的物流中心，由物流中心进行一定的作业，最后分送到各个店铺。这是现代零售企业物流创新的一个趋势。当前，大部分的零售商采取的方法是：事先要求发货方（厂商或者批发商）按照自己的要求，由各个分店铺在商品货物上贴附条形码，在商品货物进入零售商的物流中心后，物流中心只需用扫描仪读取条形码后就可以直接分送到各个店铺中。这样的做法大大地提高了分拣作业的效率，节省了大量的分拣成本。

从批发商的角度来看，批发商有不同的商品处理方式，因此分拣作业的形式也会有所不同。批发商处理商品的方式主要有两种：一种是商品全部通过批发商自己的物流中心进行处理，另一种是批发商接到客户的订货要求后，由厂商直接向客户配送，批发商只进行销售额的结算和账单处理等商流业务。很明显，在第一种方式下，分拣作业全部是通过批发商自己的物流中心完成的，而在第二种方式下，批发商在接到零售商客户的订货要求后，再向制造商订货，制造商按照批发商的要求进行分拣作业后，直接向订货的零售商客户配送产品。批发商为了提高作业的效率，往往是双管齐下：一方面，在向制造商订货的同时，通过信息系统预先做好销售账单和发货票等单据的制作和发送准备工作，与此同时，把备货清单传送到客户指定的店铺。备货作业根据不同的配送客户在商品上贴附条形码，在进行分拣作业时，只需用扫描仪读取条形码便可以自动按照不同的配送场所进行分拣。另一方面，在由批发商订货、制造商配送的情况下，批发商在向制造商发出订货要求的同时，也向客户的店铺发出收货信息，制造商则在商品上贴附客户信息的条形码，在进行适当的作业后，不进入批发商的物流中心就可以直接配送到客户的店铺。由此可见，条形码技术的应用可以大幅度地提高物流中心分拣作业的效率。

配送中心的场所管理有两种形式，一种是固定型的场所管理，它通过信息系统预先对货架进行分类、编号，并贴附货架代码，各个货架内所装的商品货物预先得到确定；另一种是流动型的场所管理，它则是把所有商品货物按照顺序放置在空货架中，不预先确定各种商品货物专用的货架。

在固定型场所管理方式下，各个货架所装的商品货物是固定的，这样从事备货作业就较为容易，同时建立信息管理系统也较为简单，因为只需在第一次把货架编号和商品货物的代码输入计算机，以后就可以很方便地掌握商品货物的出入库情况，省去了要频繁地进行在库商品货物统计这些烦琐的工序。此外，在商品货物出库后，配送中心可以通过信息系统准确地掌握商品货物的库存量，及时补充安全库存。而流动型的场所管理方式由于各个货架内所装的商品货物是不断变化的，在商品货物变更登录时出错的概率要大些。一般而言，固定型场所管理方式和流动型场所管理方式都有各自的适用范围，固定型场所管理方式适用于非季节性商品货物，而流动型场所管理方式则适用于季节性或者流行性变动剧烈的商品货物。除了上面提到的两种场所管理方式外，还有按照产业类别和商品货物周转情况进行管理的方式，有些配送中心则按照客户店铺划分货架从而提高发货效率。

8.3.2.5 优化配送作业

优化配送作业主要包括混合策略、差异化策略、合并策略、延迟策略和标准化策略五个策略①。

(1) 混合策略

混合策略是指配送业务一部分由企业自身完成，另一部分则外包给第三方物流完成。这种策略的基本思想是，尽管采用纯策略（即配送活动要么全部由企业自身完成，要么完全外包给第三方物流完成）易形成一定的规模经济，并使管理简化，但由于产品品种多变、规格不一、销量不等情况，采用纯策略的配送方式在超出一定程度后不仅不能取得规模效益，反而还会造成规模不经济。而采用混合策略，合理安排企业自身完成的配送和外包给第三方物流完成的配送，则能使配送成本最低。例如，美国一家生产企业为满足遍及全美的1000家连锁店的配送需要，建造了6座仓库，并拥有自己的车队。随着经营的发展，企业决定扩大配送系统，计划在芝加哥投资700万美元再建一座新仓库，并配以新型的物料处理系统。该计划提交董事会讨论时，却发现这样不仅成本较高，而且就算仓库建起来也还是满足不了需要。于是，企业把目光投向租赁公共仓库。结果发现，如果企业在附近租用

① 倪凤琴．物流成本管理［M］．北京：电子工业出版社，2005.

公共仓库，增加一些必要的设备，再加上原有的仓储设施，企业所需的仓储空间就足够了，但总投资只需 20 万元的设备购置费，10 万元的外包运费，加上租金，也远没有 700 万元之多。

(2) 差异化策略

差异化策略的指导思想是：产品特征不同，顾客服务水平也不同。当企业拥有多种产品线时，不能对所有产品都按同一标准的顾客服务水平来配送，而应按产品的特点、销售水平来设置不同的库存、不同的运输方式以及不同的储存地点，忽视产品的差异性会增加不必要的配送成本。例如，一家生产化学品添加剂的公司，为降低成本，按各种产品的销售量比重进行分类：A 类产品的销售量占总销售量的 70% 以上，B 类产品占 20% 左右，C 类产品则为 10% 左右。对 A 类产品，公司在各销售网点都备有库存，B 类产品只在地区分销中心备有库存而在各销售网点不备有库存，C 类产品连地区分销中心都不设库存，仅在工厂的仓库才有存货。经过一段时间的运行，事实证明这种方法是成功的，企业总的配送成本下降了 20% 之多。

(3) 合并策略

合并策略包含两个层次，一个是配送方法上的合并；另一个则是共同配送。

①配送方法上的合并。企业在安排车辆完成配送任务时，充分利用车辆的容积和载重量，做到满载满装，是降低成本的重要途径。由于产品品种繁多，不仅包装形态、储运性能不一，在容重方面，也往往相差甚远。一车上如果只装容重大的货物，往往是达到了载重量，但容积空余很多；只装容重小的货物则相反，看起来车装得满，实际上并未达到车辆载重量。这两种情况实际上都造成了浪费。实行合理的轻重配装、容积大小不同的货物搭配装车，就可以不但在载重方面达到满载，而且也可以充分利用车辆的有效容积，取得最优效果。最好是借助电脑计算货物配车的最优解。

②共同配送。共同配送是一种产权层次上的共享，也称集中协作配送。它是几个企业联合、集小量为大量、共同利用同一配送设施的配送方式。其标准运作形式是：在中心机构的统一指挥和调度下，各配送主体以经营活动（或以资产为纽带）联合行动，在较大的地域内协调运作，共同对某一个或某几个客户提供系列化的配送服务。这种配送有两种情况：一是中小型生产企业、零售企业之间分工合作实行共同配送，即同一行业或同一地区的中小型生产企业、零售企业如果单独进行配送运输量少、效率低，就采用联合配送，这不仅可减少企业的配送费用，使配送能力得到互补，而且有利于缓和城市交通拥挤，提高配送车辆的利用率；二是由于各配送中心所配物资数量少、车辆利用率低等原因，几个中小型配送中心之间联合，针对某一地区的用户，将用户所需物资集中起来，共同配送。

(4) 延迟策略

传统的配送计划安排中，大多数的库存是按照对未来市场需求的预测量设置的，这样就存在着预测风险，当预测量与实际需求量不符时，就出现库存过多或过少的情况，从而增加配送成本。延迟策略的基本思想就是对于产品的外观、形状及其生产、组装、配送等，应尽可能推迟到接到顾客订单后再确定。一旦接到订单就要快速反应，因此采用延迟策略的一个基本前提是信息传递要非常快。一般说来，实施延迟策略的企业应具备以下几个基本条件：①产品特征：模块化程度高，产品价值密度大，有特定的外形，产品特征易于表述，定制后可改变产品的容积或重量；②生产技术特征：模块化产品设计、设备智能化程度高、定制工艺与基本工艺差别不大；③市场特征：产品生命周期短、销售波动性大、价格竞争激烈、市场变化大、产品的提前期短。

实施延迟策略常采用两种方式：生产延迟（或称形成延迟）和物流延迟（或称时间延迟），而配送中往往存在着加工活动，所以实施配送延迟策略既可采用形成延迟方式，也可采用时间延迟方式。具体操作时，常常发生在诸如贴标签（形成延迟）、包装（形成延迟）、装配（形成延迟）和发送（时间延迟）等领域。美国一家生产金枪鱼罐头的企业就通过采用延迟策略改变配送方式，降低了库存水平。历史上这家企业为提高市场占有率曾针对不同的市场设计了几种标签，产品生产出来后运到各地的分销仓库储存起来。由于顾客偏好不一，几种品牌的同一产品经常出现某种品牌的畅销而缺货，而另一些品牌却滞销压仓。为解决这个问题，该企业改变以往的做法，在产品出厂时都不贴标签就运到各分销中心储存，当接到各销售网点的具体订货要求后，才按各网点指定的品牌标志贴上相应的标签，这样就有效地解决了此缺彼涨的矛盾，从而降低了库存。

(5) 标准化策略

标准化策略就是尽量减少因品种多变而导致附加配送成本，尽可能多地采用标准零部件、模块化产品。如服装制造商按统一规格生产服装，直到顾客购买时才按顾客的身材调整尺寸大小。采用标准化策略要求厂家从产品设计开始就要站在消费者的立场去考虑怎样节省配送成本，而不要等到产品定型生产出来了才考虑采用什么技巧降低配送成本。

8.3.2.6 引进作业成本法核算

在作业成本法（Activity Based Costing，ABC）下，企业以客户作为成本对象进行成本计算，这样做的好处是能够比较容易地分析出企业向特定客户销售所得到的获利水平。企业通常使用毛利这个财务指标来考察一笔交易的获利高低，但实际上很多毛利很高的交易都涉及到大量不因销售量变化而变化的费用，如广告费、售后服务费等，这些费用的增加会导致毛利水平下降。因此，企业为了找出与其交易获利水平低的客户，可以选定有关客户作为成本计算对象，利用作业成本法计算相应成本，即我们所说的客户成本。客户成本不仅包括生产环节所发生的成本，还包括销售环节和其他环节（如售后服务）所发生的成本。在计算出客户成本后，再把所有和客户有关的收入、成本进行比较。这样就可以使管理人员及时了解到各个客户对企业盈利水平的影响程度，有利于企业选择优质的客户资源。

另一方面，随着市场竞争的日趋激烈，企业不断地改变经营战略，由原来的以产品生产为核心转为以市场为核心。这就促使企业一切的战略都要围绕客户展开，以满足客户需求为企业的工作导向。通常，企业的利润中有相当大的比重是来源于少数的客户。企业在向某一客户销售产品或者提供劳务时会发生很多和该客户相关的成本，如现金折扣、包装费和运输费等，而传统的成本计算方法没有把每个客户作为成本对象来计算与其相关的成本，也没有对特定客户销售的获利情况进行分析。使用作业成本法来核算，可以很好地弥补这个缺陷。

8.4 配送成本控制的方法

配送成本的控制是一个系统和连续的工程，从配送中心的建设规模和选址布局到具体业务的操作，都会对配送成本产生影响。因此，进行配送成本的管理控制要从源头抓起，贯彻到日常的业务流程中去。

8.4.1 确定配送中心的合理规模和选址布局

8.4.1.1 确定配送中心的合理规模

配送中心是整个配送活动乃至物流活动的核心机构，它除了进行配送活动的业务流程之外，还具有根据市场需求制定和调整企业战略目标的功能。一般来说，配送中心的规模越大，其配送能力就越强，服务水平就越高，但同时投资成本也会相应增加。配送中心要合理地在成本和收益之间作出权衡，确定最佳的规模。

一般用“配送规模”来表示配送中心的建设规模，用“单位配送成本”来表示每单位配送产品所承担的配成中心投资成本，用“服务能力”来表示配送中心的服务水平。那么，企业就是要在这三者间作出权衡，确定最佳结合点。“配送规模”和“单位配送成本”之间存在着这样的关系：在一定的配送规模范围内，单位配送成本会随着配送规模的不断扩大而减少；但当配送规模达到一定程度后，单位配送成本会随着配送规模的扩大而增加，这个阶段就是规模不经济阶段。两者的关系可以用图 8-3 表示。

“配送规模”和“服务能力”之间的关系则是：随着配送规模的不断扩大，配送中心的服务能力会不断增强；但当配送规模扩大到一定程度时，配送规模的扩大

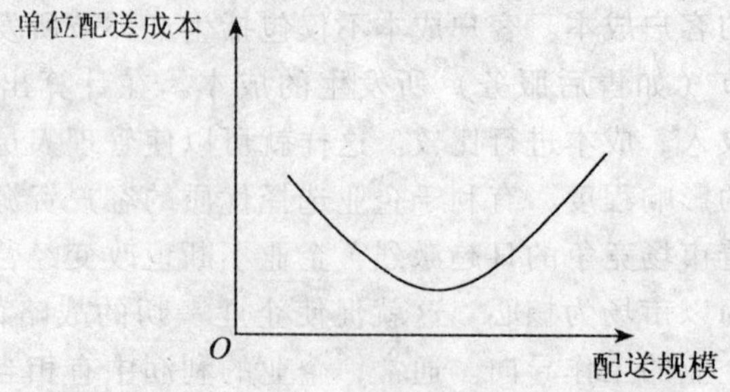

图 8-3 配送规模和单位配送成本之间的关系

对服务能力提高的影响会逐步减弱。两者的关系可以用图 8-4 表示。

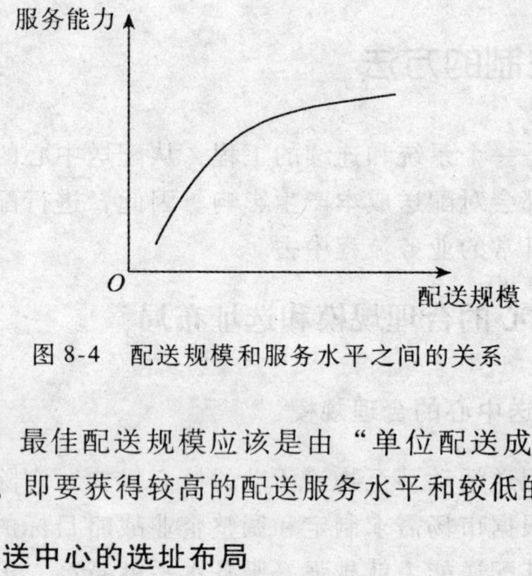

图 8-4 配送规模和服务水平之间的关系

从理论上来分析，最佳配送规模应该是由“单位配送成本曲线”和“服务水平曲线”共同决定的，即要获得较高的配送服务水平和较低的单位配送成本。

8.4.1.2 确定配送中心的选址布局

配送中心的选址布局，将会直接影响到配送中心各个业务流程的成本，而且这个影响是深远的。因此，配送中心选址布局的确定必须经过充分的调研和科学论证，结合企业自身的特点和外部经营环境，作出科学的判断。确定配送中心的选址布局的方法主要有以下三种：

(1) 解析法

解析法又叫重心法，它适用于单个分销中心和工厂选址的确定，在使用解析法进行选址确定时，必须事先在缩尺地图上面把现有主要客户和现有供应商分布的准确位置标明出来。解析法可用图 8-5 表示。它的步骤有：

①在缩尺地图上面用 a，b，c，…，z 标出主要客户和供应商的位置，并在该位置上面分别打一个小孔。

②用绳子分别挂上砝码，每个砝码的重量是通过客户对配送中心的产品需求量按比例计算出来的，每个砝码对应着一个地点，并在砝码上面贴上所对应地点的字母。

③将挂有 a，b，c，…，z 各个砝码的绳子，分别穿过其所对应的地点的小孔，并在缩尺地图的上方将所有绳子集中起来打一个绳结。

④把绳结往缩尺地图上方拉一定的距离，此时缩尺地图应该保持水平，然后放开绳结使之作自由落体运动，在每次绳结落下的地点作一个标记。

⑤如此反复地实验，把绳结落下比较密集的地点作为配送中心的选址。

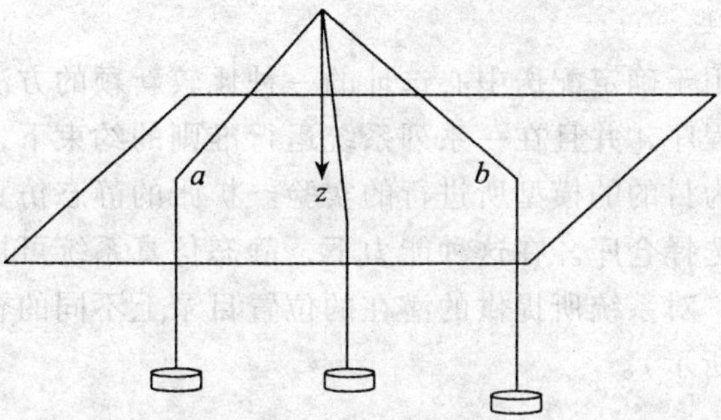

图 8-5　解析法选址示意图

(2) 线性规划法

线性规划法又称 CFLP(Capacitated Facilities Location Problem)法，是一种被广泛使用的物流战略计划工具，它的主要思路是用线性规划（LP）的方法确定各个配送中心的市场占有率，求出配送分担地区的重心，然后用混合整数计划法的“筹划型”来确定配送中心的选址。线性规划法在特定约束条件下，从众多选择中挑选出最佳的方案。网络最优化是应用最广泛的线性规划形式，它把分销渠道视为结点（分销中心）和弧（运输联系）组成的，成本主要发生在结点装卸产品和结点之间产品移动上面。网络模拟目标是在给定的供给需要与配送能力的约束条件下，使得生产、输入和输出运输的可变成本最小化。它的约束条件和目标函数分别为：

$$E_{\min} = \sum_j \sum_i C_{ij}X_{ij} + \sum_i F_i Y_i$$

$$\begin{cases} \sum_i X_{ij} = D_j, j = 1,2,\cdots,Z \\ \sum_j X_{ij} \leqslant A_i Y_i, i = 1,2,\cdots,M \end{cases}$$

$$\sum_i Y_i \leqslant K$$

其中：E 为综合成本；

Z 为配送中心客户的个数；

M 为配送中心建设候选地的个数；

K 为建设配送中心的个数；

D_j 为配送中心客户(j) 的要求量；

F_i 为配送中心建设候选地(i) 的不变建设费；

A_i 为配送中心建设候选地的建设容量；

C_{ij} 为从候选地(i) 到客户(j) 的运输单价；

X_i 为从配送中心(i) 到客户(j) 的运输量；

Y_i 为假设在候选地(i) 建设配送中心时为 1，否则为 0。

(3) 静态仿真法

静态仿真法是用于确定配送中心选址的一种比较新颖的方法，它指的是设计一种真实系统的模拟程序，并且在一系列系统运行准则的约束下，对以了解系统行为或者评价各种战略为目的的模型所进行的实验。扩张的静态仿真，使用试错法的计算程序，用于辅助选择仓库。在这种能力下，静态仿真系统可被编程用于评价，以及在问题特殊化时，对系统所提供的潜在的位置目录上不同的仓库组合进行评价和定量化（如图 8-6 所示）。

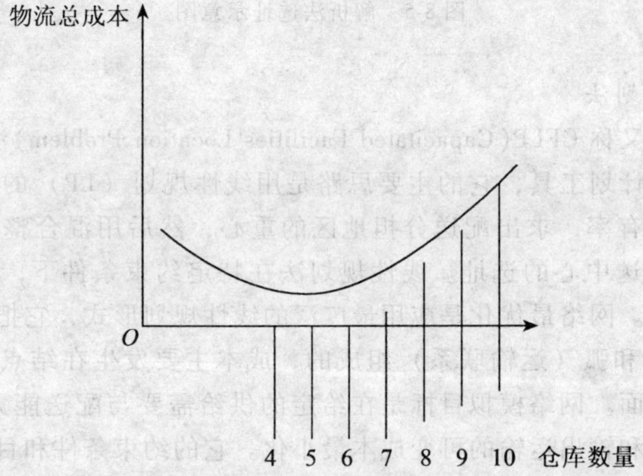

图 8-6 试错仿真法确定仓库位置示意图

最初的仿真可以考虑在 10 个仓库的物流网络内进行，当第 10 个仓库关闭时，仿真探试就可以评价固定成本的减少和可变成本的增加而权衡得到第 10 个仓库的相对价值。如果探试确定的总成本减少，如图 8-6 所示，仿真系统就会关闭第 10 个仓库，并重新计算 9 个仓库的物流网络的成本。这样的试错程序要继续下去，直到得出最小成本的分销网络。在图 8-6 中，最小成本网络是 5 个仓库位置。

静态仿真法根据从删除步骤中得出的分销设施的比较总成本和服务的临界能力的综合权衡来确定最佳方案，这个分析是通过对不同选择网络方案的成本和服务特征进行比较而完成的。静态仿真法也存在着一个缺陷：它并没有保证作为删除程序的结果，所选择的设施组合将会是最优的或者最接近最优状态的，一个仓库位置一旦被删除掉，将不再在接下来的复制中被考虑。

8.4.2 优化配送路线

配送路线的合理与否，对配送速度的快慢、配送成本的高低和配送服务质量的好坏等都有直接的影响。此外，近几年城市交通系统超负荷运作所导致的交通混乱堵塞也大大地降低了配送的速度。由此可见，确定合理科学的配送路线对降低配送成本，提高配送速度和配送服务质量都是至关重要的。在这方面比较常用的一种方法是车辆安排程序法，它被众多企业使用来安排配送计划，是 IBM 公司最早创立的电子计算机软件。

8.4.2.1 使用车辆安排程序法的前提和假设

(1) 前提

①配送的是同种物品；

②各客户的坐标和需求量均为已知量；

③配送中心有充足的运输能力；

(2) 假设

①配送能够满足所有收货点客户的需求；

②各配送路线都不能使配送车辆超载；

③不能超过收货点的收货时间；

④不能超过配送车辆的运行时间和运行里程限制；

8.4.2.2 车辆安排程序法的基本思路

如图 8-7 所示，设 P 为配送中心，A 和 B 是收货点，P 到 A、P 到 B 和 A 到 B 的距离分别为 a、b 和 c。

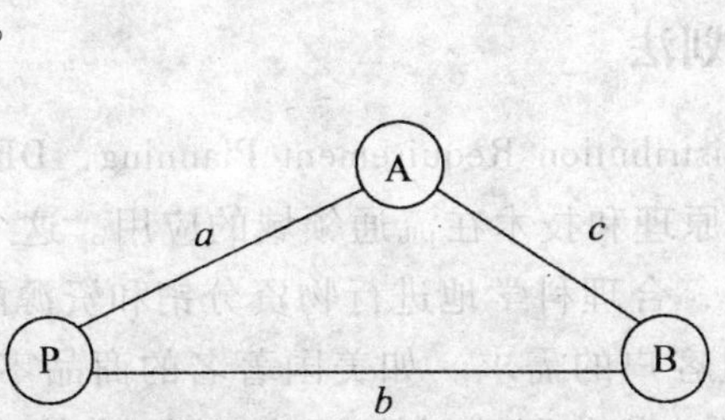

图 8-7 单线运行配送路线

最简单的配送路线是如图 8-8 所示的双线运行，该路线的行驶里程是 $2a+2b$。

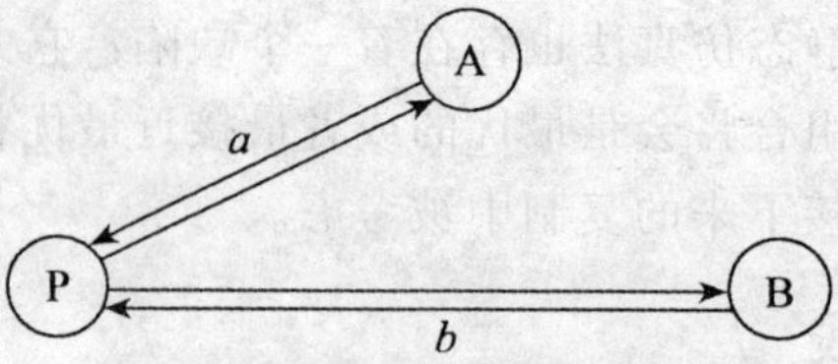

图 8-8 双线运行配送路线

另一种路线是如图 8-9 所示的单车单线配送，该路线的行驶里程是 $a+b+c$。

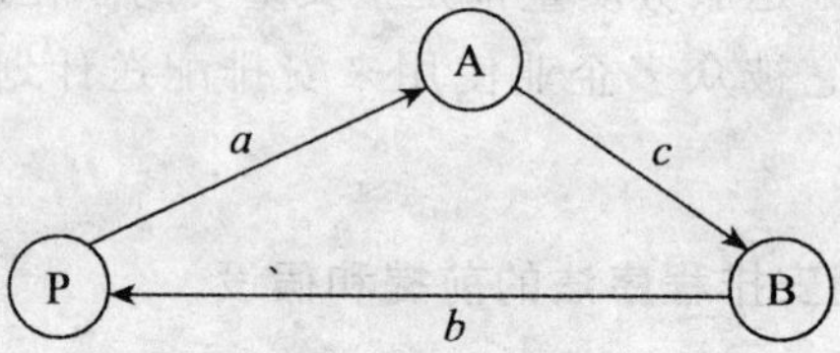

图 8-9 单车单线配送

比较一下两条路线的行驶里程可得：

$$(2a+2b)-(a+b+c)=a+b-c$$

如图 8-7 所示，把 P、A 和 B 点看做三角形的三个顶点，则 a、b 和 c 就是三角形 PAB 三边的长度。根据三角形边长的性质，任意两边长度之和大于第三边长度，即 $a+b-c>0$，也就是说图 8-9 所示的路线比图 8-8 所示的路线的行驶里程要缩短了，前者优于后者。这就是这个方法的基本思路。

在实际的配送业务中，配送中心所面向的客户往往是多个的，这样问题就复杂了很多。如果一个配送中心 P 同时向 A，B，…，Z 客户配送货物，在各配送车辆不超载的情况下，每辆车的配送路线上经过的客户越多，则该路线的总行驶里程和成本就越少，该路线就越合理。

8.4.3 配送需求计划法

配送需求计划（Distribution Requirement Planning，DRP）法是 MRP（Material Requirement Planning）原理和技术在流通领域的应用。这个技术主要用于解决分销物资的供应和调度问题，合理科学地进行物资分销和资源配置，使得整个配送流程能够以最低的成本满足客户的需求。如美国著名的商品零售连锁店 WAL－MART，它通过 DRP 系统的实施，优化了计划管理、配送方案管理和库存控制，使商品配送速度得以大大加快，在销售增长 45% 的情况下，库存仅增 12% ，而且使市场占有率提高了 10%。可见,DRP 的实施可以大大提高配送效率,拓宽企业的利润空间。

DRP 法的基本指导思想是“准时”供应。而要实现准时供应，又要以大范围的物流系统实时控制作为基础，它也是计算机集成物流系统中决策支持系统的主要方法和原则之一。准时供应要求把客户所需产品准时、按质按量地送到客户手中，因此，制定物流配送计划的关键就集中到订货需求和库存控制计划上，DRP 法就应运而生了。

DRP 法在两类经济部门应用得比较多。一类是流通企业，如储运公司、物流中心、流通中心等；另一类就是生产企业的供销部门。这两类经济部门的基本特征是：不一定从事销售业务，但一定有储存和运输的业务；依靠一定的物流能力（储、运、包装、搬运能力等）来满足客户的需求；从制造企业或物资资源市场组织物资资源。

8.4.3.1 配送需求计划法的原理

DRP 法的原理如图 8-10 所示，实施 DRP 法时要输入三个文件（生产厂资源文件、库存文件和社会需求文件），然后 DRP 系统根据这三个文件产生两个计划（订货进货计划和送货计划）。

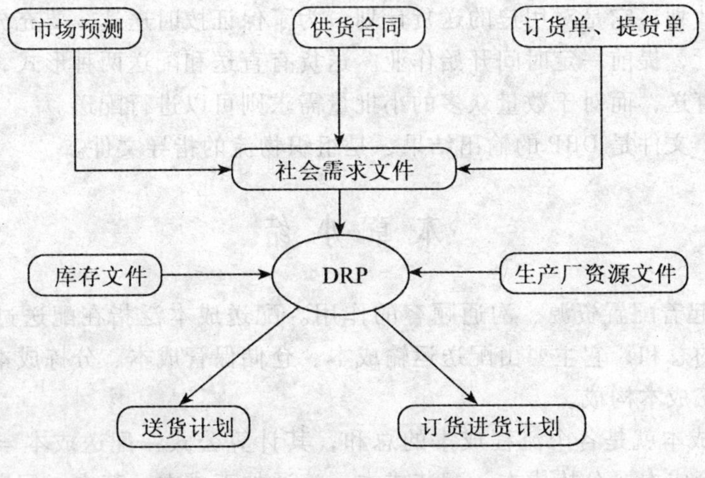

图 8-10 DRP 法原理

8.4.3.2 输入输出文件的说明

(1) 输入文件

①社会需求文件。它包括所有用户的订货单、提货单和供货合同，以及下属子

公司、下属各地区物流中心的订货单。所有需求按品种和需求时间进行统计，整理成社会需求文件。如果没有这些订货单、提货单和供货合同，物流中心还要进行市场预测，确定一部分需求量。社会需求文件是 DRP 处理最主要的文件，是进行 DRP 处理的依据，为此，它又被称为"社会需求主文件"。

②库存文件。它是对自有库存物资进行统计的列表，配送中心需要根据库存文件来确定库存产品的种类和数量，以便及时针对社会需求量和缺货确定必要的进货量。

③生产厂资源文件。它包括可供应的物资品种和生产厂的地理位置等，其中地理位置和订货提前期有关。

(2) 输出文件

①订货进货计划。它是指从生产厂订货进货的计划，对于需求物资，如果仓库内无货或者库存不足，则需要向生产厂订货进货。当然，订货进货也要考虑一定的订货提前期。

需要注意的是，这里的订货和进货是两个不同的概念。进货计划面向的对象是生产厂委托储运和委托经营的物资，生产厂拥有这些物资的所有权，物流中心只提供代理经营服务，仓库缺货了就直接去生产厂家进货；订货计划面向的对象是物流中心买断经营的产品，物流中心自己拥有产品的所有权，仓库缺货了就需要重新订货。

②送货计划。它是对用户的送货计划，为了保证按时送达，要充分考虑作业时间和路程远近，提前一定时间开始作业。送货有直送和配送两种形式，对于大批量需求可实行直送，而对于数量众多的小批量需求则可以进行配送。

以上两个文件是 DRP 的输出结果，是组织物流的指导文件。

本章小结

1. 配送起着配置资源、沟通顾客的作用。配送成本泛指在配送过程中所发生的全部费用的总和，它主要由配送运输成本、仓储保管成本、分拣成本、配装成本以及流通加工成本构成。

2. 配送成本就是各个流程成本的总和，其计算公式：配送成本 = 配送运输成本 + 仓储保管成本 + 分拣成本 + 配装成本 + 流通加工成本。其中，配送运输成本是指配送车辆在完成整个配送商品货物的过程中所发生的各种车辆费用及配送间接费用的总和；仓储保管成本由两部分构成，一是对外支付的保管费用；二是配送企业内部发生的仓储保管费用。

3. 配送中心是从事配送业务的物流场所或者物流组织，具体而言，它是接受并且处理末端客户的订货信息，对上游运来的各种商品货物进行分拣，按照客户的订货要求进行拣选、加工、组配等作业，并进行送货的设施和机构。通过引入目标成本管理机制，建立责任中心管理机制，全面提高配送作业各流程的效率，建立高效顺畅的信息系统，优化配送作业和引进作业成本法核算，可以对配送成本进行有效的控制。

4. 配送成本的控制是一个系统和连续的工程，从配送中心的建设规模和选址布局到具体业务的操作，都会对配送成本产生影响。因此，进行配送成本的管理控制要从源头抓起，贯彻到日常的业务流程中去。配送成本控制的方法主要有：确定配送中心的合理规模和选址布局、优化配送路线、实施配送需求计划法、进行库存成本控制。

本章思考题

1. 何谓配送？企业为什么要进行配送作业？
2. 什么是配送成本？它由哪几个部分构成？
3. 什么是配送中心？其功能表现在哪几个方面？
4. 配送成本控制的策略和方法各有哪些？
5. 如何确定配送中心的合理规模？

案例分析

泉州：仓储配送融为一体①

凭巨型仓库，敢容万物。

借邮政网络，速递八方。

面对滚滚而来的物流大潮，福建省泉州市邮政局抓住新兴市场先机，凭借邮政品牌优势，经过两年的精心策划、运作，物流仓储面积已达近万平方米，配送种类达 10 多种。2004 年 1 ~ 12 月，实现仓储配送收入 420 万元。泉州市邮政局物流配送中心现已成为福建省邮政局唯一一家集仓储、配送服务为一体的物流基地，并摸索出了一套成熟的运营模式。

抓住市场先机

泉州市地处闽南金三角，是全国著名的侨乡和众多名牌产品基地，民营企业经济十分活跃。随着商品流通的加快，终端网点的不断增多，生产商或是代理商在商品的配送方面成本也越来越高，所以从生产商、代理商的角度出发，需要中间物流

① 李碧清. 仓储配送融为一体 [N]. 中国邮政报，2005-01-18.

方为其尽量压缩成本，并为生产商与代理商提供货物的仓储配送，创造一定的经济效益。

泉州市邮政局经过前期的市场需求调查，结合泉州邮政系统可利用作为仓储的场所、运输车辆、人员等实际情况，决定大力发展仓储配送服务，积极介入第三方物流，培育新的业务增长点，以仓储优势带动商品配送业务。

打造一流基地

要发展仓储配送业务，没有巨大的仓库容量作为支撑，就会失去竞争力。为了满足不同用户群的业务需求，泉州市邮政局一方面通过盘活库容空间，提高立体装卸能力，挖掘现有仓库库容，提高仓储盈利率；另一方面积极寻找新的仓储用地。

在泉州，由于经济繁荣就连简单的仓库也稀缺。市局通过承租方式，牢牢控制住这一重要资源，仓储面积已从2000年的1000多平方米扩大到目前的1万平方米。今年，面积达1万平方米的清蒙仓库也将投入使用。占有仓储空间资源，为创建一流物流基地提供了先决条件。

扩大自身影响

泉州市邮政局物流中心运作之初，便以高起点的姿态和高效的方式介入市场，对消费量大、品牌好、价值高的目标产品如酒类、药品类等项目重点跟踪、加强联营，以达到事半功倍的市场效果。为此，物流公司专门成立项目开发小组进行专业操作。

泉州市邮政局在名牌目标方面，发展张裕葡萄酒、可口可乐、科龙电器、创维电器等名牌产品的仓储配送服务；借助安捷达公司泉州分公司的品牌资源，实施全区联动，共同做大货代业务规模，并进一步考虑向报关业务、报税业务、来料加工区等国际贸易延伸。有关项目得到了上级领导的充分肯定，也得到了地方政府和相关部门的认可。

做大区域市场

目前，泉州市邮政局已经开发了包括上述品牌在内的17家区域配送业务。

在上述有关名牌产品项目已经成功运作的基础上，泉州市邮政局继续通过整合社会资源，强力支撑区域配送业务发展。市邮政局物流公司借助仓储配套服务，不断提高电器类、饮料类、医药类的区域配送经营管理水平。

在总结电器类配送经验的基础上，泉州市邮政局积极寻求适合邮政发展的配送项目，进一步拓宽区域范围，现在已从配送价格低、体积大的电器类逐步向价格高、附加值大的饮料类、酒类、医药类区域配送领域发展，服务领域也从泉州地区拓展到全省各地。同时，成立配送车队，吸引社会车辆加盟，建立起了一个覆盖全省县一级和泉州地区镇一级的配送网络，并辐射到广东、江西、长沙等周边地区。

实现全网协作

巨大仓储配送物流基地的高效运作，是一个庞大而复杂的动态综合管理工程。

2003 年，泉州市邮政局成立了物流项目开发小组，集中人员加大对物流项目的开发力度，第二年又成立了业务拓展部、项目管理部、信息部等部门，分工合作，全线参与。

在项目营销管理上，泉州市邮政局实施“一人一项目”营销策略。在对国内物流市场、省内配送市场和仓储配送市场进行深入调查的基础上，对目标市场进行分析，采取“一对一”的协作方式，由物流项目组成员协助营销人员完成项目开发工作，并制定了相应的奖惩办法以促落实。在提高投递服务质量上，该局严格按规定的时限、频次做好物流邮件的投送工作，体现全网意识，不因局部利益而降低服务水平。在仓储管理方面，该局根据不同产品的特点进行堆放，按频次准时运送到位。

目前，泉州市邮政局物流业务已形成了全线调度、全网协作的运行体系，物流仓储进入了快车道。

案例思考题

1. 试从本案例中概括出泉州市邮政局配送中心的成功经验。

2. 经过多年的探索，邮政农资配送已经成为我国农村物流的一个重要组成部分。泉州市邮政局的成功经验为开拓农村物流市场提供了哪些值得借鉴的地方？

参 考 文 献

1. 现代物流管理课题组．物流成本管理［M］．广州：广东人民出版社，2002.
2. 王之泰．现代物流管理［M］．北京：中国工人出版社，2001.
3. 朱伟生，张洪革．物流成本管理［M］．北京：机械工业出版社，2003.
4. 倪凤琴．物流成本管理［M］．北京：电子工业出版社，2005.
5. 牛鱼龙．世界物流经典案例［M］．深圳：海天出版社，2003.
6. 施李华．物流战略［M］．北京：对外经济贸易大学出版社，2004.

第9章 物流活动的绩效评价

关键词：绩效评价（performance evaluation） 评价原则（evaluation principles） 评价步骤（evaluation steps） 本量利分析（cost-volume-profit analysis） 物流成本效益（cost and profit of logistics） 财务指标（financial index） 绩效评价报告（performance evaluation report）

对物流活动进行绩效评价可以充分调动企业员工的积极性，并及时发现物流活动中存在的问题，有利于提高物流企业的盈利能力。本章较为详尽地介绍了物流活动的绩效评价。第一部分阐述了物流活动的绩效评价原则和步骤；第二部分详细地介绍了物流系统的本量利分析方法；第三部分从两个方面介绍了物流成本效益的财务指标分析方法；最后简要地介绍了物流活动的绩效评价报告等内容。

9.1 物流活动的绩效评价原则和步骤

绩效是业绩与效率的统称，它包括效率和效果两方面内容，指的是在一定经营期间企业的经营效益和经营者的业绩。而绩效评价又称为绩效评估，它是指通过运筹学和数理统计的方法，建立一套科学的指标体系，对照统一的评价标准，按照一定的程序，对企业一定经营期间的经营效益和经营者的业绩进行定量和定性分析，并作出公正、客观和准确的综合评价。

物流活动的绩效评价是企业进行科学全面的绩效管理的基础，是促进企业建立激励和约束机制的有效手段。科学的物流绩效评价有利于促进物流企业经营观念和发展战略的转变，有利于物流企业充分合理地运用物流资源。

由于市场竞争的日趋激烈，各物流企业都建立了物流活动的绩效评价体系，促进物流活动管理水平的提高。在发达国家，物流绩效的研究起步较早。1985 年，A. T. Kearney 就曾指出，进行综合绩效衡量的公司，可将总产量提高 14% ~20%。美国国家绩效评估中的绩效衡量小组把绩效管理定义为“利用绩效信息协助设定统一的目标计划，进行资源配置与优先顺序的安排，以告知管理者维持或改变既定目标计划，并报告成功符合目标的管理过程”。

与发达国家相比，我国在物流活动的绩效评价研究方面还有很大的差距。总体而言，我国大部分企业对物流活动的绩效评价在改善企业管理、降低物流成本、提高物流效率、增加顾客满意程度、提升企业形象等方面的作用认识得还不够。即使那些开始重视物流活动的绩效评价的企业，也囿于现行的管理模式而出现种种局限。如企业现行的评价指标数据多来源于财务的结果，时间上有所延迟，使得企业不能对物流活动进行动态的实时监控，客观上造成了企业不能及时发现和避免物流中出现的问题；此外，现行的评价体系往往缺乏对供应链整体物流绩效的评价，使物流活动的绩效评价不够全面科学。因此，我国企业亟需结合自身的实际情况，制定一套科学的物流活动绩效评价体系。

9.1.1 物流活动的绩效评价原则

（1）整体性原则

随着物流活动各个流程的不断整合和发展，物流活动的绩效评价不能仅局限于对局部成本的考察和控制，还应该从整体上对物流活动的绩效进行评价。不少大型的跨国公司已经放弃了那种只局限于物流部门内部，通过对简单功能性指标进行分析来衡量物流活动绩效的评价方法。这些公司往往能够站在公司整体和供应链的角度，制定和部署物流战略，通过公司对渠道联盟的业绩来衡量物流活动的绩效。

（2）定量与定性相结合的原则

企业在综合评价物流活动的绩效时应该充分考虑影响企业物流活动绩效的定性和定量的指标，因为物流活动的绩效评价涉及物流活动的风险和客户满意度等问题，而这两个问题往往很难进行量化，所以在进行绩效评价时除了要对物流活动的绩效进行量化外，还应当使用一些定性的指标对定量指标进行修正；同时对定性的指标要明确其含义，并按照某种标准对其赋值，使其能够合理准确地反映指标的性质。

（3）共性和个性相结合的原则

物流活动的绩效评价体系必须具有广泛的适用性，即能反映不同类别、不同行业的企业物流活动绩效的共性。此外，还必须具备个性，即能根据具体的行业和企业做出适当的调整，从而灵活应用。

（4）可接受性原则

物流活动的绩效评价需要企业管理者和员工的积极参与和配合，因此，企业在设计物流活动绩效评价体系和指标的时候，要充分考虑到绩效评价的过程和结果要能被管理者和员工支持和接受。如果绩效评价体系脱离企业的实际情况或者纸上谈兵，得不到管理者的支持和员工的理解，这样的绩效评价就会遭到极大的阻力。一般而言，企业在设计评价体系之前应该广泛征求员工的意见，并把工作要求详细准确地告诉员工，就可大大提高评价体系的可接受性。

(5) 可比性原则

物流活动的绩效评价体系的建立不仅要考虑到数据在时间上纵向的可比性，还要考虑到与其他企业包括国外企业的物流绩效评价体系的兼容性和横向的可比性，要有利于企业与国内外竞争对手的比较，挖掘竞争潜力。因此，企业在建立物流活动的绩效评价体系的时候要积极参照国际和国内同行业的物流管理基准，提高评价的可比性。

(6) 经济性原则

物流活动的绩效评价还应该考虑到它在实际应用时的成本和收益，具体而言，建立的指标不能过多也不能过少，指标体系过少则评价结果不全面，过多则会由于需要采集的数据过多而导致成本上升和操作过程的复杂，结果得不偿失。因此，企业在进行绩效评价时要结合企业自身的实际情况，选择既能满足企业进行绩效评价又能使成本最低的评价体系。

专栏 9.1 如何提高绩效评价的有效性

绩效评价是管理中的一项重要内容，是强化企业价值观的引擎。然而，由于一些诸如绩效结果难以衡量、评价者的能力以及偏见、组织内评价标准缺乏一致性等原因，往往造成绩效评价难以有效地实施，评价结果的应用难以得到有效落实。

尽管绩效评价存在种种不足，但它是企业管理实践中不可或缺的一部分。因此，如何针对绩效评价存在的不足，采取相应的措施和手段，减少绩效评价过程当中的误差，提高评价的准确性，从而使绩效评价的作用真正发挥出来，是企业正面临的现实课题。做好绩效评价必须注意以下几个问题：

第一，企业与全体员工一同确定绩效目标和绩效标准，特别是关键绩效指标。

绩效评价的对象是在岗的全体员工，因此让员工参与其中，可以获取尽可能详尽和准确的信息，提高绩效目标和绩效标准的客观性和全面性；同时，让员工参与到绩效目标和绩效标准制定过程当中，还可以使绩效评价体系和评价结果更容易为员工所接受，增强员工对组织目标的责任感和员工对企业的认同感，促进员工同企业结成利益共同体。

第二，绩效评价体系要层层落实。

将绩效评价体系的目的、绩效目标、绩效指标（评价标准）、绩效评价体系的运作流程，以及企业价值观取向及时传达给全体员工。这样不仅能够提高管理者对绩效管理的正确认识和进行绩效管理的兴趣，而且可以增加员工对绩效评价的认同感和参与积极性，使员工充分认识自己所扮演的角色。此外，绩效评价本身既是一种考核约束，也是一种激励，把企业价值观取向和绩效评价标准传达给员工可以对员工的行为形成一种牵引和约束，使员工根据企业的价值取得，实施符合企业利益和有益于企业目标实现的行为，并强化这种行为，摒弃不利于企业目标实现的行为。

第三，明确、强调责任，加强培训，不断提高评价者的评价水平和责任感。

评价者在绩效评价系统中扮演着重要角色，然而，由于评价者对绩效评价的认识不够，容易在评价过程中走过场，流于形式。为此，需要通过培训提高评价者的认识和评价水平。要想取得绩效评价的成功，必须对评价者进行培训，培训内容包括绩效评价体系的价值理念、绩效评价体系同组织战略的联系，应用评价工具；另一方面要针对评价者的评价技能进行培训，让评价者了解如何搜集评价信息，如何进行观察，如何得到评价结果，如何进行沟通等。另外，培训还要加强评价者的责任感，让他们认识到他们的评价工作对组织的重要性。为了提高评价的准确性和客观性，绩效评价应强调权利与责任的统一，使评价者在拥有绩效考核机制的同时承担评价责任。

第四，注重信息，重视评价依据的搜集和整理。

为了得到准确的评价结果，评价者需要注意搜集员工绩效信息。为此，管理者日常应该记录员工绩效，这样有助于确保管理者对下级的绩效有足够的了解。从而可以让评价者了解员工的工作情况和绩效信息，为准确的绩效评价提供重要依据。

第五，加强沟通，提高评价结果反馈与沟通的有效性。

评价要强调双向沟通，评价者要“直面员工”，把评价结果及时向员工反馈并且了解员工的意见。沟通和反馈对绩效评价目标的实现是非常重要的，因此，有人指出“双向沟通是绩效评价的生命线”。如果不能就绩效评价同员工进行沟通和反馈，往往会造成微小且易于更正的错误变得更为严重。因此，我们在实施绩效考核初期，对绩效评价者应该强制要求评价沟通时间不得少于多少时间。

（资料来源：李劼平．如何提高绩效评价的有效性［N］．江西邮电报，2003-08-07。）

9.1.2 物流活动的绩效评价步骤

9.1.2.1 建立绩效评价组织机构

确定绩效评价工作的组织机构是进行绩效评价的前期准备工作，它直接组织和执行评价活动，负责成立评价小组。一般来说，评价组织机构还会从企业外聘请有关的专家和学者加入评价小组，提高评价的科学性和客观性。评价小组的成员一般应该具备以下素质：

①在企业和物流管理、财务会计等方面具备丰富的专业知识；

②熟悉物流绩效评价的基本流程，有较好的综合分析能力；

③评价小组的组长应该在经济管理方面拥有较长的工作经历，具备较高的职业素养，并能秉公评价。

9.1.2.2 制定绩效评价的工作方案

这是整个评价工作的核心部分，接下来的工作都以该工作方案为指导。一份科学完整的绩效评价工作方案一般包括以下的内容：

(1) 绩效评价的目标

物流活动绩效评价的目标简单说就是“为什么要进行评价”，它是指导整个评价体系运作的指南，它从属和服务于企业的总目标，由企业的总目标来决定。绩效评价的目标，归根结底就是要在物流活动中建立自上而下的激励和约束机制，调动全体人员工作的积极性，提高物流活动的效率。只有使全体人员都明确进行物流活动绩效评价的目标是提高企业效率，创造更多价值，而不是为了增加他们的工作量，才能使绩效评价在企业中顺利地推广。

(2) 绩效评价的对象

绩效评价的对象简单说就是“对什么进行评价”。绩效评价的对象有两个，一是企业，二是员工（主要是经营管理者）。虽然企业的目标是通过经营管理者来执行和实现的，但由于存在着道德风险和逆向选择问题，经营管理者的目标和企业的目标往往不能完全一致，有时候甚至是背道而驰的。这就是为什么在对企业进行绩效评价的基础上，还要对经营管理者进行绩效评价的原因。

确定绩效评价的对象具有重要的意义：首先，明确评价的对象可以使得评价执行者针对评价对象来收集和分析与其相关的信息，节省不必要的收集成本，提高评价的效率；其次，评价结果对评价对象有直接和重大的影响，影响到企业是扩张、维持、收缩、转型还是退出，对经营管理者的评价则影响到他们的奖惩和职位的升降等敏感的问题。

(3) 绩效评价的指标

绩效评价的指标简单说就是“用什么进行评价”，即对评价对象的哪些方面进行评价。绩效评价所关注的往往是评价对象对企业战略发展紧密相关的各个方面，即所谓的关键成功因素。这些关键成功因素都是企业所看重的，评价对象在关键成功因素上的表现从一定程度上决定了绩效评价的结果。这些关键成功因素就具体地在评价指标上反映出来，评价指标主要包括财务方面的，如销售利润率、投资报酬率和每股收益等指标，也包括非财务方面的，如产品质量、公司声誉等指标。

(4) 绩效评价的标准

绩效评价的标准简单说就是“怎么样进行评价”，即判断评价对象业绩好坏的标准。它主要取决于绩效评价的目标，科学有效的评价标准具有以下特征：具有一定的难度，使得评价对象只有经过努力后才能达到标准；具有透明度，能够被评价对象所理解和接受；刚性和弹性相结合。在实际工作中，企业进行物流绩效评价的标准主要有：

①绝对标准。它是一个预期实现的理想业绩，表示目前所能实现的最佳业绩，如配送中心分拣的出错率为零。

②目标业绩。它是一个较为现实的指标，虽然实现它具有一定的难度，但经过努力还是可以做到的，因此它得到了大多数评价对象的认可和支持。如配送中心分拣的出错率为1‰。

③竞争对手标准。它是企业的竞争者实际实现的绩效，企业可以把其作为保持自身在同行业中竞争力所必须达到的最低绩效水平。

④历史标准。它是企业在过去的经营期间所实现的绩效，企业可以把其作为当前可以接受业绩的底线。

（5）绩效评价报告的形式

根据绩效评价的目标，确定最终需要形成的绩效评价报告的具体形式，如趋势报告、成本—服务报告等。

9.1.2.3 收集和整理有关的信息

根据上一环节制定的评价工作方案的要求，评价小组需要收集、整理和分析与评价对象有关的信息，包括各项具体物流作业的基础数据；与此同时，评价小组还要收集其他同行企业的绩效评价方法和评价标准，及时了解行业的绩效评价现状；最后，本企业以前年度的绩效评价报告及相关信息也具有一定的参考价值，也是收集和整理的对象。

9.1.2.4 进行评价

这是绩效评价工作的关键步骤，评价小组根据评价工作方案所确定的评价方法，利用所收集到的相关信息计算评价指标的实际数值。这个步骤要求评价小组成员能够客观地对评价对象进行评价，以评价标准作为唯一的评价依据。

9.1.2.5 撰写绩效评价报告

物流活动的绩效评价报告是整个评价过程的结论性文件。绩效评价的主体（评价人员）通过各个渠道来获得与评价对象相关的信息，经过一定的加工和整理后得到评价对象的绩效指标情况（包括定量和定性指标），再把这些指标和企业预先确定的业绩评价标准进行比较，通过差异分析，找出产生差异的原因及其责任，最后得出评价对象业绩好坏的结论，撰写业绩评价报告。

9.1.2.6 对评价工作进行总结

评价工作总结主要是指把评价工作的背景、时间地点、评价过程中遇到的问题、措施和政策建议等形成书面材料，建立评价工作档案，以备日后参考使用。

专栏9.2 绩效评价的十大误区

绩效评价是绩效管理中的重要环节，不客观的评价结果将直接导致绩效管理推行的困难。然而，在企业日常的绩效评价中依然存在着很多错误的意识和操作。下面一一列举目前中国企业在绩效评价中存在的十大误区：

1. 光环化倾向：指在绩效评价中，将被考核者的某一优点或缺点扩大化，以偏概全。通常表现为要么全面肯定，要么全面否定。

2. 近期行为的偏见：考核人只依据临近考核期末下属的表现进行评价，而不是考察整个考核周期内下属的表现，使得考核结果出现“月晕效应”。

3. 标准宽容化、严格化：指在绩效评价中怕承担责任，不敢认真负责，有意放宽或严格考核标准。表现为评价过于宽松，所有人员的评分都很高或评价过分严格，使员工的积极性受到严重打击。

4. 结果中间化：指绩效评价中不敢拉开档次，考核结果集中于中间档次或两头。其原因在于对绩效评价工作缺乏自信，缺乏进行绩效评价的相关事实和依据。

5. 考核工作随意化：不按人事考核制度的规范要求，依据个人意愿和个人的理解，随意地考核。

6. 依据人际关系好坏进行评价：把被考核者与自己关系的好坏作为考核的依据，或作为拉开考核成绩的重要因素，更有甚者把绩效评价作为打击报复的工具。

7. “严于律己，宽以待人”：对自己擅长的工作，考核尺度就严；对自己不擅长的，考核标准就宽一些，不能依照确定的标准进行统一衡量和评价。

8. 先确定结果，倒推指标数值：事先为某人确定一个绩效评价分数，然后据此倒推计算考核体系中各子项目（评价指标）的具体分值。

9. 轮流坐庄：为应付公司制度的有关规定和保持部门内的平衡，将低分在部门内轮流分配。风水轮流转，下次到我家。

10. 把绩效评价当成一件临时的额外工作对待：平时不关心下属，不关注绩效管理工作，不进行有效的绩效沟通和绩效辅导，临近考核期末，为应付上级而仓促上阵，凭主观印象进行绩效评价。

（资料来源：汤命鹏．绩效评价的十大误区［N］．中国劳动保障报，2003-03-22。）

9.2 物流系统的本量利分析

本量利分析是成本—数量—利润关系分析的简称，它是指在变动成本计算模式的基础上，用数学化的模型和图形来揭示变动成本、固定成本、销售量、单价和利润等经济变量之间的内在规律和联系，为企业进行预测、决策提供财务信息的一种定量分析方法。本量利分析又可以简称为 CVP 分析（Cost-volume-profit Analysis），也有人把它称为量本利分析（VCP 分析），其实质内容都是一样的。

9.2.1 本量利分析的相关概念和公式

9.2.1.1 本量利分析的基本公式

本量利分析的基本公式涉及固定成本、单位变动成本、销售量、单价和利润等变量，具体为：

利润 = 销售量 × 单价 － （固定成本 + 单位变动成本 × 销售量）

= 销售量 × （单价 － 单位变动成本） － 固定成本 (9.1)

这个公式明确地反映了本量利之间的数量关系，它包含 5 个相互联系的经济变量，给定任何的 4 个变量就可以求出剩下的 1 个变量。企业在规划利润时，往往把单价、单位变动成本和固定成本 3 个变量看作是常数，只把销售量和利润看作是自由变量。本量利分析的数学模型都是在这个基本公式的基础上建立起来的。

9.2.1.2 边际贡献方程式

在本量利分析中，边际贡献是一个很重要的概念。它是指销售收入与相应的变动成本之间的差额，计算公式为：

边际贡献 = 销售收入 － 变动成本 (9.2)

结合式（9.1）和式（9.2），我们不难得出利润的另外一种表达方式：

利润 = 边际贡献 － 固定成本 (9.3)

从公式（9.3）我们可以看出，物流的各项服务或者产品所提供的边际贡献，虽然不是物流的利润，但它和物流的利润形成有着紧密的联系。边际贡献首先用于补偿物流活动的固定成本，如果有剩余则成为利润，如果不足以收回固定成本则表明物流活动发生亏损。

上面所用的边际贡献概念是总量的概念，实际中还会涉及单位边际贡献和边际贡献率两种形式。所谓单位边际贡献是某产品的单价减去单位变动成本后的差额，当然也可用边际贡献总额除以销售量来求得；而边际贡献率是产品的边际贡献总额在销售收入中所占的百分率，又等于单位边际贡献占单价的百分比，它可以被理解为每 1 元的销售收入中边际贡献所占的比重，反映了产品给企业作出贡献的能力。它们的计算公式为：

$$\text{单位边际贡献} = \frac{\text{边际贡献}}{\text{销售量}} = \text{单价} - \text{单位变动成本} \tag{9.4}$$

$$\text{边际贡献率} = \frac{\text{边际贡献}}{\text{销售收入}} \times 100\% = \frac{\text{单位边际贡献}}{\text{单价}} \times 100\% \tag{9.5}$$

与边际贡献率相对应的概念是“变动成本率”，它是变动成本在销售收入中所占的百分比，也是单位变动成本在单价中所占的百分比，即：

$$变动成本率=\frac{变动成本}{销售收入}\times 100\%=\frac{单位变动成本}{单价}\times 100\% \quad (9.6)$$

由式（9.2）可知，销售收入分为边际贡献和变动成本两部分，变动成本是产品自身的耗费，而边际贡献是对企业的贡献。将变动成本率和边际贡献率联系起来，我们可以得出：

$$变动成本率+边际贡献率=1 \quad (9.7)$$

由此可见，变动成本率和边际贡献率具有互补性质，物流活动的变动成本率高，则边际贡献率就低，物流活动的获利能力就弱；反之，物流活动的变动成本率低，则边际贡献率就高，物流活动的获利能力就强。

9.2.1.3 盈亏临界点和安全边际

（1）盈亏临界点

盈亏临界点也称为保本点，是指企业收入与成本相等时的经营状态，亦即边际贡献等于固定成本时企业所处的既不亏损又不盈利的状态，与之相关的三个概念有盈亏临界点销售量、盈亏临界点销售额和盈亏临界点作业率。

①盈亏临界点销售量是指利润为0时的销售量：

$$\begin{aligned}0 &=单价\times 盈亏临界点销售量-单位变动成本\times 盈亏临界点销售量-固定成本\\ &=盈亏临界点销售量\times（单价-单位变动成本）-固定成本\\ &=盈亏临界点\times 单位边际贡献-固定成本\end{aligned}$$

所以有：

$$盈亏临界点销售量=\frac{固定成本}{单位边际贡献} \quad (9.8)$$

②又由于：利润=销售额×边际贡献率-固定成本

令利润为0，此时的销售额为盈亏临界点销售额：

$$0=盈亏临界点销售额\times 边际贡献率-固定成本$$

$$盈亏临界点销售额=\frac{固定成本}{边际贡献率} \quad (9.9)$$

③盈亏临界点作业率是指盈亏临界点销售量在企业正常销售量中所占的比重，这里的正常销售量是指在正常市场和正常开工的情况下，企业的销售数量，亦可用销售金额来表示。

其计算公式为：

$$盈亏临界点作业率=\frac{盈亏临界点销售量}{正常销售量}\times 100\%=\frac{盈亏临界点销售额}{正常销售额}\times 100\% \quad (9.10)$$

该指标表明保本状态下生产经营能力的利用程度。

（2）安全边际

安全边际是指正常销售额超过盈亏临界点销售额的差额，它的经济含义是销售额下降多少企业才会亏损，反映了企业生产经营的安全性。它的计算公式为：

$$安全边际 = 正常销售额 - 盈亏临界点销售额 \tag{9.11}$$

与之相关的一个概念是安全边际率，它是安全边际和正常销售额的比值，计算公式为：

$$安全边际率 = \frac{安全边际}{正常销售额} \times 100\% \tag{9.12}$$

安全边际和安全边际率越大，企业发生亏损的可能性就越小，企业就越安全。由于安全边际率是个相对指标，因而它可以用于不同规模企业之间的比较。在西方国家，企业一般都用安全边际率来评价物流经营的安全程度，它的经验数据如表9-1 所示。

表 9-1　**物流企业经营安全性检验标准**

安全边际率	10%以下	10% ~20%	20% ~30%	30% ~40%	40%以上
安全等级	危险	值得注意	较安全	安全	很安全

9.2.2　本量利分析图

9.2.2.1　标准的本量利分析图

把成本、销售量、利润等经济变量的关系反映到直角坐标系中，就得到本量利图。它能在坐标系中清楚地显示出企业不盈利也不亏损（即保本经营）时的产销量，不仅形象直观、一目了然，而且也易于理解，因而实用性很强。下面以一个具体的例子来说明本量利图的具体画法和经济含义（见图 9-1）。

某企业生产一种产品，单价为 20 元，单位变动成本为 10 元，每月固定成本为 1000 元，本月计划销售 300 件。根据前面的知识我们不难求出此时企业的利润应为：$20 \times 300 - 10 \times 300 - 1000 = 2000$（元）。

（1）本量利图的画法

①选定直角坐标系，以纵轴表示销售收入和成本的金额，以横轴表示销售数量；②在纵轴上找出固定成本的数值，此例为 1000 元，以该点（0，1000）为起点，作一条与横轴平行的固定成本线 FC；③以点（0，1000）为起点，以单位变动成本率为斜率，作变动成本线 VC；④最后以坐标原点为起点，以单价为斜率，作销售收入线 S。

（2）本量利图的基本经济含义：①固定成本线和横轴之间的距离表示固定成

本值，它不随产量的增减而变动；②变动成本线和固定成本线之间的距离表示变动成本，它随产量的增减而成正比例变动；③变动成本线和横轴之间的距离表示总成本，即固定成本和变动成本之和；④销售收入线和变动成本线的交点 A 为盈亏临界点，即保本点。它在横轴上面对应的销售量是100件，表明企业在该产量下总收入和总成本相等，既没有利润也没有亏损。在此基础上，增加销售量，则销售收入超过总成本，S 和 VC 之间的距离为利润值，形成利润区，反之则形成亏损区；⑤盈亏临界点把正常销售量分为两部分：盈亏临界点销售量和安全边际。只有安全边际才能为企业创造利润。

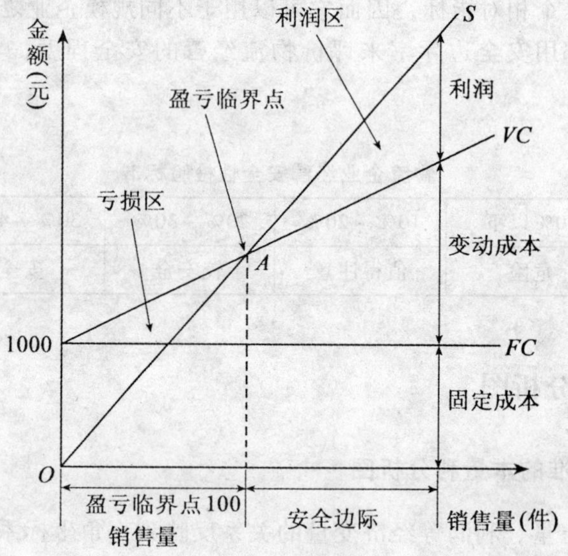

图 9-1　标准的本量利分析图

9.2.2.2　边际贡献式的本量利分析图

图 9-2 是根据上例有关资料所绘制的边际贡献式的本量利分析图。它和标准的本量利分析图最大的区别就是成本线的画法，它先从原点出发，以单位变动成本率为斜率作变动成本线 VC，然后以点（0，1000）为起点作一条与变动成本线 VC 平行的总成本线 TC，两者之间的距离即为固定成本，其他部分的画法与标准的本量利分析图基本相同。

这种图的主要优点是可以直接反映出边际贡献。企业的销售收入线和变动成本线都随着销售量的增加而成正比例增长，销售收入线右侧的部分为销售收入，它首先用于弥补产品的变动成本，即图中变动成本线右侧的部分，剩余的部分即为边际

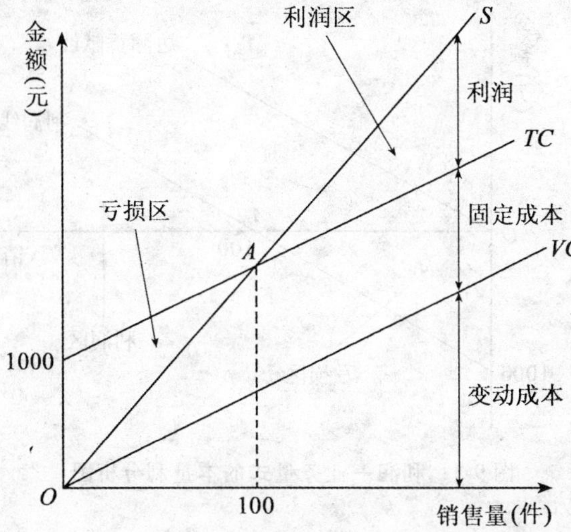

图 9-2 边际贡献式本量利分析图

贡献，即图中 SOVC 所围成的区域。边际贡献也随着销售量的增加而增加，当它小于固定成本时，企业就处于亏损区；当它达到固定成本值，即 A 点时，企业处于盈亏临界状态；而当它超过固定成本时，企业则进入利润区。

边际贡献式的本量利分析图也有一个缺点，就是无法直接在图中反映出固定成本线，但我们可以从纵轴与总成本线 TC 的交点看出固定成本的数值。

9.2.2.3 利润—业务量式的本量利分析图

业务量是销售量和销售额的统称，这里以销售量为标准描述利润—业务量式的本量利分析图。图 9-3 是根据上例相关数据绘制而成的利润—业务量式的本量利分析图，它最大的特点是省略了成本的因素，一般是以纵轴表示利润额和边际贡献，以横轴表示销售量。

它的基本绘制方法是：选定直角坐标系，以纵轴表示利润额和边际贡献，以横轴表示销售量，首先从原点出发，以边际贡献率为斜率，作一条边际贡献线；在纵轴上找出固定成本的负数值，在本例中为 -1000，以点（0，-1000）为起点，作一条与边际贡献线平行的利润线，该利润线与横轴的交点 A 即为盈亏临界点，对应的销售量是 100。

由图 9-3 可以看出，边际贡献和利润都随着销售量的增加而成正比例增加，在销售量为 0 的时候，边际贡献也为 0，但此时的利润则为 -1000 元，因为企业要弥补固定成本的损耗，而且此时企业的亏损额是最大的。随着销售量的不断增长，边

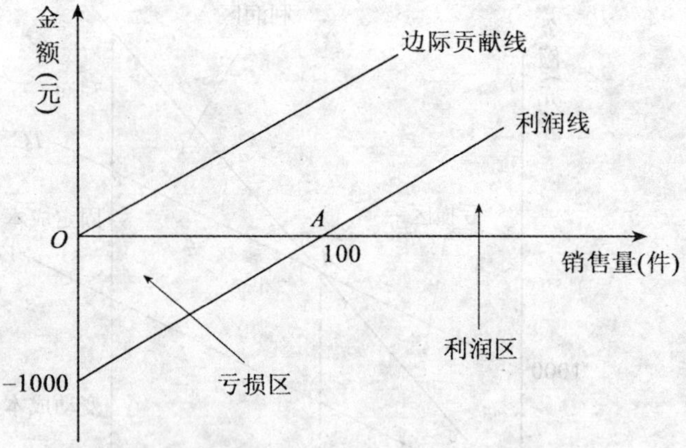

图 9-3 利润—业务量式的本量利分析图

际贡献也不断增长，企业的亏损额也不断减少，当销售量达到 *A* 点（100）时，企业的亏损额减少到 0，边际贡献等于固定成本。之后随着销售量的继续增长，企业进入利润区。

在其他因素确定的情况下，利润—业务量式的本量利分析图能够清楚地反映出销售量对利润的影响，具有很强的实用性，因而经常被物流企业用于进行利润的分析。它最大的缺点就是不能够反映出销售量对成本的影响。

9.2.3 物流活动本量利分析的基本内容和方法

在经济管理领域，本量利分析的应用非常广泛。物流活动也大量地引入本量利分析方法，对物流经营进行本量利分析，可以帮助企业降低物流经营的风险；本量利分析和预测技术结合起来，可以进行保本预测，预测达到目标利润所需实现的最少销售量；本量利分析和决策方法相结合，可以供企业进行物流管理的定价决策、作业决策和投资的不确定性决策；本量利分析最开始是源于财务会计领域的，因此它也被用于物流活动的全面预算、责任会计和成本控制。

本量利分析方法在物流活动中的应用主要包括以下三个方面：

9.2.3.1 单项物流作业的保本分析

这是本量利分析在物流作业中最简单、最基本的应用。它也是比较特殊的本量利分析，因为它的分析是以利润为零、物流活动既不盈利也不亏损为前提条件的。把利润固定为零后，本量利分析就集中到其他 4 个经济变量上面，整个分析过程就得到了简化。关于单项物流作业的保本分析，上面提到的本量利分析的公式和本量利分析图都作了详尽的介绍，在此不再重复。

9.2.3.2 单项物流作业在盈利条件下的本量利分析

无论从理论还是实际工作上考虑，仅仅停留在保本分析水平上的本量利分析远远不能满足物流作业的要求。物流作业不仅要保本，更要尽可能地盈利，这样才符合市场经济的发展要求，也是物流企业生存和发展的必备条件。从充实和完善本量利分析的角度考虑，只有把利润这个变量考虑进去，本量利分析才能更好地揭示出销售量、成本和利润之间的内在联系。

(1) 销售量和其他变量的关系

①实现目标利润额所需的销售量。它是指在单价和成本既定的前提下，为实现目标利润所需达到的销售量。因此，它又被称为“保利点销售量”，它的计算公式为：

$$实现目标利润额所需销售量=\frac{固定成本+目标利润额}{单价-单位变动成本}=\frac{固定成本+目标利润额}{单位边际贡献}$$

②实现目标净利润所需的销售量。它是指税后利润，是物流企业可以支配的利润额，把上式稍作改动就得到它的计算公式：

$$实现目标净利润所需销售量=\frac{固定成本+\dfrac{目标净利润}{1-所得税税率}}{单价-单位变动成本}=\frac{固定成本+\dfrac{目标净利润}{1-所得税税率}}{单位边际贡献}$$

③保本点销售量、实现目标利润额所需销售量和实现目标净利润所需销售量三者之间的关系。从三者的计算公式来看，它们的分母都是基本相同的，但分子却有所差异，这是因为在单项物流作业的情况下，影响保本点的经济变量有 3 个，影响实现目标利润额所需销售量的经济变量有 4 个，而影响实现目标净利润所需销售量的经济变量却有 5 个。三者之间也是有联系的，其中实现目标利润额所需销售量的公式最为重要，因为它把保本点销售量和实现目标净利润所需销售量两个公式联系了起来。具体而言，当目标利润为零时，保利点的公式就变为保本点的公式；当需要求出实现目标净利润所需销售量时，亦可以根据给出的目标净利润和所得税税率先倒算出目标利润，再代入保利点销售量的计算公式中计算得到。

(2) 成本和其他变量的关系

物流成本管理很重要的一项工作就是进行目标成本的预测，以推算出在其他变量既定的情况下，成本控制在什么范围内企业才能实现目标利润，一般是求出一个上限数值，低于这个上限的成本数值都是可以接受的。它们的相关公式有两个：

① 实现目标利润额应达到的固定成本＝销售收入－变动成本－目标利润
＝边际贡献－目标利润

$$②实现目标利润额应达到的单位变动成本=\frac{销售收入-固定成本-目标利润}{销售量}$$

(3) 单价和其他变量的关系

在其他变量既定的情况下，物流企业可以进行定价，求出实现目标利润额所应确定的单价，其计算公式为：

$$实现目标利润额所应确定的单价=\frac{变动成本+固定成本+目标利润}{销售量}$$

(4) 利润和其他变量的关系

物流企业除了要进行目标成本的预测之外，还要进行目标利润的预测，它的计算公式为：

目标利润 = 销售收入 - 变动成本 - 固定成本
　　　　 = 边际贡献 - 固定成本
　　　　 = （单价 - 单位变动成本）×销售量 - 固定成本

(5) 有关变量变动对相关指标的影响

上面所提到的四个关系都假定诸多的变量是既定的，这是一种静态的平衡，但实际业务中这样的静态平衡只是暂时的，它往往会被动态平衡所取代。其中一个变量的变动会引起其他相关变量的连环变动，这种情况就比较复杂一些，如单价的变动可以通过销售收入使得利润与其同方向变动，单位变动成本的变动可以通过变动成本总额使得利润与其反方向变动，固定成本的变动则会直接使得利润与其反方向变动，最后，销售量的变动通过边际贡献总额使得利润与其同方向变动，如图 9-4 所示。

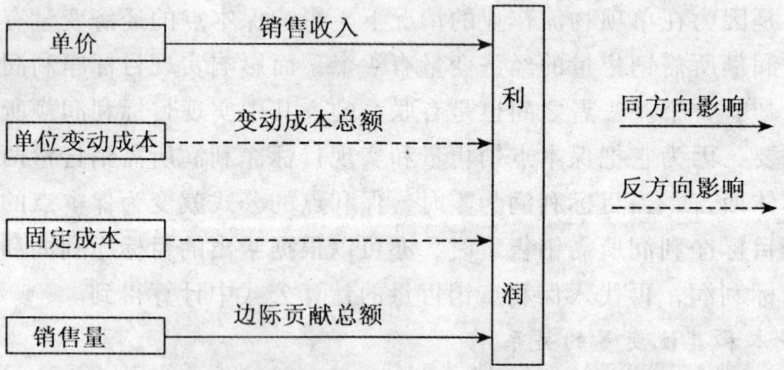

图 9-4　有关变量变动对相关指标的影响

9.2.3.3　多项物流作业的本量利分析

在多项物流作业的情况下，本量利分析方法与单项物流作业有所不同，主要有综合边际贡献率法、顺序法、联合单位法和主要品种法等。

(1) 综合边际贡献率法

综合边际贡献率法是指在计算出物流作业的综合边际贡献率的基础上，对多项物流作业进行本量利分析的一种方法。它不对固定成本进行分配，而是把各个品种产品所创造的边际贡献用于补偿物流的全部固定成本。此时，多项物流作业的保本额和保利额分别为：

$$多项物流作业下的保本额=\frac{企业全部固定成本}{企业综合边际贡献率}$$

$$多项物流作业下的保利额=\frac{企业全部固定成本+目标利润}{企业综合边际贡献率}$$

综合边际贡献率法最关键的步骤是要先计算出企业的综合边际贡献率，通常采用的计算方法有三种：

①边际贡献率总和法。这个方法首先计算出企业每个作业流程的边际贡献率，然后再将这些边际贡献率加总即可得到综合边际贡献率，计算过程为：

$$每个作业流程的边际贡献率=\frac{该作业流程的边际贡献}{各个作业流程的收入总和}\times 100\%$$

$$企业综合边际贡献率=\sum 每个作业流程的边际贡献率$$

边际贡献率总和法适用于各个作业流程为物流活动所创造的边际贡献率已知这种情况，它的缺点是无法进一步计算出各个产品的保本点和保利点。

②总额法。总额法直接通过物流每个作业流程创造的边际贡献总额与企业收入总额之比来计算确定综合边际贡献率，公式为：

$$企业综合边际贡献率=\frac{每个作业流程创造的边际贡献总额}{企业收入总额}\times 100\%$$

如果知道企业的边际贡献总额和收入总额，总额法的计算就非常简单，但它的缺点也是无法进一步计算出各个产品的保本点和保利点。

③加权平均法。加权平均法要求企业需要知道每个作业流程的边际贡献率，再以每个作业的收入占物流总收入的比重为权数，计算出企业的综合边际贡献率，计算过程如下：

$$每个作业流程的边际贡献率=\frac{该作业的边际贡献}{该作业的收入}\times 100\%$$

$$每个作业流程的收入比重=\frac{该作业的收入额}{企业的收入总额}\times 100\%$$

$$企业综合边际贡献率=\sum 每个作业流程的边际贡献率\times 每个作业流程的收入比重$$

通过加权平均法不仅可以计算出企业的综合边际贡献率、保本额和保利额，还可以通过各个作业的收入比重计算出每个作业的保本额和保利额，但它要求企业要掌握比其他两种方法更多、更详尽的资料，同时它也可以提供比其他两种方法更有用的信息。因此在会计实务中，多采用加权平均法来计算企业的综合边际贡献率。

使用加权平均法的实际意义还在于，它可以引导物流企业努力提高边际贡献率高的作业流程的收入比重，减少边际贡献率低的作业流程的收入比重，这样就可以提高物流企业的综合边际贡献率，从而降低物流保本额和保利额。

（2）顺序法

顺序法是根据预先确定的作业顺序，依次用各个作业的边际贡献来补偿物流的固定成本，以此进行物流本量利分析的一种方法。由于各人对风险的态度不同，导致了作业顺序的安排也有所不同。有人确定的作业顺序是按照各个作业边际贡献率从高到低排列的，而有人倾向于从低到高排列。顺序法又分为列表法和图示法两种。

①列表法。使用列表法需要按照有关的资料编制顺序分析表，再对表中的数据进行本量利分析。表9-2就是一个标准的顺序分析表。

表9-2 顺序分析表 单位：万元

作业顺序	产品流程	边际贡献率	销售收入	累计销售收入	边际贡献	累计边际贡献	总固定成本	累计损益	目标利润	累计剩余损益
	（甲）	①	②	③	④＝①×②	⑤	⑥	⑦＝⑤－⑥	⑧	⑨＝⑦－⑧
1	A	10%	1 000	1 000	100	100	260	－160	180	－340
2	B	20%	800	1 800	160	260	260	0	80	－80
3	C	30%	600	2 400	180	440	260	180	180	0

如果要进行保本分析，就需要用到上表中第⑦栏所示的“累计损益”数据，具体来说，如果第⑦栏所示的“累计损益”数据中有0，那么0所在行的累计销售收入就是保本额。在表9-2中，0所对应的累计销售收入1800就是保本额；如果第⑦栏所示的“累计损益”数据中没有0，则可以按照下面的公式求出保本额。

$$保本额＝保本产品前累计销售收入＋\frac{|保本产品前累计损益|}{保本产品的边际贡献率}$$

如果要进行保利分析，则需要用到上表中第⑨栏所示的“累计剩余损益”数据，具体来说，如果第⑨栏所示的“累计剩余损益”数据中有0，那么0所在行的累计销售收入就是保利额。在表9-2中，0所对应的累计销售收入2400就是保利额；如果第⑨栏所示的“累计剩余损益”数据中没有0，则可以按照下面的公式求出保利额。

$$保利额 = 保利产品前累计销售收入 + \frac{|保利产品前累计剩余损益|}{保利产品的边际贡献率}$$

②图示法。图示法利用累计销售收入（累计营业额）和累计损益（累计利润）数据绘制利润—业务量式的本量利分析图，横轴表示累计的营业额，纵轴表示累计的利润额。它的利润线是按照不同的产品分段绘制的，通过该图可以清楚地反映出在多项物流作业情况下的保本额、亏损区以及利润区。图 9-5 就是根据表 9-2 的数据绘制的利润—业务量本量利分析图。

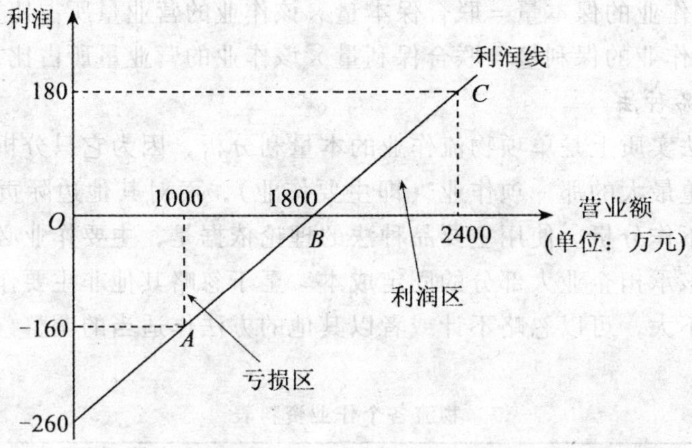

图 9-5　分段的利润—业务量式本量利分析图

由图 9-5 可以看出，当营业额为 0 时，企业的亏损为 -260，全部为补偿固定成本的支出，随着营业额的上升，利润也随之增加。A、B 段均为亏损区，当营业额达到 1800 时，企业达到保本点，这与列表法的分析结果一致。营业额再增加，企业就进入利润区。目标利润所对应的营业额为 2400，这是保利点，也与列表法的分析结果一致。

(3) 联合单位法

使用联合单位法需要首先知道多项物流作业之间稳定的产销实物量比例，然后再据此计算出每一联合单位的单价和单位变动成本，最后进行本量利分析。

一般情况下，我们都假定多项物流作业的营业量之间的比例关系比较稳定，因此我们就可以用联合单位来表示按照营业量的比例组成的一项服务。比如，某甲、乙、丙三个物流作业的营业量之比为 1∶2∶2，那么一个联合单位就等于一个甲再加上两个乙和两个丙，并且规定甲作业为标准作业。这样就可以计算出每联合单位的联合单价和联合单位变动成本，进而求出联合保本量和联合保利量。它们的计算公式为：

$$联合保本量=\frac{固定成本}{联合单价-联合单位变动成本}$$

$$联合保利量=\frac{固定成本+目标利润}{联合单价-联合单位变动成本}$$

其中，联合单价等于一个联合单位的全部收入，联合单位变动成本等于一个联合单位的全部变动成本。如果还要分别计算出每个作业的保本量和保利量，可以按照营业量之比对联合保本量和联合保利量进行分解，即按照每个作业的营业量所占的比重进行分解：

某作业的保本量=联合保本量×该作业的营业量所占比重

某作业的保利量=联合保利量×该作业的营业量所占比重

（4）主要品种法

主要品种法实质上是单项物流作业的本量利分析，因为它只分析多项物流作业中边际贡献比重最大的那一项作业（即主要作业），而对其他边际贡献相对较小的物流作业省略不作分析。使用主要品种法的理论依据是，主要作业必然是物流服务的重点，它应该承担企业大部分的固定成本。至于忽略其他非主要作业而造成的误差，由于影响不大，可以忽略不计或者以其他的方法作适当的调整（见表9-3）。

表9-3　　物流各个作业资料表　　单位：元

作业	营业收入		边际贡献		边际贡献率
	金额	比重	金额	比重	
A	2 000	20%	800	36.37%	40%
B	3 000	30%	900	40.91%	30%
C	5 000	50%	500	22.72%	10%
合计	10 000	100%	2 200	100%	–

由表9-3可以看出，就营业收入指标而言，C作业占有最大的比重；就边际贡献率指标而言，则A作业的指标最大。但实际上我们是以各个作业的边际贡献额来作为区分主次作业的依据的，在表9-3中，C作业的边际贡献所占比重最大，应选择C作业为主要作业进行本量利分析。

9.3　物流成本效益的财务指标分析

物流成本效益在很大程度上可以通过企业的财务指标反映出来，其实质是投入—产出水平，可以体现物流活动的经营效率。对物流成本效益进行科学的分析，可以及时发现物流活动中存在的问题，采取相应的对策，提高物流活动的投入—产出水平。物流成本效益的财务指标分析主要有营运能力指标分析和获利能力指标分析。

9.3.1 营运能力指标分析

营运能力是指企业管理和运用自有资源的能力，企业只有具备较强的营运能力，才能获利。从物流企业拥有的资源类型来看，包括人力资源和作业资源。

9.3.1.1 人力资源指标分析

人力资源是物流活动的主体，只有人力资源可以源源不断地为物流企业创造利润。企业如何能够充分、有效和科学地使用人力资源，不仅影响着其营运能力的高低，也将影响企业的长远发展。对物流企业而言，充分、有效和科学地使用人力资源就是要调动员工生产、服务的积极性和创造性。这里所说的“充分”，并不是指要最大限度地使用员工，延长工作时间，而是指要提高员工工作的效率。企业通常使用劳动效率这一指标来反映人力资源的使用状况。

劳动效率是物流活动收入净额和平均员工人数的比值，它的计算公式为：

$$劳动效率=\frac{物流活动收入净额}{平均员工人数}$$

这里的物流活动收入净额是指扣除了折扣和折让后的收入净额。有的企业也使用“工时数”来代替“平均员工人数”求劳动效率，这要视不同企业的具体情况而定。无论分母采取什么指标，一般而言，劳动效率越高，说明企业的人力资源使用情况越好。遵循物流绩效评价的可比性原则，我们在进行劳动效率指标分析的时候，也要注意将企业实际的劳动效率指标和计划劳动效率、同行业平均劳动效率进行比较，找出和分析差异的原因，挖掘人力资源的潜力。

9.3.1.2 作业资源指标分析

(1) 总资产周转率

总资产周转率是营业收入净额和平均资产总额之比，其计算公式为：

$$总资产周转率（次数）=\frac{营业收入净额}{平均资产总额}$$

该指标也可以用总资产的周转天数来反映，即：

$$总资产周转天数=\frac{计算期天数}{总资产周转率}=\frac{计算期天数\times平均资产总额}{营业收入净额}$$

营业收入净额是指扣除了折让和折扣后的净收入，下面的计算也是如此。如无特别说明，这里的计算期天数一般采用 360 天。需要指出的是，平均资产总额应该根据分析时期的不同而分别加以确定，并且应该和营业收入净额在时间上保持一致，例如：

$$月平均数=\frac{月初数+月末数}{2}$$

$$季度平均数=\frac{季初数\times 1/2+第一月月末数+第二月月末数+季末数\times 1/2}{3}$$

$$年度平均数=\frac{年初数\times 1/2+第一季季末数+第二季季末数+第三季季末数+年末数\times 1/2}{4}$$

如果计算期内各项数据的波动性较大，就应该使用更加详尽的资料进行计算，如按照各个月份的资金占用额计算。如果波动不大，就可以直接使用季度或者年度的平均数进行计算。

总资产周转率综合反映了物流资产的总体营运能力，一般而言，周转次数越多或者周转天数越少，表明企业的总资产周转速度越快，营运能力越强。

(2) 流动资产周转率

流动资产周转率是营业收入净额和平均流动资产总额的比值，它的公式为：

$$流动资产周转率（次数）=\frac{营业收入净额}{平均流动资产总额}$$

该指标也可以用流动资产的周转天数来反映，即：

$$流动资产周转天数=\frac{计算期天数}{流动资产周转率}=\frac{计算期天数\times 平均流动资产总额}{营业收入净额}$$

一般来说，流动资产的周转次数越多或者周转天数越短，表明企业流动资产的周转速度就越快，利用效率就越高。流动资产的周转速度加快了，无形中流动资产的占用就会减少了，相当于流动资产投入扩大了，这就能够提高企业的盈利能力；反之，流动资产的周转速度越慢，流动资产的占用就越多，流动资产的投入就越多，企业的负担也就越重，这就会降低企业的盈利能力。

为了揭示影响流动资产周转速度的因素，企业往往还需要对流动资产的各个组成部分，如存货、应收账款等进行分析，这些内容将在下面提到。

(3) 应收账款周转率

应收账款周转率是营业收入净额和平均应收账款之比，与总资产周转率、流动资产周转率一样，该指标也可以通过次数和天数来分别反映，它们的计算公式为：

$$应收账款周转率=\frac{营业收入净额}{平均应收账款}$$

$$应收账款周转天数=\frac{计算期天数}{应收账款周转率}=\frac{计算期天数\times 平均应收账款}{营业收入净额}$$

公式中的“平均应收账款”是指资产负债表中“应收账款”和“应收票据”

的期初、期末金额的平均数之和，它是未扣除坏账准备的应收账款金额。也有人提出应该将公式中的“营业收入净额”换成“赊销收入净额”，以使分子和分母的口径一致。但问题是，这个数据不仅财务报表的外部使用人无法获取，就连财务报表的内部使用人都很难取得。因此，只要保持历史的一贯性，企业使用营业收入净额来计算应收账款周转率也不会影响到其分析价值。

一般来说，企业的应收账款周转次数越多，周转天数越短，表明企业的应收账款周转速度越快，即应收账款的收回越快，短期偿债能力也越强，发生坏账的可能性也越低。反之，如果应收账款周转速度越慢，企业过多的营运资金就会被应收账款所占用，影响到企业日常的资金周转，有可能导致企业的资金枯竭甚至瘫痪。当然，应收账款周转率也不是越大越好，该指标过大，有可能是企业的信用政策或者付款条件过于苛刻，导致销售量减少，影响物流企业的盈利能力。

需要指出的是，物流企业在某些特殊的情况下，应收账款周转率这一指标的分析价值将会受到影响，这些特殊情况包括：

①如果物流企业的经营带有季节性，那么该指标就不能正确地反映企业的实际经营状况。

②物流企业大量使用分期收款结算方式。

③物流企业大量使用现金结算。

④物流企业的业务量在年末大幅度增加或者大幅度减少。

(4) 存货周转率

存货周转率是销售成本和平均存货的比值，它是衡量和评价物流企业在存货、生产和销售回收等各个环节综合管理水平的财务指标。其计算公式为：

$$\text{存货周转率}=\frac{\text{销售成本}}{\text{平均存货}}$$

$$\text{存货周转天数}=\frac{\text{计算期天数}}{\text{存货周转率}}=\frac{\text{计算期天数}\times\text{平均存货}}{\text{销售成本}}$$

公式中的分子不用“营业收入净额”而用“销售成本”，是因为要消除销售毛利对存货周转速度的虚假影响，而存货是按照成本计价的，用“销售成本”可以保持分子、分母口径的一致性。此外，由于企业可以选择采用不同的存货计价方法，因此在和其他企业进行该指标的比较时，应该充分考虑到由于会计处理方法不同而造成的影响，增强可比性。

一般来说，存货周转速度越快，存货的占用水平就越低，存货转变为应收账款乃至现金的速度也就越快，物流成本和费用也可以降低。但存货周转率过高也并非好事，这可能是因为企业的存货水平过低或者采购次数过多，这样的存货现状很可能会导致企业缺货。所以，物流企业应该根据自身所处的行业特点和同行水平，确定合理的存货周转率。与此同时，由于存货所包含的种类较多，物流企业为了分析存货内部各部分周转率对整个存货周转率的影响，应该进一步分析诸如原材料、产成品、在产品等存货的周转率。它们的计算公式为：

$$原材料周转率=\frac{耗用原材料成本}{平均原材料存货}$$

$$产成品周转率=\frac{产品销售成本}{平均产成品存货}$$

$$在产品周转率=\frac{制造成本}{平均在产品存货}$$

9.3.1.3 固定资产指标分析

一般而言，物流服务的收入是直接来源于流动资产的周转的，固定资产的周转本身并不直接创造收入。虽然如此，固定资产的周转又和物流服务的收入有着紧密的联系，因为固定资产的使用效率会影响到流动资产的投资规模以及周转速度。如果企业能够以较少的固定资产投资推动较大的流动资产规模和流动资产周转速度，就表明企业的固定资产营运能力强。因此，在分析流动资产周转率的基础上再分析固定资产的营运能力（通过固定资产周转率反映），可以深入综合地考察企业的营运能力。一般采用固定资产周转率这个指标来考察，它的计算公式为：

$$固定资产周转率=\frac{营业收入净额}{固定资产平均占用额}$$

由于企业采用的固定资产折旧方法或者折旧年限可能存在差异，上面公式中固定资产平均占用额应按照资产负债表中固定资产原值数据计算，这样处理就可以避免由于上述差异造成的误差，提高该指标的可比性。该指标越高，企业的固定资产的营运能力就越强，同等规模的固定资产可以为企业创造更多的物流服务收入；反之则固定资产的营运能力越弱。

9.3.2 获利能力指标分析

物流企业对利润的不断追求是其经营的最大动力和最终目的，也是物流企业大力进行物流成本控制的根本原因。所谓获利能力，是指物流企业利用自身的各种资源来获取利润的能力，它也是进行物流绩效评价的重点所在。如果把营运能力指标分析看作是对经营过程的分析，那么获利能力指标分析就是对经营结果的分析。通过分析企业的获利能力指标，可以发现企业在经营管理中存在的问题，并对症下药采取正确的措施，改善企业的获利能力。

需要注意的是，物流企业的获利能力主要体现在其经常性收入上，在进行获利能力指标分析的时候，对那些非经常性的收入一般会省略掉，而把分析的重点放在经常性收入上。物流企业的获利能力指标分析主要包括：

9.3.2.1　物流营业利润率指标分析

物流营业利润率是指一定时期内物流企业的营业利润和营业收入净额的比值，它的计算公式为：

$$\text{物流营业利润率} = \frac{\text{营业利润}}{\text{营业收入净额}} \times 100\%$$

该指标能够反映出物流企业最基本的获利能力，是评价物流企业获利能力的主要指标。它表明了每 1 元的营业收入能够转化为多少营业利润，体现出物流企业主营业务的获利能力。一个足够高的物流营业利润率是形成物流企业最终利润的基础，该指标越高，表明企业主营业务的盈利能力越强；反之，则企业主营业务的盈利能力就越弱。

9.3.2.2　成本利润率指标分析

成本利润率是指利润和成本的比值。需要指出的是，由于成本和利润可以分为几个不同的层次，在使用成本利润率指标分析时，分子和分母的层次应该相匹配，这样才符合成本和收益的匹配关系。图 9-6 反映了成本的几个层次。

- 税后成本
  - 税前成本
    - 营业成本
      - 经营成本
        - 主营业务成本
        - 主营业务税金及附加
      - 期间费用
        - 管理费用
        - 财务费用
        - 营业费用
      - 其他业务成本
    - 营业外支出
  - 所得税

图 9-6　成本的层次图

利润的层次则包括经营利润、营业利润、税前利润和利润净额等，成本和利润的匹配关系如图 9-7 所示。

成本利润匹配关系

- 经营利润、经营成本 → 经营成本利润率
- 营业利润、营业成本 → 营业成本利润率
- 税前利润、税前成本 → 税前成本利润率
- 利润净额、税后成本 → 税后成本净利润率

图 9-7 成本利润匹配关系图

在图 9-7 中，经营成本利润率指标最具有代表性，它体现了物流主要成本的利用效果，是加强物流成本关系的落脚点。在各项收入和税率不变的前提下，如果经营成本利润率很高而税前成本利润率很低，则很可能是由于物流企业的管理费用、财务费用、营业费用或者营业外支出过多所造成的，企业就应该针对这些成本费用项目进行重点分析，找出解决的办法；如果经营成本利润率和税前成本利润率都很低，且相差不大，则反映出企业的物流成本和开支过多；当企业的经营成本利润率和税前成本利润率都较高时，表明企业在物流成本管理方面的工作取得了良好的效果，具有较强的获利能力。

9.3.2.3 资产利润率指标分析

资产利润率是指利润和资产平均占用额的比值，根据资产的不同层次，把资产利润率分为总资产利润率、固定资产利润率和流动资产利润率。

(1) 总资产利润率

总资产利润率是一定时期内企业的息税前利润和平均总资产的比值，它反映物流企业运用全部资产获利的能力，计算公式如下：

$$总资产利润率=\frac{息税前利润}{平均总资产}\times 100\%$$

其中：

息税前利润 = 利润总额 + 利息支出 = 净利润 + 所得税 + 利息支出

这里的利息支出不仅包括计入财务费用的利息支出，还包括计入固定资产的资本化利息。然而，目前我国通行的利润表中“利息支出”没有单独列示，而是包含在“财务费用”中，因此，财务报表的外部使用人员可以直接用“财务费用”来代替“利息支出”来计算息税前利润。

该指标越高，表明企业运用全部资产获利的能力就越强；反之就越弱。此外，物流企业可以将本企业的总资产利润率和当前的市场利率进行比较，如果企业的总资产利润率高于市场利率，则企业就可以实施负债经营，利用财务杠杆，提升企业

的获利水平。

(2) 固定资产利润率

分析总资产利润率指标有时候不能满足实际工作的需要，物流企业往往需要作进一步的分析，了解总资产内部各部分的利润率水平，如固定资产利润率和流动资产利润率。根据成本所对应利润的层次不同，可用两个指标来反映固定资产利润率，它们是：

$$\text{固定资产经营利润率} = \frac{\text{经营利润}}{\text{固定资产平均占用额}} \times 100$$

$$\text{固定资产营业利润率} = \frac{\text{营业利润}}{\text{固定资产平均占用额}} \times 100\%$$

这两个指标越高，表明物流企业运用固定资产获利的能力就越强；反之，则获利能力就越弱。

(3) 流动资产利润率

如上所述，流动资产是直接创造物流服务收入的主要来源。流动资产利润率能够反映出物流企业利润的增长是否具有稳定的物质基础。与固定资产利润率一样，企业可以通过两个指标来反映流动资产利润率，它们分别是：

$$\text{流动资产经营利润率} = \frac{\text{经营利润}}{\text{流动资产平均占用额}} \times 100\%$$

$$\text{流动资产营业利润率} = \frac{\text{营业利润}}{\text{流动资产平均占用额}} \times 100\%$$

其中，流动资产经营利润率指标最重要。该指标越高，表明物流企业运用流动资产获利的能力就越强；反之，则获利能力就越弱。

9.3.2.4 净资产利润率指标分析

这里的净资产是指企业的所有者权益，净资产利润率是企业净利润和所有者权益之比。该指标充分反映了企业利用自有资本获取净利润的能力，它的计算公式为：

$$\text{净资产利润率} = \frac{\text{净利润}}{\text{平均净资产}} \times 100\%$$

其中：

$$\text{平均净资产} = \frac{\text{年初所有者权益数} + \text{年末所有者权益数}}{2}$$

净资产利润率是衡量物流企业自有资本获利水平最具代表性的指标，在上市公司业绩综合排名中，该指标居于首位。该指标越高，企业自有资本的报酬率就越高；反之就越弱。

对净资产利润率的公式作分解，我们得到，

$$\text{净资产利润率}\begin{cases}\text{资产利润率}\left(\dfrac{\text{净利润}}{\text{平均总资产}}\times 100\%\right)\begin{cases}\text{销售利润率}\left(\dfrac{\text{净利润}}{\text{销售收入}}\right)\times 100\% \\ \text{资产周转率}\left(\dfrac{\text{销售收入}}{\text{平均总资产}}\right)\end{cases} \\ \text{权益乘数}\left(\dfrac{\text{平均总资产}}{\text{平均所有者权益}}\right)\end{cases}$$

实际上，上面的分解公式是财务分析中的杜邦分析法的分解公式。由此可见，净资产利润率的高低实际上取决于销售利润率、资产周转率和权益乘数三者的大小，而这三者又分别反映了企业的获利能力、资产运营能力和偿债能力。因此，如果企业的净资产利润率有良好的获利能力、资产运营能力和偿债能力作基础，那么这样的净资产利润率就是健康的，能够持续保持的。

9.3.2.5 资本保值增值率指标分析

资本保值增值率是指期末所有者权益和期初所有者权益的比值，它体现了所有者投入资本的保值和增值能力，其计算公式为：

$$\text{资本保值增值率}=\frac{\text{期末所有者权益}}{\text{期初所有者权益}}\times 100\%$$

上式中的所有者权益包括实收资本、资本公积和留存收益。值得注意的是，上市物流企业的股票价格变动也会影响到所有者权益的数额，但从物流的角度来看，这是发生在物流外部的影响，在计算资本保值增值率时可以忽略这类影响。与此同时，企业如果通过增减资本来调整资本结构，此时再用期末所有者权益和期初所有者权益来计算资本保值增值率就不符合可比性原则。在这种情况下，企业可以通过计算单位净资产的保值增值率来消除这些影响。

如果该指标大于100%，则表明企业的所有者权益增加；反之，如果该指标小于100%，则表明所有者权益减少。

9.4 物流活动的绩效评价报告

绩效评价报告蕴含着企业大量的信息，最高管理者可以通过它全面了解企业各个部门和主管者的工作效率，从而制定相关的奖惩制度，提出改进工作效率的措施。对评价对象来说，绩效评价报告也会对他们有极大的促进作用，促使他们努力提高自己的工作业绩。一份合格的绩效评价报告应该满足以下几个要求：

①及时性。在保证报告质量的前提下，绩效评价报告应该在最短的时间内送达决策者手中，以便决策者对其进行分析和利用。在特殊情况下，企业应撰写绩效评价的月报或者季报，以满足加强绩效管理的需要。

②相关性。绩效评价报告的使用者通常是企业的管理者，但不同层次的管理者

对报告的要求是有所区别的：最高管理者要求报告能够反映物流企业的全面运作情况，中层管理者要求报告能够提供企业例行性运营情况的信息，而基层管理者则更希望报告能反映企业日常作业的情况，且最好是具体到其所管理的部门或者项目。

③例外性。它是指绩效评价报告能够抓住非正常的例外事项进行信息反馈，这样就可以节省管理者的时间。具体而言，可以就例外事项预先确定控制界限，凡差异额超过此界限则视为例外事项处理。

④评价报告应该多采用正面的、鼓励性和建设性的表达方式，最好能提供评价人的建议，以供决策者参考。

在对物流绩效评价对象进行评价后，企业需要撰写物流绩效评价报告，以体现绩效评价的过程和结果，并针对存在的问题提出解决的建议或办法。根据评价侧重点的不同，绩效评价报告分为三种：成本—服务报告、趋势报告和特别报告。

9.4.1 成本—服务报告

成本—服务报告充分体现了物流活动中的成本—收益原则，对成本和成本所服务的对象进行比较分析，并与预先设定的标准进行比较，可以考察物流活动的投入产出水平。该报告的优点是可以为物流企业提供全方位的物流成本控制所需的整体性数据，并能从多角度对物流活动进行绩效评价。一般的成本—服务报告包括以下三方面的内容：

(1) 分拨成本

一般而言，分拨成本包括销售运输成本、产成品的仓储成本、装卸搬运成本和订单处理成本等内容。其中，运输成本一般由产成品的入库退库运输费、退货运费、延期交货运费等费用组成，而产成品的仓储成本则由产品持有成本、在途产品成本、存货过期成本等成本组成。这两项成本在分拨成本中所占的比重较大，因而是物流成本控制和绩效评价的重点。如果实际情况需要的话，仓库里的装卸搬运成本和工厂里的装卸搬运成本可以分开计算，以满足不同部门绩效评价的要求。订单处理成本在分拨成本中所占的比重较小，它通常包括客户订单处理成本、库存订单处理成本和延期交货订单处理成本三部分内容。

(2) 采购成本

物流采购成本所包括的内容和分拨成本相类似，都是由运输成本、仓储成本和订单处理成本等构成。但相比较而言，采购部门及其业务流程比分拨相关部门及其业务流程要简单，所包含的成本种类也较少。

(3) 客户服务水平

因为评价主体往往不能了解特定物流系统影响收入的过程，所以对物流的客户服务水平只能采取某些物理性方法来度量，以替代经济上的度量方法。分拨服务水平通常用平均现货比率、正常情况下的订单周转时间和延期交货订单周转时间等指标来衡量，而采购服务水平通常用原材料缺货导致企业停产时间占可用生产时间的百分比等指标来衡量。

9.4.2 趋势报告

成本—服务报告虽然可以从整体上反映物流企业的成本管理控制状况，但它的缺点是不能反映出物流活动的效率以及变化趋势。因此，物流企业除了要编制成本—服务报告之外，往往会再编制一份趋势报告，以弥补成本—服务报告的缺陷。趋势报告的编制步骤如下：

(1) 指标的选择

首先，物流企业需要根据评价的需要选择用于反映物流活动绩效的指标，如需要对运输成本进行分析和评价时，可以选择的指标有运输成本在分拨成本所占的比重、运输成本占销售额的比重等；对营运能力进行分析评价时可以选择的指标有资产周转率、流动资产周转率和应收账款周转率等。这都要根据具体的评价而定，有时候需要选择多项指标进行评价。

(2) 信息的收集

根据上一步骤所选择的指标，物流企业需要针对评价对象收集有关的信息数据，除了收集本期的信息数据外，企业往往还需要收集上一期、上年同期甚至同行业的信息，以增强评价的科学性和全面性。

(3) 进行评价分析

经过前面两个步骤后，物流企业就可以对评价对象进行评价，如果评价的结果令人满意，要注意总结成功的经验，便于以后在企业内部交流和推广；如果评价的结果不令人满意，就要及时找出存在的问题及其原因，避免同样的问题在企业中再度出现，必要时可以继续编制特别报告再进行深入的评价和分析。

9.4.3 特别报告

物流企业在对自身的物流活动进行绩效评价的过程中，可以针对成本—服务报告或者趋势报告中所反映出来的问题作更进一步的评价和分析，把问题细化、具体化，编制特别报告。特别报告能够针对企业存在的问题，选择物流活动中的某些相关的数据进行编制，往往可以帮助管理层对企业内外部发生的变化作出有效和快速的反应。特别报告主要有以下三种：

(1) 运作态势报告

此类报告是针对物流企业所处的某个特定的运作态势作出的相近的诊断报告，据此分析物流企业当前的运作态势是否健康，提前作出预警，避免物流企业的运作出现危机。

(2) 建议性报告

之所以称之为“建议性报告”是因为，这类报告通常是部门经理针对企业当前或者预期存在的问题而编制的一份包括概括性、选择性的行动计划及其实施效果的报告，供决策层使用。部门经理一般对本部门的运作情况比较熟悉，因此由他们针对本部门编制的建议性报告具有较大的可信性。

(3) 政策修改报告

政策修改报告是针对企业存在的战略性问题所编制的特别报告，它一般由公司的首席执行官发起或者指导，内容甚至会包括超越物流领域的其他活动。由于涉及的面比较广，此类报告往往会对企业的发展产生重大的影响。

本章小结

1. 物流活动的绩效评价客观上促进了物流活动的管理水平不断提高，也增强了物流企业的获利能力。对物流活动进行绩效评价要遵循六个原则和六个步骤，这六个原则分别是：整体性原则、定量与定性相结合的原则、共性和个性相结合的原则、可接受性原则、可比性原则、经济性原则；六个步骤分别是：建立绩效评价组织机构；制定绩效评价的工作方案；收集和整理有关的信息；进行评价；撰写绩效评价报告；对评价工作进行总结。

2. 物流作业的本量利分析法涉及几个主要的概念：边际贡献、安全边际、盈亏临界点；贯穿一个基本的公式：利润 = 销售量 × 单价 -（固定成本 + 单位变动成本 × 销售量）= 销售量 ×（单价 - 单位变动成本）- 固定成本 = 边际贡献 - 固定成本。

3. 物流成本效益的财务指标分析包括营运能力分析和获利能力分析，在计算这些指标时要注意保持分子分母在时间上和层次上的一致性。

4. 物流绩效评价报告是绩效评价的结论性文件，它不仅要得出评价结果，还要在评价中发现企业存在的问题，并提出改进意见。

本章思考题

1. 物流活动的绩效评价要遵循什么原则？
2. 物流活动的绩效评价过程包含哪些步骤？
3. 推导出盈亏临界点作业率和安全边际率的关系。
4. 除了财务指标外，还可以使用哪些非财务指标对物流活动进行绩效评价？
5. 根据本章的内容，试着自己编制一份绩效评价报告。

案例分析

某物流企业的有关财务比率如下表所示：

财务比率	2002 年同业平均值	2002 年本企业数值	2003 年本企业数值
应收账款周转天数	35	36	36
存货周转率	2.5	2.59	2.11
销售毛利率	38%	40%	40%
销售利息率	3.72%	2.42%	3.80%
销售利润率	6.28%	7.21%	6.82%
总资产周转率	1.15	1.12	1.08
固定资产周转率	1.4	2.01	1.83
资产负债率	58%	50%	61%

其中，销售毛利率 $=\dfrac{\text{销售收入}-\text{销售成本}}{\text{销售收入}}\times 100\%$；销售利息率 $=\dfrac{\text{利息支出}}{\text{销售收入}}\times 100\%$；权益乘数 $=\dfrac{1}{1-\text{资产负债率}}$。

案例思考题

根据上表的财务数据，编制该物流企业的绩效评价报告（趋势报告），注意要找出问题的原因。提示：对组成净资产利润率的三个指标进行分解分析，将该物流企业2002年的财务数据和2002年同业平均值、2003年本企业的财务数据进行比较，找出差异的原因。

参考文献

1. 现代物流管理课题组．物流成本管理［M］．广州：广东经济出版社，2002.

2. 倪凤琴，谢万健．物流成本管理［M］．北京：电子工业出版社，2005.

3. 连桂兰．如何进行物流成本管理［M］．北京：北京大学出版社，2004.

4. Ronald H. Ballou. 企业物流管理—供应链的规划、组织和控制［M］．北京：

机械工业出版社，2002.

5. 孙宏岭，戚世钧. 现代物流活动绩效分析［M］. 北京：中国物资出版社，2001.

6. 中国注册会计师协会. 财务成本管理［M］. 北京：经济科学出版社，2005.

7. 王勇，杨文慧. 关于企业物流管理绩效评价体系的探讨［J］. 商业研究，2003（4）.

8. 甘红云，杨家其，蒋惠园. 物流绩效评价研究综述［J］. 现代物流，2002（10）.

9. 王焰. 物流服务绩效标准及评价［J］. 物流技术，2002（1）.

后　记

从武汉大学开设物流管理本科专业和研究生方向之初，经济与管理学院物流管理教研室的老师们就开始着手编写物流管理专业系列教材，物流成本管理被列入其中。历经4载，经过本科生和研究生教学过程中的三轮使用、总结、修改、补充和完善，本书终于呈现在读者面前。

本书第1、2、3、4、5、6、7章由余艳琴编写，第8、9章由冯华编写。全书由余艳琴统稿、审定。

作为物流管理专业课教材，本书从结构、体例到内容都有其特点：

第一，全书结构层次清楚，内容系统全面。教材围绕两条主线展开：一是从成本管理的角度介绍了物流成本预测、决策、计划、控制、核算和分析的理论和方法；二是从物流活动的角度阐述了采购成本管理、运输成本管理、仓储成本管理、配送成本管理和物流绩效评价的理论、方法和应用，并使物流管理和成本管理的理论和方法得到了较好的结合。

第二，从每章的编排体例上看，更具有教材的特征。全书每章都由关键词、章节及专栏、小结、复习思考题和案例分析等构成，选用了丰富的材料和前沿案例，具有较好的前瞻性和实用性，更适合于教和学。

本书的出版，是我的同事、前辈、学生、朋友们参与、支持、鼓励和结果。在此，衷心感谢所有支持和帮助过我的人们。

我首先要感谢海峰教授，他为这套系列教材做了许多开创性的工作，给予我无数的鞭策和无私的帮助，使本书能如期完成。

我要特别感谢我的学生——武汉大学经济与管理学院2002级硕士研究生黄尚海、黄兴华，2003级硕士研究生胡玉洲、张丽娟。他们为本书的编写收集了大量的资料，提供了非常有价值的参考。

我还要感谢武汉大学出版社的责任编辑夏敏玲、白绍华和工作人员，他们为本书的出版付出了辛勤的汗水。

最后我要感谢的是武汉大学教务部，本教材作为武汉大学“十一五”规划教材之一，得到了武汉大学教务部的资助。

虽然我力求让本书成为教师取材之源，学生学习之本，但由于视野有限，学识有限，本书不足之处难免，敬请指正。

余艳琴

2007 年 12 月